第四辑　　邱高兴　主编

# 江浙文化

上海三联书店

# 目录 | Contents

# 唐诗里的"魏晋情结"

## ——基于《唐诗之路唐诗总集》的考察

房瑞丽①

（中国计量大学人文与外语学院）

　　**摘　要：** 本文据竺先生《唐诗之路唐诗总集》所收反映浙东山水的诗篇为基点，笔者查考出有近百首在诗中直接提到了魏晋时期的人或事，主要表现在谢家、王家、支道林、刘郎、阮郎的故事中。表现了唐代诗人那份浓浓的魏晋情结，以及由此而形成的独特地唐诗风尚。通过对这些诗篇进行分析，揭示出了唐人魏晋情结的文化内涵：即是唐人儒道佛思想的结合的表现；唐人家族意识的反映；唐人以隐为仕的"终南捷径"的追求。

　　**关 键 词：** 唐诗　《唐诗之路唐诗总集》　魏晋情结

　　"浙东唐诗之路"由竺岳兵先生在1991年"中国首届唐宋诗词国际学术研讨会"上首倡，之后，得到了许多专家学者的认可。据竺先生考证，《全唐诗》中，四百多位诗人，他们从杭州、绍兴出发，由镜湖向南经曹娥江，沿江而行进入到剡溪，溯江而上，经新昌沃江、天姥，最后至天台山，一路踏歌而来，一路留下诗篇。这条漫游行进的线路全长190公里，辐射的面积达2万多平方公里，相关诗篇达到1500多首。关于在唐代为什么有这么多诗人独独钟情于浙东山水，从全国各地纷至沓来呢？围绕着唐诗之路进行研究的相关学者也多有论述。其中就有这是一条"魏晋风度和名士风尚的敬拜和追慕之旅"。吴松飞的《唐代诗人与浙东

① 作者简介：房瑞丽（1978—　）女，河南夏邑人，文学博士，现为中国计量大学人文与外语学院副教授。

山水的渊源试论》①一文中,也通过对浙东地区自身的文化底蕴、交通条件和唐代当时的社会风尚、文化背景的考释,论述了唐代诗人对浙东山水情有独钟的原因,其中追慕魏晋风流就是重要原因之一。

本文把这种唐人的"追慕魏晋风流"行为称之为"魏晋情结",也即是唐代诗人对魏晋名士所特有的一种心理认同印象。而本文谈到的"魏晋情结",是与浙东这片山水结合起来的,唐人悠游此地的一种心理自觉或不自觉的倾向,构成了唐诗中一道独特的景观。唐代社会风气开放,自由度高。因此魏晋时期名流们所追求的个性解放,悠游畅谈的风尚成为唐代诗人追慕的对象。魏晋士人发现了浙东山水的美,唐代诗人因对魏晋名流的仰慕而热衷于这片土地。这里是"东晋士人安顿心灵的处所,唐代诗人长吟高蹈的乐园。"在唐诗中,由山水的美和魏晋风度的结合,而形成了由山水观照内心的范式。山水与内心的钦慕表现在诗歌中,形成了一种独特的诗歌魅力。在这样的诗篇中,有三种独立体:自然山水、名士风雅和作者自己。自然山水因为有了这些名士典故而诗意盎然,诗人通过二者浑然天成的结合,把自己的心绪表达得更加意味深长。这时,青山绿水、名士风范都成为了诗人的代言体。因为这片山水有了这些名士的遗迹、韵事,诗人在描绘和欣赏感悟时,更关注到了自己内心的深刻想法。

本文据竺先生《唐诗之路唐诗总集》所收诗篇为基点,考察这些诗人的那份浓浓的魏晋情结,以及由此而形成的那份独特地唐诗风尚。据《唐诗之路唐诗总集》②1500 多篇诗,笔者查考出有近百首在诗中直接提到了魏晋时期的人或事。通过对这些诗篇进行分析,大致可以归纳出唐人魏晋情结的具体表现,也就是唐代诗人所倾慕的是魏晋风尚的哪些方面,进而分析:为什么集中在这些方面?其中蕴含着哪些深刻的文化内涵?以揭示唐诗里浙东之地所特有的气质。

---

① 吴松飞:《唐代诗人与浙东山水的渊源试论》,《台州学院学报》2004 年第 1 期。
② 当然《全唐诗》里还有好多诗人的诗句里都有那撇不开的魏晋情结,但因笔者考察篇目仅限竺岳兵先生所编《唐诗之路唐诗总集》(《中国文史出版社,2003),故此《总集》外的诗篇不在笔者的考察之内。但是唐代诗人魏晋情结的表现方面是可以以一斑窥全貌的。本文引用唐诗原文均来自《全唐诗》,中华书局1960 年版,不再出注。

## 一、魏晋情结的表现

### （一）谢家故事

1. 谢安和东山

谢安的啸咏山林,浮泛江海,挑动了多少唐代诗人的心绪,激发了多少唐代才子的情思。唐代诗人所倾慕的,除了谢安指挥淝水之战时的"小儿辈大破贼"的气定神闲、潇洒世外的风度,还有他在风起浪涌之际的处乱不惊、吟啸自若。《世说新语·雅量》记载:"谢太傅盘桓东山时,与孙兴公诸人泛海戏。风起浪涌,孙、王诸人色并遽,便唱使还。太傅神情方王,吟啸不言。舟人以公貌闲意说,犹行不止。既而风转急,浪猛,诸人皆喧动不坐。谢公徐云:'如此,将无归。'众人即承响而坐。于是审其量,足以镇安朝野。"①《中兴书》载:"安,元居会稽。与支道林、王羲之、许询共游处,出则渔弋山水,入则谈说属文,未尝有处世意也。"②这种隐居东山,"出则渔弋山水,入则谈说属文"的处世风范令唐人向往不已。那一首首高声赞歌,那一次次的远游寻觅,就是实践与这位"真名士,自风流"的风流名士的精神邀约。谢安和他四十岁前所隐居的东山,已经成为了代表魏晋风范的文化符号。

在唐代诗人中,最为典型的就是李白,他自己一生四次踏上这片土地,在现实中和梦游中都在寻找这心灵的安顿场所。他高歌赞扬:"安石泛溟渤,独啸长风还。逸韵动海上,高情出人间。"(《与南陵常赞府游五松山》)还专门写了《忆东山》二首:其一:"不向东山久,蔷薇几度花。白云还自散,明月落谁家。"其二:"我今携谢妓,长啸绝人群。欲报东山客,开关扫白云。"这东山,就是谢安隐居之地。《会稽志》载:"东山,在上虞县西南四十五里,晋太傅谢安所居也。一名谢安山,巍然特出于众峰间,拱揖亏蔽,如鸾鹤飞舞,其巅有谢公调马路,白云、明月二

① 刘义庆:《世说新语》,蒋凡、李笑野、白振奎评注,北京:人民文学出版社,2009 年,第 426 页。
② 《中兴书》,转引自上书蒋凡师评注。

堂遗址,千嶂林立,下视沧海,天水相接,盖绝景也。下山出微径,为国庆寺,乃太傅故宅。旁有蔷薇洞,俗传太傅携妓女游宴之所。"①李白向往的东山之隐,标志着一种品格,正如有学者所论,"它既表示对于权势禄位无所眷恋,但又不妨在社稷苍生需要的时候,出而为世所用。"也就是说"在陶醉自然引用啸歌之际,并不忘情于政治,而当身居朝廷的时候,又常怀东山之念,保持自己澹泊的襟怀"②。

所以,李白的追慕谢安、向往东山的诗句也常常是这样的:"安石在东山,无心济天下。一起振横流,功成复潇洒。"(《赠常侍御》)"但用东山谢安石,为君谈笑靖胡沙。"(《永王东巡歌》)"北阙情韵不可期,东山白手还归去。"(《忆旧游赠谯郡元参军》)"谢公终一生,相与济苍生。"(《送裴十八图南归嵩山》)他从谢安的东山之隐入,又从谢安的最终入仕出,那浓浓的政治情怀时时流露了出来。

而其他诗人在浙东之路上高歌的也正是陶醉自然和"心济天下"相结合的谢安石。如韩翃有"豪贵东山去,风流胜谢安"(《送皇甫大夫赴浙东》);路贯有"谢安致理逾三载,黄霸清声彻九重"(《和元常侍除浙东留题》);权德舆的"家承晋太傅,身慕鲁诸生"(《送谢孝廉移家越州》);秦系感叹的"谢安无个事,忽起为苍生。"(《移耶溪旧居呈陈元初校书》);皮日休的"谢安四十馀方起,犹自高闲得数年"(《醉中即席赠润卿博士》);方干的"谢公吟处依稀在,千古无人继盛名"(《叙钱塘异胜》)。这里,因谢安曾在,风景尤异他处。

谢安在东山时,养了一些歌妓,常常和她们携手林泉,弦歌相和,吟啸山水,除了上文提到的李白对此羡慕得不行,还曾带着他自己的歌妓们来到东山外,其他诗人也有类似的歌咏,如白居易的"唯有风流谢安石,拂衣携妓入东山。"(《题谢公东山障子》)"唯有"两字流露出了多少对此地此情此景的向往。

古今对比,咏史感怀,借谢安之典,抒当世情怀也是诗人们关注的。如胡曾的《咏史诗》:"五马南浮一化龙,谢安入相此山空。不知携妓重来日,几树莺啼谷口风。"王丘的《咏史》:"高洁非养正,盛名亦险艰。伟哉谢安石,携妓入东山。云岩响金奏,空水滟朱颜。兰露滋香泽,松风鸣佩环。歌声入空尽,舞影到池闲。

---

① 施宿:《会稽志》(卷九),中国方志库。
② 萧涤非等:《唐诗鉴赏辞典》,上海:上海辞书出版社,1999年,第1353页。

杳眇同天上,繁华非代间。卷舒混名迹,纵诞无忧患。何必苏门子,冥然闭清关。"自然风物与名人雅致融为了一体,别有一番景致。

2. "三谢"

唐代诗人对于安居浙东之地的谢氏家族名人的念念不忘,只要一踏进这片土地或自己身边的人或事只要和这片土地有关联,谢家人物就成为吟咏的对象,除了开谢家风尚之先的谢安外,还有"三谢",即后人对谢灵运、谢朓和谢惠连的合称。

谢灵运是东晋名将谢玄之孙,小名"客",人称谢客。又以袭封康乐公,称谢康公、谢康乐。谢灵运一生短暂的仕途写满了不得志,而他的家乡,始宁才是他向往和皈依的地方,这里有他引为自豪的功熏卓著的祖旧之业,更有供他啸傲风月、陶然忘机的灵秀山川,还有足资养生的良田美池,丰厚产业。这是一片令他深深眷恋、时时怀念的土地。他踏遍了始宁的山山水水,经常与隐者、道士、僧人结交。在这里,他把自然山水的美看作了一个与自身完全对等的客观存在,在他的诗中,山水不再是陪衬,不再是点缀,一跃成为了诗篇的主角,成为了具有生命的独立的个体。山川有意,草木多情,一派生机盎然的图画,也成就了他中国山水诗第一人。人们通过欣赏他的诗,不仅可以从中感受到大自然的美,而且还可以陶冶情操,激发对生活的热爱。在这里他"见柱下之经,睹濠上之篇"(《山居赋》),乃至皈依佛道、超脱尘世。谢灵运的才情、他的人生经历,有他身影的每一处遗迹,如《剡录》卷一记载的"康乐乡有游谢、宿剡、竹山、康乐、感化里。游谢乡有康乐、明登、宿星、暝投、吹台里"。这些地名均与谢灵运游踪有关。都成为了唐代诗人不能忘怀的地方。白居易专门撰写《读谢灵运诗》一诗,与谢灵运进行内心的交流,情感的对话。全文如下:

> 吾闻达士道,穷通顺冥数。
>
> 通乃朝廷来,穷即江湖去。
>
> 谢公才廓落,与世不相遇。
>
> 壮志郁不用,须有所泄处。

泄为山水诗,逸韵谐奇趣。

大必笼天海,细不遗草树。

岂唯玩景物,亦欲摅心素。

往往即事中,未能忘兴谕。

因知康乐作,不独在章句。

可以说是唐代诗人对谢灵运最为客观公允的认识。谢灵运的最终皈依佛法也使得同为佛教徒的白居易对他有更多的精神共鸣。

大诗人李白,每次到访越中,都仿佛与谢灵运产生神交。在《送友人寻越中山水》,通过赞誉友人"闻道稽山去,偏宜谢客才"来表达对谢灵运的推崇。而此诗中对越中青山秀水的描写,也体现了他作为"诗仙"的大气魄,如"湖清霜镜晓,涛白雪山来",这种湖镜与涛雪的鲜明对比,极具视觉冲击力。李白《梦游天姥吟留别》中描绘了令神仙都向往的天姥山,而那句"谢公宿处今尚在,绿水荡漾清猿啼",实现了景物与人物的合一。

谢灵运的诗情,和谢灵运所发现的越中的奇山异水都在唐人的诗句中被高声唱赞。都想追随谢灵运的足迹,来寻觅那能与心灵交往的神奇秘方。崔颢的"谢客文逾盛,林公未可忘"(《舟行入剡》),张籍的"我念出游时,勿吟康乐文"(《献从兄》),朱庆馀有"世嫌山水僻,谁伴谢公吟"(《和处州韦使君新开南溪》),是对谢灵运诗才的怀念。李群玉的"朝宴华堂暮未休,几人偏得谢公留"(《将欲南行陪崔八宴海榴亭》),宋之问高唱"庶几踪谢客,开山投剡中"(《宿云门寺》),灵一的"欲向麻源隐,能寻谢客踪"(《送陈允初卜居麻园》)是欲追寻诗人的脚步,去领略那灵山秀水的景致和内涵。皇甫冉的"谢君临郡府,越国旧山川"(《奉和独孤中丞游法华寺》),"迢迢始宁墅,芜没谢公宅"(《曾东游以诗寄之》)是面对当年风景的历史感慨。皇甫曾的"谢客开山后,郊扉积水通"(《过刘员外长卿别墅》)记录了那片风景与谢灵运难舍的情怀。

在谢氏家族中,除了谢安、谢灵运备受唐人推崇外,还有在文学上独树一帜的"小谢"谢朓。谢朓的山水诗出于谢灵运而又在他之上,他把描写景物和抒发感情自然地结合起来。他浮沉于政治旋涡之中,目睹仕途的险恶和现实的黑暗,因此常常通过对景物的描写,表现出对于宦途的忧惧和人生的苦闷。这种情感的表达更能引起唐代诗人的的共鸣,因而谢朓也被称为唐诗鼻祖。李白的"蓬莱文章建安骨,中间小谢又清发"(《宣州谢朓楼饯别校书叔云》),既是对谢朓诗歌的评价,也是他一生创作的追求。他还说自己是"一生低首谢宣城"。因谢朓人生短促,仅 36 岁而卒,虽然唐诗中有许多吟咏他的诗篇,但因他寓居宣城,故在《唐诗之路唐诗总集》中,难觅他的踪影。笔者仅考察出李群玉在《送崔使君萧山祷雨甘泽遽降》有"谢公一拜敬亭祠,五马旋归下散丝"中提到谢朓。

另一位英年早逝的谢氏弟子谢惠连也进入了唐人的视野,他出生于会稽,因元嘉七年(430 年)为司徒彭城王义康法曹参军,故在唐诗中被称为谢法曹。谢灵运对他赏识有加,据《谢氏家录》云:"康乐每对惠连,辄得佳语。后在永嘉西堂,思诗竟日不就。寤寐间忽见惠连,即成'池塘生春草'。故尝云:'此语有神助,非我语也。'"李白评价云:"群季俊秀,皆为惠连。吾人咏歌,独惭康乐。"

韩翃的《和高平朱》(一作米参军思归作):"髯参军,髯参军,身为北州吏,心寄东山云。坐见萋萋芳草绿,遥思往日晴江曲。刺船频向剡中回,捧被曾过越人宿。花里莺啼白日高,春楼把酒送车螯。狂歌好爱陶彭泽,佳句唯称谢法曹。"这里既有浓厚的谢氏家族的东山之隐情结,还有对谢惠连的诗句才情的赞不绝口。谢惠连的《雪赋》作为抒情小赋兴起的代表,也被唐人称赞。李咸用的《雪十二韵》:"念物希周穆,含毫愧惠连。吟阑余兴逸,还忆剡溪船。"除了运用谢惠连的《雪赋》典故外,还运用了"乘兴访戴"的典故,表明了自己的志向。皎然的《送刘司法之越》:"萧萧鸣夜角,驱马背城濠。雨后寒流急,秋来朔吹高。三山期望海,八月欲观涛。几日西陵路,应逢谢法曹。"对越地风物的描写与对谢惠连的推崇结合在了 起。

唐诗里的谢家故事说不完。高适的"吴会独行客,山阴秋夜船。谢家征故事,禹穴访遗编。镜水君所忆,莼羹余旧便。归来莫忘此,兼示济江篇。"(《秦中送李九赴越》)"谢家征故事,禹穴访遗编。"高适印象中的越地,有山阴的船、镜湖的水、莼菜做的羹,而这些只有配以谢家的故事、禹穴的见闻,才是完美的越中。

张籍的《送越客》也同样如此,"见说孤帆去,东南到会稽。春云剡溪口,残月镜湖西。水鹤沙边立,山鼯竹里啼。谢家曾住处,烟洞入应迷。"那剡溪的云、镜湖的月还要有当年谢家的住处,才不觉得这首诗描写越中有遗憾。这就是唐人眼中的越中,有谢家故事的越中。

### (二) 王羲之和他的儿子

#### 1. 王羲之和兰亭

王羲之,字逸少,是东晋琅琊王家的代表人物,他官至右军将军,会稽内史,人称"王右军"。他在唐代受到广泛的推崇,一方面是对他书法的仰慕,唐朝统治者非常重视书法艺术,唐太宗就专门写过《王羲之传》。另一方面还有对那场兰亭雅宴的追慕。兰亭,也因那场宴会成了具有独特文化内涵的意象。王羲之《兰亭集序》载,'永和九年,岁在癸丑,暮春之初,会于会稽山阴之兰亭,修禊事也。群贤毕至,少长咸集,此地有崇山峻岭,茂林修竹,又有清流激湍,映带左右,引以为流觞曲水,列坐其次。虽无丝竹管弦之盛,一觞一咏,亦足以畅叙幽情。"因而"兰亭雅聚"成了朋友聚会的典范,兰亭也成为了唐人向往的圣地。参加聚会的除了有名士谢安外,还有孙绰、李充、许询、支遁等皆文冠当世,声誉天下。这次的文坛盛会赋予了兰亭独特的精神内涵。这里有山水、有朋友、有高歌吟唱的自由抒怀、有酣畅淋漓的书法艺术、有士大夫的优雅,"大抵南朝多旷达,可怜东晋最风流。"故这东晋名士最富有文学意义的一次文人雅聚成为这片土地的名片,也成了唐诗里的常用典故。

罗隐在《投浙东王大夫二十韵》中云:"旧迹兰亭在,高风桂树香。"鲍溶的《上巳日寄樊瑾、樊宗宪,兼呈上浙东孟中丞简》,题目的"上巳日"就表明了对那场三月三聚会的情怀。"世间禊事风流处,镜里云山若画屏。今日会稽王内史,好将宾客醉兰亭。""醉兰亭"是对曾经聚会的向往,是好友的的期许,也表达了朋友间的高洁情感。刘长卿也有"梅市门何在,兰亭水尚流。"(《送人游越》)兰亭当年的曲水还在流淌,但却难觅那群风雅之士的踪迹,带有浓浓的伤感。秦系的《徐侍郎素未相识时携酒命馔兼命诸诗客同访会》:"兰亭攀叙却,会此越中营。""兰亭会"成为了唐代诗人宴会朋友的楷模。也因为那场雅聚,使得兰亭不再是地理上的意义,在唐诗中有了更丰富的内涵。李毅的《浙东罢府西归别张广文皮先辈陆秀才》云:"兰亭旧址虽曾见,柯笛遗音更不传。"是对往事不再来的感叹,也带有浓浓的朋友离别伤感的情绪。孟浩然的"不及兰亭会,空吟被禊诗。"(《江上寄山阴崔少府国辅》)李商隐的"不因醉本兰亭在,兼忘当年旧永和。"(《寄在朝郑曹独孤李四同》)喻凫:"一别山阴诗酒客,风水花片梦兰亭。"(《寄山阴李处士》)权德舆:"地殊兰亭会,人似山阴归。"(《和九华观见怀贡院八韵》)这些诗中,"兰亭会"成为了与朋友期盼再见面的代名词,成了寄托友人间美好期许的意象。崔护的《三月五日陪裴大夫泛长沙东湖》:"上巳馀风景,芳辰集远坰……从今留胜会,谁看画兰亭。"这上巳、这兰亭都是在追随那魏晋精神的一抹风姿。

白居易的《游平泉宴浥涧宿香山石楼赠座客》:"逸少集兰亭,季伦宴金谷。金谷太繁华,兰亭阙丝竹。"这也是唐人的朋友宴与"兰亭会"。孟浩然的《上巳日涧南园期王山人陈七诸公不至》:"日晚兰亭北,烟开曲水滨。"元稹的《送王协律游杭越十韵》:"去去莫凄凄,余杭接会稽。松门天竺寺,花洞若耶溪。浣渚逢新艳,兰亭识旧题。"一句"兰亭识旧题",道出了朋友的情谊和高阶的友谊。虚中在《经贺监旧居》云:"兰亭各景在,踪迹未为孤。"柳宗元云:"他时若写兰亭会,莫画高僧支道林"(《韩漳州书报彻上人亡因寄二绝》),将亡友唐诗僧灵彻堪比兰亭聚会中的名仕高僧,在柳宗元的心目中他们肯定都已登峰造极。而李商隐的"兰亭宴罢方回去,雪夜诗成道韫归",让兰亭芳香弥久。这些诗中,每一首都有对那"兰亭会"的向往,它带给了唐代诗人对魏晋文人雅聚无尽的想象。皎然:"若忆山阴会,孤琴为我援。"李涉在《送王六觐巢县叔父二首》中云:"长忆山阴旧会时,王家兄弟尽相随。老来放逐潇湘路,泪滴秋风引献之。"这里朋友的相聚和离别,都会想到王家曾经举行的那场兰亭会。

李白的《酬张司马赠墨》虽是对潞州墨的赞美,"上党碧松烟,夷陵丹砂末;兰麝凝珍墨,精光乃堪缀。黄头奴子双鸦鬟,锦囊养之怀袖间。今日赠予兰亭去,兴来洒笔会稽山。"得到好墨,最先想到的是王羲之,是那难割舍的"兰亭"情。他还专门写过《王右军》一诗,"右军本清真,潇洒出风尘。山阴遇羽客,爱此好鹅宾。扫素写道经,笔精妙入神。书罢笼鹅去,何曾别主人!"把一个潇洒清朗,率性超脱的王羲之形象展现了出来,特别是一个"扫"字,再现了当年王羲之与道士换鹅的情景。李白笔下的王右军的那种洒脱,也是自己理想中的人格形象。

2. 王子猷访戴

王徽之,字子猷,王羲之的第五个儿子。《世说新语》中记载王子猷在山阴时,雪夜访戴安道的故事,"王子猷居山阴,夜大雪,眠觉,开室,命酌酒,四望皎然。因起彷徨,咏左思《招隐诗》。忽忆戴安道。时戴在剡,即便夜乘小舟就之。经宿方至,造门不前而返。人问其故,王曰:'吾本乘兴而行,兴尽而返,何必见戴?'"王子猷的这种但凭兴之所至的任诞放浪、不拘形迹的行为,给世人的既有观念带来极大的冲击,特别是这句"吾本乘兴而行,兴尽而返,何必见戴",潇洒率真的个性,也反映了东晋士族知识分子任性放达的精神风貌。它是一种潇洒的人生态度,展示了名士潇洒自适的真性情。它不仅成为当时世人所崇尚的"魏晋风度",也是唐代诗人所追慕的"魏晋风韵"。唐诗中的"访戴、忆戴、思戴、寻戴、觅戴、戴家、寻剡客、访剡溪、山阴道、子猷溪、子猷船、王氏船、徽之棹、剡溪船、剡溪棹、乘兴船、乘兴舟、雪舟、雪下船、子猷兴、山阴兴、剡溪兴、回舟兴、雪中兴,乘兴、剡溪雪、山阴雪、子猷归、子猷去"[1]等都是对这一典故的借鉴,在诗歌里,诗人们写朋友思念、见访,或写洒脱任诞,随兴会所至,或写山阴风光,睹景思人,这种子猷访戴相类的情趣及雪夜景色成为了唐诗中特有的意象。

到了越中,就会想到那曾经的"雪山翁",许浑的《再游越中,伤朱馀庆协律好直上人》:"昔年湖上客,留访雪山翁。王氏船犹在,萧家寺已空。月高花有露,烟

---

[1] 后世文学作品中,有近百个称呼来概括这一典故,如:棹剡溪 乘兴 乘兴棹 乘兴王猷 乘兴船 何必见安道 剡中情味 剡中身 剡川游 剡曲船 剡棹 剡溪乘兴 剡溪寻 剡溪棹 剡溪游 剡溪兴 剡溪舟 剡溪船 剡溪游 剡溪雪 剡溪风雪 剡舟夜雪 向剡溪 问安道 回舟尽兴 回舟兴 回船剡溪 回雪访 子猷棹船回 子猷清兴 子猷狂 子猷船 子猷访 子猷访戴 寻安道 寻戴 寻戴客 寻访剡溪人 山阴一叶舟 山阴回棹 山阴夜雪 山阴月 山阴归船 山阴溪船 山阴兴 山阴舟 山阴船 山阴访 山阴访戴 山阴道 山阴道回 山阴雪 山阴雪夜船 徽之问寂寥 徽之棹 思安道 忆山阴 忆戴 忆戴船 扁舟乘兴 扁舟兴尽归 扁舟雪夜 泛山阴月 泛舟思戴 王子雪舟 王寻戴 王猷船过剡溪 短棹乘兴 兴比乘舟访 兴尽 兴尽回酒船 兴尽归舟 叶棹相寻 见安道 觅戴迹 访安道 访戴 访戴舟 访雪舟 谈中来 越水泛舟 返棹 阻扁舟 雪下船 雪中棹 雪夜访 雪溪小棹 雪舟访 雪访相访。

合水无风。处处多遗韵,何曾入剡中。"风景未殊,而曾经的风流雅韵何处寻。

罗隐的《寄崔庆孙》:"还拟山阴已乘兴,雪寒难得渡江船。"诗人也想向王子猷一样,潇洒乘兴随访老友,但一句"雪寒难得渡江船",道出了多少的现实的无奈。还有《送裴饶归会稽》:"笑杀山阴雪中客,等闲乘兴又须回。""两火一刀罹乱后,会须乘兴雪中行。"武元衡《中春亭雪夜寄西邻韩李二舍人》:"却笑山阴乘兴夜,何如今日戴家邻。"姚合的"其那知音不相见,剡溪乘兴为君来。"(《咏雪》)许浑:"因过石城先访戴,欲朝金阙暂依刘。"(《酬和杜侍御》)这些都是围绕山阴美景与雪夜访戴相结合,表达朋友之间的交往与思念,带有追慕魏晋遗风的味道。

3. 王谢家族合称

以谢安为代表的谢家和以王羲之为代表的王家,成为后世推崇的世家大族,也成为了魏晋风尚的符号。在唐诗之路上,他们代表的世家大族身份除了是风景的点缀外,还有那曾经的辉煌。"一个大门第,决非全赖于外在之权势与财力,而能保泰持盈达于数百年之久;更非清虚与奢汰,所能使闺门雍睦,子弟循谨,维持此门第于不衰。当时极重家教门风,孝弟妇德,皆从两汉儒学传来。诗文艺术,皆有卓越之造诣;经史著述,亦灿然可观;品德高洁,堪称中国史上第一、第二流人物者,亦复多有。"[1]这才是王谢世家在唐人心目中真正屡被感慨的原因。

羊士谔《忆江南旧游二首》诗:"山阴路上桂花初,王谢风流满晋书。"这是感叹会稽王谢两家为晋王朝建功立业,在当时风光无限。李嘉祐:"但能一官适,莫羡五侯尊。山色垂趋府,潮声自到门。缘塘剡溪路,映竹五湖村。王谢登临处,依依今尚存。"(《送越州辛法曹之任》)这是对朋友上任的期许,旧时风景犹在,而您就是那像王谢一样风流的人物。李群玉《将之吴越留别坐中文酒诸侣》:"秋色满水国,江湖兴萧然。氛埃敛八极,万里净澄鲜。涔浦纵孤棹,吴门渺三千。回随衡阳雁,南入洞庭天。早闻陆士龙,矫掌跨山川。非思鲈鱼脍,且弄五湖船。暝泊远浦霞,晓饭芦洲烟。风流访王谢,佳境恣洄沿。霜剪别岸柳,香枯北池莲。岁华坐摇落,寂寂感流年。明朝即漂萍,离憾无由宣。相思空江上,何处金波

① 钱穆:《国史大纲》,北京:商务印书馆,1996 年,第 309—310 页。

圆。"这满眼的景色,再加上王谢的风流,描写了一幅令人无限向往的佳境。还有张祐:"行寻王谢迹,望望登绝岭。"(《越州怀古》)李缟:"会稽王谢两风流,王子沉沦谢女愁。"(《和三乡诗》)刘禹锡的"一旦扬眉望沃州,自言王谢许同游。"(《送僧仲剬东游兼寄呈灵澈上人》)这里,"王谢"都成为了那特定的意义符号。可见诗人们对"王谢"曾经的流风余韵的推崇,由此而带来的欣赏景色所产生的感官上的不同。

### (三) 支公道林

支公道林,东晋名士,是精通老庄之学的高僧,他常年隐居在剡山,是著名的玄坛名士,与谢安、王羲之都有交往,当时许多社会名流都特别欣赏他玄谈的佛法义理,愿意与他交往。在儒道佛三教圆融的唐代,对佛道合一的人物的推崇是自然的。这一片浙地风景,因为高僧名士的存在,而变得那么高深莫测。引来了诸多诗人的吟咏。如薛涛的"支公别墅接花扃,买得前山总未经。"(《酬吴使君》)韩偓的"支公禅寂处,时有鹤来巢。"(《永明禅师房》)表明了对支公高深的玄佛义理的推崇。权德舆有"今夜幸逢清净境,满庭秋月对支郎。"(《月夜过灵彻上人房因赠》)今夜,这清净之景和支公的"逍遥论"融为了一体。张祐的:"寂寞空门支道林,满堂诗板旧知音。"(《题灵彻上人旧房》)看似寂寞的空门,实则有一群志同道合的旧人。都是曾隐居此处,志同道合的一群人。所以,这里的风景有支道林、还有戴颙、王羲之等。

司空曙有"旧依支遁宿,曾与戴颙来。今日空林下,唯知见绿苔"(《过坚上人故院与李端同赋》)用来表达故友之情。孟浩然:"晚憩支公室,故人逢右军。"(《同王九题就师山房》)这里的支公室,带有支道林隐居玄谈的虚静,又有逢像王羲之一样志同道合的故友的惊喜。孟浩然的隐逸诗里,正如葛晓音先生所说:"阮籍的放达、支遁的虚寂、陶潜的高节和右军的风雅被他和谐地统一在隐居生活中。"①玩味此诗,正有此意。

---

① 葛晓音:《山水田园诗派研究》,沈阳:辽宁大学出版社,1993 年,第 199 页。

### （四）刘郎阮郎

刘阮遇仙的故事最早见于南朝刘义庆的《幽明录》，刘、阮二人在天台山采药而迷了路，遇到了两个仙女的搭救，两人后来都在天台山洞里和这两个仙女成了婚。半年后回到家乡才发现已物是人非，已过十代矣。这故事的发生地就是浙江的天台山。在《唐诗之路唐诗总集》里，三十五首有关天台山的诗里，几乎都自觉或不自觉地涉及到刘阮二人的故事，所以，天台山和仙道划上了等号，成为唐代企及追慕的地方。许浑在《早发天台中岩寺度关岭次天姥岑》一诗云："来往天台天姥间，欲求真诀驻衰颜。星河半落岩前寺，云雾初开岭上关。丹壑树多风浩浩，碧溪苔浅水潺潺。可知刘阮逢人处，行尽深山又是山。"这里是景色与刘阮故事融为一体，平添了许多仙风道骨。另外还有顾况的"行到三姑学仙处，还如刘阮二郎迷"（《寻桃花岭潘三姑台》），曹寅的《刘阮洞中遇仙子》《仙子送刘阮出洞》《仙子洞中有怀刘阮》《刘阮再到天台不复见仙子》《刘晨阮肇游天台》等都是行游天台，有感于刘阮故事的诗篇。天台山也因为刘阮故事而令唐人痴迷，表现了唐人道家精神的追求。

## 二、魏晋情结的文化内涵

"山不在高，有仙则灵"。山水再秀美，没有人文的内涵，总是少了些许精神气质，而浙东的这些名山秀水，因为这些文化内涵而更加张扬了它的灵性。唐代诗人在领略自然山水的精美中与古代圣贤进行心灵的对话。不仅赋予了这些山水更丰富的内涵，也揭示了唐代诗人在精神层面与魏晋名士的产生的共鸣。从上面王谢、支公和刘阮的故事在唐诗之路上的反映可以看出：

### （一）儒道佛的结合在追慕魏晋风尚方面也表现了出来。

浙东这一片土地，有王谢诸名士的桃花园之隐，而这隐中又蕴含着"东山高卧时起来，欲济苍生未应晚"的一面；有支公的谈道入玄、援佛于理，佛道融合；也有以刘阮故事为烘托的浓浓的神仙道化色彩。儒道佛三者在这里竟然这么有机地又天衣无缝地结合了起来。唐代社会政治开明,从统治者唐太宗李世民开始,在意识形态领域就奉行着三教并行的政策。唐代儒学的复兴始自开国之初,唐太宗吸取隋朝灭亡的教训,命经学大师颜师古考定五经,敕撰《五经正义》,加强统治思想的教育。从唐代的佛经抄写之风盛行和寺庙林立可以看出,唐代帝王礼僧敬佛,支持佛教,以致佛事繁兴。道教也因统治者的大力推崇被奉为国教。因而儒道佛三教在唐代走向了调和,和谐发展。唐代诗人在浙东之地吟咏山水,钦慕魏晋名士,也正是儒道佛三种思想在一个个诗人个体身上的体现。他们身在儒家的致仕思想之中,积极进取;又向往道教的求仙访道,漫游大山名川;在这之中,他们又始终为自己内心保留一片佛教圣地来净化自己的心灵。唐代诗人漫游到山岳神秀、溪海瑰富、人神壮丽的浙东之地,这里曾经的王谢诸公正是把儒道佛三教思想完美诠释的化身,因而对他们极力称赞和歌咏,并心向往之,产生心灵的对话和共鸣就是那么自然地了。

### (二) 家族意识

虽然经过南北朝庶族势力的强化和隋末农民起义的打击,但唐代的门第观念、世家大族的家族意识还是相当明显的。唐太宗时修《氏族志》,虽然客观上打击了旧士族的势力,但实际上也培养了新的士族,是统治阶级士族门阀内部的调整。武则天因庶族的门第,低微的出身,饱受流俗所轻,她当政以后所修《姓氏录》虽志在提高新兴士族的地位,但也是新旧势力内部的博弈,直至晚唐时期的"牛李党争",也是传统的关东士族与武周后新士族阶层的矛盾集中爆发。可见唐代的士族观念已然十分强烈。这种观念意识也根植于每位诗人的头脑之中。因而,王谢士族大家的身份,也契合了唐人的家族意识。在自然山水中净化自己的心灵,在引用名士中提升自己的境界。世家大族的身份意识仍是唐代诗人所追慕的潜意识。唐人所歌咏的魏晋名士则是身份、才学和理想的化身。

### （三）以隐为仕

闻一多先生在《唐诗杂论》中说："当巢由时向往着伊皋，当了伊皋，又不能忘怀于巢由，这是行为与感情间的矛盾。在这双重矛盾的夹缠中打转，是当时的一般的现象，反正用诗一发泄，任何矛盾都注销了，诗是唐人排解感情纠葛的特效剂，说不定他们正因有诗作保障，才敢于放心大胆的制造矛盾，因而那时代的矛盾人格才特别多。"①闻一多先生谈到的唐代诗人的这种矛盾人格，正是因为"内隐"变成了唐人的一种情结，他们以隐为名，自由放任。在隐逸中，内心真切关注的是回归仕途。即"身居庙堂，心在南山"的普世追求成了一个时代的风气。在这种风气的影响下，追慕魏晋之隐成为了唐代诗人的一种崇高的精神上的道德境界的追求。唐代统治者每每征召隐士，以表达乐善求贤之意，这种对隐士的礼遇是这种风尚形成的强大动力。

如上文所举唐诗中对东晋名士谢安的钦羡，因为谢安不仅隐了，而且仕了，既有隐士之名，又有入仕之举，这恐怕是唐朝诗人最看重的。像诗仙李白，他在失意时、得意时、寂寞时、热闹时，都能想到精神前贤谢安。李阳冰在《草堂集序》中说："丑正同列，害能成谤，帝用疏之。公（李白）乃浪迹纵酒以自昏秽，咏歌之际，屡称东山。"李白的咏歌纵酒，像谢安一样的离别，也期望着能成就谢安一样的功业，可惜未竟。"'东山'是和谢安这样一位政治家的名字结合在一起的，向往东山，既有隐的一面，又有打算待时而起的一面。'东山高卧时起来，欲济苍生未应晚。（梁园吟）'东山之隐，还保留着这样一种情愫。"②鲁迅先生说："登仕，是啖饭之道，归隐，也是啖饭之道。假如无法啖饭，那就连隐也隐不成了。"③唐代诗人悠游山水，沉迷浙地，追慕魏晋风度，正是求得宦途与隐逸的完满结合。

除上述文化内涵外，浙东之地独特地风光和魏晋名士的结合，及迤逦多姿的

---

① 闻一多：《唐诗杂论》，合肥：安徽人民出版社，2013年，第33页。
② 萧涤非等：《唐诗鉴赏辞典》，上海：上海辞书出版社，1999年，第353页。
③ 鲁迅：《魏晋风度及其他》，上海：上海古籍出版社，2010年，第226页。

风景和自由任性的魏晋风尚结合起来的浙东之地,成为了唐代诗人梦寐以求的安顿心灵的理想之地。这里有令人陶醉和流连忘返的景色,这里浸润着深厚的文化内涵,这里既远离政治,又若隐若现,这里是他们的精神家园。

# 李白的足迹

## ——"东涉溟海"再辨

滕春红[①]

（中国计量大学人文与外语学院）

**摘　要：**围绕李白"东涉溟海"之"溟海"的具体所指,学术界的研究大致有三种观点:扬州说,越中说,大海说,这些观点都有值得质疑之处。据现有的材料看,此处之"溟海"有可能指现温州龙湾附近海域。

**关 键 词：**李白　东涉溟海　剡中　谢灵运

李白在作于开元十八年的《上安州裴长史书》一文中自述其出蜀漫游经历时,有"乃杖剑去国,辞亲远游,南穷苍梧,东涉溟海"的说法,说明其远行的足迹,以述其"大丈夫必有四方之志",因为"东涉溟海"涉及李白第一次漫游远行向东所至问题,因此这句话为历来李白行迹考证家引证。

但是,关于此行"东涉溟海"中"溟海"所指的具体地点,学术界却一直存在着争议,莫衷一是。大致来说,目前大致有三种不同的观点:"扬州"(广陵)说、"大海"说,越中(剡中)说,等等。因为涉及到李白首次漫游的行迹、入越的时间等问题,根据笔者的考察,这个问题有重新探讨的必要。

---

① 作者简介:滕春红,文学博士,现为中国计量大学人文与外语学院副教授。

## 一、"东涉溟海"问题的研究现状

### 1. 扬州("广陵")说

这种观点提出的最早,持之者甚众。第一个提出者是清代的王琦,他在《李太白年谱》中认为李白出蜀后"东涉溟海"的行踪只到广陵为止,之后便向西而行[1](P1579)。① 此后,詹锳《李白诗文系年》[2](P5)②、郭沫若《李白与杜甫》[3](P401)③、王辉斌《李白东涉溟海未至剡中考辨》[4]④、王运熙、李宝均的《李白》[5]⑤(P21)、日本学者笕久美子《李白年谱》[6]⑥等研究,都承此说。而周勋初等人所作之《李白》中,对于李白此行是否在扬州之后有越中之行并未明确地说明,只是泛泛地说他"漫游吴越"[7]⑦[P52—55]。可见,在早期的研究中,扬州说更为学者们认可。

### 2. 大海("东海")说

有人认为李白所谓"溟海"乃一般的虚指,就是通常所说的大海,至于所指何处,难以论定。比如刘友竹认为,"溟海就是大海,与内陆地区称'淮海'、'汝海'、'秦海'者迥异。"李白此行不仅游览了越中各地,而且登上了天台山,所以才能够"凭高远登览,直下见溟渤"(《天台晓望》),还有《早望海霞边》等诗,均能证明此次远行,李白确实已经行至海边,这才是真正的"东涉溟海"。⑧ 另外,卢燕平也曾很模糊地说明李白"东涉溟海"已至东海之滨,但是她似乎认为此次李白所涉之海是扬州再往东之海域⑨,因为二者都缺乏有力的论证,且描述模糊,所以一

---

① 李白著,(清)王琦注:《李太白全集》,北京:中华书局,1977年,第1379页。

② 詹锳:《李白诗文系年》,北京:人民文学出版社,1984年,第5页。

③ 郭沫若:《李白与杜甫》,北京:人民文学出版社,1971年,第401页。

④ 王辉斌:《李白东涉溟海未至剡中考辨》,《成都大学学报(社会科学版)》,1988(Z1)。

⑤ 王运熙、李宝均:《李白》,上海:上海古籍出版社,1979年,第21页。

⑥ [日]笕久美子著,王辉斌译:《李白年谱》,《宝鸡文理学院学报(人文社会科学版)》,1998(2)。

⑦ 周勋初、童强:《李白》,南京:南京大学出版社,2008年,第52—55页。

⑧ 刘友竹:《李白初次出峡时间及其后短期游踪别考》,《成都大学学报(社会科学版)》,1991(2)。

⑨ 卢燕平:《李白与海》,《宁波大学学报(人文科学版)》,2010(9)。

直以来不为学界重视。

3. 越中("剡中")说

这种说法由黄锡珪首创,他在《李太白年谱》中认为李白在开元十五年秋至扬州以后,并未西行,而是于第二年秋天向东南行至越中各处,直至开元十七年春天之后才西行岳阳,泛游洞庭。[1] 但是他的说法因为缺乏实据论证,所以一开始应和者不多。但在 1982 年,郁贤皓先生考证云:如果李白此行只到扬州为止,似乎不能算是"东涉溟海",而李白在《初下荆门》一诗中又有"此行不为鲈鱼脍,自爱名山入剡中"之句,似乎游览剡中是李白此行的既定计划。同时李白《别储邕之剡中》诗有云:"借问剡中道,东南指越乡",这应当是初往越中之作。再者,李白在《早春江夏送蔡十还家云梦序》中曾说:"秋七月,结游镜湖。……无使耶川白云不得复弄尔。"句中之"复弄"二字,也说明此前李白已到过越中[2]。这个观点相比黄锡珪的首创,已有较为翔实的论证。

1988 年竺岳兵先生发表了《李白"东涉溟海"行迹考》一文,确实是一篇掷地有声的力作,他提出"溟海"即"剡中"一说,更是将李白"溟海"具化为越中,他的主要论据有四点:(1)《海内十洲记》中解释"溟海":"圆海,水正黑,而谓之溟海。"溟海即圆海,这是指水的周边有大山,有水流与大海交换通畅的海的意思。唐代时,剡中盆地尚是湖泊遍布,时有海水倒灌。(2)李白有很多诗句如"揭来游闽荒,扪涉穷禹凿","我昔东海上,……亲见安期公",以及《访戴昔未遇》等作于天宝元年以前的诗和诗句,均能证明他早已到过越中地区。(3)《淮南卧病书怀寄蜀中赵征君蕤》一诗,应是自越中返回扬州以后所作,理由是"吴会一浮云,飘如远行客"的中的"吴会"指的是长江以南,不是江北的扬州。(4)任华《杂言寄李白》中之"中间闻道在长安"之句之前,写有李白"登庐山,观瀑布""登天台、望渤海"之句,说明李白在长安供奉翰林以前已到过浙东地区。

竺岳兵先生的观点不仅有李白与同时期其他诗人诗歌的互证,而且有地理上的考察论证,更为详尽地考证了李白此次"东涉溟海"的行迹,以及"溟海"为剡

---

[1] 黄锡珪:《李太白年谱》,北京:作家出版社,1958 年,第 7 页。
[2] 郁贤皓:《李白出川前后事迹考辨》,《苏州大学学报(哲学社会科学版)》,1982(2)。

中的观点，第一次明确提出"溟海"的确切地点，不失为一种创举，由此延伸，他又提出了一条已被历史淡忘的唐代诗人浙东路线。①② 应当说，关于"溟海"实际所指的问题，这是一次大大的进步。正因如此，这个观点开始受到学术界的认可，特别是安旗主编的《李白全集编年注释》(1990)中，已将李白此次"东涉溟海"的行迹延伸到了越中地区③。同时，在李白与浙江的相关研究中，这个观点已被姜光斗、蒋志、刘友竹、李清渊、王伯奇、韩国的吴允淑等人吸纳，渐渐成为学界关于此问题的主流观点。

另外，2013 年查屏球先生在其《盛唐诗人江南游历之风与李白独特的地理记忆》(《文学遗产》2013 年第 3 期)一文中也认为李白"南穷苍梧，东涉溟海"指的是他初游越中之事，但他借对李白《送王屋山人魏万还王屋并序》的考论，得出了一个超越前人的结论，那就是李白首次来浙江就曾"由天台海行至温州，再经丽水到金华"，这对李白初游浙江的足迹所至的考察是一个新的突破。

## 二、对东涉之"溟海"是剡中盆地的质疑

综合之前各家学说来看，对于李白"东涉溟海"的"溟海"具体所指，学术界已经有了渐趋统一的认识，那就是李白此行的终点绝对不止是扬州，而是到达过越中地区，这是可以确证的，问题在于，"溟海"指的到底是不是竺岳兵先生所说的剡中盆地？根据现有的材料来看，恐怕剡中盆地的说法还是值得怀疑的：

首先，竺岳兵先生论证的最为关键的证据是，根据托名汉东方朔写的《海内十洲记》对"溟海"的注解："圆海，水正黑，而谓之溟海也。"也就是说溟海就是"圆海"，指"海的周边有大山，有水流与大海交换通畅的意思。"而古代的剡中，"从地形地貌看，它的西南面有会稽山，东北面有四明山，东南面有天台山，封坼着盆地，在四明山与会稽山交接处，峡谷绝壁悬天，据宋高似孙撰《剡录》记载，禹时曾

---

① 竺岳兵：《李白"东涉溟海"行迹考》，《唐代文学研究》1988 年第 1 辑，第 229—241 页。
② 竺岳兵：《唐诗之路唐代诗人行迹考》，北京：中国文史出版社，2004 年，第 33—38 页。
③ 安旗主编：《李白全集编年注释》，成都：巴蜀书社，1990 年。

经人工修凿,凿成后,称'禹凿'(今禹溪),它是出海口。现在禹凿的河床,比海面只高出五、六米,这是海陆变迁的结果,这种状况,完全符合'溟海'的构成条件"。再加上附近岩石多为大海中所见,所以从地理上来说,剡中盆地远古以前就是大海。[①] 这种解释能充分证明古代的剡中是一个著名的盆地,但是至于它是否就是李白东行所及之"溟海",依然不能令人信服,从整个浙东地区的地理地貌特征来看的话,除了高山之外,低洼之处似乎都带有着古海的遗迹,不能就此说明"溟海"就是剡中。

其次,竺先生又提出第二个方面的论证,那就是唐宋时期人们多用"溟海""东溟"一词称呼剡中地区,如唐代贯休有诗:"微日生沧海,残涛傍石城",寒山诗云:"平野水宽阔,丹丘连四明",说的都是唐代剡中地区依然保留着溟海余色。而储光羲所说之"越城邻渤澥",王十朋《会稽风俗赋并序》云越城为"此枕溟祗渤之邦",元稹《渡汉江》云:"鲸鲵归穴东溟溢,又作波涛随伍员",孙逖《和登会稽山》:"会稽碧湖上,势入东溟尽",等等诗句,都能证明"今天的剡中盆地,在宋、唐以前,人们确实视为溟海。"[②] 从这几个仅有的例证去说明剡中盆地就是"溟海"仍然是不够的,因为我们可以从唐宋的史料和诗文中找到大量的"溟海"的例子,其所指并非是现在的越中。单就李白诗中就有大量的"溟""海"之意,均不指越中,如《古风》:"黄河走东溟,白日落西海",《上云乐》:"西海栽若木,东溟植扶桑",《九日登山》:"连山似惊波,合沓出溟海",《淮海对雪赠傅霭》:"朔雪落吴天,从风渡溟渤",《赠僧朝美》:"水客凌洪波,长鲸涌溟海",《同族弟金城尉叔卿烛照山水壁画歌》:"却顾海客扬云帆,便欲因之向溟渤"等等。更何况储光羲、王十朋等人诗文中"溟渤"所指涉之区域,更近似于现在的杭州湾,而孙逖诗带有夸张之意,说会稽山脉向东延伸至大海。

再次,竺先生的第三个论证就是李白自己的描述,如《赠崔侍御》中的"故人东海客",崔为会稽人,所以李白在这里称会稽为东海;《送友人寻越中山水》"东海横秦望"中是李白把会稽山的两面都称作海;《杭州送裴大泽赴庐州长史》"东

---

① 竺岳兵:《李白"东涉溟海"行迹考》,《唐代文学研究》1988年第1辑,第30页。
② 竺岳兵:《李白"东涉溟海"行迹考》,《唐代文学研究》1988年第1辑,第230—231页。

越海门深",东越即为剡中;《古风·二十八》"东海沈碧水"是说其隐于越中,而"碧水"乃是形容越中海色。[1] 这些解释都比较牵强。古人以东海泛称居于东部海滨之人乃是常见的事例,比如李白诗中就有以"东溟"为称呼的例子:"莫持西江水,空许东溟臣"(《赠友人三首》之三),"开吴食东溟,陆氏世英髦"(《叙旧赠江阳宰陆调》)。如果说《赠崔侍御》中的"东海"指的是会稽的话,那么《古风·二十八》的"东海"怎么又是越中了呢?《送友人寻越中山水》中的"东海横秦望",说的是秦望山座落在东海之滨,而非会稽山的两面都是海。既然"东越海门深"描述的是剡中的海景,那么会稽也不会是东海。另外,竺文中对《古有所思》"我思仙人乃在碧海之东隅"的解释:"碧海"即越中,"东隅"即剡中,再加上《郢门秋怀》有诗云"徒寻溟海仙",因此便能证明溟海即是剡中,而实际上,前诗指的是东海中寻仙,而非到越中寻仙。虽然李白对越中之仙迹非常神往,但也未必就能说明碧海就是越中,而东隅即为剡中,更不能说明溟海就是剡中了,《海内十洲记》中也有:"东海之东登岸一万里,东复有碧海,广狭浩汗"[2]的说法。

因此,竺岳兵先生的李白"东涉溟海"之溟海为剡中盆地的说法是非常值得质疑的,那么,"溟海"到底指的是哪里呢?它是泛称还是实有所指呢?

## 三、"东涉溟海"之"溟海"的另一个可能

首先,我们可以从"东涉溟海"的出处来考察。李白的这句话语出自《上安州裴长史书》"乃杖剑去国,辞亲远游,南穷苍梧,东涉溟海",指的是他第一次漫游所到之处,"南穷苍梧,东涉溟海"指的是他向南、向东到达的最远边界。翻检李白诗文可以发现,"苍梧"和"溟海"两地在李白的人生行迹中占据着很重要的地位,除了"南穷苍梧,东涉溟海"的对用之外,李白在其他诗文中也经常以二地对用,足见这两地在李白心中之重要,如《郢门秋怀》:"空谒苍梧帝,徒寻溟海仙",另有《同友人舟行游台越作》:"《怀沙》去潇湘,挂席泛溟渤",《自巴东舟行经瞿塘

---

① 竺岳兵:《李白"东涉溟海"行迹考》,《唐代文学研究》1988 年第 1 辑,233 页。
② 李白著,(清)王琦注:《李太白全集》,北京:中华书局,1977 年,第 241 页。

登巫山最高峰晚还题壁》："望云知苍梧,记水辨瀛海"等等,由此可见,苍梧、溟海
二地给李白的震颤、感动,使他不时将其作为情感抒发的对象。根据学术界的最
新研究已知,"苍梧"为"现在的湖南九嶷山地区,这里是传说中的舜帝长眠之
地",显然李白至"苍梧"是为凭吊舜帝而来,另外,湘水流域又是当年屈原流放和
投水之地,李白一生对屈原也是非常敬仰的。① 可见,"苍梧"并非虚指,李白此
行"南穷苍梧"是有着切实的目的,那就是凭吊舜帝和屈原。以此来推论,他"东
涉溟海"之行,应当也并非虚指看大海,也应有现实的目的地。如果说"南穷苍
梧"是为了凭吊舜帝和屈原的话,那么"东涉溟海"又是为了追随谁的足迹呢? 从
李白诗中之志来看,则应当是神仙和谢灵运了。李白后期游浙江时曾有《同友人
舟行游台越作》诗云:"楚臣伤江枫,谢客拾海月,《怀沙》去潇湘,挂席泛溟渤。"在
此,李白将"楚臣"屈原与"谢客"对举,众所周知,"谢客"指的是谢灵运,他曾任永
嘉太守,泛游海上,且"拾海月"便语出谢灵运《游赤石进帆海》,谢灵运是李白崇
拜的六朝名士,其诗中常有纪念或化用谢灵运诗名之例,有学者曾进行过统计,
谢灵运出现在李白诗文中多达 25 次②,特别是在江浙一带,徜徉于越山秀水之
间,谢灵运遍游越中的事迹往往萦绕于心。李白《叙旧赠江阳宰陆调》:"挂席拾
海月,乘风下长川。多沽新丰渌,满载剡溪船。中途不遇人,直到尔门前"等诗
例,可见,"东涉溟海",有可能指他曾追随谢灵运的游踪,远涉大海。

我们还可以进一步从李白此处之"溟海"的出处来进行考察,上文提及李白
将"苍梧"与"溟海"对举,李白"南穷苍梧"一句乃套用鲍照《芜城赋》所云之:"南
驰苍梧涨海",又谢朓《别范零陵》中也有云:"洞庭张乐地,潇湘帝子游。云去苍
梧野,水还江汉流",也以"苍梧野"和"江汉流"水面对比,李白"一生低首谢宣
城",鲍照也是他极为崇拜之人,既然"南穷苍梧"为化用鲍照诗句,"溟海"本身极
有可能便是取自谢灵运诗意。因为谢灵运《郡东山望溟海》一诗便直接点明他眺
望的便是"溟海"。

既然李白"东涉溟海"乃为追随谢灵运而来,那么谢灵运诗中所谓的溟海指

---

① 郁贤皓:《李白的潇湘之情探微》,《中国文学研究》,2001(2)。
② 谢宇衡:《李白"一生低首谢宣城"衍述》,《成都大学学报(社科版)》,1997(1)。

的是哪里呢？谢灵运作品中涉及到"溟海""溟渤"的相关意象有《郡东山望溟海》《游赤石进帆海》等诗作。余力曾考证，谢灵运《郡东山望溟海》之"溟海"以及《游赤石进帆海》中所谓"溟涨无端倪，虚舟有超越"，中的一"溟"一"涨"二海，"涨海"在《旧唐书·地理志》中已明确："涨海，在海丰县南五十里"，既然涨海有着现实的特定位置，溟海也就不应是虚无缥缈的。余力又举证说，北宋司马光有《和吴冲卿》一诗中所云："因思瓯闽远，南走侵溟涨"之句，或言溟涨二海，一在东瓯，一在南闽。《越绝书》中讲越王勾践所说越人被吴人所败后，"遁逃出走，上栖会稽山，下守溟海，唯鱼鳖是见"，溟海在会稽之南应当不错。再有，《海内十洲记》所谓之"圆海，水正黑，而谓之溟海也。"古溟海即圆海，而温州附近海域的"瓯海"极有可能就是古代的溟海，因为"瓯"字指的也是圆形的器皿，瓯海与圆海形义相。最后，从"溟"字来说，"溟"是迷濛的状貌，作为瓯海别名的蜃海，命名由来之一，恰是"尝有蜃气凝结，忽为楼台城橹，忽为旗帜甲马锦幔者。"多方论证之后，作者得出结论说："古溟海的海域面积，似应包含今玉环、洞头、南麂诸岛和飞云江、鳌江流域的广大地区"。① 这是一个极为重要的发现，关于谢灵运《游赤石进帆海》中的"赤石""溟涨"等地为现在的温州附近海域还有其他的辅证。"赤石"，根据谢灵运《游名山志》："永宁、安固二县间，东南便是赤石，又枕海。"永宁即是现在的浙江永嘉，安固即浙江瑞安。"帆海"，据宋郑辑之《永嘉郡记》"帆游山地昔为海，多过舟，故山以帆名。"②同时，据考证，"'赤石'与'帆海'是同一地名，在龙湾区帆游山，为大罗山西脉，临海峡的岩石多斑斓紫色，人称'赤石'，今天的帆游山的石头仍多为赤色"③，现温州附近仍有"帆游"地名，可知赤石、帆海均为现在温州龙湾附近海域。关于"溟海"，唐代张又新有《帆游山》诗云："涨海尝从此地流，千帆飞过碧山头。君看深谷为陵后，翻覆人间未肯休。"说的就是帆游山曾经为碧海环绕的景况，"溟海""涨海""溟涨""溟渤"又为古人对大海的通称，因此，谢灵运所游之"溟海"及其"溟涨无端倪，虚舟有超越"之"溟涨"均指温州龙湾附近海域了。

---

① 余力：《"溟海"何海》，《温州晚报》2010 年 2 月 6 日。
② 胡大雷选注：《谢灵运鲍照诗选》，北京：中华书局，2005 年，第 30 页。
③ 项有仁：《您从哪里来——我的龙湾》，《龙湾新闻网》，2009 年 1 月 9 日。

　　如果谢灵运诗中所云之"溟海"为现在温州附近海域的话,那么李白此次入越,是否来到过海边呢? 李白所至之"溟海"是否就是谢灵运所游之"溟海"? 答案是肯定的,这可以从李白的诗中找到答案。

　　首先,今人考证李白首次出蜀就已入越,首要的证据就是《秋下荆门》一诗中有"此行不为鲈鱼脍,自爱名山入剡中"一句,说明到浙江游名山是李白出蜀后的既定计划,认为李白只是到了剡中。但却忽略了其在广陵所作之《送崔十二游天竺寺》中的信息:"还闻天竺寺,梦想怀东越。每年海树霜,桂子落秋月。送君游此地,已属流芳歇。待我来岁行,相随浮溟渤。"此诗安旗将其系于开元十三年,不仅说明了他明年的计划是赴浙江,更点明了此行的目的地是"溟渤",即是赴海边游览,寻神觅仙。

　　其次,李白常有回忆此次溟海之行的诗句,如《题嵩山逸人元丹丘山居并序》中有:"竭来游闽荒,扪涉穷禹凿"之句,郁贤皓认为,此诗当作于开元二十年(732)之后的一、二年内,那么诗中所云之"游闽荒",应当指的就是其开元十四年首次入越后之事,温州是浙江地区最为靠近福建之处,这更能说明李白初入浙江,其足迹绝对不限于剡中地区,而是已远东海了。

　　再次,《秋夕书怀》一诗也值得注意,其中云:"北风吹海雁,南渡落寒声。感此潇湘客,凄其流浪情。海怀结沧洲,霞想游赤城。始探蓬壶事,旋觉天地轻。"王琦注云"海怀结沧洲"之句一作"远心飞苍梧",这里不仅又一次将潇湘与东海对举,紧接着"霞想游赤城"之后,他又回忆起了"始探蓬壶事",或许说的也就是第一次到江浙漫游时的溟海寻仙、名山访道之事。

　　最后,李白《天台晓望》有云:"凭高远登览,直下见溟渤。"此诗乃李白首次入越登临天台山远眺大海之作,与李白同时之诗人任华的《杂言寄李白》一诗也是考证李白在浙江行迹的一则重要材料,据周琦先生考证,此诗能充分证明《天台晓望》一诗作于李白首次登临天台山之时,其中所云之"登天台,望渤海"也确实说明了李白在天台山上的行迹。① 周琦先生曾经就此考证说,"溟渤"也是唐宋

---

① 周琦:《李白游天台山考》,《中国李白研究》1990 年集上。

时期人们对东海的另一种称呼,如唐元和间天台山高道徐灵府《天台山记》载:天台山"南驰缙云,北接四明;东距溟渤,西通剡川"。宋台州州守曾会《台州临海县敕惠安院大佛殿记》云:"临海郡,宅郡山,叠涨海……东则溟渤,西通剡川。"①显然,这里的"溟渤"指的是天台山东面的大海。除《天台晓望》之外,李白的《同友人舟行游台越作》中同样描述了登天台华顶峰远眺东海的场景:"华顶窥绝溟,蓬壶望超忽。"这里的"溟"应当就是天台以东之大海不误。

总之,根据现有材料来看,李白首次"东涉溟海"的"溟海"不是剡中盆地,它应当指的是现在温州龙湾附近的海域,李白首次东行入越的足迹,已越过剡中,来到温州海滨,不仅徜徉山水,访寻灵运游踪,而且溟海寻仙,一探蓬壶之事。

---

① 项有仁:《您从哪里来——我的龙湾》,《龙湾新闻网》,2009 年 1 月 9 日。

# "唐诗之路"之晚明余响

## ——陈洪绶诗歌论析[①]

蔚　然[②]

（中国计量大学人文与外语学院）

晋唐以来，从钱塘江入绍兴古镜湖，而后由曹娥江至剡溪，最后溯源登天台山，这条贯穿浙江东部的古道因其深厚的文化积淀与优美的自然风光，吸引了无数文人墨客游览登临。《全唐诗》收录的 2200 多位诗人中，有 400 多人涉足过这条路线，并留下大量脍炙人口的诗句，形成"浙东唐诗之路"。在这条线路上，绍兴以其优美的风景成为唐诗之路的重要组成部分，包括书法圣地云门古寺（是普济寺、显圣寺等的统称，有"云门六寺"的说法）、佛教圣地天衣寺（法华寺）、嘉祥寺、崇福寺，还有风景名胜镜湖、若耶溪、秦望山、禹陵、兰亭等等。地灵人杰，晚明时期绍兴陈洪绶，就是诞生在唐诗之路上的一代诗人，他的诗作以绍兴地域文化为背景，表现了不同于晋唐时期"唐诗之路"的人文情怀，成为"唐诗之路"时空发展的重要延伸。

陈洪绶（1599—1652），明末清初著名书画家、诗人，字章侯，号老莲，晚号老迟、悔迟，又号悔僧、云门僧。浙江绍兴府诸暨县（今浙江省诸暨市枫桥镇陈家村）人。明亡入云门寺为僧，后还俗，以卖画为生。工诗善书，有《宝纶堂集》传世。由于陈洪绶享誉画坛，诗名为画名所掩，但事实上，其诗作数量众多，内容广

---

① 论文基金来源为教育部人文社会科学研究规划基金/青年基金《明清画家诗歌研究》，项目批准号：12YJC751089。
② 作者简介：蔚然，文学博士，现为中国计量大学人文与外语学院副教授。

博,诸体皆擅,平易而有奇趣,曾为后代诗评家称道。绍兴是陈洪绶的家乡,也是他生活交游的主要地点,所以其很多诗作提及"唐诗之路"所涉绍兴的人文自然景观,如若耶溪、秦望山、兰亭、禹陵、五泄、牛首山、枫溪、永枫庵、梅墅等等。本文特选取陈洪绶诗歌中明确提及"唐诗之路"所涉地点的作品进行分析,探究不同历史时代、文化背景下"唐诗之路"所孕育的不同文学特色。

陈洪绶诗歌作品中①,约有百余首明确提及以上"唐诗之路"所涉地点。与晋唐诗人慕名游览不同,诗人生于斯,长于斯,笔下不仅描绘越地山水秀美的自然风光,也深入到民生、乱离多个社会生活层面。下面就从几个方面来进行分析。

## 一、描写越地自然人文景观

绍兴古称会稽、越州,南宋建炎四年,宋高宗驻跸越州,取"绍奕世之宏休,兴百年之丕绪"之意,下诏从建炎五年正月起改元绍兴,并升越州为绍兴府。明代绍兴府领山阴、会稽、诸暨、萧山、余姚、上虞、嵊县、新昌八县。② 此处山水绝佳,诗人对家乡美景有着敏锐的感受能力,因而吟咏美景的诗篇在其作品中成为相当重要的组成部分。这些诗作对景色的展现是多方面、多角度的,内容丰富深刻。

首先,描写山水风光。

陈洪绶一生除两次上京,短暂居京任职外,大多数的光阴是在家乡度过。他的诗作里描写清幽景致,借以抒发闲适隐逸情怀的作品数量众多。

以五律《晚发山阴》为例。"晚发兰亭道,清凉爱久留。小山皆静邈,疏树亦幽深。车马随行缓,神情似浪游。当垆立小妇,索饮两三瓯。"③小诗以淡墨装

---

① 陈洪绶残留著述由其子孙搜求结集为《宝纶堂集》,吴敢先生以光绪重刻《宝纶堂集》为底本,增加了《水浒叶子》《博古叶子》《筮仪象解》,以及部分轶诗进行编校,本文统计数据即以吴敢先生点校《陈洪绶集》为依据。

② 《明史·地理志》,卷44。

③ (明)陈洪绶著,吴敢点校:《陈洪绶集》,杭州:浙江古籍出版社,2012年,第89页。本文所引陈洪绶诗皆出于此。

点,艺术再现了远山环绕、草木清幽的兰亭景色,淡山疏树,曲径通幽,意境恬淡。同时,闲适静谧的氛围让诗人沉醉其中,不忍遽然离去。又如《到五泄》,"五泄机缘到,今年始一看。奇从意外得,危以兴来安。踊跃登高峰,飞扬渡迅滩。夜归山雨急,相对有余欢。"①五泄山峰奇崛,水流湍急,激发了诗人寻幽探奇的热情,上下攀登,其乐无穷,直到夜逢山雨冒雨而归,仍然难掩兴奋之情。

还有部分诗歌,受其画家观察景物视角的影响,呈现出极强的画面感,达到所谓"诗中有画"的境界。例如《红树》组诗②中,"山家星散栽乌桕,九月尽头处处红。""满山红叶付秋风,两鬓黄花拥醉翁。""苎萝山下红树齐,浣纱溪上红叶飞。"苎萝山在诸暨城外,与浣沙溪相望,相传是西施浣纱处。深秋的苎萝山不再清幽寂静,秋色被满山的红叶点染,绚丽热烈。红叶的"红"与诗中抒情主人公鬓角菊花的"黄"映衬,色彩浓艳,对比强烈,但又色调协调,烘托出隐士寻秋意境,画面感强,恰如南宋萧照的《秋山红树图》,诗中有画,画中有诗。又如《郑履公若耶溪阁杏花盛开大雨见招却书》,"细雨杏花发,种花人闭关。"③淡墨点染一带竹篱,几间茅舍作为背景,院落之中簇簇杏花在蒙蒙春雨中绽放,而柴扉紧闭,主人却未现身。写出了"杏花春意"却又不"闹",隐逸闲适却又并不掩盖诗人对春意萌动的欣喜,如诗如画。此诗得到清初诗坛盟主王渔洋的赞赏。

另外,陈洪绶善于捕捉越地美景最典型的特质,并以最简短的诗句抽象概括,即所谓印象式描绘法。典型的例子如《醉中点韵》,"越水浮罗绮,吴山载管弦。"④诗人仅用五个字,就抓住了越地河流的特征,并进行概括描写。与杭州吴山夜夜笙歌的繁华奢靡相对比,越水清流涓涓,柔美深沉,呈现的是内敛深厚的华美。又如《济宁有感》,"清霜鲁地早,落叶越山多。"⑤悲秋之际恰逢远行,作者思乡之情更浓。免不了把家乡的秋天与客居之地的秋天作对比。鲁地入秋要早很多,已经是清霜满天了,而家乡的秋天却没有这么清冷吧,具有标志性的可能

---

① (明)陈洪绶著,吴敢点校:《陈洪绶集》,杭州:浙江古籍出版社,2012年,第137页。
② (明)陈洪绶著,吴敢点校:《陈洪绶集》,杭州:浙江古籍出版社,2012年,第361页。
③ (明)陈洪绶著,吴敢点校:《陈洪绶集》,杭州:浙江古籍出版社,2012年,第133页。
④ (明)陈洪绶著,吴敢点校:《陈洪绶集》,杭州:浙江古籍出版社,2012年,第163页。
⑤ (明)陈洪绶著,吴敢点校:《陈洪绶集》,杭州:浙江古籍出版社,2012年,第155页。

只是秋叶飘落满山。诗人举重若轻,寥寥数字把家乡的秋天特色概括了出来。《柬愚庵》,"云门月与枫溪月,寺主心同溪友心。应怪只贪湖上月,顿忘老学卧云林。"①对不同地点的风景特征,诗人没有花费过多的笔墨去赘述,只是选取其最有代表性标志性的特点,以"云门月""枫溪月""湖上月"来进行概括,简要而不失神韵。同样的还有《云门寺还》,"昨日云门闻晓钟,今朝秦望坐高峰。"②云门寺为佛门圣地,诗人选取了寺庙里涤人心扉的晨钟来为其形象的缩影,极具抽象性与代表性。秦望为山,则简单地以山峰来指代,两相对比,来让人感受其中发生的时空位移,化具象为抽象。

其次,描写田园生活。

山水与田园相伴相生,陈洪绶关注情致高雅的山水风光,但也没有忽视简朴热烈的村居生活。同样是诗人笔下经常出现的隐居之地秦望山,《入秦望》中烘托的却是另一种风致。"入山春事见,斲笋与收茶。秧未能青浪,田犹存紫花。游盘穷暮景,笑语度轻车。更喜钱多带,村醪竟不赊。"③初春的秦望山别有一番风韵,正值春笋春茶收获时节,禾苗才吐绿,遍布田野的地丁虽过盛花期但还没有开败,一起来装点初春的景象,农人们繁忙而快乐,到处呈现出一派欣欣向荣的春色。诗人享受这这田园生活的悠然与惬意,沉醉其中。生于斯,长于斯,才能以名山圣水为隐逸田园,这种风致是远道跋涉而来的晋唐诗人所不能体会的。又如《永枫庵早起》,"山寺夜话长,起来日满堂。捧腹看云烟,惭愧自纵逸。道人散林间,作劳苦不息。还问常住僧,荷锄已先出。"④天启七年,陈洪绶三十岁,曾为准备参加科举考试而在永枫庵读书。"正月底,先生欲求进取,读书诸暨牛首山永枫庵之东廊。早闻钟鼓辄起读,晚闻之辄罢饮。"⑤永枫庵又名塔山庵,是陈洪绶的家庵,在诸暨牛首山上,陈洪绶还撰文《游永枫庵记》。庵中僧道人众早起荷锄耕种,忙于繁重的农事,又是一派独特的田园耕种图。

① (明)陈洪绶著,吴敢点校:《陈洪绶集》,杭州:浙江古籍出版社,2012年,第319页。
② (明)陈洪绶著,吴敢点校:《陈洪绶集》,杭州:浙江古籍出版社,2012年,第268页。
③ (明)陈洪绶著,吴敢点校:《陈洪绶集》,杭州:浙江古籍出版社,2012年,第89页。
④ (明)陈洪绶著,吴敢点校:《陈洪绶集》,杭州:浙江古籍出版社,2012年,第77页。
⑤ 黄涌泉:《陈洪绶年谱》,北京:人民美术出版社,1960年,第33页。

再次，描写人文景观。

《从六通至法相还饮于高丽》，"六通久茂草，兴复机缘塞。兵乱布施艰，沙弥各乞食。主者为愿公，面亦有饥色。一步不移东，死心穷愿力。佛子之忠臣，我愿生彼国。福利去强暴，法相存千年。……"①其二，"高丽王子寺，东坡为伽蓝。祠因其寺毁，像亦失其龛。不绝唯香火，风雨更不堪。不如突迦神，祀之以美男。余与张明谋，草率结一庵。金钱无半百，栋宇不过三。修竹在直北，古松在直南。直西树蕉梧，直东树香楠。将其高丽诗，镂石为之函。"②六通寺、法相寺、高丽寺都是五代时吴越王所建，当年香火兴旺，盛极一时，宋以后屡有毁建，逐渐衰败。云门寺在绍兴城南三十里的云门山上。诗中描述了晋唐时盛极一时的云门诸寺在明末的衰败情形，是珍贵的资料。

陈洪绶以诸暨人写越地景，其山水田园诗呈现出与客游至此的晋唐诗人不同的风貌，自然而然体现出地域文学特色。

## 二、叙写战乱带来的灾祸

人生无常世事难料，诗人有生之年恰逢鼎革之变。甲申年，崇祯皇帝自缢而死，陈洪绶恰于之前一年由京城返家，隐居绍兴。顺治三年，清兵入浙东，陈洪绶避难绍兴云门寺，削发为僧，自称悔僧、云门僧，改号悔迟、老迟。诗人亲历战乱，用诗歌记录下了乱世之象。

战争使无数百姓蒙难，流离失所。《诸暨道中》记述了这种情形，"竹篱茅舍也遭兵，五十衰翁挥泪行。我有竹篱茅舍在，可能免得此伤情。"③老翁风烛残年失去家园，失去了庇护余生的最后归宿，这是多么令人悲切的事情啊。流离失所固然可悲可叹，但更悲惨的是多少人在乱世性命都不能苟全。《诸暨有警怀先垄》，"计定闻兵乱，血流声满邨。"④《约王予安同入云门为终老之计》，"请观五月

① （明）陈洪绶著，吴敢点校：《陈洪绶集》，杭州：浙江古籍出版社，2012年，第64页。
② （明）陈洪绶著，吴敢点校：《陈洪绶集》，杭州：浙江古籍出版社，2012年，第64页。
③ （明）陈洪绶著，吴敢点校：《陈洪绶集》，杭州：浙江古籍出版社，2012年，第312页。
④ （明）陈洪绶著，吴敢点校：《陈洪绶集》，杭州：浙江古籍出版社，2012年，第170页。

间,千人断其首。"①清兵为了镇压明遗民反抗,大开杀戒,多少百姓因之丧命,情状凄惨,令人不寒而栗。《鹫峰寺即事》,"鹫峰寺里稻花香,战鼓冬冬闻道场。半属军粮半属豆,山僧未必得亲尝。"②连佛门清净之地也未能免灾,寺庙成为驻兵之所,所属田地的出产被抢窃一空充纳军粮。又如《前题》,"半载兵戈隔,一朝挥手难。山中人尽饿,我忍自加餐……"③当时为避兵乱,百姓逃难山中,遂粮米奇缺,有的百姓虽然逃难保得性命,却又不得不遭受挨饿之苦。

诗人还留下许多作品描述战争直接给自己带来的灾难。顺治三年五月底,清兵攻入浙东时,陈洪绶被大将军固山所掳,因拒画险遭杀害。同年六月,为避兵火,入云门寺为僧。后又于九月举家迁居秦望山麓的薄坞。此时时事危难,诗人也饱尝了诸般生活艰辛。如《留鲁仲集季栗表弟家却赠》其二所描述,"乏钱沽酒病相凌,酒量因之亦不胜。随意杯盘芦被卧,或时杖履草登堂。年将知命耕无力,运值龙蛇多浪称。焉得平安度晚景,索予书画辄能应。"④避难山中,本来连移家的资财都是靠朋友赠送的,此时贫病交加,躬耕无力,卖画无方,生活就更加艰辛了,无钱沽酒,睡卧芦被。可是,这还不是最艰难的时期。《王公路见赠银烛却寄》,"生平无善状,不敢嗟辖轲。饥饿万山中,将及采山果。时有好容颜,泉石幽处坐。王生非富翁,野鬼复窥祸。左右枝梧中,乃心切顾我。银烛远寄将,繁情不胜荷。雪夜读楞严,苦于无灯火。课程蜡底尽,苦于腹不果。二事都苟完,老翁岂容情。"⑤此时诗人的物质生活更加贫困,隐居山中,夜晚的灯烛都置办不起,朋友的周济如雪中送炭一般及时,让诗人感动不已。与食物比起来,酒、烛已经算是奢侈品了,如《道安惠米》,"饥饿忧愁中,商君米见贻。儿子手加额,人天路不遗。是非□心血,作餙分一匙。听之虽可笑,然而大可悲。乞食于其父,艰难乃如斯。辄做一顿饭,儿便连手驰。……"⑥战乱使得物资极大匮乏,一段时

① (明)陈洪绶著,吴敢点校:《陈洪绶集》,杭州:浙江古籍出版社,2012年,第67页。
② (明)陈洪绶著,吴敢点校:《陈洪绶集》,杭州:浙江古籍出版社,2012年,第296页。
③ (明)陈洪绶著,吴敢点校:《陈洪绶集》,杭州:浙江古籍出版社,2012年,第382页。
④ (明)陈洪绶著,吴敢点校:《陈洪绶集》,杭州:浙江古籍出版社,2012年,第251页。
⑤ (明)陈洪绶著,吴敢点校:《陈洪绶集》,杭州:浙江古籍出版社,2012年,第82页。
⑥ (明)陈洪绶著,吴敢点校:《陈洪绶集》,杭州:浙江古籍出版社,2012年,第83页。

间避难山中,已经到了断炊的境地,饥饿如阴云一般笼罩着全家。看到好友送来的米,小儿子兴高采烈,"手加额","连手驰",仅仅为一餐饭而欢呼至此。摹其最凄惨状莫过《做饭行》,其诗有序,"山中日波波三顿,鬻图画之指腕为痛焉。儿子犹悲思一顿饭,悲声时出户庭,予闻之凄然,若为不闻也者。商纲思闻之,以米见饷,此毋望之福也,犹不与儿子共享毋望之福哉? 乃作一顿饭,儿子便欢喜踊跃,歌声亦时出户庭。今小民苦官兵淫杀有日矣,犹不感半古之事功否? 感赋。"①其诗并序细致地描绘了陷入饥饿境地的逃难生活,并对不作为的鲁王官兵提出谴责,生动凄绝。周作人对此诗颇多感触与赞赏,曾多次提及。②

饱受战乱之苦的煎熬,陈洪绶无时无刻不对太平充满了期望。《人云门化山之间觅结茅地不得》其二,"椒红桂白觥秋半,半百临身始自哀。世寿几何僧腊促,霜钟深省我驽材。买山钱少求人耻,卖画途多遇乱来。昨梦太平归故土,缮经台有读书台。"③为了避难,诗人打算移家入山。可是遍寻云门山中,却找不到能够筑几间茅舍庇护家人的立锥之地。面对人生绝境,陈洪绶无奈地把对太平的期望投射到梦中,多么令人唏嘘叹惋。又如《书青藤书屋》,"青藤书屋少株梅,倍忆家山是处开。若得兵销农器日,荷锄移彼数株栽。"④此时陈洪绶为了卖画方便,由秦望山中移入绍兴城中的青藤书屋,酷爱梅花的诗人展开遐想,若待太平时景,一定要把薄坞山居处的梅花亲自移植几株陪伴自己。只是,这个愿望不知何时才能实现!

特殊历史时期发生在"唐诗之路"的历史事件,使陈洪绶笔下的诗歌承载了丰厚的社会内容,拓展了"唐诗之路"诗歌的表现力。

### 三、抒写亡国之痛

明亡之际,陈洪绶以遗民自居,痛惜山河破碎,国家覆灭。《过祁文载叔侄即

---

① (明)陈洪绶著,吴敢点校:《陈洪绶集》,杭州:浙江古籍出版社,2012年,第379页。
② 布谷:《周作人与陈洪绶的〈避乱诗〉》,《江南晚报》,2013年6月9日。
③ (明)陈洪绶著,吴敢点校:《陈洪绶集》,杭州:浙江古籍出版社,2012年,第261页。
④ (明)陈洪绶著,吴敢点校:《陈洪绶集》,杭州:浙江古籍出版社,2012年,第346页。

用其韵》,"裂冠焚砚作舟师,剩水残山能几时?"①其中"剩水残山"出自辛弃疾《贺新郎》,"……剩水残山无态度,被疏梅料理成风月。两三雁,也萧瑟。……"表现作者对山河残破的惨痛之情。《还自武林寄金子偕隐横山》,"眼底故山新主地,箧中新哭故君诗。"②大好河山今日易主,亡国之痛令诗人不能自已。《留鲁仲集季栗表弟家却赠》,"龟鼎全移下越城,去城廿里不知兵。彼时自分膏刀斧,岂谓皆存老弟兄。秉烛莫寻羊骨髓,佳山还缺露葵羹。艰难此会宜沉醉,醉后休题亡国情。"③这种痛切之情深入骨髓,死里逃生有幸与朋友鲁仲集鲁季栗相聚,大家都宁愿长醉不醒不愿正视沉痛的现实。同样,在《丙戌夏悔逃命山谷多猿鸟处便薙发披缁,岂能为僧借僧活命而已。闻我予安道兄能为僧于秀峰猿鸟路穷处,寻之不得,丁亥见于商道安珠园书以识怀》,表露的是相同的意思。"拟从泉台会,复在山水好。意外得朋友,喜都不悖道。剃落亦无颜,偷生事未了。幸吾五十人,急景可送老。旧年拨秋云,寻君颇烦恼。同衾盘石思,妄想岂蓬岛。不过数株松,小屋一把草。"④敌军破城而能够逃得性命并与好友王予安不期而遇,本应充满再世为人的喜悦,但这种喜悦却被强大的道德谴责冲淡了。诗中"无颜""偷生"明确写出了国破家亡而自己不能殉国的愧悔之意。又《青藤书屋示诸子》,"……乱世无德人,无可邀天福。"⑤更明确的评价自己是身处乱世的"无德"之人。

国破的沉痛心情,随即引发的是诗人对自己存在价值的否定。《云门寺九日》,"九日僧房酒满壶,与人听雨说江湖。客来禁道兴亡事,自悔曾为世俗儒。枫树感怀宜伏枕,田园废尽免追呼。孤云野鹤终黎老,古佛山癯托病夫。"⑥《重□院住足》,"少想山居老遂心,可怜避乱借禅林。僧虽酒肉忘名利,寺阅兵戈历古今。亡国泪干随画佛,首丘念绝望遥岑。为人君父都违教,也似霜臣泽畔

---

① (明)陈洪绶著,吴敢点校:《陈洪绶集》,杭州:浙江古籍出版社,2012年,第240页。
② (明)陈洪绶著,吴敢点校:《陈洪绶集》,杭州:浙江古籍出版社,2012年,第241页。
③ (明)陈洪绶著,吴敢点校:《陈洪绶集》,杭州:浙江古籍出版社,2012年,第250页。
④ (明)陈洪绶著,吴敢点校:《陈洪绶集》,杭州:浙江古籍出版社,2012年,第60页。
⑤ (明)陈洪绶著,吴敢点校:《陈洪绶集》,杭州:浙江古籍出版社,2012年,第75页。
⑥ (明)陈洪绶著,吴敢点校:《陈洪绶集》,杭州:浙江古籍出版社,2012年,第249页。

吟。"①陈洪绶仕宦并不得意,一生两度入京,终为画名所累铩羽而归,但他深受儒家思想浸染,胸怀抱负,有国家民族大意。国破之时,刘宗周、祁彪佳、祝渊等师友相继殉国,在这种情形下,陈洪绶对于自己苟存性命每有愧意。《太子湾识》中,"自丙戌夏五月晦始,每经前朝读书处,则不忠不孝之心发,而面赤耳热,视其身至舞象孙供奉之不若矣。"②诗人年少时师事蕺山学派开创者刘宗周,又以大儒黄道周为师,刘宗周于弘光元年杭州城破后绝食二十三日乃死,黄道周亲自率兵抗清,被捕后于隆武二年就义。儒家思想的忠孝观以及师友的表率作用,无不使暂寄性命于尘世的陈洪绶饱受心灵的折磨。《春雪》诗中,陈洪绶对忠孝问题进行了探究。"……道德不被身,不宜有所怃。道德既被身,不宜有慰所。败道丧德身,饥饿岂无谓。汉王灭项羽,持头降鲁城。刀戟且加颈,犹闻弦诵声。我国既云破,我曾为儒生。可怜数稚子,读句都未成。口授数十言,礼仪初讲明。他日学农圃,何用记姓名。农圃知礼仪,与物无可争。不贻父母忧,老景则自荣。书声响雪山,宁不移我情。"③《史记》记载,"项王已死,楚地皆降汉,独鲁不下。汉乃引天下兵欲屠之,为其守礼义,为主死节,乃持项王头视鲁,鲁父兄乃降。始,楚怀王初封项籍为鲁公,及其死,鲁最后下,故以鲁公礼葬项王穀城。"④诗人用典来阐明读书的重要性,读书才会知礼仪,知礼仪才会重名节,不至于德行沦丧,就如鲁城的老百姓一样,因读书而有气节。随即转向对自身的道德拷问。诗人开始并不回避直面现实,国已破,"我"亦曾为"儒生",那么理当知礼仪重气节,然而拷问到此戛然而止,刚刚开始就已经结束,宕开一笔,又提到自己年幼的儿子。也许,陈洪绶是在暗示诸子年幼也是妨碍自己殉国的重要原因吧。在这种闪烁其词的剖析中,诗人对自己心念俱灰,把希望投射到教子知礼仪上。然而,尽管陈洪绶内心充满自责与愧疚,但后人对他的气节评价颇高。陈洪绶死后不久,即配享刘宗周祠。对十此事,全祖望在《刘宗周祠堂配享碑》中评论道:"蕺山

---

① (明)陈洪绶著,吴敢点校:《陈洪绶集》,杭州:浙江古籍出版社,2012年,第251页。
② (明)陈洪绶著,吴敢点校:《陈洪绶集》,杭州:浙江古籍出版社,2012年,第23页。
③ (明)陈洪绶著,吴敢点校:《陈洪绶集》,杭州:浙江古籍出版社,2012年,第84页。
④ 《史记·项羽本纪》。

弟子,玄趾与章侯最为畸士,不肯怙怙就绳墨。玄趾死,章侯不死,然其大节未尝有愧于玄趾。"①玄趾即陈洪绶的亲家王毓蓍,南京城破时投水殉国而死。在后人的眼里,陈洪绶的民族气节并不输与殉国之士。

## 四、记述真挚的友谊

陈洪绶交游颇多,居乡时与王予安、鲁仲集、朱集庵、陶去病、祁彪佳、祁豸佳、赵公简相友,入京与周亮工、倪元璐、刘宗周、黄仲霖等交厚,很多诗文都记述了他与师友的真挚情感。而带有"唐诗之路"地域文学色彩的自然是诗人乡居时期的作品。如《癸酉暮冬送赵子公简还》,"与子为兄弟,所赖经相畬。是以携子来,溪上就小庐。朝时攻子文,日暮读我书。研幽复义解,此来当不虚。"②"赵公简名广生,山阴人,从学刘宗周,为文高古曲折,有集六卷行世。"③陈洪绶亦曾受业于刘宗周,二人相互切磋,印证学问,结下深厚的友情。陈洪绶与同为"云门十才子"的鲁仲集友情深厚,有多首诗提及他们的友谊。《留别鲁仲集还秦望》,"可叹老鬏头,累人何日休。无书亲赠与,阙米友相瞒。世法涂鸦报,僧规念佛酬。讲堂椒柏酒,留我两三瓯。"④《怀季栗》,"若耶溪头老太史,乌帽白栏钓秋水。"⑤《留别鲁仲集季栗兄弟还秦望即约新春入城卖画》,《再访朱集庵于禹陵》,"久病难行远,重为老友过。霜林常习惯,风水亦吟哦。年暮当完聚,时光能几何。石交无道德,来往也宜多。"⑥

真挚友谊还体现在危难之时的帮助,对于朋友的热心帮助,陈洪绶真心感动,以诗歌的形式定格了真挚的友情。《卜居薄坞去祖垄三四里许感祁寄超奕远叔侄赠赀》,"移家仗亲友,守墓近松楸。"⑦从诗中可以看出,陈洪绶入山筑屋供

---

① 黄涌泉:《陈洪绶年谱》,第181页。
② (明)陈洪绶著,吴敢点校:《陈洪绶集》,杭州:浙江古籍出版社,2012年,第63页。
③ 黄涌泉:《陈洪绶年谱》,第46页。
④ (明)陈洪绶著,吴敢点校:《陈洪绶集》,杭州:浙江古籍出版社,2012年,第166页。
⑤ (明)陈洪绶著,吴敢点校:《陈洪绶集》,杭州:浙江古籍出版社,2012年,第226页。
⑥ (明)陈洪绶著,吴敢点校:《陈洪绶集》,杭州:浙江古籍出版社,2012年,第168页。
⑦ (明)陈洪绶著,吴敢点校:《陈洪绶集》,杭州:浙江古籍出版社,2012年,第109页。

全家来避难,所需资金都是靠祁氏叔侄相赠。祁奕远,名鸿孙,祁彪佳长侄。陈洪绶与梅墅祁氏一门过从甚密,很多诗作都记录了他们的交游情况。如《祁奕庆以忠烈公所遗端石赠陶去病,去病索和》,祁奕庆即祁彪佳子,名理孙。祁彪佳《忠敏公日记》有,"邀朱仲含叔起同陈章侯来酌,演《拜月记》。席半,出游寓山,及暮乃别。"①《陶去病赠米赠烛书谢时去病夫人卧病》,王予安,名釐,山阴人,与陈洪绶、祁豸佳、董玚、王雨谦、王作霖、鲁集、罗坤、赵甸、张逊庵称"称云门十才子"。陈洪绶与这些朋友以云门为活动场景,闲时相互唱和,难时倾囊资助,延展了"唐诗之路"诗歌作品的内涵。

## 五、对民俗的展示

陈洪绶在纪事抒情之际,越地的一些民俗风情也不时作为创作背景出现在部分诗歌作品中,给我们留下宝贵的文化遗产。《安贫篇示鹿头羔羊》展示了春节的习俗。"藉口议损时,杀羊力不就。但买一只鸡,壶浆与肉片。婪尾送冬夜,椒盘迎春昼。取之祭肉馀,教儿介眉寿。"②鹿头是陈洪绶第四子儒桢的乳名,羔羊是其第五子芝桢的乳名。③ 诗歌的主要目的是告诫二子要安守清贫,但侧面展示了当时春节的风俗。《尔雅翼·释木三》,"后世率以正月一日,以盘进椒,饮酒则撮真酒中,号椒盘焉。"唐杜甫《杜位宅守岁》诗也记述了这种风俗,"守岁阿戎家,椒盘已颂花。"除夕之夜合家欢聚宴饮,正月初一则用盘盛椒,饮酒时置椒于其中,并取食祭肉,晚辈为长辈祝福乞求长寿。还有农历正月十五元宵节的灯会习俗,如《灯市》,"偶不耐寂寞,灯市感衰年。思买牡丹灯,悬之梅花边。何不省此费,数日之酒钱。何当见灯市,丞相放纸鸢。"④《清明游禹陵南镇》则记述了清明踏青的习俗,"老来作意爱清明,人买觥船我趁行。山水清音五六里,内家丝

---

① 黄涌泉:《陈洪绶年谱》,第53页。
② (明)陈洪绶著,吴敢点校:《陈洪绶集》,杭州:浙江古籍出版社,2012年,第62页。
③ 黄涌泉:《陈洪绶年谱》,第47页、第52页。
④ (明)陈洪绶著,吴敢点校:《陈洪绶集》,杭州:浙江古籍出版社,2012年,第67页。

竹两三声。"①《端阳》记载了端午节的习俗,"山冷滞葵芽,簾贫未可赊。研硃何用酒,得句总如花。铛煮石涛沸,瓶簪蒲刺斜。玉箫声度后,兢渡几年华。"②端午节佩戴朱砂香囊,插菖蒲是当时民间习俗。《病中》其五③"禹庙花朝过。兰亭已上寻。"花朝,俗称"花神节",是中华民族传统节日,一般江南以农历二月十二日为百花生日,即花朝。节日期间,家家都会祭花神,人们结伴到郊外游览赏花,女子剪五色彩纸粘在花枝上等风俗。《红树》④"南市赛神走溪女,北村煮酒留醉翁。"《约亦公仲琳观秋社》,"会鼓寻常见,且为难得看。如何销冗事,借此一盘桓。红树来溪女,黄花解绣鞍。吾曹不速客,社长也生欢。"⑤秋社是古代人民祭祀土地神以答谢给人间带来的丰收,社日到来,民众集会竞技,作社表演,热闹非凡。

陈洪绶以上这类诗歌作品,为我们提供了丰富的晚明民俗资料,也极大地丰富了以越地为背景的诗歌创作内容。

陈洪绶诗歌作品数量众多,但经历战火部分散佚,并且直到他身后四十年,其子儒桢立志多方搜求,才得以成集,于康熙年间初刻《宝纶堂集》。但在清初的政治形势下,因其中关涉追思故国的作品甚多,《宝纶堂集》没有被《四库全书》收录,这在很大程度上限制了老莲诗作的流传。不过,尽管他的诗歌传播不广,但仍然受到很多诗评家的赞赏。王士禛《渔洋诗话》,"陈洪绶以画得名,亦能诗。有忆旧绝句云:枫溪梅雨山楼醉,竹坞茶香佛阁眠。清福都成今日忆,神宗皇帝太平年。"⑥袁昶《沤簃诗话》,"老莲七绝最工,次则五言律诗,如……清超苍雅,莫名一格,固不独渔洋山人所称'春愁当二月,酒渴起三更'也。"⑦清代陶元藻所

---

① (明)陈洪绶著,吴敢点校:《陈洪绶集》,杭州:浙江古籍出版社,2012年,第277页。
② (明)陈洪绶著,吴敢点校:《陈洪绶集》,杭州:浙江古籍出版社,2012年,第166页。
③ (明)陈洪绶著,吴敢点校:《陈洪绶集》,杭州:浙江古籍出版社,2012年,第123页。
④ (明)陈洪绶著,吴敢点校:《陈洪绶集》,杭州:浙江古籍出版社,2012年,第362页。
⑤ (明)陈洪绶著,吴敢点校:《陈洪绶集》,杭州:浙江古籍出版社,2012年,第134页。
⑥ 黄涌泉:《陈洪绶年谱》,第154页。
⑦ 黄涌泉:《陈洪绶年谱》,第155页。

著《凫亭诗话》更为客观,"诸暨陈章侯能诗而名勿著,为画所掩也。"①这些评价是中肯的,他们并没有囿于世俗的眼光仅仅把老莲定位为画家,而是认识到了他诗歌作品的文学价值,并且能够客观地进行评论。涉及"唐诗之路"绍兴自然人文景观的诗歌只是陈洪绶诗作中很少的一部分,但仅此部分诗歌形式跨越五言七言古体、律诗、绝句,内容广及自然、社会、文化各个方面,表现手法充满高超的艺术魅力,不愧为"唐诗之路"在明代的辉煌余韵。

---

① 黄涌泉:《陈洪绶年谱》,第 155 页。

# 关于"诗与路"的哲学提纲

张云鹏[①]

（中国计量大学人文与外语学院）

## 一、"唐诗之路"的命名是一个解释学事件

1. 钱塘江以南、浦阳江以东，包括苍山山脉以北至东海这一地区，历代都有诗人在此漫游，其中以唐代为盛。其主要漫游路线是：萧山——绍兴——上虞——嵊州——新昌——天台——临海——温岭，其间交叉蔓延着诸多分支。这些相互交叉连接的路线构成了唐代诗人们行走、吟咏乃至生活的境域。诗因景生，景以诗名；诗景并传，以迄于今。

2. "唐诗之路"的命名，其实质在于以"诗"释"景"，借文化说自然。从哲学的角度看，这是一个解释学的事件。

3. 解释学的三个层次：作为技术工具，作为方法论，作为本体论。传统解释学（古希腊时期、中世纪后期、文艺复兴时期）是一种文本解释的侧重于技术方面的方法，其目的在于正确理解既定文本的意义。由施莱尔马赫（1768—1834）和威廉·狄尔泰（1833—1911）所建立的经典阐释学，把阐释的重心由文本转向了理解活动本身，标志着解释学的认识论转向，是为方法论阐释学。海德格尔

---

① 作者简介：张云鹏，中国计量大学人文与外语学院教授。

(1889—1976)把阐释学由单纯的认识论和人文科学的一般方法论改造为哲学本体论。伽德默尔(1900—2002)继承了海德格尔的存在论阐释学思想,并进一步使之具体化,建构了自己的哲学阐释学。这是本体论的阐释学。

4. 之所以说"唐诗之路"的命名是一个阐释学事件,是因为这种命名实质上是把唐代诗人们所走过的道路以及这一片自然地理看做一个文本,并力图发掘其中的人文内涵。

5. 从阐释学的理论和观点看,"唐诗之路"的研究,既有其贡献,又存在着局限。其贡献已如上述,其局限性在于,它还停留在第一层次,即运用一定的技术工具解释其作为文本的含义。当然,这是必要的,是一个基础。但如果要把研究引向深入,就需要进入本体的层次。也就是说要从作为个别的"浙东唐诗之路"走向作为一般的"诗与路"。

## 二、"诗"即"路","路"即"诗"

6. 何谓诗? 诗与表现相关联,中西美学史和文论史表明,表现的含义有一个演化的路线和阶段,即"诗人—主体"表现(诗言志、诗缘情、诗是情感的自然流露,等等),艺术表现(苏珊·朗格:艺术,是人类情感的符号形式的创造),"对象—主体"表现(杜夫海纳的"准主体"说,孙甘露说:"诗歌就是那个在情感山路上终日流浪的人,就是那个用流水雕塑梦想的人"),存在的表现。

7. 综合以上诸说为一整体,可以断言,诗是生命运动过程的呈现。从此在到存在,从个人情感到人类情感,从感性个别对象到整体生活世界,由内到外,由下到上,由小到大。这分明是一条"路—线",故说"诗"即"路"。

8. 何为路? 路有形而下和形而上之分。形而下的路,就是大地上供人行走的道路,就是陶渊明"缘溪行,忘路之远近""遂迷,不复得路"的路,就是李白漫游浙东"脚著谢公屐,身登青云梯""且放白鹿青崖间,须行即骑访名山"的路。大地上的这条路,起伏跌宕,盘桓多姿,有节奏,有纹理,这是自然印在大地上的诗,一片自然风景就是一个心灵的境界,故说"路即诗"。

形而上的路,就是道。依中国传统,具体言之,就是社会之道(儒家)、自然之道(道家)、心灵之道(释家);依西方哲学,就是存在、理念、太一、上帝、大道。它是万物之源,当然也是艺术、诗歌之源。

## 三、从哪里来? 到哪里去?

9. 诗人们在浙东这片土地上,在大地上漫游并且吟诗,是行吟诗人。他们从哪里来? 他们到哪里去? 他们从现实、从社会、从文化当中来;在行走中,在吟咏间,他们到达了彼岸、回到了自然。

10. 现实、社会、文化,作为规范,压抑着人的本性,所以马克思的哲学和美学思想总是要求从现实出发。中国古代文论的"发愤著书""不平则鸣""物感—感物"诸说,西方文学的批判和暴露说,其实质都在言说着这一点。"停杯投箸不能食,拔剑四顾心茫然。""人生在世不称意,明朝散发弄扁舟。"(李白)"三年谪宦此栖迟,万古惟留楚客悲。"(刘长卿)诗人的言说证明了这一点。

11. 马克思的"作为完成了的自然主义,等于人本主义,而作为完成了的人本主义,等于自然主义"之论,就是对"历史之谜"的解答。现象学的"回到事情本身",也同样的是对"历史之谜"的解答。而且它们都知道它就是这种解答。"昨夜吴中雪,子猷佳兴发。万里浮云卷碧山,青天中道流孤月。"(《答王十二寒夜独酌有怀》)"长风破浪会有时,直挂云帆济沧海。"(《行路难》)"倚剑天外,挂弓扶桑。浮四海,横八荒,出宇宙之寥廓,登云天之渺茫。"(《代寿山答孟少府移文书》)诗歌同样对此做着证明。

12. 回到自然,就是回到人与万物之自然性。这就是人的解放、万物的解放、世界的解放。

## 四、本然的山水

13. "自然"其意有三:一是作为自在的自然,它是无人性的且与人对立。二是作为自为的自然,这就是说自然也是人的意向性对象。在此,自然与人发生关系,这就是广义的"自然的人化"。在这个层面上,自然具有表现力。三是感性存在的自然,这是本体层次上的自然。这个自然具有表现力且是自然的,而且,只有当它是自然的,它才是具有充分表现力的。

14. 浙东的山水自然在哪里?按现象学的观点,在于诗人之"见"。海德格尔认为,自然不是在自然产物的现成存在中,而是在此在的生存中作为遭遇到的自然、作为周围世界的自然被揭示的。如果用传统认识论的观点去看自然,那么"那个澎湃汹涌的自然,那个向我们袭来、又作为景象摄获我们的自然"就会深藏不露。因此"植物学家的植物不是田畔花丛,地理学确定下来的河流'发源处'不是'幽谷源头'"(《存在与时间》83)。王阳明认为,山中之花之所以大放光彩("明白起来"),是因为"你来看此花";如果你不来看(观赏),"此花与汝心同归于寂"。套用柳宗元"美不自美,因人而彰"的话,我们说"山不自山,因人而山;水不自水,因人而水"。按此观点,浙东的山水自然在诗人的眼睛里,在他们的诗里。

15. 唐代禅师青原惟信经三十年参禅,摒除无明,开悟得道("得个休歇处")之时,"见山只是山,见水只是水",此时山水是本然的山水。"天台四万八千丈,对此欲倒东南倾。"这是本来的天台山,因此也是最真实的天台山。"我欲因之梦吴越,一夜飞度镜湖月。"这是真正的游山逛水。所以要领略浙东的自然风光,还是让我们回到唐代诗人的作品中,最终说来,这也就是要求回到我们自己的充满诗意的"内心-灵魂-精神"中。因为"心不自心,因色故有";因为外在自然的"山高水阔"本就是我们心灵的崇高和辽远。

16. 总之一句话,"唐诗之路"的深层意蕴,就是让我们、呼唤我们在大地上诗意地栖居和行走。

# 诗僧灵一的诗中佛学

李　聪①

（吉林大学哲学社会学院）

**摘　要**：灵一不仅在唐代诗僧及唐代僧诗的发展史中具有重要的历史地位，其诗歌具有很强的文学鉴赏性，同时也具有很深的佛学思想内容。他在破除我法二执的佛教世界观、泯除分别心的佛教认识论和"平常心是道"的佛教境界论等方面，都能通过诗的形式予以表现和寄托，从而将诗与佛学义理很好地结合，开启唐代诗僧的先河。

**关键词**：诗僧　灵一　分别心

## 一、生平及其著述

唐代著名诗僧释灵一，俗姓吴，广陵人。他未出家前，身为富家之子，但却"贪恚不入念，哀乐不见色"，因此，灵一出家时将家中万金之产业悉皆让与"诸孤昆季"，所取者唯有衲衣、锡杖、己身三者而已。灵一出家的时候年仅9岁，师从当时以律学著名的扬州龙兴寺法慎法师。灵一出家后，开始在会稽南山之南悬溜寺，与当时禅宗的"达者"释隐空、虔印、静虚等人探讨"十二部经第一义谛之旨"。辨惑后，灵一徙居余杭宜丰寺，"邻青山，对佳境，以岭松涧石为梵宇，竹风月露为丈室。超然独往，与法印俱。自是师资两忘，空色皆遣。暴风偃山，而正

---

① 作者简介：李聪（1978—　），吉林长春人，哲学博士，吉林大学哲学社会学院副教授，硕士生导师，主要从事佛教哲学和现代中国哲学的研究。

智不动;巨浪沃日,而浮囊自安。于是著《法性论》以究实谛,公之悬解也。"

　　灵一不但深契佛理,而且文学造诣颇深,每日禅诵之隙,便能"赋诗歌事",而且"思入无间,兴含飞动",以致对于"潘、阮之遗韵,江、谢之阙文",均能"缀之"。虽然如此,但是灵一不悖学佛宗旨,他"盖将吻合词林,与儒墨同其波流,然后循循善诱,指以学路"。也正是因为这个缘故,灵一与天台道士潘清、广陵曹评、赵郡李华、颍川韩极、中山刘颖、襄阳朱放、赵郡李纾、顿邱李汤、南阳张继、安定皇甫冉、范阳张南史、清河房从心等人相交为"尘外之友","讲德味道,朗咏终日",并且"其终篇必博之以文,约之以修,量其根之上下而投之以法味,欲使俱入不二法流"。宝应元年(762年)十月十六日,灵一于杭州龙兴寺圆寂,春秋三十有六。灵一英年早逝,其友独孤及为其作《塔铭》曾有"吁嗟昊穹,夺我善友,使生不极其涯,道不竟其源"的慨叹。①

　　《全唐诗》卷809共收录灵一的诗43首(其中1首不全)。刘禹锡认为灵一是唐代诗僧的"导其源"者,由此可见灵一在唐代诗僧及唐代僧诗的发展史中具有重要的历史地位和价值。灵一的僧诗不仅具有很强的文学鉴赏性,同时也具有很深的哲学思辨性,这主要体现在其诗中所蕴含的佛学思想方面。

## 二、破除执着的佛教世界观

　　对于佛学而言,对于宇宙人生的真相的认知是最为首要的。在佛教看来,宇宙人生的真相是"空"的,人的存在乃至现象界的一切存在,不过都是由四大、五蕴因缘和合而成,因此这一切存在都不具有"自性"。但是世俗之人不具有佛菩萨的般若智慧,看不到宇宙人生的真相,反而认为人的存在乃至现象界的一切存在都是真实不虚的。因此,佛教认为首先要破除的就是人的这种执着,包括破"我执"和破"法执"。在灵一的诗中,我们也可以看到佛教的这一基本精神。

---

① 以上引文参见(唐)独孤及:《唐故扬州庆云寺律师一公塔铭(并序)》,《全唐文》卷390。

### 1. 破我执

所谓"我执",即是认为人自身是真实的存在,亦即认为"我"的存在是真实的,并对此予以执着。但是在佛教看来,人是由"四大"——地、水、火、风,"五蕴"——色、受、想、行、识(色指人的身体,后四者指人的精神),通过各种内因、外缘假合而成的。所以,从佛教的世界观来看,所谓的"我"的存在并不是真实的,因此佛教要求破除对于人们认为宇宙中有一个"真实的我"的执着,此即破我执。对此,我们可以从身、心两个方面来看灵一诗中的破我执思想。

就"身"的方面而言,灵一在《题黄公陶翰别业(一作处一诗,一作苏广文诗)》中写道:

> 闻说花源堪避秦,幽寻数月不逢人。
> 烟霞洞里无鸡犬,风雨林间有鬼神。
> 黄公石上三芝秀,陶令门前五柳春。
> 醉卧白云闲入梦,不知何物是吾身。①

在此,"不知何物是吾身"一句体现了灵一的"破我执"的思想。从常人的角度而言,人的血肉之躯就是"吾身",这是世俗世间的一个基本常识。可是对于深谙佛理的灵一而言,对于"何物是吾身"这样一个问题却只能用"不知"来予以回答。因为,"吾身"是由"色法"构成的,是由四大之"众微"聚集而成,我们通过现在的科学手段可以知道人的身体是由各种大分子蛋白质、各种细胞以及各种元素等等所构成,它们聚集在一起构成了身体,而它们一旦散离身体也就不存在了。换言之,我们找不到一个能够与"吾身"相对应的具体的"何物"。因此,灵一在此虽然是说"不知何物是吾身",但实际上是在说明其实没有任何一物能够与"吾身"相对应,或说没有"何物"能够"是吾身",并由此表明他对于"我执"的破除。

---

① (唐)灵一:《题黄公陶翰别业(一作处一诗,一作苏广文诗)》,《全唐诗》卷809—836。

就"心"的方面而言,灵一在《将出宜丰寺留题山房》中写道:

> 池上莲荷不自开,山中流水偶然来。
> 若言聚散定由我,未是回时那得回。①

池上莲荷的开放与山中流水的流淌原本是自然界中自然而然的事情,其并非由人的主观意志所决定,可是灵一却说"池上莲荷不自开,山中流水偶然来",将原本自然的事情化为"我"的主观决定,即"聚散定由我"。"聚散定由我"与西方哲学贝克莱的"存在即是被感知"的命题有异曲同工之处,其所强调的都是主观在认识论上对客观的认识问题,而非存在论的问题。但是"聚散定由我"仍不过是灵一的一个假设("若言"),因为世间的存在从本体论的角度来说自有其存在的因果所束缚,而非人的认识论之事,所以灵一说"未是回时那得回",肯定了认识论上的"我心"对于存在论上的自然存在并不具有决定性的作用。进一步而言,灵一在此否认认识论上"我心"对于自然存在的决定作用,实是他从"心"的方面对于"我执"的破除。

总之,灵一在他的诗中表现出其从"身""心"两个方面对于"我执"的破除,而他对于"法执"的破除亦在其诗中有所体现。

### 2. 破法执

所谓"法执",是指人认为现象界的一切存在——"法"——是真实存在的,并坚信此观点而形成的执着。在佛教看来,世间的一切存在都是由"众微"聚集而成的"一合相",其没有自性,这种"一合相"是虚假的"幻相",但众生愚痴无明,执着于此虚假的"幻相"为真实的存在,所以形成"法执",而佛教要求破除这一执着。灵一在其诗中,从两个方面揭示了破除法执的思想。

其一,灵一从人生无常的角度表现其破除法执的思想。他在《项王庙(一作

---

① (唐)灵一:《将出宜丰寺留题山房》,《全唐诗》卷809—839。

栖一诗）》中写道：

> 缅想咸阳事可嗟，楚歌哀怨思无涯。
>
> 八千子弟归何处，万里鸿沟属汉家。
>
> 弓断阵前争日月，血流垓下定龙蛇。
>
> 拔山力尽乌江水，今日悠悠空浪花。①

　　这是灵一在项王庙慨念西楚霸王项羽所做的一首诗，诗中主要描写了楚汉相争，项羽兵败垓下，于乌江自刎等历史情境，但是其最后一语"今日悠悠空浪花"却道断了人生的无常。项羽虽然最后兵败自刎，成为败者，但历史上却不乏对其的歌颂与崇拜、慨叹与惋惜，可即便如此又能如何？项羽的一生辉煌也好，颓败也罢，毕竟已经成为历史，对于今人而言，其在历史的长河中不过是如白驹过隙，转瞬即过，正如孔子所感叹时间的"逝者如斯夫"。而对于灵一来说，项羽的人生对于今时今日而言，不过是悠悠空如浪花。败者项羽如此，成者刘邦亦如此，古往今来的芸芸众生又何尝不是如此？因此，灵一在诗中虽然慨念项羽，其真正所要抒发的却是佛教人生无常的义理——既然人生如此无常，我们又何必对其恋恋不舍呢？所以灵一借此人生无常，喻以破除法执的深意。

　　其二，灵一从世事无常的角度表现其破除法执的思想。他在《归岑山过惟审上人别业（一作归岑山留别）》中写道：

> 禅客无心忆薜萝，自然行径向山多。
>
> 知君欲问人间事，始与浮云共一过。②

　　灵一以修佛之人（"禅客"）知晓世俗之人（"君"）所"欲问"的事情不过都是世俗的"人间事"，而这些"人间事"在"禅客"看来，其自"始"以来便与"浮云"一般转

---

① （唐）灵一：《项王庙（一作栖一诗）》，《全唐诗》卷809—824。

② （唐）灵一：《归岑山过惟审上人别业（一作归岑山留别）》，《全唐诗》卷809—828。

瞬即过（"共一过"），因此指出"人间事"不具有恒常的性质，其对于永恒的法性而言，是虚幻不真的。在佛教看来，一切世间法都是因缘假合而成，因此其不但没有自性，而且也不具备恒常性。所以对于世间法的执着是一种错误的认识，是要被否定和破除掉的。正因如此，灵一于此明确地指出"人间事"如"浮云"一般虚幻不真、转瞬即过的目的，在于揭明世事无常的佛教道理，而只有明了了这一道理，才能够真正地破除法执。

### 三、泯除分别心的佛教认识论

破除"我执"和"法执"是佛教的基本思想，而人之所以会对世间法产生执着，则是由于人的分别心所致。按照佛教"十二因缘"的基本理论，人由过去世的"无明"和"行"为因缘，而依次产生了"识""名色""六入""触"和"受"五种现在世之果，而现在世所做之"爱""取""有"之因缘，又导致未来世的"生"和"老死"之果。在这"三世两重因果"理论中，过去世之二因和未来世之二果不属现在世的范畴，所以我们无法对其施予作为；而现在世之五果，又属过去世二因所必然导致的结果，所以也无法予以更改而只能承袭。因此，我们真正能够予以改变或断灭的是现在世之三因。在现在世之三因中，"有"指的是我们于现在世所造之业；"取"指的是我们的执着，包括"我执"和"法执"；"爱"指的是爱欲喜好，这是导致执着（"取"）的直接原因。虽说"爱"来源于"受"（即对于外境的感受），但却增加了一个非常重要的内容——分别心。正是因为有了分别心，这种"受"才真正地转变成"爱"，而"爱"之强盛也就变成了"取"（执着）。换言之，分别心是导致执着的原因。

灵一在他的诗中不仅揭示了破除"我执"和"法执"的基本佛学思想，还对产生这些执着的原因——分别心——予以揭明，亦即他对破除执着的前提——泯除分别心——予以了揭明。灵一在《栖霞山夜坐》中说：

山头戒坛路，幽映雪岩侧。四面青石床，一峰苔藓色。

> 松风静复起,月影开还黑。何独乘夜来,殊非昼所得。①

　　灵一在这首诗中,首先描写了栖霞山的夜景,最后两句"何独乘夜来,殊非昼所得"却颇值得玩味。一般而言,我们会将最后一句断句为"殊""非""昼所得",从而将这两句诗解释为:为什么要独自在夜晚来到栖霞山呢?这是因为栖霞山所具有的独特夜景是白天所无法领略的。但是,我们如此所诠释的这首诗就完全变成了灵一对于栖霞山夜景的赞叹了,变成了一首纯粹写景的诗,体现不出其在诗歌背后所具有的佛理禅意。笔者认为,应将最后一句断句为"殊非""昼所得"?从而将该诗诠释为灵一在这首五律中前面用了六句来描写栖霞山的夜景,表达他对于栖霞山夜景的赞叹与溢美,但是在诗的最后,作者冷静下来细细思考,扪心自问为什么自己非要乘夜而来观赏栖霞山的夜景?难道这种夜观所得不也是与昼观所得的景色相同吗?当然,这种诠释不是将灵一视为不分"黑白"、不分"昼夜"之辈,而是要诠释出灵一明明知道栖霞山的夜景要胜于昼景,但是仍要肯认夜景与昼景无有分别。这是因为,如果灵一承认栖霞山夜景要优于昼景,则其就有分别之心,而对于"何独乘夜来"这样一个问题,回答"殊""非""昼所得",则由分别之心而陷于执着。所以在笔者看来,只有此诗最后一句断句为"殊非""昼所得",才能创造性的诠释出灵一破除执着、泯除分别心的禅修境界。

　　如果说灵一在《栖霞山夜坐》一诗中所体现的泯除分别心的佛理思想还有所争议的话,那么他在《自大林与韩明府归郭中精舍》一诗中,则是明确地表明了这一思想。他写道:

> 野客同舟楫,相携复一归。孤烟生暮景,远岫带春晖。
> 不道还山是,谁云向郭非。禅门有通隐,喧寂共忘机。②

　　在这首诗里我们看到,灵一已经不再分别是"山"还是"郭"的问题,也不再分

---

① (唐)灵一:《栖霞山夜坐》,《全唐诗》卷809—834。
② (唐)灵一:《自大林与韩明府归郭中精舍》,《全唐诗》卷809—834。

别孰"是"孰"非"的问题,虽然承认"禅门"有"通"、"隐"的修行不同路径、法门,有"喧"也好,有"寂"也罢,最后的终极旨归乃是要泯除分别之心,达到"共忘机"的禅修境界。

总之,灵一在诗中体现了他泯除分别心的佛学思想,而这又为他一切任运自然的佛学思想埋下了伏笔。

### 四、"平常心是道"的佛教境界论

当破除了"我执"与"法执",泯灭了分别心之后,佛教修行者会达到一种特殊的状态,这种状态与常人无异,只是与常人在精神境界上有所不同。在外人看来,他们和常人一样担柴挑水,但是对于他们自身而言,却是如禅宗所言的"担柴挑水,无非妙道"。这是因为他们已经泯灭了出世间法与世间法的区别,从而将胜义谛真正地落实于世俗谛之中,融神圣于世俗,达到了二者非一非异、相即不二的境界。在这种境界中,花开花谢、风卷云舒,一切都是那样的和谐自然。

在灵一的诗作中,这种任运自然的境界也有所体现。如他在《题东兰若》一诗中写道:

> 上人禅室路萦回,万木清阴向日开。
> 寒竹影侵行径石,秋风声入诵经台。
> 闲云不系从舒卷,狎鸟无机任往来。
> 更惜片阳谈妙理,归时莫待暝钟催。[①]

从这首诗中我们看到,无论是通往禅室的幽径徘徊,还是草木的向阳而开,无论是竹影遮覆行径之石,还是风声传入诵经之台,都是那么的宁静和谐;云彩的自由舒卷和鸟儿的自由飞行也都是那么的无拘无束,这些都让我们可以从诗

---

① (唐)灵一:《题东兰若》,《全唐诗》卷809—826。

中深深地体会到诗人所描写的自然之境的和谐美妙。虽然最后两句诗描写了灵一珍惜在东兰若身临怡人悠闲之境与上人谈论佛法玄妙之理的美好时光,但这与灵一所要体现的任运自然的境界并不相悖,反而更加揭示出灵一所达到的境界乃是自然之境与精神境界的融通为一,而这才是真正的任运自然的境界。

达到这种任运自然的境界,其在现实生活中的具体事情上的体现,就是不以物喜,不以己悲,以一颗平常之心来对待世事,而这也就是马祖道一所说的"平常心是道"。灵一在《溪行即事》中写道:

> 近夜山更碧,入林溪转清。不知伏牛事,潭洞何从横。
> 野岸烟初合,平湖月未生。孤舟屡失道,但听秋泉声。①

就表层言之,诗中最后两句描写了灵一所乘之孤舟在溪中屡屡迷失道路,这对于一般人而言本应是一件极为懊恼之事,可是对于灵一而言,这件事情不但没有扰乱其泛舟溪上欣赏美景的雅兴,而且还能够平心静气地欣赏"秋泉"的潺潺流水之声。就深层言之,人又何尝不像孤舟一样,在人生的旅程中屡屡迷失正途,但只要人能够保持一颗平常之心,终能找到人生的安身立命之本。总之,孤舟也好,世人也罢,灵一是用一颗平常的心来看待这个平常的世界,其所达至的正是"平常心是道"的境界。

此外,灵一的诗在描写景物的地方着墨颇多,虽然他是在描写景物,但这些景物描写所体现的却是他的佛学境界。需要注意的是,灵一诗中描写景物所体现的境界并非"见山是山"的自然境界,而是经过了辩证的逻辑体证历程而达到的"见山还是山"的"平常心是道"的禅学境界,这从其刚出家时便能与当时禅宗的"达者"释隐空、虔印、静虚等人探讨"十二部经第一义谛之旨"及其随后完成《法性论》的撰写中得知,也可从上文所引的诗中得以管窥。此处仅举一例予以简略说明。灵一在《赠别皇甫曾》中写道:

---

① (唐)灵一:《溪行即事》,《全唐诗》卷 809—812。

幽人从远岳,过客爱春山。高驾能相送,孤游且未还。
紫苔封井石,绿竹掩柴关。若到云峰外,齐心去住间。①

诗中最后以"齐心"将"去"与"住"等量齐观,泯除其中的分别,基于此,则前面所说的"幽人"与"过客"、"远岳"与"春山"、"高驾"与"孤游"、"相送"与"未还"、"紫苔"与"绿竹"、"井石"与"柴关"的分别亦被泯除,但这种泯除分别在灵一那里却又寄寓这些分别之中,从而体现出其"平常心是道"的佛学修养境界。

## 五、结语

灵一所留下的僧诗虽然不多,但其中所蕴含的佛理禅机却有很多,除上文所主要论述的破除我法二执的佛教世界观、泯除分别心的佛教认识论和"平常心是道"的佛教境界论外,其诗中对于佛教义理的体现还包括汇通佛教与中国原有文化的思想等方面的内容。总之,灵一不但开启唐代以来诗僧的先河,有其文学发展史上的重要历史地位,其在中国佛教史上也具有非常重要的历史价值。

① (唐)灵一:《赠别皇甫曾》,《全唐诗》卷809—831。

# 寓山园林建构与游赏的文献考察：
# 以寓山系列志著为据

赵素文①

（中国计量大学人文与外语学院）

　　**摘　要：**寓山系列志著是晚明园林志的代表作，展现了明末清初园林建设新高潮下，处于"唐诗之路"核心段的越中地区，寓山园林景观构建的风貌。该系列志著由小品名家祁彪佳编辑而成。本文拟通过罗列其现存的版本情况，梳理其版本系统与传布源流，并细致结合第一手资料，探讨了它们的修纂背景和成书过程，并拟对其文化史意义做出简单评价。

　　**关键词：**晚明　祁彪佳　寓山注　版本　成书

　　郁达夫《咏西湖》诗云："江山亦要文人捧，堤柳而今尚姓苏。"历代文人对自然风景的开发和吟咏，对自然风景的文化风格形成，具有重大的促进意义。江南园林，无疑是古代人文与自然风景的最佳结合体，亦是人文景观的代表形态。明中叶以降，政治的窘境，和心学盛行带来的自我意识强化，让士人们消减了对功名事业的热情，更多退居山水，把注意力与创造力转移向对自然的游赏感悟，以求达到主观精神与自然融合的"人情必有所寄，然后能乐"②。这促成了明清之际的建园之风空前活跃。不仅显贵名流、富家大贾热衷造园；风气所及，便是平

---

① 作者简介：赵素文，文学博士，现为中国计量大学人文与外语学院副教授。
② 袁宏道：《李子髯》，《袁宏道集笺校》（卷5），上海：上海古籍出版社，1981年，第241页。

民布衣,也不乏此举。如"嘉定有张丈山者,以贸迁为业,产不逾中人,而雅好园圃。邻家小园,欲借以宴客,主人不许,张恚甚,乃重买城南隙地筑为园,费至万金,署名'平无馆'"。① 据王世贞《游金陵诸园记》,仅南京,明末士大夫营建的第宅园林就达三十六处之多。② 这也造就了中国古代园林的最后一段繁盛期。

园林筑造的风行,也带来了造园专家和筑园著作的涌现,如计成《园冶》等。寓山系列志著,包括《寓山志》《寓山续志》《寓山注》《寓山题咏》《寓山十六景诗余》五种,亦是明崇祯间成书的园林志,由绍兴山阴县人祁彪佳编纂。祁氏明末名宦,其人擅长刑名吏治,被文震孟誉为吴地二百年来所仅见之能臣。又是戏曲评论家、藏书家和小品文名手。③

寓山系列志著,承袭明竟陵派作家刘侗、于奕正所著地方志《燕京景物略》的体式,全面展示明末绍兴名园寓山园(也称寓园)的景观内容和风物韵貌,文学性很强,可谓集历史地理、文化和文学三者于一体的著作。同时,集中编录的大量诗文曲赋,不仅体现了古代园林建筑的技术细节与审美取向,也展示出明末文人士大夫在围绕园林风景展开的交游酬唱的生动面貌,诸书中许多篇章更能补明作家别集之缺,具有重要的文献意义。④

因此对本系列著作进行版本和成书的文献考察,不仅可以帮助我们了解古代园林风貌和景观的建构过程,亦能探索出明人风景游赏的情形和美学取向。

## 一、寓山志著的现存版本评价

### (一) 现存《寓山志》的版本。

浙江图书馆藏 2016《寓山志不分卷》。明崇祯十二年刻本,4 册。白口,四周

---

① (清)钱泳:《履园丛话》卷二十。
② 《弇州山人四部稿》,四库存目丛书第 114,115 册。
③ 《祁忠敏公年谱》,崇祯七年甲戌条,清梁廷枏、龚沆补编本。
④ 比如,《文献》2010 年第 3 期顾寅刚《孟称舜集外文二则》,便是借《寓山志》所收《寓山解》《寓山后评》评二文,以补朱颖辉辑校《孟称舜集》(中华书局,2005 年版)之遗。

单边,版心镌有:书名(寓山志)、子目(注)、页码(一)等内容,每半叶 8 行,行 17 字。书首有祁彪佳门人吴门章美序,序末加钤章氏印。序下为目录,称正文含《寓山图》《游寓山记》《游寓山后记》(嗣出)、《寓山铭》《寓山赋》《寓山涉》《寓山评》《寓山后评》《寓山梦》《寓山述》《寓山问》《寓山解》《寓山注》(存上卷,卷首有序,下卷嗣出)、《寓山曲》(嗣出)。故浙图藏本《寓山志》并非完本。

《寓山志》诸目,皆系纂者祁彪佳特邀当时江浙闽等地名士所著作品。《寓山注》为祁彪佳亲力撰述和编辑,篇幅占志文总量之泰半。注分上、下两卷。卷首有祁彪佳序,述寓山园建造之来龙去脉与园林美学思想。正文小注 49 则,篇目都是寓山园中景观名称。介绍山川池沼、亭台阁榭之地理位置、得名由来和开辟始末,每篇末系以时人相应赞景诗章。诸小注文字尖新,构思绵密,情调清远,后人崇推为晚明小品典范。无论于传统园林研究,还是于明代小品文学史,《寓山注》无疑都有突出贡献。《寓山志》之最后一目为《寓山曲》,现已亡佚,未识其详。但《祁彪佳集》卷九所存七言古风《寓山士女春游曲》①,张岱《张子诗粃》卷三所存七古《寓山士女春游曲》②,以及祁彪佳日记《自鉴录》中次第提及的胡恒③、陈国光④、张弘和王业洵⑤等所作《寓山士女春游曲》,或与此相关。可推知,《寓山曲》应属时人咏赞寓园之古风汇编。又,国家图书馆现存明稿本《寓山十六景诗余不分卷》,内容与《寓山志》相关,形式相类,则亦有可能所谓的《寓山曲》,实则咏寓山十六景之词。

笔者从台湾学者处访知有珍藏于日本尊经阁的明刻本《寓山志》。惜未见其全貌,然从所得的部分(18 页)书影资料来看,应是现存《寓山志》最完整的善本。该刻本每半叶 8 行,行 17 字,白口,四周单边。楷体工整娟秀,页眉有评注。版式、字体同浙图本。但浙图本所缺的注、词部分,此书兼备。其中"寓山词"部分,版心标作"寓山十六景词",以笔者所得部分内容对照,可知是国图藏《寓山十六

---

① 祁彪佳:《祁彪佳集》卷九,上海:中华书局上海编辑所,1960 年,第 222—223 页。
② 张岱著、夏咸淳校点:《张岱诗文集》,上海:上海古籍出版社,1991 年版,第 44 页。
③ 祁彪佳:《祁忠敏公日记》,《感慕录》三月二十八日条,南京图书馆藏,明抄本。
④ 祁彪佳:《祁忠敏公日记》,《感慕录》四月初三日条,南京图书馆藏,明抄本。
⑤ 祁彪佳:《祁忠敏公日记》,《感慕录》四月初八日条,南京图书馆藏,明抄本。

景诗余》中精选出的作品,应该亦即浙图本目录里面标注,而正文嗣出的"寓山曲"内容。

### (二) 现存《寓山续志》的版本。

国家图书馆藏 SB10468《寓山续志不分卷》,明末抄本,1 册。此书系祁彪佳编辑亲友所作寓山志文而成册,题为"续志"。其中有明人朱、蓝批点。亦是祁氏生前编纂的原抄本。

### (三) 现存《寓山注》的版本。

国内《寓山志》存世非完本,故其名之彰反而不如书中子目《寓山注》,"注"之现存版本也最多。经梳理分析,可归纳为四个版本系统:

其一,明抄本系统。

南京图书馆藏 GJ/2010508《寓山注二卷》,明抄本,1 册,存卷上。红格抄本,每半叶 8 行,行 25 字。

南京图书馆藏 GJ/351093《寓山注二卷附录一卷》,明抄本,1 册,存卷下。红格抄本,每半叶 8 行,行 25 字。

此两本皆明末抄本,版式同,内容互补,合二为一,便是完整的明抄本《寓山注》。此当系祁氏远山堂最初编辑并抄录所得《寓山注》之原抄本。

其二,明刻本系统。

国家图书馆藏 SB10496《寓山注二卷》,明崇祯刻本,2 册。每半叶 8 行,行 17 字,白口,四周单边。此本《寓山注》卷帙整齐,刻印精良。上下两卷俱全,前序后文内容无缺。卷中钤有藏印:"曾经沧海","棟山读过"。

其三,光绪元年山阴安越堂平氏重刻本系统。

国家图书馆藏 10543(艹易)园丛书十一种之第二种《寓山注》(索书号107963)。1 册,12 行 24 字,黑口,四周双边,单鱼尾,牌记题光绪纪元山阴安越堂平氏刊。

南京图书馆藏 GJ/2010452《寓山注二卷》,清光绪元年(1875)安越堂重刻本，1册。版式同上。有乙亥（1875）十月云居山民汪行恭题检。

南图 GJ/2010453《寓山注二卷附录一卷》，清光绪元年山阴安越堂平氏重刻本，1册，版式同上。卷下附录祁彪佳《遗言》《遗诗》，下平步清按语云："三早殇，家乘不载其名。"

这三本同源，实出于平步青辑（艹易）园丛书。区别在于各本有不同藏书家的藏庋印鉴。卷首有平步青《寓山古青莲院重建四负堂碑铭并叙》，道：

> "四负堂落成之逾月，静馥僧以院藏忠惠公《寓山注》来，版心标目曰：'寓山志'，又空三字题曰：'注'，叶叶皆同，其首行则题曰'寓山注'，上下卷皆同。所谓《寓山志》者，一部之大题，《注》者，当篇之子目。按，公集寄汪然明书云：'辑《寓山志》成，当求作元宴。'今卷端无汪叙。张陶庵跋所云'记'、'解'、'述'、'涉'、'赞'、'铭'，皆无之，似公当日辑《志》未成，仅出所纂《注》开雕，全《志》初未行世，不得疑为残本也。"

他未见浙图和尊经阁本，故不知《寓山志》实际上早已各体俱全，完整刊行，故作出以上错误推测。

其四，《祁忠惠公遗集》系统。

此系统包含三个版本：清道光十五年（1835）刻本《祁忠惠公遗集》卷七《寓山注》，道光二十二年（1842）增补本《祁忠惠公遗集》卷七《寓山注》，还有中华书局 1960 年版《祁彪佳集》卷七《寓山注》。此版本系统，源于道光十三年左右（1833），山阴杜煦、杜春生从祁氏后人手中借得部分祁彪佳作品，并合祁彪佳传、行实、遗事为一卷，刻成《祁忠惠公遗集》十卷，其卷七为《寓山注》。1960 年，中华书局上海编辑所据道光十五年（1832）刻本《祁忠惠公遗集》整理出版为《祁彪佳集》，《寓山注》乃得随文集发行流布而广为人知。但此系统诸本都仅收录《寓山注》中祁彪佳所撰小品文字，篇末所附赞景诗尽数删削，远不是《寓山注》之初貌，更不能见出《寓山志》的面目。

### （四）现存《寓山题咏》的版本。

笔者在浙图善本库新发现的《寓山题咏不分卷》（善 306），稿本，无边框栏格，手书较潦草，时有涂抹圈改痕迹，页眉标注对诗歌的评语或"可刻"字样。究其内容，是祁彪佳编撰《寓山志》时未收入的时人亲友吟咏寓山的诗歌作品，按景为题，集合众家作品。书中未收祁彪佳诗文。

### （五）现存《寓山十六景诗余》的版本。

国图所藏 SB10478 明稿本《寓山十六景诗余不分卷》，1 册，每半叶 8 行，行 15 字，无边框栏格。内容为祁彪佳汇辑时辈三十余人（包括本人）词作，系围绕寓山十六景即兴抒怀之作。首半叶墨笔题"寓山十六景。内景八：远阁新晴、通台夕照、清泉沁月、峭石冷云、小径松涛、虚堂竹雨、平畴麦浪、曲沼荷香；外景八：柯寺钟声、镜湖帆影、长堤杨柳、古岸芙蓉、隔浦菱歌、孤村渔火、三山雾雪、百雉朝霞"。墨迹为祁彪佳手书。卷中有多处墨笔改字，眉上时有朱笔书"可刻"等字。

总之，《寓山题咏》《寓山十六景诗余》，当属于由书手抄写又经编纂者修改校定的清稿本。从题字可推断，此两书为搜罗时人之作，筛选以备刊刻之用的底稿。

从国内各大图书馆藏来看，浙图藏《寓山志不分卷》、国图藏《寓山注二卷》系出同源，彼此互参互补，可形成除《寓山曲》之外其它各文类齐备的较完整的崇祯刻本《寓山志》。与国图藏明抄本《寓山续志不分卷》并行互补，则能全面展现寓山之风物人情、文化情韵全貌。另外，南图藏的两种明抄本《寓山注二卷》，版式同，内容互补，合二为一，便是完整的明抄本《寓山注》。与浙图藏《寓山题咏》、国图藏《寓山十六景诗余》，作为《寓山志》崇祯刻本编辑成书过程中的材料基础，一方面看出祁彪佳为整理编纂《寓山志》所作的文献准备，也显示了他编书时的材料取舍和审美取向。给现已嗣出的《寓山志》部分内容提供了有力的材料补充。另一方面，以上相关文献的集合，也充分展现了寓山园中的核心景观内容和风物特征，以及园林修筑过程中，明末文人士大夫之间的园林游赏风气和创作交游情形。

**二、寓山志著的编纂情况**

祁彪佳非常痴迷于园林建造。为修筑寓山园，他"极虑穷思，形诸梦寐"，"祁寒盛暑，体栗汗浃，不以为苦"①。他呕心倾囊的投入，造就了集中国古典园林建筑大成、在古代造园史上占有重要地位的寓山园。

寓山园又称寓园，旧址在距今绍兴柯岩风景区里许处，依山面河而建。祁彪佳简述开园始末道：

> "予于乙亥（1635）乞归，定省之暇，时以小艇过寓山，披藓剔苔，遂得奇石，欣然构数椽始，其后渐广之，亭台轩阁，具体而微，大约以朴素为主。游者或取其旷远，或取其幽夷，主人都不复知佳处。惟是构造来，典衣销带，不以为苦；祁寒暑雨，不以为劳。一段痴癖，差不辱山灵耳。别有《寓山志》，颇载其详。"②

综合梳理《祁忠敏公日记》相关资料，可知祁氏开园始于崇祯八年（1635）仲冬，崇祯十年（1637）年底竣工。十二年（1639）六月，祁氏移居园中。此后继续修缮。崇祯八年（1635）至十六年（1643）辞官居乡的八年，祁彪佳精神所寄大多在此园上。他对自己的这一手笔甚是得意，为纪念园林落成，他不仅广邀上流游赏题赋，搜集时人咏述寓园诗文，又提笔自为园中景观作注，编辑为《寓山志》系列书。

寓山志系列诗文成篇时间和情况，有据可查者，罗列如下：

1. 序
题门人吴门章美序。

据崇祯十二年己卯（1639）祁彪佳日记《弃录》：五月十二日，得章美（拙生）

---

① 祁彪佳：《寓山注》，《祁彪佳集》（卷7），上海：中华书局上海编辑所，1960年，第150—151页。
② 祁彪佳：《越中国亭记》卷之五，《祁彪佳集》（卷8），上海：中华书局上海编辑所，1960年，第212页。

《寓山志序》。

2. 图

题崇祯戊寅(1638)春日长耀山樵陈国光写并跋、王允恭所镌。

据崇祯十一年(1638)日记《自鉴录》：正月十六，陈长耀来为寓园画图，蒋安然为之指点，彪佳令陈补画入己意中所欲构之景。晚偕凤佳、豸佳、象佳及陈长耀、蒋安然举酌，征越中诞语以为笑乐。十七，陈长耀作《寓山图》。三月初一，是日刻工刻《寓山图》竣工。

另据日记，崇祯九年七月十五日，会稽教谕周祚新与赵可孙来，酌月寓山，有《寓山图》赠。崇祯十二年己卯(1639)日记《弃录》：二月十六日，得吴昌伯《寓山图》。十月初三，得黄成象寄以《寓山图》及诗。以上诸图未收入《寓山志》，应是为后者仅仅写意，而志中寓山图，求写真舆图也。

3. 游记

题《游寓山记》山阴季重王思任著、止祥祁豸佳评。

又据祁彪佳崇祯十年丁丑(1637)日记《山居拙录》：四月二十六日，得王思任《游寓山记》。同年日记显示，先是今年二月十七日，彪佳延王思任等聚饮于寓园远阁。王思任许为作园记，彪佳遂以园略示之。四月初六，彪佳再索园记。今得之。今存国图藏祁彪佳《林居尺牍》与浙图藏《林居尺牍》丁丑春季册各有一《与王遂东》函求记。

4. 铭

题《寓山铭》山阴宗子张岱著、士美王业洵评。

5.《寓山赋　有序》

题侯官鸿节陈遯著、北生刘世鹍评。

祁彪佳日记提到陈遯、陈函辉、陈子龙、彭汝楠诸赋。

据崇祯十一年戊寅(1638)日记《自鉴录》：二月初五，函索倪元璐《寓山赋》。函见《里中尺牍》春季册《与倪鸿宝》：

"小园荷慨许作赋，山灵实闻斯言，因劂剞未竣，遂迟珠玉之赐，求者缓呈望年翁应之函耳，尚容抠领躬谢。"

同书又一函云：

"小园尚有一二构造在意中，诎于费用不能举，另幅附览，乞入佳赋内，可作梦游，亦未必不为他日兆也。"

作于稍后。

又据崇祯十一年戊寅（1638）日记《自鉴录》：十二月十八日，令抄书匠金顺高抄录《寓山赋》。或即侯官鸿节陈遴所著赋。

崇祯十二年（1639）日记《弃录》：五月初一，得陈函辉《寓山赋》及十六景诗。二十一日，得董玄评《寓山赋》。

崇祯十三年（1640）《感慕录》：十一月初三，得莆田彭让木（汝楠）《寓山赋》（志里收的是陈遴赋）。

崇祯十一年戊寅（1638）日记《自鉴录》：五月十四日，得朱国章作寓山叙、赋、诗数种。

6.《寓山涉　有引》

题会稽天孙董玄著、安然蒋倪评。

崇祯十年丁丑（1637）日记《山居拙录》：闰四月二十日，得董玄《寓山涉》。五月二十二日，彪佳为董玄改订寓山行志。此行志当即寓山涉。六月二十五日，点定董天孙《寓山涉》。崇祯十一年戊寅（1638）《自鉴录》：六月初九，改董玄《寓山涉》完。先是五月二十八日曾改此文。

7.《寓山评》

题《寓山评》姚江士美王业洵著、毅孺张弘评。

崇祯十年丁丑（1637）《山居拙录》：四月二十四日，得王业洵《寓山评》。王业洵，字士美。《林居》有《与王士美》函云：

"再读大作记与诗与文，咳唾随风，都不作人间语，惟有叹服不置，无能复赞一词。但小山之志，欲各具其体。如妙记，正须命名为《寓山评》，于仁兄构思似有吻合者。以经言之，则游园一段是化工补天手；如以评，似不妨稍为镕削，独存位置品题，争奇扼要，是以代笔稍删。昨托毅儒兄先告擅专之罪，俟厥剞竣，更当呈请清裁，公之海内也。五律、绝属分赋者，已附刻小注中，惟别咏另自为帙，伏乞仁兄鉴裁精选，一予一夺，望直秉春秋之笔，宁严毋宽，总期共证雅道。杀青立待，祈即挥毫，可仁颙注。前社题缘懒病，恐不免遗欠，幸转致令侄长兄少宽之为祷。"

### 8.《寓山后评》

题姚江士美王业洵著、子塞孟称舜评。

崇祯十年丁丑（1637）日记《山居拙录》：闰四月二十日，得王业洵《寓山后评》。日记称，王先前所作《寓山评》品题诸胜，有一二处新增园景未及评到，彪佳引录遗之例，恳为补充。

又据崇祯十一年戊寅（1638）日记《自鉴录》：九月初一，得王业洵所作《寓山后评》及诗。《里中》今年秋季册有《与王士美》函云：

"山中荷仁兄扁舟见访，⋯⋯诸咏得自奉求之外，惊喜过望。惜已刻成其半，近有续至者，原欲再为一集，正须借名篇压卷耳，敬附谢不尽。"

据日记，此函作于本月初四。又，今年冬季册有《与王士美》云：

"乞题咏荷即慨然，是何山灵之多幸也。小志并《续注》稿呈览政。"

作于稍后。

### 9.《寓山梦　有序》

题仙游九漈李灿箕著、子音祁象佳评。

崇祯十一年戊寅（1638）《自鉴录》六月初十：批评李灿箕所作《寓山梦》。彪佳今年春季册有《与李九漈》函云：

> "因念小山率构，有类涂鸦，惟借以获稻摘蔬，奉老母匕箸。今得名公品德，玉贯林泉，锦张岩壑，兰亭重于逸少，金谷表于安仁，山灵何幸，主人何幸！虽下米颠之拜，吸青莲之觞，不足以酬高文雅韵也。已成帙者再呈台览，嗣容借光集中更上记室，家刻数种，并祈宗工政之。"

初得其《寓山梦》致谢也。又浙图《林居》今年春季册有《与李九漈》言向得其诗，今又得文，并请以袖海、瓶隐、妙赏亭等再补入其所作《寓山梦》中。另据日记，五月二十五日，有函谢李函赠重订《寓山梦》。

10.《寓山述》

题梅源老人祖蒙祁承勋著、光烈郑重光评。

11.《寓山问》

题会稽长公陈起元著、先之周有开评。

崇祯十一年戊寅（1638）《自鉴录》：四月二十五日，得陈抑涵《寓山问》。又据日记，四月初九为陈起元删改《寓山问》，疟疾发病。六月十四日，评次陈起元《寓山问》。

12.《寓山解》

题会稽子塞孟称舜著、文载祁熊佳评。

崇祯十一年戊寅（1638）《自鉴录》：六月初十，得孟称舜作。浙图《林居》今年春季册有《与王士美》函云：

> "昨会得佳咏，遂堪压卷。小言呈郢削。孟子塞兄记事诗章俱久逼，乞仁兄以一字促之为望。"

则未得文与诗，促作之函也。同书有《与孟子塞》函云："三诗清新，矫然脱俗之杰构也。"

得诗之作也。《寓山注》上卷收五绝《瓶隐》《妙赏亭》。下卷收五绝《即花含》。

又，《里中》今年夏季册之《与孟子塞》，函云：

> "山中复有小构，适与董天孙披襟读大篇，谓是前日一拳初开时所作者也。今布置渐广，而叙述尚遗，倘得化工之笔，更开生面，或浑融言之，止发寓意，则此志便成全书矣。不意天孙遽闻之左右，而且代乞题咏，荷即慨然，是何山灵之多幸也。恐妨静修，逡巡未敢，倘得于纳凉之暇，偶一挥笔，真不啻百朋之惠矣。小《志》并《续注》稿呈览政。"

志，即《寓山志》也。

13.《寓山注》

题山阴幼文祁彪佳编著。

撰著情况，梳理祁彪佳崇祯十年(1637)日记《山居拙录》、崇祯十一年(1638)《自鉴录》的记载可知：崇祯十年(1637)四月，寓园成，祁彪佳邀友结社赋诗。后陆续收到各方寓山诗文，触发了他纂志意向。祁彪佳撰写《寓山注》，始于崇祯十年(1637)闰四月初五，初稿完成在七月十二日。

崇祯十年(1637)七月初一，得张岱点定《寓山志》及作诸景诗。浙图藏《林居》今春季册《与张宗子》，函云：

> "诸友诗亦望精选，宁过于刻而毋滥。中选者并祈加评语数字。凡小园诸景尚缺吟咏者，倘得名笔一二首压卷，所祷祝而不敢奢望者也。杀青立待，乞即挥毫，听任驰注。"国图藏《林居》有《与张宗子》函云："小注一经品题，遂生简帙之色，仁兄真还丹点铁之手。更拜读名章，见迥句新声，络绎奔会妙处，自堪千古，宁但颉颃辋川耶？但有请者，诸友诗多不入选，恐不免以见遗为罪，欲借大作数首冒彼姓名。盖以仁兄八斗才，可了数十人咳唾，所及犹足藻绘断沟，既为小集增重，复为诸友借光亮，亦宗工借允者也。"

另，张岱《琅嬛文集·书牍三》有《与祁世培》一函，函云：

"造园亭之难，难于结构，更难于命名。盖名俗则不佳，文又不妙。名园诸景，自辋川之外，无与并美。即萧伯玉（士玮）春浮之十四景，亦未见超异。而王季重先生之绝句，又只平平。故知胜地名咏，不能聚于一去也。西湖湖心亭四字匾、隔句对联，填楣盈梁，张钟山欲借咸阳一炬，了此业障。果有解人，真不能消受此俗子一字也。寓山诸胜，其所得名者，至四十九处，无一字入俗，到此地步大难，而主人自具摩诘之才。弟非裴迪，乃令和之，鄙俚浅薄，近且不能学王遹庵，而安敢上比裴秀才哉？丑妇免不得见公姑，腼为呈面，公姑具眼，是妍是丑，其必有以区别之也。草次不尽。"

当即岱复函。

十二日，注《寓山注》完。

八月十六日，较《寓山注》，改陶崇文《茶坞》诗，令匠人抄写《寓山注》以付刻。

二十一日，校对《寓山注》。

十一月初四，评寓山游吟诗竣。

寓园中增添新景观，崇祯十一年（1638）五月十三日，以新增寓山园景补作《寓山续注》数段。十六日，补作《续注》。本月初七，改订《寓山续注》，六月初八，改竟先前次第所作《寓山续注》。九月十一日，《寓山注》全文订定。

14.《寓山曲》

崇祯十一年（1638）《自鉴录》三月十七日，彪佳作成七言古诗《寓山士女春游曲》。诗见《远山堂诗集》。二十八日，观胡恒所作《寓山士女春游曲》。四月初三，阅陈国光所作《寓山士女春游曲》。初八，枫社社集，未预。得张弘、王业洵所作春游曲。十一日，得张岱《寓山士女春游曲》。《里中》夏季册有《与张宗子》："得披春游曲，不觉霍然。"

五月二十七日，向胡恒、张弧、王登三、徐如翰求诗。《里中》今年夏季册《与胡青莲》云：

"前是荷年翁许为小园作记，山灵实闻斯言，主人延颈以望久矣，乞即命笔以解馋渴。志中惟董天孙之《涉》与弟厶之《注》似已详尽，然而有未尽，则因构造在刻志之后，又一二亭榭以意为之，尚在梦想间，今乞年翁俱入尊记，以成大观。别幅呈览，仰惟赐炤。偶作《春游曲》俚语以资喷饭。莆中一先辈著《楚辞》并上邺架，诸俟晤悉。向见《檀雪集》中诸体毕备，乞年翁于志外别作一体何如？似不必俱拘拘园记也。"

所求《寓山记》也。胡青莲，名恒，字公占。

浙图藏《林居》今春季册《与张宗子》，函云：

"诸友诗亦望精选，宁过于刻而毋滥。中选者并祈加评语数字。凡小园诸景尚缺吟咏者，倘得名笔一二首压卷，所祷祝而不敢奢望者也。杀青立待，乞即挥毫，可任驰注。""小注一经品题，遂生简帙之色，仁兄真还丹点铁之手。更拜读名章，见迥句新声，络绎奔会妙处，自堪千古，宁但颉颃辋川耶？但有请者，诸友诗多不入选，恐不免以见遗为罪，欲借大作数首冒彼姓名。盖以仁兄八斗才，可了数十人咳唾，所及犹足藻绘断沟，既为小集增重，复为诸友借光亮，亦宗工借允者也"。

## 三、寓山志著的抄写与刊刻

《寓山志》编写和刊印的大致情形，从祁彪佳日记中也可大略考订：

崇祯十年(1637)六月十二日，蒋安然(倪)为彪佳录寓山分胜诸诗。

二十日，点定寓山诸记付梓。

二十三日，函致张卿子索送出评点的书稿。函见《林居·与张卿子》：

"小志藉鸿裁，乞以春秋之笔。一予一夺，已入选者，不妨去，未入者不妨收，文章公器，要以惬公好已耳。另有寓山诸咏一本，并烦铨次，完即掷之敝寓为望。"

七月初一,得八月十六日,较改《寓山注》毕,令书匠抄录付刻。

十二月十九日,《寓山志》镌刻竣工。二十日,校正《寓山志》,时《寓山志》初刻成。

崇祯十一年(1638)二月初三,抄书匠金顺高挟刻匠以刻《寓山志》来。

十七日,张弘来函盛称《寓山志》,函复之。

二十三日,致函胡恒,请以新建诸胜补写入其所作《寓山记》中。函见《里中》今年春季册《与胡公占》,函云:

> "(《寓山志》)已刻者先呈削政,内少全记一篇,留以待名手。老年翁笔下化工,一语妙天下,万乞为我作记,俾垂不朽,此主人所顿首以求者也。向日遂老作游记,王士美作评,董天孙作涉,自作注,皆构造未竣,以故未得其全,今于记、涉、评、注之外别有览图,自可得之,乞老年翁并入记中以收全局。一经品题,皆成名胜,主人怀感又当何如!伏楮敬恳。"

六月初八,改竟先前次第所作《寓山续注》。据日记,此前五月十三日,以新增寓山园景补作《寓山续注》数段。十六日,亦曾补作《续注》。本月初七,改订《寓山续注》,今竟。十二日,书匠金顺高来抄写《寓山志》。十七日,令抄书匠金顺高至寓山抄诸友之题咏、游吟十九日,函托胡恒评选寓山题咏。《里中》夏季册有《与胡公占》云:

> "寓山题咏游咏又得若干首,乞台翁选择其可刻者加以品评,妍媸好丑定无遁形,足为小志之光矣。《续注》得妙什,遂附以不朽,目下正有事于梨枣,幸即命笔,可胜驰企。"

三十日,胡恒为点定《寓山续注》,点评寓山十六景词竣工。

七月十五日，阅《寓山注》。二十一日，评点《寓山注》内诗。据日记，自十九日始，取《津逮秘书》中诗评、诗品评点《寓山注》。

八月初七，金顺高来抄《寓山志》。十七日，午后与陈国光补寓园诸景于《鉴湖志》内。

九月十一日，与抄工金顺高订《寓山注》。十八日，校《寓山志》。十月初十，校《寓山志》。

十二月十八日，金顺高抄录《寓山赋》。

崇祯十三年(1640)正月去函贺蒋倪游蜀，并以《寓山志》赠。《里中》今年春夏册有《与蒋安然》函道：

> "蜀道之难自古所叹，然每读杜工部入蜀诸咏，益见雄古浩瀚，岂非山川映发，自有足以广文人之胸眼者？想仁兄锦囊中佳篇盈溢。闻又得江太史奇文共赏，疑义相晰，更是客中快事，哦松之署当不寂寞。……山志较昨稍备，附奉玄览。诸不尽，临风耿注。"

正月初四，姚士纯之兄姚虞公重刻《寓山志》，并搜诸品题诗附刻，函谢之。《里中尺牍》今年春夏册有《与姚玄叔》函云：

> "拜令兄云翰，极感隆情，且示以翻刻寓山小记，是何昆玉垂爱至此。"

十一月初六，以《寓山志补余》致江元祚求诗。

又，彪佳今年以补记寓山后增园景，作《寓山志补余》，并以新得亲友寓山题咏补充入《寓山志》。据日记，先是七月十三日，汇寓山分胜诸诗。二十四日，见张溥所作寓山诗，诗原为四十首，亡其稿，仅存七首。八月初七，作《寓山志补余》数条。二十，得邓左之赠《寓山记》。十一月初三，得莆田彭让木《寓山赋》(现存志里仅收陈邈赋)、陈季琳画及莆中友人倡和诗。初五，阅前所得诸诗。由今日记可见，时《寓山志补余》当已完成。

# 太虚的宗教观

林孝暸①

（中国计量大学人文与外语学院）

**摘　要：** 太虚将宗教理解为人类社会生活的中心主义，并以"非常之灵知经验""大悲愿力""通达智识"和"合时德行"为宗教构成的重要原素。太虚还认为，宗教起源于人类生活，并与人类社会生活的发展相适应。太虚以对宗教的以上解释为基础，明确主张佛教是高等宗教，是适应现时代的宗教。也就是说，佛教是真正的宗教，是不会消灭的。

**关　键　词：** 太虚　理性宗教　灵知经验　佛教

太虚曾提出一个问题，就是"在近代思想的趋势下，佛教能不能存在"（《从佛教能否存在谈到轮回》）。太虚这一问题的提出，是因为近代中国许多思想主张宗教在将来不能存在，并由此引发佛教是否是宗教的问题。比如，章太炎就认为"佛法只是与哲学家同聚，不与宗教家为同聚"。（《论佛法与宗教、哲学以及现实之关系》），欧阳竟无则主张佛法非宗教非哲学。（《佛法非宗教非哲学而为今时所必需》）太虚则认为，"佛教一向被人认为世界最大宗教之一，这是无可否认的。"（《从佛教能否存在谈到轮回》）所以，佛教能否存在，与什么是宗教的问题密切相关。太虚从人类社会生活的视野出发，强调宗教是统摄人类社会生活的中心主义，并随着人类社会生活发展而发展，并主张佛教是宗教的最高发展，是高

---

① 作者简介：林孝暸，副教授，哲学博士，中国计量大学人文与外语学院硕士生导师。主要研究方向为中国近现代哲学，儒家思想。

等宗教。

## 一、宗教是人类社会生活的中心主义

太虚认为,宗教是广义的人类文化之一。人类一切文化有着互相连贯、息息相通的关系。而宗教具有结合人类社会生活的作用,一切人类社会思想信仰力量都统一于宗教。也就是说,"宗教为某时某地之人类结合成社会生活之中心主义,一切思想信仰力量无不由统一而生长于是发达。其现行之盛时,往往统军、政、教、财等权而一之,至少亦必为政法教化之所宗归。"(《宗教观》)

太虚指出,宗教一词希腊语原义就是结合的意思,宗教的本义正是人类的结合。人类从荒古以到今日、以至将来,都有使人类结合以成社会生活的思想、信仰与力量,这在中国过去称之为"道",现在则称之为"主义"。"例回教、或基督教,改称曰摩罕默德之道、或耶稣之道,摩罕默德主义、或耶稣主义,实无不可。则知昔日所谓孔、孟之道,老、庄之道,今日所谓马克思主义、孙文主义,改称为儒教、道教及共产教、三民教,亦无不宜。"(《宗教观》)太虚指出,近代所谓的宗教,就是中国古代所谓的"教"。

宗教作为人类生活结合的中心主义,太虚认为其构成的根本则是"非常之灵知经验"。"凡创立一宗教之教主,或为一新教派成立之宗祖,在其内心的心灵上必有超于平常理知之经验;此种经验即为心灵上之非常经验。"(《宗教构成之原素》)在太虚看来,我们平常所习知的是由耳目等感官而来的感觉,以及由知觉、思想的推论而形成的知识。但宗教的形成,不仅基于此种知识,更需要非常的经验。这种经验出于特殊的修养工夫,在佛教就是所谓的"持戒""禅定"工夫。佛教以持戒、禅定为其基础,然后依此对内对外作深刻观察,从而开拓此灵知中非常经验、并至于圣境。太虚认为,在世界各大宗教,如基督教、回教、佛教中,都具有"非常之灵知经验";即使中国的儒、道等教,也同样有"非常之灵知经验";"不论东西古今,所谓教化者,其创立之教主,必有此非常之灵知经验。设无此经验,以持彼坚强不屈之自信力,如何能发为宗教,成为教之宗祖?"(《宗教构成之原

素》)

太虚强调,作为宗教根本的"非常之灵知经验",是圣人心内亲自证验到的真见境界,超越平常的智识思想言语文字等等,需由修行实证才能得到。他人如要知道圣人的心境,也须如实修证到,才能获得。"故真见道的心境,是一种超越而不可思议的,易其名谓之神秘";"这神秘可依赖信仰的东西,在人类的无形中,由一家一村至一邦一国,都有这种共同的信仰,而成为一家以至一国的精神上共同的趋向约束。一切日常生活祸福,都在这种神秘力量的约束中,他能满足人的要求,能为人的信赖,所以便是人们共同精神上的团结力。"(《人群政制与佛教僧制》)

太虚在主张宗教要以"非常之灵知经验"为构成根本的同时,还将"大悲愿力""通达智识"和"合时德行"视为宗教构成的重要原素。因为如果仅具"非常之灵知经验",却与世脱离、超乎世外、不行救世之事,那么宗教也不能发生。也就是说,"不能领导人类进步,则不能成功宗教。"(《宗教构成之原素》)

太虚指出,宗教要领导人类进步,还需"大悲愿力"。所谓"大悲愿力",就是通常所谓的"仁爱心""奋勇心"或"博爱心"。一旦有了上述心德,同时能够认识到宇宙万物以及世界人类,都可以得到超出世俗的"非常之灵知经验",从而共享彻底的安宁快乐。但观察到世人不能由自我实现以上心境,于是大悲哀悯之心生焉。"良以世人沉沦于世俗习惯之中,无以超出尘俗之烦恼而解脱,故宗教者当使世人同得此觉悟,享受此非常经验所得超乎世俗凡尘之快乐。如有人以其所自得灵知之觉,揭示披露于世,因此有宗教之构成。"(《宗教构成之原素》)像基督教、佛教的宗旨,都具有大博爱心、大悲愿力,希望能使世人同得灵知经验的快乐,而不以身体的痛苦为畏惧。"既具超乎寻常之智证,复以大悲愿力彰显而披露之,宗教于是乎成矣。"(《宗教构成之原素》)也就是说,宗教的形成需要"非常之灵知经验"和"大悲愿力"这两个要素。

太虚还认为,宗教如要成功,还需"通达智识"和"合时德行"这两个要素。(1)所谓"通达智识"就是通达事理的知识,这是认识内外事理的基础。如果宗教家仅有己身修证的经验和大悲愿力,却缺乏通达的知识,将不足以成事。也就是说,他的经验愿力将无法实行。即使施行,最终也不免为世人所诟病、所唾弃、所讥笑。所以,如果缺乏"通达智识",将会构成宗教的障碍。(2)所谓"合时德行"就是适合时机的德行,即适合时代需要的道德行为。虽然有宗教的经验、愿力与知识,但所行的却不合时宜、违反时代的需要;这在自己即使不为介意、行之有素,然而在他人看来却认为不合时机,从而受到多方阻挠;这必然使教化不能推行,宗教也不可能成功。总之,"设有宗教之经验、愿力、与知识欲行之于世,更当适合时代之需求,乃有施展之可期。"(《宗教构成之原素》)

综上所述,太虚主张"真见道的心境,是一种超越而不可思议的,易其名谓之神秘;以此为根本特质,由不可思议而超越平常智识思想的自证心境中,施设种种教法出来,教化他人,则名曰'宗教'。"(《宗教构成之原素》)具体而言,作为人类中心主义的宗教要具备四个重要的原素:一是"非常之灵知经验",二是"大悲愿力",三是"通达智识",四是"合时德行"。其中,"非常之灵知经验"是宗教构成的根本,因为"大悲愿力""通达智识"和"合时德行"这后三者,仅可以引导人民的信行、协助宗教的宣传,而不足以使宗教产生、成立。"如仅具后三者之原素,而无基本之灵验,仅成平常之政学而不成宗教。"(《宗教构成之原素》)

## 二、宗教与人类社会生活发展相适应

太虚认为,宗教起源于人类生活,并与人类社会生活的发展相适应。在个人生活的采猎时代,虽然包含有宗教的种子,但还未形成宗教。因为宗教是一家一村至一国的人们精神上共同的约束力量,所以单是采猎时代个人自立的生活,还没有宗教生产的可能。"宗教是代代相传为众人共同的约束,故其个人生活的采猎时代,还是没有宗教的作用生起。不过,里面也蕴含有宗教的种子,但没有发生罢了。"(《人群政制与佛教僧制》)

在太虚看来,宗教的发生是在人类有了社会生活的农家牧群时期。"从人类生活起源之宗教,一种是由农家崇拜祖先与风雨山川等神而建立;一种是由牧群信奉人类公共的祖先,即是能主宰万物的唯一大神而建立。"(《人群政制与佛教僧制》)农家原始宗教的形成,一是因为农耕有家的建立,一家之中必须要保守家法,需要对祖宗有特别的敬重,已故的祖先成为后世子孙共同的信仰和依赖;二是农家须依田土而生活,天时、水土、山川、木树、日月星辰等都是农家生活上的依赖,于是对山川水土风云雷雨等等都发生起信仰。概括地说,农家生活之所以有信仰的发生,"最切近的,是一家有一家的祖先,较广泛的,是所赖以生活的风雨山川等神,所以就有宗教的发生。"(《人群政制与佛教僧制》)牧群原始宗教的形成不同于农家,因为牧群与农家的生活情形大不相同。牧群原是几百几千几万人所集合的大群,没有一定的居住地方,时常迁移流动。因此,牧群的结合是信仰人类公共的祖先,而不是单信一家的祖先;另外,由于不固定于特定的山川土地,所以牧群所信的神是无所不在的,仿佛人类及万物都从他所生。"由这种神秘的信仰而为全群的结合重心,乃皆仰望此神的护佑而获安全的生活。"(《人群政制与佛教僧制》)总之,由农耕和牧群发生了两种不同的宗教。在人类历史上,这两种宗教很多而且不一致。比如,中国的道教可作为由农家起源的代表宗教,而犹太教则可作为由牧群起源的代表宗教。

太虚认为,随着人类农耕与牧群两种生活的融合,进一步形成了并合改进的宗教。比如"如印度最初的土人,也是崇拜祖先山川风雨等神,与原始的道教相同。后来因为牧群的侵入,就以牧群普遍的神为信仰,并土人的文化合并,从而产生专掌教化的婆罗门,唯一的信仰是大梵。"梵为一切世界万物的出生主,普遍一切,无处不在;同时又融纳了土人的多神,演变到现在,便成为目前的印度教。"(《人群政制与佛教僧制》)另外,儒教,还有回教都是并合改进的宗教。"儒教是以农家敬祖鬼奉神祇的信仰为本质,并合改进加入了牧群唯一的天神,成为'敬天法祖'有条理系统的组织。回教以牧群唯一的天神为本质,又并合了家族伦理为其中心,故教中极重由家族而建军国,成为改进之宗教。"(《人群政制与佛教僧制》)

太虚认为,随着人类理智的发达,对原始生活的习气一一都消镕解脱,进而有了能从平等普遍的理性上创立的宗教。在太虚看来,原始的宗教或后来改进的宗教,总是脱不了原来"或重家族祖先,或重唯一天神"的两种根本性质,"牧群者以自群团结的优胜力量去征服统治一切,家族者以自族去扩充为万民的中心。"(《人群政制与佛教僧制》)因而,在崇奉的天神中,往往有种垄断的性质;由家族扩充成大民族时,就推重自家种族的原始祖先是如何的优胜超过一切。总之,并合改进的宗教,仍脱不了原始的气味与束缚,"不能从一切众生或世界人类都是平等的普遍理性上去开创建立为理性的宗教。"(《人群政制与佛教僧制》)理性宗教的创建,需要发现普遍真实究竟的理性,从近的说需要人类平等,从远的说还要一切众生都平等。而在原始的或改进的各种宗教看来,却还没有这种普遍的理性,却还是限于家族或种族。"最先有此种理性宗教的创建,要算是佛教。"(《人群政制与佛教僧制》)因为佛教的教义和教制,都是脱离了原始宗教的臭味,是从人类发达的理智所认识的理性而创立的。太虚还认为,耶稣是受过佛教的教化,耶教在教团、制度、教义受了佛教的影响,因此耶教也可归入理性创立的宗教之一。"从这理性创立的宗教,不复是一家一族的宗教,而起码是世界上人类的宗教,人人都能成佛。这宗教的生起,固然也承有原来的宗教中那些造业受报,生死相续,和不生不灭普遍恒常的教义,但对其限制性——自我、大神等——都予以打破,而成平等理性;其业报亦即别无限碍,要是依业报的法则去作,造何业得何果,不论什么都可做到,并无限制。"(《人群政制与佛教僧制》)

在太虚这里,宗教是随着人类社会生活的发展而发展的。由此,太虚对以法国哲学家孔德为代表的"进化唯物论"有关宗教将会消灭的思想进行了回应。太虚指出,孔德注意到人类思想是向前进步的,并将人类的思想史分为三期:"一、古代人类的思想——宗教为其代表。二、十六世纪至十九世纪上半期人类的思想——哲学为其代表。三、十九世纪下半期至现代人类的思想——科学为其代表。宗教时期,就是迷信的时期;哲学时期,是理想的时期;科学时期,是实证的时期。"(《民国与佛教》)太虚认为,孔德将人类思想演进史,看得太机械、太呆板,并不符合人类思想进步的历程。事实上,由人类思想所表现的社会上各种事业,都不是于什么时期突然凭空生出来的,都是各有系统、各有渊源、各有进步的。"由野蛮进步至于文明,由幼稚进步至于高深,由简单进步至于复杂。"(《民国与佛教》)宗教、哲学、科学同样各有它产生的渊源、各有它进步的历程,决不能用三时期的分法将其割裂截断,机械式地硬分配为三个时期,变成板定的死东西。

太虚从总体上是肯定宗教不会消灭的,但也强调具体的某种宗教是有生灭的。"故依结合人类成社会生活之宗教本义以言,则宗教大概可分三类:一、已行已死之宗教,若耶教、儒教等:以此皆信神、信天之宗教,在昔农业中心之社会,人民仰仗自然之恩惠,故信天神;今入工业中心之社会,人皆自信其身心之力,故黜天神之信也。二、已生现行之宗教,若今一党专权之列宁教、慕沙里尼教等:昔者耶教在罗马、儒教在中华,亦尝为已生现行之宗教。……三、已生未行之宗教,若克鲁泡特金主义及大乘之佛陀主义等。儒教在汉武帝之前,耶教在孔斯坦帝之前,亦尝经过已生未行之时代,然今则已退为已行已死之宗教矣。"(《宗教观》)

## 三、佛教是真正的宗教

太虚基于宗教是人类社会的中心主义及宗教与人类社会生活发展相适应的思想,提出了佛教是真正的宗教的主张。太虚主张佛教是真正的宗教,有两方面的涵义:一是佛教是高等宗教,二是佛教是适应现时代的宗教。

首先,太虚将宗教分为低等宗教和高等宗教,并强调佛教是高等的宗教。前面说过,太虚认为宗教的根本要素是"非常之灵知经验"。太虚对不同宗教高低差别的区分,也是基此进行的。他说,"非常之灵知经验为最要。从得此经验以至披露,又须视其所认识之当否,然后乃可判别其宗教之高下也!"(《宗教构成之原素》)

在太虚看来,低等宗教"以神为至高目标,此即以其灵知之经验见解为最高之神也"。(《宗教构成之原素》)低等的宗教如拜物教、信鬼教,乃至信仰一件动物植物——如信一"树"为神,便烧香供奉,以为此树有人以外的特殊力量,与人祸福,治病发财,求甚么得甚么,使人信仰依赖,得到人所得不到的要求;再如普通人家供奉祖先,所谓家有家神,以望其保佑子孙,赐福消灾,在人心上总是有种神秘的力量可依靠信赖;还如中国之巫觋,有神附身,能够降神,能说平常人所不能说,能见平常人所不能见,越出人的知识能力所及,而起人力以外神秘的不可捉摸的现象。在这些低等宗教教徒看来,平常人的力量以外有他种的力量,为常人不可窥知,不能显现的,是由人的偶然灵感或特殊的神人才能有的。

太虚认为,佛教是高等宗教,因为"佛法于此非常灵知之经验,最有精当而不偏颇、严密而不疏懈之说明。要之、此非常灵知,乃为宗教经验,而通达其中事理以评判论断之者,则为宗教哲学。佛教之精华,即在于此"!(《宗教构成之原素》)所以,低等宗教将"他们认为登峰造极的崇拜对象,或呼为神,或信为上帝",以"学佛者的眼光舒睇一看,看到他们没有透澈,好像旅行到中途便走不通了"。(《佛学与宗教哲学及科学哲学》)太虚还指出,宗教这一名词有不同解说,根据希腊拉丁文字的语根,宗教含有约束人心的意义。在中国的佛书上也有宗教的字义,但宗与教是分开的,即所谓宗下教下。太虚认为,要说明高等宗教,佛教这种分开的说法但是适合的。"依实践修证而亲自证验到内心境界的名宗;依所证心境用言语文字宣布出来而教化他人的名教。简单的说,自证名宗,由自证而教他名教。在此种意义上讲,佛法才真正的是宗教。"(《人群政制与佛教僧制》)

第二,太虚强调佛教是最适应现时代的宗教。太虚指出,只要人类共同存在一天的话,那么社会彼此团结集中的力量就一日不可无,也一日不会消失。也就是说,团结的宗教中心力一日不可无,也一日不会消失的。"惟有佛法最适应现今时势的需要。"(《寰游之动机与感想》)

太虚认为,以前欧洲的宗教观念,和现代的科学根本不能相容,其宗教的宇宙观和以自然说明万物的科学态度,成了冲突!又因为近代工业发达,人们觉得各种力量都在人类自己的身上,从而不再相信那些创世主宰的观念。由于这些宗教已脱离现行的政治、经济、教育等社会生活,失去了结合人类成社会生活的功能,只能凭借非现实人世等一类精神上的幻觉遐想,以保存于所传诵的经典为信仰的对象。这些宗教已经与科学、哲学、教育等分立,其范围也仅指宗教本身,成为狭义的宗教。近世科学者或社会主义者所反对的宗教是狭义的宗教。狭义的宗教,是已死未灭或垂死将死的宗教。

太虚认为,"于科学生活中最适宜的,唯有佛教。故近来欧美人氏说佛教是科学的宗教。因为佛教教义通得过科学的,因为佛法是理智的;其他宗教都是以感情来接受的。"(《原子时代的佛教》)太虚强调,不能将佛法和其他宗教同样排斥。事实上,佛教与科学不仅不冲突,而并由各种科学以及近代各种经济组织发生出来的许多不安稳的现象和祸害,都能靠佛法来补救消除,使近代的社会更有进步。因为,"佛法是说明一切法都是因缘和合所成的,非特世界、国家、社会是如此,即小至一微尘亦如此;这个因缘和合所成之理,即可贯通科学之理而无间然。"(《寰游之动机与感想》)

太虚还从政治与宗教相联系的角度,指出宗教在历史上经历了三个发展时期。第一期是多神教的时代。当时的政治是组织成为一部落一部落的酋长制度。第二期是一神教时代。在政治上是君主制度,最发达的是崇拜国家为神圣。第三期是近世纪的时代。由于人类知识大进,每个人都知道赋有人权,君权制度被推翻,从而进入民权时代。"民权者,每个人民对于社会、乃至最高组织的国家,都应当尽其相当的义务,享其相当的权利。其团结的中心点呢?是在每个人民都有这样的认识和实行,义务权利,均尽均享,没有阶级,完全平等,故其中心点,即在民众共同思想表现的组织上。换言之,即每个人民都可以说为是中心点。"(《民国与佛教》)太虚认为,在民权发达的时期,宇宙信仰的多神、一神的宗教是不适合于民意的,应当取一无阶级平等真理,以集中人民的信仰。佛教能够打破多神、一神迷信的宇宙观,建立"众多因缘所成的宇宙观",是最适合民权时代的宗教信仰。

太虚甚至主张,作为真正宗教的佛教不仅是适应现时代,而且是"超越一切时间空间"。因为佛教在教法上是很广大的,是以无边世界和无尽众生为其对象。佛法的存在,就是佛菩萨的圣智所亲证的诸法真实相性。所以,佛出世或不出世,佛法都是普遍地常住。也就是说,佛法"是超越一切时间空间,不受一切时间空间之限制而变迁。如同一时间,与某处众生机宜相应,佛法则兴;与某处众生机宜不相应则衰,甚或没有佛法。但在无尽的世界之中,并非完全没有佛法,此世界纵没有,他世界仍有"。(《人群政制与佛教僧制》)

# 南岳慧思的判教与如来藏思想

张　凯①

（宁波大学浙东文化与海外华人研究院）

　　**提　要：** 南岳慧思以次第与圆顿作为判别禅法高下的主要标准与依据，尤其推崇《法华经》的一乘圆顿法门，其论述一乘思想的理论基础是唯识如来藏系经论所说一切众生皆具的如来藏、法身思想。这一思想不仅反映出他将般若性空与如来藏妙有两大思想有机融会到禅法实践中的有效努力，对天台宗止观理论的形成起到了极大的助益作用，也从一个侧面揭示出中国佛教思想史从本体论向心性论过渡的历史进程。

　　**关 键 词：** 慧思　次第　圆顿　一乘　如来藏　法身

　　南岳慧思(515—577)，俗姓李，汝阳武津(今河南上蔡)人，南北朝后期的著名禅僧。十五岁出家，先后弘法于北朝光州、大苏山及南岳衡山等地，深受陈代皇室礼遇。因是天台智顗(538—598)②之师，故被后世立为天台宗二祖(一说三祖)，被认为是天台宗学的重要先驱者。慧思的影响也波及海外，日本早已流传

---

① 作者简介：张凯(1986—　　)，哲学博士，宁波大学浙东文化与海外华人研究院助理研究员。

② 学界一般认为智顗生卒年为公元 538—597 年，杨曾文据陈垣《二十史朔闰表》认为智顗去世的日期隋文帝开皇十七年十一月二十四日应为公元 598 年 1 月 7 日，故应以公元 598 年为智顗卒年。(杨曾文：《关于中日天台宗的几个问题》，《东南文化》1994 年第 2 期)张风雷则认为杨曾文据此推断智顗生年为公元 539 年(智顗世寿六十)有所不妥，认为以隋开皇十七年上推六十年至梁武帝大同四年(公元 538 年)，而不应以公元 598 年上推至公元 539 年，因此主张智顗生卒年为公元 538—598 年。(张风雷：《天台智者大师的世寿与生年》，《正法研究》创刊号，1999 年)

圣德太子(574—622)为慧思转生的传说。①

　　据《续高僧传》本传，慧思"凡所著作，口授成章，无所删改。造《四十二字门》两卷、《无净行门》两卷、《释论玄》《随自意》《安乐行》《次第禅要》《三智观门》等五部各一卷，并行于世"。② 其中现存《无净行门》(《诸法无净三昧法门》，以下简称《无净三昧》)两卷、《随自意》(《随自意三昧》)、《安乐行》《法华经安乐行义》，以下简称《安乐行义》)各一卷，其他皆佚。③ 此外，现存署名慧思之作还有《南岳思大禅师立誓愿文》一卷、《大乘止观法门》四卷、《受菩萨戒仪》一卷。其中，《立誓愿文》是否为慧思之作学界尚存异说④，而《大乘止观法门》学界多疑非慧思之作。⑤

---

① 这种传说一般被称为"圣德太子慧思后身说"或"圣德太子慧思托生说"，其成立与鉴真(688—763,754年东渡)有密切关系，日本学界多有研究。伊吹敦在整合以往研究成果的基础上，通过分析认为鉴真东渡动机与圣德太子无关。(伊吹敦：《鑑真は來日に以前に聖德太子慧思後身説を知っていたか?》,《印度学仏教学研究》62(1),2013年)

② 《续高僧传》卷十七慧思传，《大正藏》第50册，第564页上；郭绍林点校《续高僧传》(以下简称"郭校本")，北京：中华书局，2014年版，第622—623页。

③ 佐藤哲英据日本藏《四十二字门略钞》及宝地房资真对《四十二字门》的引用还原了《四十二字门》的部分内容与大致结构，认为此书是慧思基于《大品般若经》及《大智度论》将其与《璎珞经》的四十二地配对来解释梵字悉昙的四十二字义。(佐藤哲英：《南岳慧思の「四十二字門」について》,《印度学仏教学研究》16(2),1968年；又氏著：《續・天台大師の研究——天台智□をめぐる諸問題》第二编第三章，京都：百华苑，1981年)

④ 陈寅恪通过文中年历、地理两处考证认为《立誓愿文》绝非他人所能伪托，当是出于慧思的亲笔。(陈寅恪：《南岳大师立誓愿文跋》,《陈寅恪集金明馆丛稿二编》，北京：生活・读书・新知三联书店，2001年版，第240页)汤用彤指出此书"恐系后人附会伪造。"(汤用彤：《隋唐佛教史稿》，北京：中华书局，1982年版，第128页)惠谷隆戒认为《立誓愿文》后半部分或是慧思《发愿文》的原型，而前半部分或是后世附加之作。(惠谷隆戒：《南岳慧思の立誓願文は偽作か》,《印度学仏教学研究》6(2),1958年)

⑤ 关于《大乘止观法门》慧思撰真伪的争论，跨越古今中西，蔚为大观。汤用彤、陈寅恪、冯友兰、吕澂皆因《大乘止观法门》汲取《大乘起信论》而认为此书非慧思所作。(汤用彤：《隋唐佛教史稿》，第128页；冯友兰：《中国哲学史》(下)，上海：华东师范大学出版社，2000年版；吕澂：《中国佛学源流略讲》，北京：中华书局，1979年版，第162,329页)圣严、松田未亮对古今中日学者关于此书真伪的研究成果进行了综述，指出伪撰说具有压倒性的优势。(圣严：《大乘止观法门之研究》，北京：宗教文化出版社，2006年；松田未亮：《大乘止觀法門の研究》，东京：山喜房佛书林，2004年)此外，张文良专文综述了日本关于此书的研究情况。(张文良：《日本の〈大乘起信論〉研究》,《佛学研究》2010年；后收入氏著：《日本当代佛教》第五章第二节，北京：宗教文化出版社，2015年版)概言之，关于此书撰者，学界总体倾向于否定慧思真撰说(包含慧思周边撰述说)。伪撰说中又可分为两类：天台宗人撰述说(即天台后学撰述说)与摄论宗人撰述说(主要是昙迁撰述说)，学界总体倾向于昙迁撰述说。

由于慧思之于天台宗的重要地位，学界历来对其多有研究。<sup>①</sup> 本文在吸收前贤研究成果的基础上，重点考察慧思的判教与如来藏思想，借此深化对慧思佛学思想的理解与认识。

## 一、次第与圆顿的判教准则

慧思禅法兼采大小乘各家之说，其中既有"四念处"的次第法门，也有"法华三昧"的圆顿法门，从中可见慧思以次第与圆顿为禅法评判标准的判教观。<sup>②</sup> 次第与圆顿包含修行之法与修法之人两层理论内涵。从修行之法的角度看，次第为渐修法门，圆顿为顿悟法门；从修法之人的角度看，次第为二乘及大乘钝根菩萨所修，圆顿为大乘利根菩萨所修。慧思虽曾撰《次第禅要》一卷论述次第渐修的禅法，但更倾向于强调顿悟的重要性，这从慧思自身的禅悟历程中可窥得一二：

> 性乐苦节，营僧为业。冬夏供养，不惮劳苦。昼夜摄心，理事筹度，讫此两时，未有所证。又于来夏束身长坐，系念在前。始三七日，发少静观，见一生来善恶业相，因此惊嗟，倍复勇猛。遂动八触，发本初禅，自此禅障忽起，四肢缓弱，不胜行步，身不随心，即自观察：我今病者，皆从业生，业由心起，本无外境，反见心源，业非可得，身如云影，相有体空。如是观已，颠倒想灭，心性清净，所苦消除，又发空定，心境廓然。夏竟受岁，慨无所获，自伤昏沉，生为空过，深怀惭愧。放身倚壁，背未至间，霍尔开悟。<sup>③</sup>

① 关于慧思研究的综述，可参考神达知纯：《日本佛学界对南岳慧思研究的现状》，黄心川主编、麻天祥执行主编：《光山净居寺与天台宗研究》，香港：天马图书有限公司，2001 年；朴永焕：《回顾当代韩国慧思研究的现况》、陈力祥：《南岳慧思大师思想研究在国外》，南岳佛教协会编：《慧思大师研究》，长沙：岳麓书社，2012 年。

② "判教"一词多用于评判佛教各种经论所说教法的高低优劣，较少用于评判禅法的高低优劣。然而，慧思的禅法思想实与其对教法的理解息息相关，故此处暂用"判教"来描述慧思对禅法的评判。

③ 《续高僧传》卷十七慧思传，《大正藏》第 50 册，第 562 页下—第 563 页上；郭校本，第 619 页。

此段材料可注意者有三：其一，"理事筹度"，理即慧观，事即禅定，反映慧思"定慧双开"之学风；其二，慧思在禅定过程中重视悟得"业由心起，本无外境"及"相有体空"的观心法门（"昼夜摄心"）；其三，论述了慧思由渐修至顿悟（"霍尔开悟"）的修学过程。由此可知，慧思虽重视以禅定为修学基础，但最终的觉悟解脱还是要以禅定基础上的慧解为关键。渐修倾向从禅定层面论说，顿悟偏重从慧解层面理解，慧思在渐修基础上强调顿悟实际上恰好体现了"定慧双开"思想中禅定为基，慧解为本的特点。

此外，《续高僧传》慧思传还记载了一则慧思为智顗释疑的故事：

> 后命学士江陵智顗代讲金经，至"一心具万行"处，顗有疑焉，思为释曰："汝向所疑，此乃《大品》次第意耳，未是《法华》圆顿旨也。吾昔夏中苦节思此，后夜一念，顿发诸法。吾既身证，不劳致疑。"顗即咨受法华行法。①

此段材料可注意者有三：其一，慧思重视"因定发慧"（"身证"）从中可见一斑；其二，强调顿悟（"顿发诸法"）；其三，认为《大品般若经》论"次第意"，《法华经》讲"圆顿旨"，将《大品经》与《法华经》的宗旨区分为次第与圆顿。

慧思倾向顿悟的思想在其论述作为圆顿法门的"法华三昧"与"四安乐行"中得到了充分体现。慧思在《安乐行义》中论述有相行与无相行时说：

> 菩萨学法华，具足二种行：
> 一者无相行，二者有相行。
> 无相四安乐，甚深妙禅定。
> 观察六情根，诸法本来净。
> 众生性无垢，无本亦无净。
> 不修对治行，自然超众圣。

① 《续高僧传》卷十七慧思传，《大正藏》第50册，第563页中；郭校本，第620页。

> 无师自然觉，不由次第行。
>
> 解与诸佛同，妙觉湛然性。
>
> 上妙六神通，清净安乐行。
>
> 不游二乘路，行大乘八正。
>
> 菩萨大慈悲，具足一乘行。①

此段材料可注意者有四：其一，慧思将行法分为有相行（诵读行）与无相行（禅定行），四安乐行即是无相行②；其二，无相行法不修次第行（对治行），强调"无师自觉"，故主张顿悟与自觉③；其三，无相行法在于观察"诸法本来净""众生性无垢，无本亦无净"，强调观照诸法的本来实相；其四，无相行法为大乘菩萨一乘之行，不为二乘（声闻、缘觉）所行。他又说：

> 无相行者，即是安乐行。一切诸法中，心相寂灭，毕竟不生，故名为无相行也。常在一切深妙禅定，行住坐卧饮食语言，一切威仪心常定故。诸余禅定，三界次第。从欲界地未到地、初禅地、二禅地、三禅地、四禅地。空处地、识处、无所有处地、非有想非无想处地。如是次第，有十一种地，差别不同。有法无法，二道为别，是《阿毗昙杂心》圣行。安乐行中深妙禅定，即不如此。何以故？不依止欲界，不住色无色。行如是禅定，是菩萨遍行。毕竟无心

---

① 《法华经安乐行义》，《大正藏》第 46 册，第 698 页上-中。

② 有相行出自《法华经·普贤菩萨劝发品》，无相行出自《法华经·安乐行品》。关于慧思的有相行与无相行思想，可参考横超慧日：《南岳慧思の法华三昧》，《宫本正尊教授还历记念论文集：印度学仏教学论集》，东京：三省堂，1954 年，后收入氏著《法华思想の研究》，京都：平乐寺书店，1975 年；安藤俊雄：《慧思の法华思想——智度論との関係を中心として》，《山口博士還暦記念：印度学仏教学論叢》，京都：法藏馆，1955 年；新田雅章：《天台实相論の研究》，京都：平乐寺书店，1981 年；佐藤哲英：《續·天台大師の研究》，京都：百华苑，1981 年；大野荣人：《天台止観成立史の研究》，京都：法藏馆，1994 年；菅野博史：《慧思『法華経安楽行義』の研究(1)》，《東洋学術研究》43(2)，2004 年，后收入氏著：《南北朝·隋代の中国仏教思想研究》，东京：大藏出版，2012 年；鹤田大吾：《『法華経安楽行義』の無相行と有相行の再考》，《東アジア仏教研究》5，2007 年；加藤高敏：《慧思の有相行について》，《曹洞宗研究員研究紀要》42，2012 年；《慧思における有相·有相行について》，《印度学佛教学研究》62(2)，2014 年。

③ 关于慧思的"无师自觉"思想，可参见鹤田大吾：《南岳慧思の「無師自悟」についての考察》，《印度学佛教学研究》53(2)，2005 年。

想,故名无相行。①

无相安乐行法强调顿觉的方法唯有观"心相寂灭,毕竟不生",不住于三界,没有如《阿毗昙杂心论》所说的于三界中观察息、身的次第行法。慧岳据此认为"法华三昧"即是《大智度论》中所说的"无相三昧",潘桂明亦赞同此说。②

慧思之所以推崇《法华经》,正是因为《法华经》作为"秘密藏"③所体现出的"会三归一"的一乘思想及"法华三昧"的圆顿宗旨。慧思说:"妙法华会,但说一乘,顿中极顿,诸佛智慧。"④"《法华经》者,大乘顿觉,无师自悟,疾成佛道,一切世间难信法门。"⑤慧思在《安乐行义》中论述"法华三昧"的优胜处时说:

> 余华结果显露易知者,即是二乘,亦是钝根菩萨次第道行,优劣差别。断烦恼集,亦名显露易知。法华菩萨即不如此,不作次第行,亦不断烦恼。⑥
>
> 钝根菩萨修对治行,次第入道。登初一地,是时不得名为法云地。地地别修,证非一时。……法华菩萨即不如此,一心一学,众果普备,一时具足,非次第入。……从一地至一地者,是二乘声闻及钝根菩萨,方便道中,次第修学。不从一地至一地者,是利根菩萨,正直舍方便,不修次第行。若证法华三昧,众果悉具足。⑦

二乘(声闻、缘觉)与钝根菩萨于方便道中修次第行(对治行),断烦恼得道,

---

① 《法华经安乐行义》,《大正藏》第 46 册,第 700 页上。
② 慧岳:《天台教学史》,台北:中华佛教文献编纂社,1974 年;潘桂明、吴忠伟:《中国天台宗通史》上册,南京:凤凰出版社,2008 年,第 67 页。
③ 《法华经·安乐行品》云:"此《法华经》,能令众生至一切智,一切世间多怨难信,先所未说,而今说之。文殊师利,此《法华经》,是诸如来第一之说,于诸说中最为甚深,末后赐与,如彼强力之王,久护明珠,今乃与之。文殊师利,此《法华经》,诸佛如来秘密之藏,于诸经中最在其上,长夜守护,不妄宣说,始于今日乃与汝等而敷演之。"(《妙法莲华经》卷五,《大正藏》第 9 册,第 39 页上)
④ 《诸法无诤三昧法门》卷下,《大正藏》第 46 册,第 635 页中。
⑤ 《法华经安乐行义》,《大正藏》第 46 册,第 697 页下。
⑥ 《法华经安乐行义》,《大正藏》第 46 册,第 698 页中。
⑦ 《法华经安乐行义》,《大正藏》第 46 册,第 698 页下。

故"证非一时";法华菩萨(利根菩萨)舍方便道,不修次第行,无需断烦恼而得道,故"一心一学,众果普备,一时具足"。从不断烦恼得道可以推导出"烦恼即菩提""无明即涅槃"的思想。关于"一学",慧思引用《央掘魔罗经》解释说:"佛问鸯崛摩罗,云何名一学? 鸯崛答佛,一学者名一乘。"①可见一心、一学均与一乘之义相通。在慧思看来,次第法门与圆顿法门的"优劣差别",首先在于渐修与顿悟的行法差别,进而涉及到修法之人的根机差别。次第法门属二乘及钝根菩萨所修,圆顿法门属利根菩萨所修,是融摄三乘次第法门的一乘顿悟法门。

据《立誓愿文》,慧思曾造金字《大品般若经》与《法华经》,可见其对两部经典甚为重视。相较于《大品经》中的次第法门,慧思更偏重宣扬《法华经》中的圆顿法门。慧思以《大品经》的三乘次第法门为入学基础,以《法华经》的一乘圆顿法门为最终旨归。然而并不能由此认为慧思主张《般若经》低劣于《法华经》。《法华经》虽强调圆顿,但顿觉的内容仍是《大品经》与《法华经》等般若类经典在教理上所主张的诸法性空之理,《大品经》作为实相观的最高境界在慧思思想中始终具有十分重要的地位。因此,次第与圆顿只能反映出慧思对两部经中所说行法的高下之见,不能据此判定慧思对两部经典有优劣之别。此外,《无诤三昧》重点论述了三界次第的四念处行,而《安乐行义》重点论述了非三界次第、不住于界的无相行(安乐行),偏重次第与圆顿是两部著作的明显差异,从中也可见慧思佛学认识的进展。总之,慧思通过次第与圆顿的标准,不仅对《大品经》与《法华经》中所说行法进行了高下评判,也对四念处观与法华三昧等禅法进行了优劣评判,从而为自己所主张的法华圆顿法门从理论上进行了合理有效的论证。

灌顶在《摩诃止观》序中说:"天台传南岳三种止观:一、渐次;二、不定;三、圆顿。"并详细论述了三种止观。② 其中的渐次与圆顿当继承自慧思的次第与圆顿。智顗亦撰有《次第禅门》《童蒙止观》《摩诃止观》等禅观著作论述次第止观与

---

① 《法华经安乐行义》,《大正藏》第 46 册,第 699 页下。
② 《摩诃止观》卷一,《大正藏》第 46 册,第 1 页下—第 2 页上。

圆顿止观。可见慧思的次第与圆顿思想对智顗及天台宗止观思想的深刻
影响。①

## 二、一乘与如来藏、法身思想

如上所述,慧思推崇《法华经》的一乘与圆顿思想,而他对一乘思想的逻辑说
明则以如来藏、法身思想为理论基础。慧思说:

> 云何名为一? 谓一切众生,皆以如来藏,毕竟恒安住。新学菩萨,如此
> 观时,凡夫圣人,本末究竟,平等无二。亦能善达,凡圣始终,究竟一乘,差别
> 之相。……佛与凡夫一切具足,名本末究竟平等。此法身藏,唯佛与佛乃能
> 知之。《法华经》中总说难见,《华严》中分别易解。②

> 云何名一乘? 谓一切众生,
> 皆以如来藏,毕竟恒安乐。③

一切众生皆有如来藏(法身藏),凡夫与圣人从皆具有如来藏的角度来说是
平等的,此即是所谓的"本末究竟平等"④,并主张此是诸佛境界。《法华经·方
便品》在论述诸法实相时提出可以从十个方面来探究,即"十如是",其中最后一
个方面即是"如是本末究竟等"。⑤ 慧思十分重视此段经文,而其理解"本末究竟

---

① 关于智顗的顿渐思想,可参考[美]多纳《顿渐一如:智顗的天台观》,[美]彼得·N.格里高瑞编,冯焕
　珍等译《顿与渐──中国思想中通往觉悟的不同法门》,上海:上海古籍出版社,2010年版。
② 《随自意三昧》,《新卍续藏》第55册,第505页上。
③ 《法华经安乐行义》,《大正藏》第46册,第698页中。
④ 又,《诸法无诤三昧法门》卷下云:"众生与佛一如如,本末究竟无差别。坐道场得成佛道,即是导师方便
　说。"(《大正藏》第46册,第636页中)《法华经安乐行义》云:"龙树菩萨言,当知人身六种相妙。人身者即
　是众生身,众生身即是如来身,众生之身,同一法身,不变易故。"(《大正藏》第46册,第699页中)同书云:
　"众生与如来,同共一法身。清净妙无比,称《妙法华经》。"(《大正藏》第46册,第699页下──第700页上)
⑤ 《妙法莲华经》卷一云:"佛所成就第一希有难解之法,唯佛与佛乃能究尽诸法实相。所谓诸法如是相、
　如是性、如是体、如是力、如是作、如是因、如是缘、如是果、如是报、如是本末究竟等。"(《大正藏》第9册,
　第5页下)《法华玄义》卷二云:"南岳师读此文,皆云如,故呼为十如也。"(《大正藏》第33册,第693页中)

等"即是立足于凡圣皆具的如来藏思想。<sup>①</sup> 南北朝后期,随着唯识如来藏系经论的陆续译出,在北朝相继兴起研习心识问题的地论学与摄论学。慧思正值此世,故其思想体系中自然可见如来藏思想的显著影响。<sup>②</sup> 也正是在这一大背景下,中国禅学日益与心学相融合,偏重于主体"心"的修持,这在慧思的禅学思想中也有明显的体现。

此外,基于众生与佛平等的"众生身即是如来身"与"烦恼即菩提""无明即涅槃"的思想是相通的,与《法华经·常不轻菩萨品》的思想也密切相关,三阶教的"普敬"思想即是基于《常不轻菩萨品》而认为一切菩萨皆有成佛的可能故对其普遍礼敬。<sup>③</sup> 因慧思与三阶教创始人信行(540—594)为同时代的北朝禅僧,故两人思想特征多有相通之处。<sup>④</sup>

较之于"法性""佛性"等词,慧思更倾向用"心性"一词来表达众生本具的"如来藏":

> 心性清净如明珠,不为众色之所污。
> 譬如清净如意珠,杂色物裹置水中,
> 能令清水随色变,青物裹时水则青,
> 黄赤白黑皆随变,珠色寂然不变异。<sup>⑤</sup>
> 众生之性即心性,性无生死无解脱。

---

① 吕澂指出,慧思的"十如是"思想受到地论师(《十地经论》)与《大智度论》的影响。(吕澂:《中国佛学源流略讲》,北京:中华书局,1979 年版,第 328 页)

② 关于慧思的如来藏思想,可参考藤井教公:《南岳慧思の仏性思想》,《印度学仏教学研究》50(2),2002年;鹤田大吾:《南岳慧思の如来藏思想の考察:『仏藏经』と『如来藏经』との関连において》,《印度学仏教学研究》56(2),2008年;南岳慧思:《における『鸯掘摩罗经』の引用——『法华经』と如来藏思想に関して》,《印度学仏教学研究》57(2),2009 年。

③ 关于常不轻菩萨对中国佛教的影响,参见菅野博史:《〈法华经〉中常不轻菩萨的实践及其在中国和日本的接受情况》,《世界宗教研究》2001 年增刊(总第 87 期)。

④ 关于三阶教的研究,可参考矢吹庆辉:《三阶教之研究》,东京:岩波书店,1927年;西本照真:《三阶教の研究》,东京:春秋社,1998 年;张总:《中国三阶教史》,北京:社会科学文献出版社,2013 年。

⑤《诸法无诤三昧法门》卷下,《大正藏》第 46 册,第 637 页下。

如虚空性无明暗,无有生死无解脱。①

慧思一方面将心性比喻为如意珠,以此来说明心性清净,而易为烦恼客尘所染污;另一方面又认为心性是超脱生死与解脱、明与暗、净与垢的虚空之性,性是"寂然"之"空"。从性净无染说可知慧思受到唯识如来藏系经典的影响②,而从性空说又可知慧思受到《大品般若经》与《法华经》等般若类经典的影响,慧思对心性的这两种看似矛盾的说法实际上反映出慧思思想中般若性空与如来藏妙有两股思潮的碰撞与交锋。然而,慧思主张如来藏最终归于性空,拒绝将如来藏从实体上进行把握。③

至于如来藏与法身的关系,慧思认为众生之性(心性)未显时名为"如来藏"("法身藏"),心性显现(觉悟得道)即为"法身"("如来藏身")。清净的如来藏是众生成佛的根据,促使如来藏去染还净、显现为法身的途径与持戒修禅有着密切联系:

若无净戒禅智慧,如来藏身不可见。

如金矿中有真金,因缘不具金不现。

众生虽有如来藏,不修戒定则不见。

净戒禅智具六度,清净法身乃显现。

---

① 《诸法无诤三昧法门》卷下,《大正藏》第46册,第638页中。又,《随自意三昧》中说:"夫心性者,无有生死,亦无解脱,一切众生无始来受,故倒观本源,无始亦空。无始空者,是名性空。性空者,是真实众生。真实众生,无有生死。众生若能解,即是无生智。尔时生死即是涅槃,更不别有涅槃之法。是故佛言,众生涅槃本自有之,非适今也。以是义故,新学菩萨欲行时,观未念心不可得。"(《新卍续藏》第55册,第497页上)
② 《胜鬘经·自性清净章》中说:"世尊,如来藏者,是法界藏、法身藏、出世间上上藏、自性清净藏。此性清净如来藏,而客尘烦恼、上烦恼所染,不思议如来境界。何以故?刹那善心非烦恼所染,刹那不善心亦非烦恼所染。烦恼不触心,心不触烦恼,云何不触法,而能得染心?世尊,然有烦恼,有烦恼染心,自性清净心而有染者,难可了知。唯佛世尊实眼实智,为法根本,为通达法,为正法依,如实知见。"(《大正藏》第12册,第222页中-下)《大乘止观法门》虽主张性具染净说,与性净无染说有异,然论述方式仍不出心性净与染的逻辑藩篱,可知亦是唯识如来藏系经典影响下的产物。
③ 《随自意三昧》中说:"妄念思想未生时,是时毕竟无心者,名为无始。求自性清净无始心,毕竟空寂,名为能破众生。"(《新卍续藏》第55册,第497页上)

净妙真金和水银，能涂世间种种像。

如来藏金和禅定，法身神通应现往。

普告后世求道人，不修戒定莫能强。①

慧思认为，修习持戒与禅定是消除烦恼障垢、显现清净法身的前提条件。②慧思重视六度(布施、持戒、忍辱、精进、禅定、智慧)法门，"欲自求度及众生，普遍十方行六度。"③《无诤三昧》卷上也有关于六度(六波罗蜜)法门的详细论述。持戒与禅定被认为是引发智慧的重视助缘，从中也可体现出慧思"因定发慧"的佛学原则。

关于在禅定中引发智慧的具体步骤，慧思指出：

欲坐禅时，应先观身本。身本者，如来藏也，亦名自性清净心，是名真实心。不在内，不在外，不在中间，不断不常，亦非中道，无名无字，无相貌，无自无他，无生无灭，无来无去，无住处，无愚无智，无缚无解，生死涅槃无一二，无前无后无中间，从昔已来无名字。如是观察真身竟，次观身身，复观心身。身身者，从妄念心生，随业受报天人诸趣，实无去来，妄见生灭。此事难知，当譬喻说。身本及真心，譬如虚空月，无初无后无圆满，无出无没无去来。众生妄见谓生灭，大海江河及陂池，溪潭渠浴及泉源，普现众影似真月，身身心心如月影，观身然欲甚相似。身本真伪亦如是，月在虚空无来去，凡

① 《诸法无诤三昧法门》卷上，《大正藏》第46册，第629页下—第630页上。又，《诸法无诤三昧法门》卷下云："若持净戒修禅智，法身处处皆应现。虽随业影种种现，心性明珠不曾变。"(《大正藏》第46册，第638页中)《法华经安乐行义》云："勤修禅定者，如《安乐行品》初说。何以故？一切众生具足法身藏，与佛一无异，如《佛藏经》中说三十二相、八十种好，湛然清净。众生但以乱心惑障，六情暗浊，法身不现，如镜尘垢，面像不现。是故行人勤修禅定，净惑障垢，法身显现。"(《大正藏》第46册，第698页上)

② 《诸法无诤三昧法门》卷上云："夫欲学一切佛法，先持净戒勤禅定。"(《大正藏》第46册，第627页下)又云："欲求佛道持净戒，专修禅观得神通，能降天魔破外道，能度众生断烦恼。"(《大正藏》第46册，第628页中)

③ 《诸法无诤三昧法门》卷上，《大正藏》第46册，第629页下。又，《法华经安乐行义》云："菩萨本初发心时，誓度十方一切众生，勤修六度法，施、戒、忍辱、精进、禅定，三乘道品，一切智慧，得证涅槃，深入实际。"(《大正藏》第46册，第702页上)

夫妄见在众水,虽无去来无生灭,与空中月甚相似。虽现六趣众色像,如来藏身未曾异。①

慧思提示了观察身本、身身、心身的顺序。"身本"("真身")指"如来藏",即是"自性清净心""真实心""真心",也即是"不动真常法身";"身身"当指由妄想因缘及业报和合所生之众生身,即是"方便缘合法身"②;"心身"当指"心数",即心法及心所法,也就是《无诤三昧》下卷所说的"心相"。概言之,即是观察心性与心数。③慧思借用了"月印万川"的比喻来说明真身与身身、心数。观察身本,与其说是观察超越一切众生身的不变的形上意义的实体存在,不如说是如《随自意三昧》所记述的众生对性空之理的自觉感悟,从中亦可见性空说在慧思思想中的根本地位。关于心性与心数,慧思说:

> 行者初学求道时,观察心数及心性。
> 观察心数名方便,觉了心性名为慧。④

可知观察心数是方便,觉悟心性是智慧。如与次第与圆顿法门相对应,观察心数即是次第法门,觉悟心性则是圆顿法门。

## 三、结语

北朝重视禅法实践,有研习般若四论之义学传统,后期又值唯识如来藏系经

---

① 《诸法无诤三昧法门》卷上,《大正藏》第46册,第628页上-中。
② 《法华经安乐行义》云:"观诸法如实相者,五阴、十八界、十二因缘,皆是真如实性,无本末无生灭,无烦恼无解脱。亦不行不分别者,生死涅槃,无一无异,凡夫及佛,无二法界,故不可分别,亦不见不二,故言不行不分别。不分别相不可得,故菩萨住此无名三昧。虽无所住,而能发一切神通,不假方便,是名菩萨摩诃萨行处。初入圣位即与等,此是不动真常法身,非是方便缘合法身,亦得名为证如来藏乃至意藏。"(《大正藏》第46册,第702页中-下)在慧思的用语中,"方便"多与次第禅法相关联而带有贬义。
③ 有关慧思心把捉的研究,参见玉城康四郎:《心把捉の展開——天台実相観を中心として》,本论第一章"慧思における心把捉の経験性と超越性",东京:山喜房佛书林,1961年。
④ 《诸法无诤三昧法门》卷下,《大正藏》第46册,第637页中。

论的翻译与传播,慧思正处于三股学潮的影响之下,参禅与观慧、性空实相观、如来藏法身等思想在其佛学体系中均有所反映。他以次第与圆顿作为判别禅法高下的主要标准与依据,尤其推崇《法华经》的一乘圆顿法门,又将一乘思想的理论基础与一切众生皆具的如来藏、法身思想相链接,从中可以看出他将般若性空与如来藏妙有两大思想有机融会到禅法实践中的有效努力。这一思想不仅对智顗佛学及天台宗止观理论的形成起到了极大的助益作用,也从一个侧面揭示出中国佛教思想史从本体论向心性论过渡的历史进程。

# 天台宗"烦恼即菩提"思想辨析[①]

稂  荻  李  娜[②]

（中国计量大学中国哲学研究所  大连外国语大学思想政治理论教研部）

**摘  要：**唐诗之路发端于长安，终止于岭南，途中风景万千，浙东天台山便是其中无论如何不可忽略的圣地之一，而中国佛教独创之宗派——天台宗的祖庭便坐落于此。天台宗始创于智者大师，它在天台核心思想"诸法实相"论的基础上，提出了"一念心"这一概念，将"心"作为观照对象，进而推论出性具善恶的独特观点，并以此为理论前提，提出"烦恼即菩提"的价值观。因循这一逻辑线索，可以揭示出天台宗即理论于现实关怀而又极富思辨色彩的思想轮廓。

**关 键 词：**一念心  三谛圆融  性具  修恶非断恶

唐诗之路是盛唐气象下，文人以诗为载体，漫游中华壮美河山的记录与写照。他们从长安出发，不约而同的去向同一个方向——浙江，从而描画出一幅独特的行脚路线，包裹着上下千年、渗入骨髓的中华风骨。诗人李白曾在《梦游天姥吟留别》中发出"安能摧眉折腰事权贵，使我不得开心颜！"的豪气呐喊，并于诗中以"天台四万八千丈，对此欲倒东南倾"衬托天姥山之"连天向天横，势拔五岳掩赤城"的巍峨。诗文虽托说"梦游"，亦夸大了天姥山的雄壮，但从对山水的描述上可以看出诗人不仅熟悉这片山水，更深深地热爱着它。据记载，诗人青年时

---

① 本文为"中国计量学院哲学社会科学青年基金项目(SLY201205)"研究成果。
② 作者简介：稂荻，哲学博士，中国计量大学中国哲学研究所；李娜，伦理学博士，大连外国语大学思想政治理论教研部。

代便向往浙东山水,入翰林前就曾不止一次游历于此,只不过,单以天台山做比照对象,物化山体之倾斜姿态固然可拜倒于天姥山足下,然此山中的精神载体——天台宗却断然不可如此。取天台为宗名的天台宗,虽大多数僧人仍依道安之"不依国主,则法事难立"的旨趣,但其中不乏不事权贵的高僧,甚至视权贵与平民为平等一如,赞宁曾描述了唔恩的生平:"不好言世俗事,虽大人豪族,未尝辄问名居,况迂趋其门乎?"①纵使诗人李白本具蔑视权贵的傲然风骨,也并未超脱彼贵此贱的潜在心理。大乘佛教各宗虽然不断地从本然层面一再阐述了万物平等、众生一如的观点,然等级制下的不平等毕竟存在,这是任谁都无法回避的现实问题,由执著而唤起的贪嗔痴等诸种烦恼恶相,也成为佛教各宗的修行法门倾力对治的对象。那么,天台宗又有何独特的依持方法?又是怎样的奥义造就了天台宗慧德双具的高僧?之余此类问题,当然要从天台宗的理论核心寻找答案。我们知道,天台宗至智者大师起,力主止观双修、定慧双照,但本文并不想涉及止息的具体修行方法,而只观照智慧。由此,我们先从天台宗的理论基底"一念无明法性心"开始,逐步探索其倡导的"菩提即烦恼"之价值观。

## 一、"一念心"论

在中国佛教中,"心"是一个极其重要的范畴,它可以表述为生理之心、精神之心、众生成佛根据的佛性之心、蕴含真理的如来藏之心、思虑的主体之心等等。就智顗来说,他在《法华玄义》中对于"心"有这样一段表述:"心是法本者,《释论》云:一切世间中,无不从心造。无心无思觉,无思觉无言语,当知心即语本。心是行本者,《大集》云:心行大行遍行,心是思数,思数属行阴。诸行由思心而立,故名为行本。心是理本者,若无心,理与谁含?以初心研理,恍恍将悟,稍入相似则证真实,是为理本。"②依此论,我们来逐次分析心所本具之内涵。

---

① 赞宁:宋高僧传,《大正藏》册 50,卷七。
② 智顗:法华玄义,《大正藏》册 33,台北:新文丰出版公司,1983 年。

### （一）心造诸法

"心是法本者，《释论》云：一切世间中，无不从心造。"心有能生的功能、创造万物，全体现象界都是由心的一时念动所发。《大乘起信论》建立起"一心二门"的思想架构，将心分为真如心和生灭心。真如心就是如来藏心，自性本来清净，不生不灭。由真如心缘起生灭心，生灭心即是无明心，是世间万法生起的根源。① 然而其中蕴含着一个理论困境：自性清净的真如心如何能生起杂染的无明心？与《起信论》相似，智颐之心也兼具真如和无明的性质："色心不二，不二而二。为化众生，假名说二耳。此之观慧，只观众生一念无明心。此心即是法性，为因缘所生，即空即假即中。……今虽说色心两名，其实只一念，无明法性十法界，即是不可思议一心，具一切因缘所生法。一句，名为一念无明法性心；若广说四句成一偈，即因缘所生心，即空即假即中。"②心就是一念心，是在极短的时间内生起的种种心识、念头。于心中产生的一念，即具法性和无明两种性质的心识，法性和无明居同等地位，皆源于同一心中。观"心"也正是观此"一念无明法性心"。由此可以看出，心既是法性心，是清净无染的；又是无明心，有杂染不净的性质。在"不可思议一心"中，一切因缘所生法，尽皆呈现，牟宗三说："从无明立一切法，亦可从法性立一切法，总说则为'从一念无明法性心立一切法'。"③从这层意义上理解，心即实相。故而，世间诸法有善有恶，同一事物会表现出时善时恶的不同侧面也就不足为奇了。

### （二）心具实相

"心是理本者，若无心，理与谁含？以初心研理，恍恍将悟，稍入相似则证真实，是为理本。"④理即是佛教所谓的真理，它包含于"心"中，透过心，不仅可以研

---

① 参见高振农：《大乘起信论校释》，北京：中华书局，1992 年。

② 智颐：《摩诃止观》，《大正藏》册 46，台北：新文丰出版公司，1983 年。

③ 牟宗三：《佛性与般若》，台北：台湾学生书局，1993 年。

④ 智颐：法华玄义，《大正藏》册 33，台北：新文丰出版公司 1983 年。

发真理,深入进去,更可以体悟宇宙之本然。在天台宗的教义里,"诸法实相"就是佛教的最高真理,证悟了"诸法实相"的境界,也就获得了佛的智慧。何谓"诸法实相"? 诸法即一切事物,这里指一切存在呈现出来的现象。实相指法性,无差别的真理。智顗认为诸法实相是大乘佛教的根本概念,就如他所说:"大乘经但有一法印,谓诸法实相,名了义经,能得大道。若无实相印,是魔所说。"在智顗看来,一切现象的本身就是法性的体现,现象就是实相、本质,现象与本质是相即不二、并不是分开存在的。如果要认识万法,应该缘相而寻,而无需脱离于事物另觅本质。

### (三) 心的认识能力

从认识论角度来看,心是能观的主体。"对境觉知,异乎木石,名为心。次心筹量,名为意。了了别知,名为识。"智顗将心分为心、意、识三种认知能力。能感觉到外境,具有主体感受能力,不同于无情之草木瓦砾。意为思量,对现象的考察、认识。了别为识,分别思虑的能力,对万物做出区分方有三千世界的呈现。"无心无思觉,无思觉无言语。当知心即语本。心是行本者,《大集》云:心行大行遍行,心是思数,思数属行阴。诸行由思心而立,故名为行本。"心具思虑功能,能思虑方能语言。而"行"为行动,有心的思考才能指导身体的行动。有语言和行动作为主体认识的外在载体,心的认识能力就可以发生作用。

### (四) 将"心"作为认识对象的合理性

认识活动的产生是认识主体作用于认识对象,力图对其发生了解的过程。"在智顗的撰述里,作为认识对象的如来藏理与作为认识能力的如来藏智,被要求统一于'一念心',彼此呼应,而不可以剖分为不相干的两截。"[1]在整个认识进程中,心既是能知,也是所知。既是认识的主体,具有思虑、了别的作用;也是认识的对象,具备众生证悟成佛所指向的真理。这样,将心立为认识的起点和终

---

[1] 李四龙:《天台智顗的如来藏思想述评》,《中国哲学史》,2004(4):5—12。

点,有其理论上的合理性。另外,智顗理论体系中的"心",也就是众生心,是众生所同具的本然之心。是人就必有心,既然每个人都有,就不用向外界寻求,只要返观内心,内求诸己,就有可能获得成就。所以,以观"心"为认识万法的途径更是便利、有效的,正如智者大师在《法华玄义》中说:"但众生法太广,佛法太高,于初学为难。然心佛及众生是三无差别者,但自观心则为易。"

## 二、心物关系

诸法由心造,然而诸法的相状在智顗的理论体系中究竟是怎样的? 心与物的关系是怎样被联系起来的? 基于"诸法实相"说,智顗提出"一念三千"说,将心与万法在现象的起灭过程中置于等同地位,系统地阐发了对心物不二的看法和理解。

"一念三千"表达了这样一种观点,即"一念心"中既有万有的体现,也具备诸法的实相。具体展开,涉及十如是、十界互具和三世间等学说。[①] "一念心"就是"一念无明法性心","三千"意指现象界。百界千如集于一心,融合三世间,形成三千世界。三千用以形容宇宙万物森罗万象,指称现象界的全体,但就"三千"而言,仅是一数字,一种概说,诸法千差万别,瞬息万变,何止三千而已? 表陈三千的主要用意是,只要心念一动,即刻具足宇宙万法。"夫一心具十法界,一法界又具十法界、百法界,一界具三十种世间,百法界即具三千种世间。此三千在一念心,若无心而已,介尔有心即具三千。亦不言一心在前,一切法在后;亦不言一切法在前,一心在后。……若从一心生一切法者,此则是纵。若心一时含一切法者,此即是横。纵亦不可,横亦不可。只心是一切法,一切法是心故,非纵非横,非一非异,玄妙深绝,非识所识,非言所言,所以称为不可思议境,意在于此(云云)。……"[②] 三千世间与一念心是同步的,若无心则已,若有心念生起,此心就

---

① 十法界是地狱、饿鬼、畜生、阿修罗、人、天等六凡和声闻、缘觉、菩萨、佛等四圣;十如是为诸法同具的十种性质;三世间是五蕴、众生、国土。
② 智顗:《摩诃止观》,《大正藏》卷46,台北:新文丰出版公司,1983年。

融三千世间,"介尔有心",世间上的一刹那,心动就有三千性相的体现。"一心具十界",从地狱到佛,起恶念就是四恶道,起善念即天、人,思圣道即为四圣。"一法界又具十法界,百法界",因十界互具,心一动则具有百法界,"一界具之十种世间",十界互具,又各有三种世间,百法界即具三千世间。"此三千在一念心",一念动处就是现象的整体。三千世间或显或隐,或染或净,皆是"一念无明法性心"于两种性相的表呈,在具体事物上又达成相即并会于一心。

所以,与其说是心生万有,莫若说是心具万象,这样,心同时也是所生。能生所生于心一体中所同具,既是创造主体,也是被创造的客体;既有万物本体的意义,又与万物体性合一,心物融合贯通,不一不二。万法繁杂,变幻莫测,如果以观察万千现象的种种差别相为切入点去探寻诸法的普遍本质,一物一物的去格以取得真理性的认识,不仅在认识能力上达不到,于实践中亦不可能实现,况且也难以保证认识活动所取得的知识的普遍性和必然性。既然如此,莫若返归于一心,把"心"确立为认识的对象,将认识的重点放在观"心"上,这样的求知方式也是理论和实践上的必然结果。

"一念三千"说解决了观"心"在认识结果上能够取得普遍性的问题,就具体的操作过程而言,心与万法又是何种关系?"亦不言一心在前,一切法在后;亦不言一切法在前,一心在后。"在时间性上,一心与一切法是同时性的。"若从一心生一切法者,此则是纵。若心一时含一切法者,此即是横。纵亦不可,横亦不可。"纵是时间上的先后,横是空间上的包含,心与一切法在"一念三千"的运行过程中既无时间意义的先后,亦无空间上的包含。二者既不是生成,亦不是包含关系,"只心是一切法,一切法是心故,非纵非横,非一非异。"心物一体,心动则物显,心息则物隐,因其"玄妙深绝,非识所识,非言所言。"心在"一介尔"的短瞬间与万法合一的境界之高,非言语可以表述,非凡夫的认识能力所能及,故称"不可思议境"。但"不思议并非神秘,不过表示这是无待的、绝对的而已"。[①] 凡夫如果想求得正果,就要不断修行,希求观悟到此境界,而途径之一就是观"一念心"。

---

① 吕澂:《中国佛学源流略讲》,北京:中华书局,1979年。

### 三、"一心三观"之以心观心

"从一切法存在的意味说,智顗又发展了慧文的'一心三观'思想成为'圆融三谛'的观法。"①

心既是认识的主体,又是认识的对象,观"心"就是要具体考察心与诸法所同具的实相。天台宗对于实相的解释,是通过观"一念心"而引发的同时观照心所具备的空、假、中三谛,即智顗的"一心三观"所实现的。

"若一法一切法,即是因缘所生法,是为假名,假观也。若一切法即一法,我说即是空,空观也。若非一非一切者,即是中道观。一空一切空,无假、中而不空,总空观也。一假一切假,无空、中而不假,总假观也。一中一切中,无空、假而不中,总中观也。即《中论》所说不可思议一心三观,历一切法亦如是。"②空、假、中三观在一心中是同时进行的,介尔一念同时照见三观,一观起则三观同现。以空观,则假观、中观皆空,空观能破一切执着;以假观,则空观、中观皆假,假观立一切法相;立中观,则空观、假观皆中,中观使空、假不二,万法相待于心。此三观只在一心,谓之不可思议三观。

既然一念心中同具三千世界,从一念心出发,以空、假、中三个角度观照诸法实相,以空观诸法,则侧重于一切存在自性本空,假观是观一切存在是缘起假名,以中观是观一切存在非空非假的中道实相。以心作为认识主体,而诸法与心同一,则观照诸法也就是反观自心,一念心也就可以从三观即三个角度同时考量。当把心转为客体时,智顗将"一心三观"反思为"三谛圆融"说。空、假、中三谛互相融合,一谛兼具其他三谛,三谛可同时为一心所观照,也可以说,一心同时观照三谛。三谛就是诸法实相的三个方面,即空谛(诸法本性空),假谛(诸法假有),中谛(空假不二)。"在观法上,三谛不是一种先后次第的关系,而是并存于同一

---

① 参见张风雷:《天台先驱慧思佛学思想初探》,《世界宗教研究》2001年第2期,第51—58页。
② 智顗:《摩诃止观》,《大正藏》册46,台北:新文丰出版公司,1983年。

对象上的不同侧面,这样来观察思维三谛,便名'圆融三谛'。"①万法本具实相,每一法在自身内都体现三谛的圆融无碍,于一心中同时存在,不分主次先后,即,任一现象在存在上都是空、假、中三者的相互依存、相互包含,既空又假又中。一念心起"即空、即假、即中,虽三而一,虽一而三,不相妨碍。"圆融三谛即是一切现象的本质内涵,诸法虽千差万别,但从诸法即实相的立场出发,无一不是真如的显现。"生死即涅槃,一色一香皆是中道。"这种三谛圆融的不可思议境,也是无言语可表述的,在宗教实践中只能以心观"心"。

### 四、性具善恶

在这里,智顗把客观的三千与主观的一念心相提并论,为之后以修心指代具体修行提供了认识论基调。如此一来,包括恶在内的世间现象既可以纳入到三谛圆融的圆义之中,而且于止观修行角度也提供了便利的途径。我们知道,中国化的几大宗派中,多以性善为本体论基础,如华严宗"如来藏自性清净心"、禅宗"明心见性"的真如本性等。天台另辟蹊径,判教立宗,以圆教自诩,自然与性具思想的圆满性为旨归。那么,何谓"性具"? 它意指本觉之性,具菩萨界以下九界的恶法和佛界的善法,总具十界三千之善恶诸法,故又称体具、理具。准确的说,性具应表述为性具善恶,与别宗不同之处就在于,天台宗不仅认为性具善,更主张性具恶,这是该宗最显著的特点之一。性恶说的提法,始见于智顗《观音玄义》,其中对于性的解释是"性以据内",内性不可改,如竹中火性,虽不可见,却不可否认其存在。性是本具的理体,理即是佛教所谓的真理。它包含于"心"中,透过心,不仅可以研发真理,深入进去,更可以体悟宇宙之本然。如果以智眼观照,即"心具实相",就可知心具一切性。

既如此,成佛的修行过程不可能脱离世间,行道必在当下。我们平常思维认为,行善即是向道,善是佛道,与实相相应,恶是非道,与实相相背。但智顗指出

---

① 潘桂明、吴忠伟:《中国天台宗通史》,南京:凤凰出版社,2008 年。

一点：善恶是相对的，"背善为恶，背恶为善"，一个善的东西，比之更善的东西，也是恶了，这是圆满与缺失相较的结果。诚如他所说："夫善恶无定，如诸蔽为恶，事度为善，人天报尽，还堕三途，已复是恶，何以故？蔽度具非动出，体皆是恶。二乘出苦，名之为善，二乘虽善，但能自度，非善人相。《大论》云：'宁起恶癞野干心，不生声闻辟支佛意。'当知生死涅槃俱复是恶。六度菩萨慈悲兼济，此乃称善，虽能兼济，如毒器贮食，食则杀人，已复是恶。三乘同断，此乃称好，而观别理，还属二边，无明未吐，已复是恶。别教为善，虽见别理，犹带方便，不能称理。《大经》云：自此之前，我等皆邪见人也。邪岂非恶？唯圆法名为善。善顺实相名为道，背实相名非道。若达诸恶非恶，皆是实相，即行于非道，通达佛道。若于佛道生著不消，甘露道成非道，如此论善，其义则通。"①唯有"圆法"可称为真正的善，也正是前文所述之"不可思议境"，九道与佛道相比，哪怕是菩萨道，也可称恶。倘若明白了这个道理，于世间修行就不是空乏于一心修善。因为若单以善法修止观，碍于六弊不息，并不能做到完善，故应当于恶中观修智慧。这正是"达"所暗含的善恶转化的辩证思维。如果能够了达诸恶并非实然的恶、只是善的另外一种形式，或者说也是实相的显现，虽于表象上是行于非道（修恶），实则正是行于佛道的正途之上，所谓"条条大路通罗马"。按照此逻辑，纵然以至佛道，却生起贪著之心，涅槃得道也非是真正的佛道、未达圆满的境界。

由此可知，性恶虽是修恶的理体，其恶不可改、不可断，但如果能够达于性恶，不为恶所染，即怀性恶而向善、通于善恶而不执，方为圆满。基于此，相对的恶必定无法满足修恶的要求，也就是无法极致的凸显佛道，因此智顗在阐释"非行非坐三昧"中，立显著的恶，即与六度相反的六弊来作为修止观的对象，详解历经诸恶修习止观的观点，而这点恰恰说明了智顗强调性恶的主旨虽有突显天台宗性恶思想之与众不同，却绝非面对性具善恶的无可奈何，相反却点明修恶的必要性。世间之恶普遍存在，既是诸法实相的自然显现，也是经验世界的现实体会，逃避甚至无视是无法解决问题的，更与趣向圆满佛道背向而驰。直面性恶，

---

① 智顗：《摩诃止观》，《大正藏》册46（卷2），台北：新文丰出版公司，1983年。

既破除了人们对于善恶定论的执著,又可消除自是而他非的偏见,并扫清了认识上的障碍,从而树立"唯道是尊"的观念。同时,既然普遍的恶伴随着人生,如果不能妥善对待,就很容易陷入迷茫困惑、暴力冲突中不能自拔,因此智顗认为不妨转变视角,化避恶不谈为恶中体善,如此不仅可以避免"摧折俯坠,永无出期",更可以提升修行的境界、甚或修成正果,这便是"即恶观心","当于恶中而修观慧"。

## 五、修恶非断恶

智顗的性恶思想在其止观法门中体现得淋漓尽致,而后世继承者怀则在《天台传佛心印记》中,开宗便道:"只一具字,弥显今宗,以性具善,他师亦知,具恶缘了,他皆莫测。"①更进一步明确指出天台宗的立宗特点就在于"具"所涵盖的性具思想。此言本出自知礼《观音玄义记》,侧重强调性恶以表达天台宗主旨,怀则秉承师说,以性本具恶,理清与他宗的区别。但此性恶说的旨趣并非与别宗一样,想在修行中断除恶根,而是强调修恶即性恶、而非断恶的问题。别教对于恶的态度是明确主张断恶的:"别人不具性恶,故如淳善人不能造恶,为无明所牵方能造恶也。"如果界定唯有性善、只有佛性,如淳善人,一尘不染,那么日常所行就只应为善而不能作恶,即使作恶也是为恶人所逼迫,因此必须断除一切恶源、回避种种恶行。然而此种说法毕竟无法圆满解决恶——无明的问题:义理层面,不能解释缘何"无明"?实践层面,降低了主观能动性。是故怀则说:"圆人性具善恶,故如君子不器,善恶俱能,体用不二。"天台主张性具善恶,可以解释无明与法性为一体之两面;修恶非断恶,就可面对困境时积极主动、开发智慧、化恶为善、体用不二,摒除"本来无一物"的逃避态度。怀则引用《论语》"君子不器"的说法,形象的阐释性善就如器物,各适其用、不能相通,性具则用无不周,非单具一才一德,为成德之士。"释论云:淫欲即是道,痴恚亦复然。如是三法中,具一切

---

① 怀则:《天台传佛心印记》,《大正藏》册(卷1938)。

佛法。淫欲痴恚,修恶也,具一切佛法,即性恶也。又经曰:弹指散华,低头合掌,皆成佛道。弹指等,修善也,皆成佛道者,即性善也。"①由此可见,性具善恶,修善修恶,同归于修持佛法真义。性恶即止观依止的三谛圆融,不断性恶,个体修恶,"方显九界三道修恶,当体即是性恶法门。性恶融通,无法不趣,任运摄得佛界性善,修恶即性恶,修恶无所破,性恶无所显。是为全恶是恶,即义方成。"即修恶而成性恶,惟患性善无不达圆满。

当然,修恶不断性恶的义理是一方面,具体修恶的方法又是另外一方面,对此,智者大师曾提出警戒,并非所有人都适于以修恶为出发点的,它只适用于智慧深厚、善识机缘的人,否则,若不达其法,缺乏技巧,反而会弄巧成拙,适得其反,智者称此类人为"大乘空人"。此类人的不良修行会带来两种恶果:其一,对修行个体的影响为,如果智慧不满,容易陷于贪痴等五欲不能自拔,动摇不坚定的观法,对自身修行造成极大的伤害;其二,对佛教整体的社会影响为,易于对不明就里的世人造成"无非不造"的观感,损伤佛教形象。因此智颛提出修恶的观点,其出发点在于得道之菩萨的化他法门,这是一个必须点明的重要前提。故此,"如上所论,且在自行,未涉化他。"如果关涉化他,又怎么来理解修恶不断性恶呢?怀则以批判唯识宗"一阐提人不具佛性"的观点为切入点,援引《观音玄义》的文句,用一问一答的形式阐释了这一问题。"故曰诸佛不断性恶,阐提不断性善,点此一意,众滞自消。问曰:阐提与佛断何等善恶?答:阐提断修善尽,修恶满足;诸佛断修恶尽,修善满足。问:修善修恶,既是妙事,乃属所显,何名所破?答:修善恶即性善恶,无修善恶可论,斯是断义故,诸佛断修恶尽,阐提断修善尽。修善恶既即性善恶,修善恶何尝断?斯不断义,断与不断,妙在其中。问:阐提不断性善修善得起,诸佛不断性恶还起修恶否?答:阐提不达性善为善所染,故修善得起,广治诸恶。诸佛能达于恶,故于恶自在恶不复起,广用诸恶化度众生,妙用无染名恶法门。虽无染碍之相,而有性具之用。"②善恶即为一而二、二而一的关系,修善恶既即性善指明对于修法并非本性的区别,更无善恶的

---

① 怀则:《天台传佛心印记》,《大正藏》册46(卷1938)。
② 怀则:《天台传佛心印记》,《大正藏》册46(卷1938)。

差异。

诸佛与众生都具真如法性，本来具足三千世界，犹如君子不器，善恶皆能为用，辅助以法藏大师真如不变随缘、随缘不变的观点。《华严经》有云：能随染净缘遂分十法界。怀则认为，于法界之中，染净并非是有无关系，而是显隐的关系。众生迷而随染缘造九界，此时佛隐而九界显，虽说有情有染无法体会三千妙用，但佛性并非不存在、不显，只是不彰，没有进入众生的迷妄的意识中，视而不见，空入宝山归。反之，当诸佛悟而随净缘造佛界时，则佛显而九界隐，虽说九界并未显露，但就其本性而言，是究竟圆满的，因此这佛境中能够实现舍用自在，舍九界之体，便可呈现佛显而九隐的情况，甚至于，若能体认到体用不二、性具善恶的究竟法门，则十界同时彰显。在这里，怀则辩证的指出了断性与修性之间的差别。性不可断，前文已述，无论一阐提人或是佛，其性只有显隐却不是有无之断灭与否；而修可断，一阐提人断了修善之心、佛断了修恶之心，修善恶虽有断，然性不断，故众生与佛只是断修与否的不同态度和选择，真如佛性之本体并无不同。既然一阐提人不断性善恶，只是断了修善，故而可转化断善为修善，发心即可继续修善得道；同时，既然诸佛不断性善恶，只是断了修恶，故而可立时修恶，以得道之佛身，现身说法，示现普门，随缘广用诸种恶法、擅摄妙法化度众生，同时自身不染诸恶，虽行恶却不著于恶，故强名之为恶法门。在此期间，佛菩萨以自在化他之恶法门普化众生，非但不显染碍之相，反而体现了性具的妙用之功。这里必须指出，虽是后来者，但怀则所主张的"修恶非断恶"的思想并未超出智者大师"一念无明法性心"的格局，却可视之为对智者的一种补充，就内在逻辑而言确是一脉相承的。

## 结语

在"菩提即烦恼"的语境下，天台宗追求的是不畏世俗困境的向恶而善的路径，唯有如此，方能激发"菩提当从烦恼寻"的智慧，即使直面社会不公、强权压迫下亦能不卑不亢、泰然处之，而非一味的表达不屑的反抗之情绪。但是，平静并非妥协,它倡导由现象背后探究其实质,从而消解产生不公、烦恼的根源,其不断探求、转化的思维在当时学界是异常宝贵的思想财富。当然,我们也必须看到,也唯有如盛唐之世,才能产生如此气势磅礴、包容万千,同时又甚思缜密、精于反思的理论体系。

# 宋代杭州华严中兴祖师考述

王连冬①

（中国计量大学人文与外语学院）

以杜顺、智俨、法藏、澄观和宗密为代表的唐代华严宗领袖在五台山、终南山等中国北方地区传法讲经、著书立说、建立道场推动了唐代华严宗走向兴盛。② 会昌元年(841)正月宗密圆寂,同年九月武宗召道士赵归真等人入宫,于三殿修金箓道场,拉开了会昌法难的序幕。"自武宗会昌之法难,继以五代之战乱,佛教之气运大衰。"③华严宗的道场遭到破坏、僧团受到冲击、典籍失散,华严宗的声势一度衰落。而唐末的战乱又使得已经受到破坏的华严传承雪上加霜。④ 及宋,佛教开始复兴,按蒋维乔《中国佛教史》载"宋兴,佛教前途,欣欣向荣,如春花之怒发。盖宋太祖志在振兴文教,其于佛教亦然"⑤。华严宗在宋代杭州地区建成了"一寺"格局的华严道场为宋代华严思想的传播和国际交流提供了便利条件;以"二水"等著名华严宗祖师为领袖的教团的形成、华严教藏的建立也推动了

① 作者简介:王连冬,文学博士,中国计量大学人文与外语学院教师,硕士生导师。

② 小岛岱山:《五台山系华严思想の中国的展开序说》,《华严学论集》,大藏出版株式会社,1997年。邱高兴教授《宋代杭州华严思想的流布》一文刊载于《吴越佛教》(第五卷),北京:宗教文化出版社,2010年。

③ 蒋维乔:《中国佛教史》,长沙:岳麓书社,2010年,第207页。

④ 据威斯坦因的研究,"黄巢之乱以及之后唐朝最后二十年的战乱,诸如长安、洛阳、杭州与台州等重要佛教义学中心破坏殆尽,僧人们四散逃离,使得自隋朝与唐初以来很多杰出的注重义理的教系突然中断。"《唐代佛教》,上海:上海古籍出版社,2010年,第161页。

⑤ 蒋维乔:《中国佛教史》,长沙:岳麓书社,2010年,第207页。

宋代华严宗中兴盛世的出现。

净源开创了华严复振的局面,被一些僧传直接称为"中兴教主"①、"华严中兴之祖"②,但是宋代杭州一隅的华严中兴也并非净源一人的独奏。通过对宋代华严宗传承系谱和慧因寺华严祖庭两条线索的梳理,不难发现杭州实为宋代华严中兴的重要区域,杭州华严中兴连绵至南宋仍有回音。由杭州地区华严之盛也可以窥及宋代华严中兴之一斑。

## 一、宋代杭州华严宗的传承系谱

宋代华严宗声势相对衰微,不及唐朝时的兴隆盛世,但华严宗的传承仍有谱系可循。而在宋代连绵一线的华严宗谱系中,仍可以反映出宋代华严宗在杭州地区的传承情况。

目前可以找到记载宋代华严宗传承谱系的文献并不多,主要文献有:明宋濂的《佛心慈济妙辩大师别峯同公塔铭》、清景林心露所述的《宝通贤首传灯录》、清仪润的《百丈清规证义记》和清续法的《华严宗佛祖传》。

明宋濂《护法录》收录的《佛心慈济妙辩大师别峰同公塔铭》一文中,梳理了唐末至元初的华严宗祖传承情况:"圭峰传奥。奥之后又复废逸。朗、现父子相继而作,补葺粗完。现传璇,璇传源。二师阴搜阳阐,其宗于是乎中兴。源传冲,冲传观,观传会,会传心,心传悟。悟号竹坡……悟传介,介传琼,琼传南山萃,冥承国师之旨,大能发越,受学者至千余人。萃传春谷遇,遇传今佛心慈济纱辨大师同公……"③这一序列即圭峰→奥→朗、现→璇→源→冲→观→会→心→悟→介→琼→南山萃→春谷遇。可能限于该文的体裁,宋濂的这个系谱非常简单,没有为对应人物作传,甚至连有些祖师的全名都没有写出。

清景林心露所述的《宝通贤首传灯录》根据宋濂所列系谱,明确了这一时期

---

① （宋）志磐撰：《佛祖统纪·贤首宗教》,《大正藏》,第 49 册,第 294 页。

② （明）明河：《补续高僧传·晋水法师传》,《卍新续藏》,第 77 册,第 380 页。

③ （明）宋濂：《护法录》,《嘉兴藏》,第 21 册,第 609 页。

的华严宗传承人物的名号并为部分人物作了传,还在圆现和子璇之间增加了洪敏:圭峰→妙圆奥→开明朗→圆显现→灵光洪敏→长水子璇→晋水净源→神鉴希冲→道鸣妙观→玉峰师会→心法师→竹坡悟→方山介→珍林慧琼(方山介法嗣)→南山萃→春谷遇。按《宝通贤首传灯录》所载,奥、朗、现三位法师"事迹未详",但大抵活跃于五代时期,[①]所以可以推测宋代华严的传承应该上至灵光洪敏,下至春谷遇。

按清仪润的《百丈清规证义记》记载:"密传玄珪真奥彻微为七祖。微传海印月朗炳然为八祖。然传守灯德现为九祖。长水子璇遥承为十祖。净源寂海潜曳为十一祖。希冲神鉴乘照为十二祖。妙观道鸣湛仁为十三祖。师会归元玉峰为十四祖。了心深道慧珠为十五祖。道悟本觉观慧为十六祖。清介一如洁庵为十七祖。慧琼良璧珍林为十八祖。妙萃超伦真翠为十九祖。际遇春谷力申为二十祖。……"[②]《百丈清规证义记》并没有记载对应祖师的传记。

清续法的《华严宗佛祖传》所列的传承谱系如下:玄珪→海印→昭信现→长水璇→晋水伯长→神鉴希冲→妙观道鸣→玉峰师会→性空心→竹坡悟→方山清介→珍林琼→聚英妙萃→春谷遇。续法的记载相对详细,每位祖师都作了传。

虽然上述四部著作中记载的传承略有不同,但是如果结合对应的传记不难发现系谱中这个时期与杭州地区华严中兴相关的人物却不止一二,比如洪敏、子璇、净源、希冲、玉峰、性空心、竹坡悟都是这个时期活跃于杭州地区的华严宗领袖。

洪敏为宋代杭州周边地区华严传承的重要人物。按《宝通贤首传灯录》所载,灵光洪敏,行迹不详,宋太宗太平兴国年间(976—984),活跃于临近杭州的秀州灵光寺(精严寺)。洪敏著有《金光明玄义释略》《资中疏证真钞》六卷。《资中疏证真钞》仅存目录于高丽义天的《新编诸宗教藏总录》之中。按宋思坦的《楞严经集注》载《证真钞》被桐洲坦法师的《正经集注》引用。后世的《楞严经圆通疏》

---

① 鎌田茂雄先生的《宗密以后的华严宗》一文,认为传奥为宗密弟子潜辉的弟子。杨维忠教授的《唐五代华严宗的赓续新考》一文,"依据新发现的清代续法所撰《华严宗佛祖传》等资料",认定传奥就是宗密弟子玄珪,法现就是守真昭信。

② 怀海集编,仪润证义:《百丈清规证义记》,《卍新续藏》第63册,第498页。

《楞严经如说》《楞严经疏解蒙钞》《楞严疏证广解》《楞严经指掌疏悬示》都将《证真钞》列为疏解《楞严》的参考书目。可见，洪敏在义学方面的影响。

　　子璇（965—1038）为洪敏弟子。宋长水沙门怀远的《首楞严经义疏释要钞》载，子璇，本名子玄，字仲微，俗姓郑氏，钱塘（今杭州）人，一说秀州人。关于子璇的出家地点，史籍记载有所出入，但子璇一生主要活动于江浙地区，关于子璇出家的地点应不出于杭州及其周边地区。按怀远的说法，子璇投师落发于南山普门寺。这个普门寺很可能是吴越王钱弘俶于宋开宝元年（968）在杭州创建的普门精舍。① 宋章衡撰写的《重修长水疏主楞严大师塔亭记》对子璇的出家地有另一种说法，"九岁礼普慧寺契宗为师。十二为沙弥。十三度具戒。"②子璇对《楞严》有着浓厚的兴趣，"自落发诵楞严不辍"③，后追随洪敏修学《楞严》。章衡的《重修长水疏主楞严大师塔亭记》对这段的记述较为详细："太平兴国中，如秀州灵光寺。（即精严寺）依洪敏法师。传贤首教观。"④灵光洪敏兼通天台和华严，所以可以传授子璇台贤两教"灵光，台师也，通贤宗以辅教"。⑤ 子璇的另一位老师是琅邪禅师，不仅在知识上为子璇答疑解惑，"璇师因读楞严而生疑，因疑而参琅琊"⑥，还是激励子璇的弘传华严的人生导师，"琅邪曰，汝宗不振久矣，宜励志扶持，勿以殊宗为介。言汝宗者，正指贤首本宗。"⑦显然，琅琊对子璇的启发和激励，也是子璇坚定地走上弘传华严之路的重要动力，"得悟于琅琊，受扶宗之付嘱，乃依贤首五教"⑧。

　　子璇以华严为宗旨来弘宗阐释"长水以贤首弘宗"⑨，"以贤首宗教疏《楞严经》十卷"⑩，而子璇的这种阐释具有了一定的知名度，"人知长水释《楞严》用华

① （宋）道原：《景德传灯录》卷26，《大正藏》，第51册，第422页。
② 载（明）钱谦益钞：《大佛顶首楞严经疏解蒙钞》卷第十，《卍新续藏》，第13册，第841页。
③ 宋代的《五灯会元》和《嘉泰普灯录》都有记载。
④ （明）钱谦益钞：《楞严经疏解蒙钞》，《卍新续藏》，第13册，第841页。
⑤ （明）钱谦益钞：《楞严经疏解蒙钞》，《卍新续藏》，第13册，第857页。
⑥ （明）钱谦益钞：《大佛顶首楞严经疏解蒙钞》，《卍新续藏》，第13册，第505页。
⑦ （明）钱谦益钞：《大佛顶首楞严经疏解蒙钞》，《卍新续藏》，第13册，第857页。
⑧ （明）钱谦益钞：《大佛顶首楞严经疏解蒙钞》，《卍新续藏》，第13册，第503页。
⑨ （明）钱谦益钞：《大佛顶首楞严经疏解蒙钞》，《卍新续藏》，第13册，第513页。
⑩ （元）觉岸编：《释氏稽古略》卷四，《大正藏》，第49册，第864页。

严宗旨"①。子璇曾在杭州地区聚众传播华严,"天圣年中(1023—1032),钱塘府主胡侍郎请于祥符寺开讲道,俗听众近一千人"②。明明河的《补续高僧传》将这次传法记录为一次"弘贤首教"③的活动。而子璇的华严传播活动引起了官方的注意,不仅"敕赐紫衣"④。"大中祥符六年(1013),翰林学士钱公易奏赐号楞严大师"⑤。丞相王随还亲自为子璇的《楞严经疏》撰序。清康熙和硕庄亲王爱月载"其笺疏之地,赐额楞严讲寺"⑥。子璇开创了宋代华严学风,比如在宋代盛行的苏台元约法师的《疏钞》、道欢法师的《手鉴》和《释要》、子璇在琅琊门下的同门泐潭晓月的《标指要义》、闽僧咸辉的《义海》都是受到子璇《首楞严经义疏》的影响。最后,子璇培养了一批华严宗匠。《祥符寺通义大师塔铭》载:"(祥符寺通义)次从长水子璇法师学贤首教观。"⑦《湖州八圣寺鉴寺主传》载:"师名惟鉴……从长水子璇、缙云仲希学贤首经论。"⑧《晋水法师碑》记载:"时长水大师子璇造《首楞疏》,道行浙江,缙云仲希,亲禀其义。"

　　净源(1011—1088)"景佑初(1034),忝授斯经(《楞严经》)于长水疏主暨缙云尊者之门"⑨。缙云尊者即缙云仲希,也是子璇的弟子,按《晋水法师碑》的记载:"时长水大师子璇造《首楞疏》,道行浙江,缙云仲希,亲禀其义。二师亦以《圆觉经》《起信论》等诸经论为人演说。"⑩仲希被尊称为"武林法师",这个称呼说明仲希主要活跃于杭州地区。清远撰于南宋宁宗嘉定六年(1213)的《圆觉疏钞随文要解》称,"武林即钱唐之山名,法师处州缙云县人,人以缙云称之,即吾宗之英彦也,晋水曾师之。"⑪而这两位老师很可能不止传授净源《楞严经》,也很可能传授

① (明)钱谦益钞:《大佛顶首楞严经疏解蒙钞》,《卍新续藏》,第13册,第503页。
② (宋)怀远录:《楞严经义疏释要钞》,《卍新续藏》,第11册,第79页。
③ (明)明河:《补续高僧传》卷二,《卍新续藏》,第77册,第374页。
④ (宋)怀远录:《楞严经义疏释要钞》,《卍新续藏》,第11册,第79页。
⑤ (明)钱谦益钞:《楞严经疏解蒙钞·重修长水疏主楞严大师塔亭记》,《卍新续藏》,第13册,第841页。
⑥ 庄亲王:《心地观经浅注本序》,《卍新续藏》,第22册,第852页。
⑦ (宋)元照:《芝园集》,《卍新续藏》,第59册,第653页。
⑧ (宋)元照:《芝园集》,《卍新续藏》,第59册,第657页。
⑨ 净源编:《首楞严坛场修证仪》,《卍新续藏》,第74册,第517页。
⑩ (明)李翥辑撰:《慧因寺志》,杭州:杭州出版社,2007年,第51页。
⑪ (元)清远:《圓覺經疏鈔随文要解》,《卍新续藏》,第10册,第14页。

"贤首经论"。因为与净源同门的湖州八圣寺鉴寺惟鉴就曾"从长水子璇缙云仲希学贤首经论"①。

长水子璇、晋水净源被并称为"二水","二水"对杭州地区的华严中兴功不可没,其中晋水净源被称为"中兴教主"。《宋杭州南山慧因教院晋水法师碑》载:"净源,字伯长,自号潜叟,本泉州晋江杨氏。故学人以晋水称之。"②净源曾经先后"依东京报慈寺海达大师","受《华严经观》于华藏大师承迁","受李通玄《华严论》于横海明覃",又回到浙江地区,承禀于长水子璇及其弟子缙云仲希门下受学。③江浙地区是净源在学业完成后的主要活动区域,"泉人因请住州之清凉寺,复出游吴。苏州请住报忠寺之观音院。故翰林学士沈公守杭州,又于大中祥符寺置贤首教院以延之。其后复住青墩之密印寺宝阁院,华亭之普照寺善住阁院,皆秀州请也。"④净源在寄给高丽僧统义天的信中讲述了他传法的场面和华严学传承的现状,"凡自苏及杭湖秀等处,讲畅开帷,门生及数百人,而洪扬吾道,不二十人而已。"⑤净源重视华严教藏的建设,他在讲学之处建立教藏,"所在道场檀供,遐至给众之外,悉以印造教藏。"⑥在给义天的信中还谈及钱塘教藏建设的努力,"钱塘教藏未备,犹勉强耳"⑦。这些教藏和净源收集整理的华严文献,为华严中兴提供了物质基础。后净源住持杭州慧因寺,期间弘传华严,使华严宗"自圭峰来,未有若斯之盛"⑧。净源门下弟子按《晋水法师碑》记载,"法师所度弟子曰广润大师昙真;昙真所度弟子曰晋侁、晋伦、晋僎、晋仁、晋仪、晋偕、晋儒、晋佺、晋修,凡十人。学徒传讲四方,累百余众。"⑨

神鉴希冲,名希冲,字神鉴,被称为"武林中和法师"⑩。《宋杭州南山慧因教

---

① (宋)元照:《芝园集》,《卍新续藏》,第 59 册,第 657 页。
② (明)李蔼辑撰:《慧因寺志》,杭州:杭州出版社,2007 年,第 50 页。
③ (明)李蔼辑撰:《慧因寺志》,杭州:杭州出版社,2007 年,第 51 页。
④ (明)李蔼辑撰:《慧因寺志》,杭州:杭州出版社,2007 年,第 51 页。
⑤ 黄纯艳点校:《高丽大觉国师文集》,兰州:甘肃人民出版社,2007 年,第 113—114 页。
⑥ (明)李蔼辑撰:《慧因寺志》,杭州:杭州出版社,2007 年,第 51 页。
⑦ 黄纯艳点校:《高丽大觉国师文集》,兰州:甘肃人民出版社,2007 年,第 118 页。
⑧ 宗鉴集:《释门正统》第八,《卍新续藏》,第 75 册,第 359 页。
⑨ (明)李蔼辑撰:《慧因寺志》,杭州:杭州出版社,2007 年,第 53 页。
⑩ 续法:《华严宗佛祖传》,出版单位及年份不详,第 27 页。

院晋水法师碑》和崇宁(1104)三年十二月《尚书省牒》都称希仲为"神鉴大师希仲"①,据此推论"希冲"和"希仲"为同一人;同《牒》称净源为"前住持传贤首教晋水大法师净源",表明希仲为慧因寺净源住持职位的接任者。《慧因院教藏记》(1086年成记)称希仲为"弟子希仲"②,《宋杭州南山慧因教院晋水法师碑》(1088年成文)称"门人神鉴大师希仲",《杭州慧因教院华严阁记》(1101年成记)称"源师之法子"③,可知希仲为净源的弟子。上述三文皆由希仲请杭州官员撰写,从一个侧面反映出希仲在杭州地区的活跃度和影响力。妙观道明曾在元祐中(1086—1094)跟随神鉴学"《圆觉》《楞伽》《维摩》等诸部教典,历四寒暑"。④

玉峰(1102—1166),名师会,字归元,自号玉峰,又被称作可堂和尚、法真大师。早年跟随菩提寺钦法师修习华严。师会重视对《五教章》的研习,著有《华严一乘教义分齐章焚薪》二卷(《卍续藏》58册)、《注华严同教一乘策》一卷(师会述、希迪注,《卍续藏》58册)、《般若心经略疏连珠记》二卷(《大正藏》33册)、《华严一乘教义分齐章复古记》三卷(师会、善熹述,《卍续藏》58册)、《华严一乘教义分齐章科》一卷(《卍续藏》58册)、《华严融会一乘义章明宗记》一卷(《卍续藏》58册)、《注同教问答》一卷(师会述、善熹注,《卍续藏》58册)。除此之外还著有《般若心经略疏连珠记》(师会述,《大正藏》33册)。《华严宗佛祖传》载,干道元年(1165)慧诜法师为该书题序。⑤ 慧诜在序中以"慧因华严法师"称呼师会⑥,可知师会在写作此书时应当任慧因寺主持。

性空心法师,俗姓沈,吴兴人。从上竺寺道璨出家,法名了心。性空"来慧因寺,见金书《华严经》,夜梦晋水祖师,以珠授于,自后别号慧珠。习讲《华严》《圆

---

① (明)李萧辑撰:《慧因寺志》,杭州:杭州出版社,2007年,第37、50页。
② (明)李萧辑撰:《慧因寺志》,杭州:杭州出版社,2007年,第26页。
③ (明)李萧辑撰:《慧因寺志》,杭州:杭州出版社,2007年,第25页。
④ 续法:《华严宗佛祖传》,出版单位及年份不详,第27页。
⑤ 续法:《华严宗佛祖传》,出版单位及年份不详,第27页。
⑥ 师会述:《般若心经略疏连珠记》,《大正藏》,第33册,第568页。

觉》《行愿》《金刚》《楞严》等疏。一日忽得《心经联疏记》遂以玉峰师会而承嗣焉。"①

竹坡悟法师,"萧山魏氏,父璠,母周。出家本邑竹林寺,投莲乘师得度。立号本觉,名道悟。慕慧珠心法师道学,旨慧因寺中。讲究华严法界,贤首一宗教观。自吴归越,开法景德教寺。"②"自吴来越,开法景德教寺,越之有贤首教,自悟始。"③

## 二、慧因寺系华严学僧

慧因寺坐落于杭州玉岑山西北,"在宋为华严首刹,称五山之冠"④。按《慧因寺志》载:"今南山慧因禅寺,后唐天成二年(927),吴越忠武肃王建。初称慧因禅院。"⑤后经净源的努力成为杭州地区弘传华严的重要道场,遂改名为慧因教院。《敕赐杭州慧因教院记》中说:"杭之为州,领属县十,寺院五百三十有二。凡讲院所传,多天台智者之教,惟贤首一宗,历年沉隐。是以法师源公,力振宏纲,始立教藏,于苏于秀。"⑥可见当时华严宗所处的孤冷境遇,以及净源在慧因寺振兴华严的努力。

净源进入慧因寺的时间⑦,据延佑元年(1314年)慧因寺住山慧福作的《高丽国相元公置田碑》碑文所载,宋元丰初年(1078年)净源"主慧因华严讲席"。根据宋代僧众管理制度,寺院的住持者必须经朝廷任命,所以这时的净源很可能是负责讲经传教的"传教僧"。通过净源的努力以慧因寺为中心的华严复兴已经能见规模,并且已经闻名于国内外佛教界"自五季以来,颓纲坠绪,造是复振;学者

---

① 续法:《华严宗佛祖传》,出版单位及年份不详,第27—28页。
② 续法:《华严宗佛祖传》,出版单位及年份不详,第28页。
③ (明)宋濂:《护法录》,《嘉兴藏》,第21册,第609页。
④ (明)李蕡辑撰:《慧因寺志》,杭州:杭州出版社,2007年,第66页。
⑤ (明)李蕡辑撰:《慧因寺志》,杭州:杭州出版社,2007年,第1页。
⑥ (明)李蕡辑撰:《慧因寺志》,杭州:杭州出版社,2007年,第23页。
⑦ 有学者认为净源在元佑元年(1086)年到慧因寺并任住持。陈荣富教授认为净源在元丰元年(1078)住持慧因寺。(陈荣富:《浙江佛教史》,北京:华夏出版社,2001年,第428页)

归仰,风闻四方"①,"戒行名闻外国"②。

综合《谨奏杭州乞将慧因禅院改为十方教院住持事》《敕赐杭州慧因教院记》和《慧因院教藏记》的记载,可以还原出净源出任慧因寺住持的大致经过。按《慧因院教藏记》,资政殿大学士、大中大夫蒲宗孟来杭州任知州第二年的春正月③,也就是元祐初年(1086年),"乘闲率宾僚游南山慧因禅院,观其缔构栋宇,规摹壮丽,惜其久寂而不葺"④,蒲宗孟"愍其苦志于宗。奏慧因寺以居师。"⑤这时正赶上慧因禅院住持善思长老因病请僧正司选派接任住持。同时也将净源之徒晋仁等的请求"乞易禅院为教院"⑥一同上奏宋哲宗。元祐三年(1088年)五月一日朝廷批准了蒲宗孟的奏请,批准净源"承替善思开讲住持"⑦,同时"依兴教寺例,将慧因禅院改作十方教院住持"⑧。

净源从出任慧因寺教席直至元祐三年十一月示寂,一直在慧因寺为振兴华严而努力。"自昔晋水法师,弘阐宗风,一时细衣白足,云集座下者凡数千人,赐田亦数千顷。香火之盛,睹未曾有。"⑨可见,以净源为中心的慧因寺教团已经具有一定规模。净源不仅扩大了慧因寺的规模,还注重增加慧因寺的华严信仰元素。比如,接受蒲宗孟施金建七祖堂,供奉马鸣、龙树、帝心、云华、贤首、清凉、圭峰这华严七祖;许懋、孙昌龄"舍画《善财参善知识》五十四轴,并供具三十事"⑩。此外,净源还着力建设华严教藏,《晋水法师碑》载净源"所莅道场檀供,还至给众之外,悉以印造教藏"⑪,而慧因寺教藏是净源继"苏之报恩,法华

① (明)李萧辑撰:《慧因寺志》,杭州:杭州出版社,2007年,第36页。
② (明)李萧辑撰:《慧因寺志》,杭州:杭州出版社,2007年,第111页。
③ (明)李萧辑撰:《慧因寺志》,杭州:杭州出版社,2007年,第25—26页。
④ (明)李萧辑撰:《慧因寺志》,杭州:杭州出版社,2007年,第23页。
⑤ (元)觉岸编:《释氏稽古略》卷四,《大正藏》,第49册,第877页。
⑥ (明)李萧辑撰:《慧因寺志》,杭州:杭州出版社,2007年,第23页。
⑦ (明)李萧辑撰:《慧因寺志》,杭州:杭州出版社,2007年,第60页。
⑧ (明)李萧辑撰:《慧因寺志》,杭州:杭州出版社,2007年,第60页。
⑨ (明)李萧辑撰:《慧因寺志》,杭州:杭州出版社,2007年,第66页。
⑩ (明)李萧辑撰:《慧因寺志》,杭州:杭州出版社,2007年,第14页。
⑪ (明)李萧辑撰:《慧因寺志》,杭州:杭州出版社,2007年,第51页。

秀之密印，宝阁普照善住"①的又一大教藏。慧因寺华严教藏的典籍来自于李孝先、姚舜所舍经函、义天捐赠的经论疏钞②，以及后来高丽国相元瓘捐赠的一部《大藏经》。

净源将慧因寺建设成固定的华严宗道场，不仅更名为讲寺、寺内增加了华严信仰元素，还在寺中建立了教藏，形成了一定规模的教团，这些都为宋代杭州华严中兴提供了必要的硬件保障。净源离世后，杭州地区的华严声势日渐衰弱，净源弟子"贤首教沙门智生"在给义天的信中感慨道："晋水法师，自迁神圆寂，贤首本宗，此方渐有亏损，日愈一日，复何言矣。"③但是慧因寺作为宋代杭州华严传承的重要据点的地位却未见减弱。据《慧因寺志》卷三的"祖德篇"收录了高丽国义天、怀祥禅师、义尽禅师、中山可法师、松岩奇禅师、达才禅师、圆澄法师、易庵法师（清雅）、如介法师、笑翁法师、无碍禅师、鉴义佛日讲师、僧录密印法师、佛智灵源法师，"以上皆宗晋水教。或住山，或飞锡暂止慧因者。"④上述诸师中，义天、怀祥、义尽、中山可、松岩奇、达才的活动时代可确定为北宋；圆澄、易庵（清雅）、如介、笑翁、无碍的活动时代可确定为南宋；佛智灵源法师为元代僧；鉴义佛日讲师和僧录密印法师的活动时代已经无从可考。上文论及的希冲、玉峰师会、竹坡悟都曾在慧因寺传法布道。除此之外还有善喜、希迪都是南宋慧因寺系著名的华严学僧。

圆澄义和是南宋慧因寺的重要领袖。目前可以确定义和至少在绍兴十二年（1142）至十六年（1146）间担任慧因寺住持。在担任慧因寺住持之前，义和担任昆山能仁院的住持并校订、开版发行了宗密的《圆觉经大疏释义钞》。义和在任慧因寺住持期间刊印了一批高丽本的华严祖师著作其中有《华严旨归》和《华严孔目章》，义和努力推进华严典籍的入藏、开版流通工作，并获得朝廷的许可。之后，义和分别任平江府吴江县华严宝塔教院和宝幢教院住持，仍然在坚持刊行华

① （明）李翥辑撰：《慧因寺志》，杭州：杭州出版社，2007年，第26页。
② （明）李翥辑撰：《慧因寺志》，杭州：杭州出版社，2007年，第23页。
③ 黄纯艳点校：《高丽大觉国师文集》，兰州：甘肃人民出版社，2007年，第138页。
④ （明）李翥辑撰：《慧因寺志》，杭州：杭州出版社，2007年，第11页。

严典籍的工作。① 义和在干道元年(1165)左右"偶阅《净土传录》,以《华严》部中未有显扬念佛法门者,乃著《(华严念佛三昧)无尽灯》。"②这是一部将华严思想与净土思想相结合进行创新阐释的著作。义和对华严典籍的收集、整理以及在慧因寺期间推进的华严典籍入藏、制版刊行工作也促进了华严教理的研究。

玉峰师会的弟子中,确定与慧因寺有密切关联的有善熹(1127—1204)、希迪。善熹曾任十一年(1193—1204)的慧因寺住持直至圆寂③,而署名为"绍熙甲寅(1194)十月日颐庵苾蒭善喜"的《评金刚錍》(收录于《卍新续藏》第58册)和署名"玉岑颐庵善喜"的《斥谬》(收录于《卍新续藏》第58册)则很可能是善熹在任慧因寺住持期间所作。希迪的《华严一乘教义分齐章集成记》(收录于《卍新续藏》第58册)的署名为"武林住惠因沙门",题序日期为"大宋嘉定戊寅岁(1218)仲春一日"可推测,希迪于1218年左右任慧因寺住持,并作是书。此外,在绍兴一带传教的子猷(1121—1189)曾经"游钱唐,见慧因院师会"。④

南宋时期在慧因寺传播华严最富盛名的是易庵禅师(1150—1224)。"继晋水教而圣振于兹院者,为易庵禅师。诊讲为南渡冠冕。理宗御书'易庵'二字赐之,改禅院为讲寺,尊易庵也。"⑤宋理宗曾参访慧因寺,"听易庵禅师讲《华严》秘义"⑥。按《瑞光古象》载易庵禅师曾赴云间为童科进士盛熙朝之父太为公"演华严教"⑦,可见易庵禅师非常精通华严。

元代慧因寺受到了统治者的保护,华严宗才在此继续得以兴盛。按《慧因寺志》"元祖于上都闻华严贤首教独盛于杭州之慧因寺,遣使赍金兼颁戒谕,勒石以垂永久"。⑧《元代白话圣旨碑》也记述了这一时期元朝统治者对慧因寺的政策

① 王颂教授依据《高山寺经藏典籍文书目录》梳理了义和从绍兴八年(1138)至干道五年(1169)的主要活动。详见王颂:《宋代华严思想研究》,北京:宗教文化出版社,2008年,第22—26页。
② (明)李蒿辑撰:《慧因寺志》,杭州:杭州出版社,2007年,第10页。
③ (宋)释居简:《惠华严传》,《禅宗全书》第100册,北京:北京图书馆出版社,2004年,第67页。
④ (明)明河:《補续高僧傳》,《卍新纂续藏經》,第七十七册,第386页。
⑤ (明)李蒿辑撰:《慧因寺志》,杭州:杭州出版社,2007年,第2页。
⑥ (明)李蒿辑撰:《慧因寺志》,杭州:杭州出版社,2007年,第13页。
⑦ (明)李蒿辑撰:《慧因寺志》,杭州:杭州出版社,2007年,第5、11页。
⑧ 李蒿辑撰:《慧因寺志》,杭州:杭州出版社,2007年,第16页。

扶持。这一时期,"朝廷曾派使者赐金兼颁戒谕,豁免赋税,明令任何人不得侵占慧因寺所有五岭之地、园林、物业,违者籍没其家,同时要求慧因寺每年开讲《华严经》修忏,为国告天祝寿"。①

高丽驸马沈王王璋也为华严学在慧因寺的传播提供了助缘。沈王王璋曾派咨议参军洪瀹等来杭州"印造大藏尊经五十藏,施诸名刹",其中就有慧因寺。皇庆元年(1312 年),沈王王璋邀请盘谷(号丽水,海盐人)来杭州慧因寺讲华严大意,"展四无碍,辩七众倾伏"②。据《高丽众檀越布施增置常住田土碑》载,延佑二年(1315 年),"太尉沈王疏请无言教讲,主持杭州路高丽惠因华严教寺,开堂说法,领众焚修。祝延圣寿万年者。"③"无言教"即佛智灵源寂照大师,"无言教宗主","悟自《华严》,空诸法界,四登宝座。"④

元代在慧因寺弘传华严的学僧当属浦尚。浦尚(1290—1362),字希古,晚号杂华道人,嘉兴人。曾两度来慧因寺讲授华严。青年浦尚追随其师景岩住慧因高丽寺,代其教授,并被推举为都讲;至正十年(1350),晚年的浦尚受行省丞相之请再次来到慧因高丽寺,并被授御制金襕袈裟。

元末慧因寺遭兵火之灾,昔日华严传习道场、华严教藏损毁殆尽。"元至正末,遭兵燹之厄,十遗一二。皇明鼎新,图篇未定。幅员悉为强有力者所据,仅存者如掌中黑子。迄正德间,困于征摇,僧徒星散。数区殿宇,风摧雨淋,强半颓纪于荒烟断梗中;而所谓华严经阁者,并不知遗址所在久矣。"⑤

### 三、义天:杭州华严中兴的助缘

杭州地处东南沿海,便捷的水陆交通和频繁的海外贸易为杭州与海外佛教界的交往提供了便利。净源就曾通过往来的商人与高丽僧来往,"与舶客交通,

① 陈荣富:《浙江佛教史》,北京:华夏出版社,2001 年,第 477 页。
② 如惺:《大明高僧传》,《大正藏》第 50 册,第 903 页。
③ (明)李蒿辑撰:《慧因寺志》,杭州:杭州出版社,2007 年,第 38 页。
④ (明)李蒿辑撰:《慧因寺志》,杭州:杭州出版社,2007 年,第 38 页。
⑤ (明)李蒿辑撰:《慧因寺志》,杭州:杭州出版社,2007 年,第 2 页。

舶至高丽,交誉之"①。高丽义天入宋交流为杭州地区的华严中兴提供了助缘。据《灵通寺大觉国师碑》,义天与包括净源在内的众多宋高僧都有交往,"所遇高僧五十馀人,亦皆咨嗣法要。"②这其中不乏杭州地区的华严宗僧。

义天(1055—1101)俗姓王,名煦,字义天,是高丽高宗的四王子,赐号"佑世僧统""大觉国师"。义天幼年学习华严,在二十几岁时就已经任华严讲席并为《华严经》做《疏》50卷。在义天入宋前,就曾与净源等高僧有书信往来。净源在给义天的信中已经表露出交流的意愿"因风而来,口授心传,则针芥虽远,悦高下之相投,笙磬同音,穆宫商而切响"③,而义天"见此言已企于授受之相契矣"④,说明在义天心中已经有了与净源交流的共鸣。

义天在《乞就杭州源阇梨处学法表》中说:"慨深文之难究,悲正法之下衰。是惜寸阴,拟探群典。向者,于故国偶得两浙净源讲主,开释贤首祖教文字,披而有感,阅以忘疲。遒竖慕义之心,遥叙为资之礼。"⑤这一席话已经表明义天入宋向净源求学的决心和原因。

净源出任慧因寺讲席八年后,也就是元祐初年(1086),高丽义天终于渡海来杭。义天向哲宗上表"乞传贤首宗教"。当时净源由于性格"立性方严""直心不谄",所以虽然"名震他方,而当世士大夫罕能知之"。⑥ 僧录司向宋哲宗推荐了东京觉严寺的有诚法师。有诚法师也是一位在当时弘传华严的高僧,"字无妄,住南城崇圣寺中,最善讲《华严经》,治平中自南城赴张安道之请,讲于东都左街万岁院,后往东都觉严寺,历席最久。"⑦按惠洪《让讲教疏》载有诚法师"讲《华严经》,历席最久,学者依以扬声。其为人纯至,少缘饰。高行远识,近世讲人,莫有居其右者"。⑧ 在义天入宋之前两人就有书信往来,在有诚写给义天的信中就曾

---

① (元)脱脱等:《宋史·苏轼传》,北京:中华书局,1977年,第10813页。
② 黄纯艳点校:《高丽大觉国师文集》,兰州:甘肃人民出版社,2007年,第168页。
③ 黄纯艳点校:《高丽大觉国师文集》,兰州:甘肃人民出版社,2007年,第37页。
④ 黄纯艳点校:《高丽大觉国师文集》,兰州:甘肃人民出版社,2007年,第19页。
⑤ 黄纯艳点校:《高丽大觉国师文集》,兰州:甘肃人民出版社,2007年,第19页。
⑥ (明)李蕡辑撰:《慧因寺志》,杭州:杭州出版社,2007年,第53页。
⑦ 赵之谦等:《江西通志》七,京华书局,1967年,第3843页。
⑧ (明)李蕡辑撰:《慧因寺志》,杭州:杭州出版社,2007年,第59—60页。

向义天推荐晋源,"钱塘源法师及浙右诸方教院,可以寻访,发明唯识,纶贯花严。"①僧录司有意请有诚接待义天,但是有诚向宋哲宗推荐了净源。有诚上表辞曰:"臣虽刻意讲学,识趣浅陋。特以年运已往,妄为学者所推。今异国名僧,航海问道,宜得高识博闻者为之师。窃见杭州惠因院僧净源,精练教乘,旁通外学。举以代臣,实允公议。"②宋哲宗批准了有诚的请求,并派遣尚书郎杨杰(字次公,自号无为子)陪同义天"至钱塘受法"③。

义天入宋带来了大量宋朝已经毁于兵火的典籍,为宋代华严中兴提供了典籍保障。这些典籍据《晋水法师碑》的记载有"云华所造《华严搜玄记》《孔目章》《无性摄论疏》《起信论义记》,贤首所造《华严探玄记》《起信别记》《法界无差别论疏》《十二门论疏》《三宝诸章门》,清凉所造《正元新译华严经疏》,圭峰所造《华严纶贯》"等④,义天回国后,又遣使者送来金书三种译本的《华严经》。而净源回赠了义天八部典籍即:《花严普贤行愿忏仪》《大方广圆觉忏仪》《大佛顶首楞严忏仪》《原人论发微录》《还源观疏钞》《补解》《盂兰盆礼赞文》《教义分齐章科文》⑤。华严典籍的交流为两国的华严学研究注入了新鲜血液。净源注释、刊印和研究华严典籍,建立华严教藏都与义天提供的宝贵文献资料密切相关。《晋水法师碑》载:"教藏诸部,凡六百函,则义天所置也。"⑥可见,慧因寺的华严教藏的大部分为义天带来的典籍。

依据《高丽大觉国师文集》及《大觉国师外集》所载,义天在入宋前后,与其有往来的杭州地区华严僧侣除净源外还有慧因寺希仲、慧因寺道璘、慧因寺智生、慧因寺颜显。

希仲:《大觉国师外集》卷四收录希仲《书》五篇(今存四、五两篇),卷八收录

---

① 黄纯艳点校:《高丽大觉国师文集》,兰州:甘肃人民出版社,2007年,第116页。
② (明)李萼辑撰:《慧因寺志》,杭州:杭州出版社,2007年,第60页。
③ (明)李萼辑撰:《慧因寺志》,杭州:杭州出版社,2007年,第60页。
④ (明)李萼辑撰:《慧因寺志》,杭州:杭州出版社2007年版,第52页。
⑤ 黄纯艳点校:《高丽大觉国师文集》,兰州:甘肃人民出版社,2007年,第37页。
⑥ (明)李萼辑撰:《慧因寺志》,杭州:杭州出版社,2007年,第51页。

希仲《状》二首。所存两篇《书》中言及送义天图三轴、经书之事。①《状》两篇言与义天书信、礼宾省牒、进呈金银等事②,其中提及的往来高丽的传信使者晋仁为慧因寺监院沙门③。

道璘:慧因教院首座沙门④。《大觉国师外集》卷四收录道璘《书》一篇(残),言及"以僧统画像,立生祠于院"⑤之事。道璘提及"先师必在华严场中""以先师之缘,常希存顾"⑥,"先师"或指净源,道璘可能为净源弟子。

智生:《大觉国师外集》卷七有"大宋传贤首教沙门智生"《书》二首,言及自己作的《圆觉经》新解为"依科节经,分成四卷",并"附投左右"盼赐观览等事。⑦智生曾与义天有过"嘉会","后于慧因教院违别"⑧,可确定智生为慧因寺僧人。

行者颜显:《高丽大觉国师文集》卷十一有《与大宋行者颜显书》一篇(缺)。义天在写给净源的信中提到"往年行者颜显到来"云云。⑨ 又苏轼《论高丽进奉第二状》讲:净源圆寂后,"本院行者姓颜人,赍持净源真影舍利,随舶船过海,是致义天复差人祭奠"⑩。由是可知颜显为慧因院行者。

慧因寺后被俗称为高丽寺,可见义天与慧因寺这座杭州华严宗道场的渊源。而义天与净源等慧因寺僧的频繁交往被一些士大夫所诟病,苏轼就是其中之一。苏轼的《论高丽进奉第二状》点名批评净源,"惠因院亡僧净源,本是庸人,只因多与往还,致商人等,于高丽国中,妄有谈说,是致义天远来从学,因此本院厚获施利,而淮、浙官私遍遭扰乱。"⑪《却贡疏》载,"自熙宁以来,高丽屡入朝贡,两浙骚然。皆因奸民徐戬等交通、诱引,妄谈庸僧净源通晓佛法,以致义天羡慕来朝,从

① 黄纯艳点校:《高丽大觉国师文集》,兰州:甘肃人民出版社,2007年,第121—122页。
② 黄纯艳点校:《高丽大觉国师文集》,兰州:甘肃人民出版社,2007年,第143—144页。
③ (明)李蕡辑撰:《慧因寺志·敕赐杭州慧因教院记》,杭州:杭州出版社,2007年,第24页。
④ (明)李蕡辑撰:《慧因寺志·敕赐杭州慧因教院记》,杭州:杭州出版社,2007年,第24页。
⑤ 黄纯艳点校:《高丽大觉国师文集》,兰州:甘肃人民出版社,2007年,第123页。
⑥ 黄纯艳点校:《高丽大觉国师文集》,兰州:甘肃人民出版社,2007年,第123页。
⑦ 黄纯艳点校:《高丽大觉国师文集》,兰州:甘肃人民出版社,2007年,第138页。
⑧ 黄纯艳点校:《高丽大觉国师文集》,兰州:甘肃人民出版社,2007年,第138页。
⑨ 黄纯艳点校:《高丽大觉国师文集》,兰州:甘肃人民出版社,2007年,第41页。
⑩ 苏轼:《东坡全集》卷五十六,四库全书本。
⑪ 苏轼:《论高丽进奉第二状》,《东坡全集》卷56,四库全书本。

源讲解。"①虽然苏轼是从批判的角度来否定义天入宋与净源交往的积极功效，但是这也从反面反映出义天入宋对当时江浙地区的影响，以及净源在当时的知名度。

综上所述，通过梳理考察，我们发现宋代华严宗的传承有两条线索，其一是通过师承法嗣关系建构的华严宗传承谱系，其二是以慧因寺为道场的教团传播。而路径一所涉及的人物又有一部分活跃于杭州地区，而路径二而则完全是在杭州地区展开的。两条线路相互交集又各具特色，作为两条线路的交集点的净源，通过诠释义理以整合教内思想、收集整理和刊布华严文献、建设道场和教团、国际交流等几方面的努力②，使华严宗在北宋得以复振。而南宋慧因寺一系作为华严中兴的余音回响，"以同教与别教关系为中心所展开的宗义之争，成为这一时期华严教学的最引人关注的特征所在。"③以上所述，凸显出杭州地区华严宗中兴的特色和整体风貌。

---

① (明)李蓍辑撰：《慧因寺志》，杭州：杭州出版社，2007年，第14—15页。
② 关于晋源振兴华严宗的工作，陈永革教授的《论晋水净源与北宋的华严中兴》一文有详细阐释，见《吴越佛教》(第5卷)，北京：宗教文化出版社，2010年。
③ 陈永革：《论南宋华严诸家及其义学争辨》，《觉群佛学2009》，北京：宗教文化出版社，2010年。

# 长生寺浙籍华严僧

## ——可端法师

韩朝忠[1]

（中国计量大学人文社科学院）

**摘　要**：在近代华严宗的复兴之路上，涌现出了一大批广为僧俗两界颂赞的人物，如月霞、应慈、持松、常惺、应慈、智光等。然而，还有相当数量的华严学人也为近代华严宗的复兴作出过重要的贡献，但是由于种种原因使得他们的功绩埋没于历史的尘埃中而不为人知，扬州长生寺的浙籍高僧可端法师便是其中之一。可端法师首开扬州华严专宗僧教育之先河，并且以"贤台圆融"之旨诠释一乘圆教之义，对近代华严宗在江苏的发展做出了重要的贡献。

**关键词**：可端法师　华严大学　贤台圆融

## 一、生平事迹

释可端（1888—?）[2]，浙江诸暨人，自号华严僧。清光绪年间曾旅日学习，后从军，任直系军阀吴佩孚的部下[3]。二次革命失败后出家为僧，赴浙江宁波观宗寺观宗学社学习，并追随谛闲法师研习天台教义。毕业后，可端法师对华严教义

---

① 作者简介：韩朝忠，哲学博士，中国计量大学人文社科学院讲师，主要研究方向：近代佛教、华严宗哲学。

② 释慧云：《百年华严　百城烟水——略述常熟兴福寺与近现代华严宗的传播》，《首届华严论坛暨纪念应慈和尚圆寂50周年论文集》，2015：4。

③ 陆志坚、王鹏：《可端：品行端正爱国高僧》，《扬州日报》，2010 - 9 - 14(3)。

产生了浓厚的兴趣,并入云台山玉女峰闭关,因"睹华严真境,一日心眼豁开,了见真常"①。从此之后,法师便致力于贤首义学,一心专研华严经典,且以弘扬华严义学培育正轨僧才为毕生之职志。

民国八年(1919),可端法师应邀赴扬州讲八十卷《华严经》,因其深厚的佛学修为而被长生寺性莲老和尚所器重,并于是年被推举为扬州长生寺主持。在担任长生寺方丈之后,可端便于民国十二年(1923),在寺内创立扬州第一所僧学——华严大学,并主讲《华严经悬谈》、《清凉疏钞》、《华严经》、《维摩诘经》等经典,开扬州僧教育之先河。

这所扬州近代历史上的第一所佛学院其宗旨为"依丛林宏经规则,专宏华严大教,修忏习观,解行相资,造就僧界人才,阐扬佛化弘法利世"。② 课程设置上,以讲《华严经悬谈》、《清凉疏钞》、《华严经》等华严经典为主,同时兼讲法相、国学等典籍,并将念佛修观纳入到学习考核的范围内。学院共设正副两班,各 24 个名额,共 48 人,在对学员的入学资格上,限定为 18 岁以上受过具足戒且品行端正的比丘,并免收一切费用且给予一定的津贴,首届共招收了 31 人。

更为难得的是,民国十二年(1923)可端法师在创立华严大学的同时还开办了《佛光月刊》,首次以新式的弘法手段传播华严义学,极大的扩大了华严宗的影响力以及华严教义的普及度。《佛光月刊》自民国十二年(1923)创办开始后,每月发行一期,刊物以华严教理为主同时兼为刊行佛教其他宗派的教义。这一刊物虽然持续的时间并不长,但是对近代华严宗在弘法模式的改变上却有着积极的借鉴意义。同年,又在萧唯昇居士的赞助下在长生寺内修建了三层弥勒阁。

民国十八年(1929),可端当选为江苏省佛教会监察委员。是年,在萧唯昇居士为资助可端法师弘法,"将位于埂子街 146 号的朱长龄典当行及旌德会馆买下,改建成愿生寺作为长生寺的下院"③。这所愿生寺也是民国时期扬州最大的

① 月慧:游学三江参礼江都佛教传习所见闻讲习记,大佛学报 1930(2)//黄夏年,民国佛教期刊文献集成:45.北京:全国图书文献缩微复制中心,2006:211。
② 可端:华严大乘佛学院简章,佛光月报 1923(3)//黄夏年,民国佛教期刊文献集成:12.北京:全国图书文献缩微复制中心,2006:313。
③ 陆志坚、王鹏:《可端:品行端正爱国高僧》,《扬州日报》,2010-9-14(3)。

寺庙。

民国十八年(1929)四月,国民政府教育部颁布了关于宗教团体兴办教育事业的新规定,该规定要求宗教团体创办的大学不得再沿用学制系统内各级学校的名称,同时也不得使用研究所等名称以免与中央研究院各级研究所名称相混。是年九月,扬州长生寺华严大学改名为"江都佛教传习所",改组后传习所较之现前的华严大学在课程设置、学年分期等方面都有了很大的进步,更加的接近于大学的教育模式。在修学年限上,一共分为三年,并且分年级讲授不同的课程,其中第一年讲授经学(《楞严经》《法华经》《维摩经》《华严经》《涅槃经》),论学(《大乘起信论》《百法明门论》《八识规矩颂》),戒律学(《四分界本》),禅宗学(《教外别传大意》、坐香参禅),念佛学(《弥陀疏钞》、念佛经行),教义学(《贤首五教仪》《天台四教仪》),国文(古文、国文典、作文),党化(三民主义、党纲),历史(国民党史、佛教历史),地理(佛教专门地理)等十个方面的课程。

第二学年讲授经学(《楞严经》《唐译华严经》《涅槃经》《十不二门指要钞》《四教仪集注》《摩诃止观》),论学(《成唯识论》《因明论》《百论》),戒律学(《梵网经》、菩萨戒),禅宗学(历代禅门宗祖心要、坐香参禅),教义学(《贤首五教仪》《天台四教仪》),念佛学(《净土十要》《弥陀要解》、念佛经行),国文(古文、国文典、作文),党化(《五权宪法》),历史(国民党党史的研究、本国史及外国史),布教法(佛教传布之法)等十个方面的课程。

第三学年教授经学(唐译《华严经》《涅槃经》),论学(《十二门论》《宗致义论》《中观释论》《般若灯论》),戒律学(《梵网经前分》),禅宗学(参究公案、证明心性),教义学(《法华玄义》《教观纲宗》),念佛学(净土语录、高僧传),国文(古文、古诗、作诗、作文、发挥经义),党化(国民党政纲、施设方针),地理(本国地理及外国简要地理),布教法(佛教传布之仪式并研究东西各国之布教方法)等十个方面的课程。

首届招生共分为两个班,一是正班预计招生 80 名,二是预班预计招生 20名。同时设立常考、月考、期考、大考等四种考试形式,并根据学生的成绩给予相应的奖惩。毕业大考合格后,由传习所发放文凭并负责安排到各地讲经布道或继续从事佛学研究,不合格者留校继续学习。

从其课程设置与教学安排上,可以看出在积累了七年的办学经验后,改组之后的传习所无论在授课内容和办学规模上都有了一个质的提升,尤其是"传布法"课程的设置更是独具创新,为同时期其他僧学所未有,这一课程的设立很好的弥补了近代僧教育对学僧在弘法实践教育方面的缺失,使学员可以在毕业后更好的将所学知识运用到社会实践中去。

民国十九年(1930),可端法师又以"弘阐大乘佛学,介绍于各国"为初衷,亲自在传习所内主编了《大佛学报》。民国二十年(1931),可端法师退院。民国二十三(1934)六月当选中国佛教会常委。民国二十五年(1936),可端应大慧和尚之请于长生寺内宣讲《普贤行愿品》。

1937年抗战爆发后,可端被迫担任日华佛教会扬州分会会长。在他被迫担任会长期间,可端法师依然积极筹备中国佛教会,并奔走各地联络力量以期组建基于中国主权的独立佛教组织。这以后有关可端法师的记载便无从可查,据释大初法师的研究可端法师于抗战胜利前圆寂。

从以上可端法师的生平事迹中,我们可以看出其对近代华严宗乃至近代江苏佛教都做出了重要的贡献,但就是这样一位爱国高僧在当时却被人盖以"品行不端","汉奸"等污名,以致在后来的很长一段时间里,罕为僧俗两界所提及。

究其原因主要有以下两点:

一是世人对萧唯昇居士资助可端弘扬佛法的有意曲解。萧居士是扬州最大盐商萧芸浦的遗孀,在其丈夫去世后倾心佛学,而同时可端法师也因为佛学造诣深厚而在扬州广为僧俗所敬重,所以萧居士赞助可端弘法本来也是情理之中的事情。但是,扬州的一家小报捕风捉影以"'潇'洒徐娘,'居'然称士;风流和尚,何可名'端'?"[①]之句来暗讽可端法师与萧唯昇居士。本来地方小报无稽之谈倒也不会引起广泛的关注,但是后来易君左在其《闲话扬州》中将这两句话收了进去,以致坊间巷尾的闲话一跃而广为国人所知晓。

---

① 陆志坚、王鹏:《可端:品行端正爱国高僧》,《扬州日报》,2010-9-14(3)。

《闲话扬州》这本书是一本散文体的游记,因其中有许多刻意侮辱扬州人的描写,所以在出版之初便引起了扬州民众的公愤,扬州各界人士为此还专门成立了"扬州人民追究易君左法律责任代表团""扬州各界追究《闲话扬州》联合会"等民间组织来声讨易君左。戴天球大律师还以"侮辱扬州人人格"为由向江苏省地方法院提请对易君左的诉讼。后在王伯龄的调停下,以"易君左在京、沪、镇及扬属七县报纸封面上道歉,并辞职离开江苏;中华书局也在上述各报登报道歉,向扬属七县民教馆赠送价值 2500 元的书籍。与此同时,也同意了向可端和尚道歉、赠匾的条件。"①从此次风波的最终调停协议上,我们可以看出可端法师在当时扬州佛教界的影响力,同时也可以看到扬州民众对可端法师德行的认可,所以那些污蔑其"品行不端"的言论自然不攻而破。

二是对可端法师就任日华佛教会扬州分会会长的误解。1937 年日本侵华战争爆发后,伴随着日军的侵略,日本佛教界也开始借助帝国主义的铁蹄在沦陷区扩展自己的势力,1938 年在南京成立了"日华佛教联盟",并于扬州、常熟、上海等沦陷地区设立分会。可端法师也是在这一时期被迫当选为扬州分会的会长,也正因此可端法师被冠以"汉奸"的骂名。但是,江苏省佛教协会副会长释大初法师认为"日寇数次劝可端无果后,派人入长生寺卧底,寺院私藏武器之事终被日寇获悉。得知消息后,宏度潜逃,日寇遂关押性莲老和尚,以其安危要挟可端就范。为救恩师,可端被迫答应日寇要求。"②对于性莲和尚被要挟一事大初法师在该篇文章中并没有给出确切的证据,但是从另一份证据我们可以看出即便是在担任扬州分会会长时期,可端法师也从没有忘记为中国佛教僧众积极争取主权。以下为可端法师致函当时汪伪政权中央常委兼社会部部长丁默邨的书信:

"默邨部长钧鉴,敬肃者前次在京晋谒,钧座亲聆教诲感念良深端为和平工作奔走江北往返十一次,此次致延二十余日之久,历尽艰辛,最后一次被陆某密令特工逮捕,险遭不测,幸得长公侠义护救,始免于难。兹陆某已离泰州长公即

---

① 严吾:《〈闲话扬州〉风波的台前幕后》,《纵横》,1998(08):34。
② 陆志坚、王鹏:《可端:品行端正爱国高僧》,《扬州日报》,2010-9-14(3)。

当有具体之表示。端自以先行回扬后,兹因各地僧众以中国佛教会组织规则是否核准实施迭相催问,查安清同盟总会本为佛教至支流,尚已成立而中国佛教会为中国宗教之总枢,势难延缓且日华佛教联盟南京总会订于五月二十四日召开大会端为各地分会代表迫令出席如中国佛教会组织规则届期得能核准施行端于二十四日即席宣布理宜以中国佛教会为中国独立自主而日华佛教联合会为友谊之联络,免致主权混合诸多分歧。尚祈部长侨顺舆情为全国僧众盼望之切,烦赐核准为复,兴中国佛教之基本务希即日。示覆迫切陈词竚候,待命施行,肃此敬请勋安。中国佛教会筹备委员会可端。"①

从上面的书信内容,看得出可端法师曾为筹备独立自主的中国佛教会而于江北奔走劳苦,期间还被特务逮捕而险些遇难。他此次致函丁默邨正是为了抵制即将举行的日华佛教联合会,并希望可以得到汪伪政府的支持而建立主权独立的"中国佛教会"。同时,书信后面的"尚祈部长侨顺舆情为全国僧众盼望之切,烦赐核准为复,兴中国佛教之基本务希即日。示覆迫切陈词竚候,待命施行",从中我们也可以看出可端法师的殷切期盼之情。但是结果可想而知,汪伪政府自然是不会答应这样的请求。因为像当时的"东亚佛教大同盟""日华佛教协会""兴亚佛教会""日支真言密教研究会""北支日本佛教联合会"、"光明思想普及会"等都是得到了汪伪政权的支持而在沦陷区借助佛教来奴化国人,进而达到辅助日军侵略的目的。所以,可端法师的一腔爱国爱教之举自然无法得到实现,以致被世人误解为"汉奸",而其骂名直至法师圆寂也未能雪洗,真可谓冤哉!

## 二、佛学思想

虽然可端法师早年入于谛闲法师的天台宗门,但是其却志在弘扬华严教义。民国八年(1919),在其接任长生寺主持一职后,便耗时三年专门讲解华严义理,创办华严大学后更是以专弘华严为务,曾作多篇文章阐发华严义理,如《华严止

---

① 陆志坚、王鹏:《可端:品行端正爱国高僧》,《扬州日报》,2010-9-14(3)。

观略说》《与台宗无相上人事理二观辩》《华严法界观》《华严一乘论》等。

除讲释华严义理外,他还多以华严义理来融会天台教观,并多有独到见解,尤以从华严宗的角度出发对天台宗的核心思想"一念三千"所作的重新诠释最具有代表性。

"一念三千"为天台宗的重要理论,智者大师在其《摩诃止观》卷五中云:"夫一心具十法界,一法界又具十法界、百法界。一界具三十种世间,百法界即具三千种世间。此三千在一念心,若无心而已,介尔有心,即具三千。亦不言一心在前,一切法在后,亦不言一切法在前,一心在后。例如八相迁物。物在相前,物不被迁,相在物前,亦不被迁。前亦不可,后亦不可,只物论相迁,只相迁论物。若从一心生一切法者。此即是纵,若心一时含一切法者,此即是横。纵亦不可,横亦不可,只心是一切法者,一切法是心故。非纵非横,非一非异……所以称为不可思议境。"①这里"一念"指的是众生的心念,而"三千"则是由十界(地狱、饿鬼、畜生、阿修罗、人、天、声闻、缘觉、菩萨、佛)互俱而成百界,百界之任何一界又具足十如是(如是相、如是性、如是体、如是力、如是作、如是因、如是缘、如是果、如是报、如是本末究竟等),再与三世间(众生世间、住处世间、五阴世间)相配合而成三千。因此,"一念三千"实际上就是在说明一心具备一切法,观心即是观法。智者大师提出这一概念理论体系其目的是为了指导宗教实践,而非专注于玄学探讨。但是,可端法师作为弘扬华严的义学僧人,其站在华严义学的立场上从三个方面对天台宗的这一核心概念作了重新的解读。

一是"元意唯观具"。"盖一家观道圆论诸法,必本一性,一性之妙,三谛天然……一具字显今宗句,盖得此意若有一法从心外得,不由性起则法成偏邪,体非当住"②。万法由心所具,从心所生,三千法相皆是"性起"而有。这里的"性起"指的则是如来藏性起理论而谈,这显然与天台宗本有的"性具"理论是有所出入的,因为在天台宗看来"众生不断性善,如来不断性恶",佛与众生之心本来无

①(隋)智顗:摩诃止观//大正藏(卷46),台北:佛陀教育基金会,1995:56a。
② 可端:一念三千心要论.佛光月刊,1923(3)//黄夏年主编,民国佛教期刊文献集成:12,北京:全国图书文献缩微复制中心,2006:267。

别,一念本来具足善恶十界,因此佛性亦不断染污,这样众生与佛在"心"的基础上得以统一起来而互相包含进而实现"别而不别"之圆融。华严宗与之不同,其佛性思想是建立在清净的法身佛基础上,宇宙万有的生起是如来藏的随缘显现心、佛、众生三者无别本来清净,其性本善、本净,万法是因性起用的"不别而别"的圆融存在。因此,作为兼通贤台的可端法师在对"一念三千"的理解上,首先从天台宗的"性具"思想的角度出发,认为"无有一法从心外的",同时又从华严宗法界缘起的观点切入,认为"不由性起则法成偏邪",诸法都是本具真性而生起,这样便将贤台二宗的"性起"与"性具"理论有机的结合起来,避免了天台"性具"理论可能导致的众生与佛的二元对立的倾向。

二是"三谛在所显"。三谛指的是天台宗的空、假、中等三谛圆融义理。"三谛在所显"意思是说三谛圆融理论是"一念三千"思想的表现,或者可以说一念三千思想是三谛圆融思想的理论根源。天台九祖荆溪湛然尊者在其《修习止观坐禅法要》中云:"夫三谛者,天然之性德也。中谛者,统一切法;真谛者,泯一切法;俗谛者,立一切法。……由是立乎三观,破乎三惑,证乎三智,成乎三德。空观者,破见思惑,证一切智,成般若德。假观者,破尘沙惑,证道种智,成解脱德。中观者,破无明惑,证一切种智,成法身德。"[①]在荆溪尊者这里,三谛指的是同一实相的三个表现方面,其本质是相同的,所以明白了三谛的道理,便可断除三惑的业障,成就三智,圆满三德。而其中的假谛是为了"立一切法",因此具有立法之德,这与"一念三千"所要表达的意思是相同的,所以三谛中的假谛则包含了"一念三千"的理论。但是,可端法师却将三谛都作为"一念三千"理论的外在表相,"由三谛得有三千,所以非空无以遍相则由空故,得以相三千也;非假无以显具,由假得以具三千也;非中无以融摄,由中得以摄三千也。是则三谛各当其意以成三千……所显之三谛无劳远觅即我现前不一不异之一念,故曰三谛在所显"[②]。具体来说,他认为空谛是为了说明一念可以生三千法相,假谛是为了说明一念包

---

① (唐)湛然:修习止观坐禅法要·始终心要//大正藏(卷46),台北:佛陀教育基金会,1995:473b。
② 可端.一念三千心要论.佛光月刊,1923(3)//黄夏年主编.民国佛教期刊文献集成:12.北京:全国图书文献缩微复制中心,2006:269。

含三千法相,中谛则意在表明一念融摄三千法相,即一念即是三千。可端法师这种以"三谛"理论来解释"一念三千"思想的作法,其用意是很明显的。因为在第一部分论述中他已经将"一念三千"提升到了"性起"的本体论高度,这样三谛等分别说明空、假、中的理论自然要成为本体论的从属而用来说明"一念三千"的理论内涵。这种做法虽有别于天台宗传统的"三谛"与"一念三千"的关系说,但是作为以华严僧自称,同时又毕生致力于澄观法师《华严经疏钞》研习的可端法师来说,做出这样的解读并不足为怪,因为澄观法师在《大方广佛华严经随疏演义钞》中曾有这样一段关于在一心与三谛相互关系的看法:"三止三观融为一心,契同三谛无碍之理。"①澄观法师这里已经暗含了将"三谛"统一于"一心"之内的看法,因此将可端法师的这一观点归因于澄观法师的影响也并无不妥之处。

三是事理本一体与即具无异途。事理概念在贤台二宗都有运用,但以华严宗对这一对概念研习得最为透彻。可端法师缘引华严宗的理事无碍思想从时空的角度进一步论证"一念三千"思想的互俱之义,他要表达的是智者大师在论说"一念三千"时提出的"一念"与"三千"不前不后的时空同现性。但可端法师这里所提出的事理关系指的是"圆见事理一念具足,趣举一法事理具焉,只一三千趣事趣理","如曰镜明性十界,像生修十界,镜内外一"。② 由此可见,他的这种以理事观解释"一念三千"的作法是从本体论的角度提出的。"一念"与"三千"同时具足,即事即理,本体与现象之间是混同一味的。然而天台宗的理事观却与此不同,其是从方法论的角度提出的。其中,"理"指的是"理忏"即如实知道三谛圆融的理论,忏悔以往的邪见之过;"事"指的则是"事忏"即忏悔过往的种种三业重罪。因此,华严与天台理事观在根本归趣上是有着本质的不同,前者以玄理探讨为目的,后者则以修行实践为放失。所以,可端法师从时空的同现性角度来诠释"一念三千"与华严十玄门的"同时具足相应门"虽表述不同但其实质是相同的,"理无事无依,事无理无本,以理融事,以事摄理,此圆顿事理所以其本一致,其体

---

① (唐)澄观:大方广佛华严经随疏演义钞//大正藏(卷36),台北:佛陀教育基金会,1995:8a。
② 可端:一念三千心要论.佛光月刊,1923(3)//黄夏年主编.民国佛教期刊文献集成:12.北京:全国图书文献缩微复制中心,2006:267。

无二也。"①这里可以看出,他所使用的理事概念名称虽然与天台宗的概念名称相同,但其内涵却有着根本的不同,故所表达的义理也自然迥异,因而带有着典型的华严义学特色。

## 结语

可端法师作为一名爱国爱教的华严僧人,其在扬州创办的华严大学以及江都佛教传习所为近代江苏佛教的发展培育了大量的优秀僧才。

而其在扬州长生寺精进的弘扬华严义学更是使得华严义学得以在江北地区流传开布。他主持创办的《佛光学报》更是开近代华严学僧借助新式媒体传播华严义学之先河。法师出入贤台义海,以华严圆融之旨摄天台法义,扬贤台汇通之波澜,对近代华严义学的发展做出了重要的贡献。

① 可端:一念三千心要论,佛光月刊,1923(3)//黄夏年主编.民国佛教期刊文献集成:12.北京:全国图书文献缩微复制中心,2006:267。

# 春华摇落君独秀

## ——王维《鸟鸣涧》之"桂花说"再论

汪芝颖　　房瑞丽①

（中国计量大学人文社科学院）

**摘　要**：王维的《鸟鸣涧》是一首富含韵味的小诗,其中尤以"桂花"这一意象最是值得推敲,亦饱受争议。有推崇"月光说"的,有赞颂"虚花说"的,本文认为"春桂说"更符合诗旨。前两种学说的提出都是基于"鸟鸣涧不存在春桂"这一判定,可是古代的气候、地理环境与今天是有差异的,而诸多事例表明唐代的"鸟鸣涧"所在地确是有春桂生长的。

**关 键 词**：王维　鸟鸣涧　桂花

> 人闲桂花落,夜静春山空。
>
> 月出惊山鸟,时鸣春涧中。

王维的这首《鸟鸣涧》以其悠远清淡、恬静闲适、禅趣相生等诸多意蕴,千百年来一直为人们所传诵,可谓是山水诗中的上乘之作。短短二十字的一首小诗却为我们展现了一幅极其灵动的春山月夜图,万籁俱寂的夜幕下,诗人闲来无事,骋兴出游,信步山林,柔和的夜色在寂静的春山中越发地清幽起来,周遭阒然

① 作者简介：汪芝颖(1993—　　),女,浙江永嘉人,中国计量大学汉语言文学专业12级本科生。

　房瑞丽(1978—　　),女,河南夏邑人,文学博士,中国计量大学人文社科学院副教授。

无声,唯有这桂花落地的声音显得分外空寂。这时,一轮明月破云而出,疏朗皎洁的月光柔柔地洒向夜幕下的深山,而在林间休憩的山鸟亦被这骤然的光亮惊醒,间歇地发出一声声鸣叫,在溪水潺潺的山涧中听起来格外地清晰。

　　无疑这首小诗的语意是浅显易懂的,因而历代学者对其字词的笺注并不多,但诗中所展现的意境却一直为人们所称道。静谧和谐的夜幕下,月色静而不寂,春山空而不虚,落花、月出、鸟鸣,一个个生动活泼的意象,构成了寂静空阔的春夜中最灵动的画面,动静相宜,虚实相生,很好地传达了佛家"空而不虚,静中有动"的禅理。刹那永恒,变幻无常,生生不息。万物在虚空中变幻又一任自然,诗人在自然静寂中体悟人生、放逐自我、无所忧虑,心中一片澄澈自若,不为外物所干扰。无怪乎人们读到这首诗有"身世两忘,万念皆寂"之感。

　　最简单的几个文字却勾勒出一幅深寓禅趣的画面,也难怪历代文人总喜欢赏玩这首小诗。可一首小诗研读的多了,难免会生出多种感受、多种理解,于是就是这样的一首小诗在当代却引发了无数的争议,而其最大的争议处就在于"桂花"一词。《鸟鸣涧》一诗从题目来看,应是意欲写山涧鸟鸣的,但其最出彩的意象却是"桂花"。就桂花本身而言,它带给人们的是视觉与嗅觉的双重体验,一簇簇裹挟着阵阵馥雅气息的淡黄色花朵静静地开在闲寂的夜色中,而又该是在怎样的一种寂静的氛围下,能让诗人闻得这"桂花落",从而为这柔和静谧的夜色再添入一种听觉的享受?而这细微难闻的落花声又与下文清脆破空的鸟鸣声形成了鲜明的照应,更加衬托出这极静的春山。

　　不过,这月夜下的桂花总是分外惹人联想,"月中有桂"的传说古已有之,历代文人以"桂"代"月"的诗文也有不少,再加上一般人的常识是"八月桂花遍地开",而诗中的时间是春天。此外,这首小诗又明显具有禅意,我们亦可以用虚实相生的观物方式来体察这首诗的意境,因而关于这首诗中"桂花"究竟为何物?当代学者产生了诸多的论争。主张"月光说"的学者认为,"桂花"虚指月光,并非实指桂花,因为桂花是在秋天而不在春天开放的,而历代诗作中又有"桂花"指代"月光"的习惯。还有相当一部分学者根据诗中所体现的时间(春天)以及一种禅宗虚实观物方式认为,诗中的"桂花"并非桂树之花,主张"虚花说"。但从相关文献资料中有关桂花的描写以及王维的实际创作来看,此"桂花"应实指一种春桂。笔者认为"春桂说"更符合诗旨。

## 一、"桂宫袅袅落桂枝"之月光说

朱东润先生主编的《中国历代文学作品选》认为"古代神话说月中有桂,所以桂往往成为月的代称,如月魄称桂魄"。① 自汉晋以来,也有很多诗句中的"桂"指代"月光"的。例如:

> 乐府诗《东飞伯劳歌》:"南窗北牖桂月光,罗帷绮帐脂粉香。"
> 庾信《舟中望月》:"天汉看珠蚌,星桥视桂花。"
> 张九龄《感遇》其一:"兰叶春葳蕤,桂华秋皎洁。"
> 李贺《有所思》:"自从孤馆深锁窗,桂花几度圆还缺。"

另外,郭锡良先生在《〈鸟鸣涧〉的"桂花"》一文中还考证:"'花'字原本写作'华'。因而'桂花'应写作'桂华',而'桂华'指代的是'月华',就是月光的意思。"②

这些说法看似十分合理,有理有据,但仔细推敲,"月光说"并不能成立。

首先,这种说法是不符合诗学逻辑与生活逻辑的,如果"桂花"即"桂华",指代"月光",那么"桂花落"即"月华落",就是月光照亮了大地的意思。既然"月华"已"落",第三句"月出"又是何来? 这样第一句与第三句在语意上就有明显的重复矛盾之嫌。

其次,对于具体词句句义也是难以落实的。蔡义江先生在《新解难圆其说——也谈〈鸟鸣涧〉中的桂花》一文中论证:"在古人的意识中,光与落的概念是

---

① 朱东润:《中国历代文学作品选》(中编第一册),上海:上海古籍出版社,2002 年,第 42 页。
② 郭锡良:《〈鸟鸣涧〉的"桂花"》,《文史知识》,2002(4):25—29。

联系不起来的。"①因此如果说"桂花落"就是"月华落",即"月光落"的意思,这显然是不符合古人的思维方式的。

所以,"月光说"并不能成立。

## 二、"独有南山桂花发"之虚花说

许多学者虽然承认诗中"桂花"非指月光,但很多人根据诗中所体现的时间(春天)以及一种禅宗虚实观物方式,认为诗中的"桂花"并非桂树之花,主张"虚花说",这种观点主要是从王维的创作风格推导衍生而来。

我们知道王维不仅是位优秀的诗人,更是一位杰出的画家,其作品往往"诗中有画,画中有诗",诗画一体,浑然天成。就其画作而言,追求的艺术标准更多的是一种"神似",据北宋著名学者沈括《梦溪笔谈》卷十七《书画》中,记云:"如彦远《画评》言王维画物,多不问四时,如画花往往以桃、杏、芙蓉、莲花同画一景。予家所藏摩诘画《袁安卧雪图》,有雪中芭蕉,此乃得心应手,意到便成,故造理入神,迥得天意,此难可与俗人论也。"②桃、杏、芙蓉、莲花,四时之物,大雪、芭蕉分为北地寒景、南方热带植物,可作者在作画时,却并不局限于时空地域的限制,往往信手拈来,随性而为,虽是不合时宜,却并不给人以突兀之感,还要暗赞一份心思巧妙。

艺术的真实并不等同于生活的真实。在文艺创作中,一些生活中不可能同时出现的事物,是可以通过想象联系在一起的。因此有些学者就认为《鸟鸣涧》中的"桂花"与《袁安卧雪图》里的"雪中芭蕉"一样,均为虚景,因为在大多数人的认知中桂花是秋天开放的,而诗中的季节明显是春天,而王维在此诗中运用"桂花"这一意象是一种虚写手法,意在点染环境,营造氛围,表达情感,由此还引申出一种"隐逸之说"。

---

① 蔡义江:《新解难圆其说——也谈〈鸟鸣涧〉中的桂花》,《文史知识》,2002(7):45—51。
② (宋)沈括:《梦溪笔谈 插图本》,沈阳:万卷出版公司,2008年,第206页。

有的学者追溯到《楚辞·招隐士》："桂树丛生兮山之幽,偃蹇连蜷兮枝相缭。"诗中用繁茂丛生的桂树来摹写隐逸居所的幽深静谧,而后来的很多诗人作品中也有用桂树、桂花来彰显自己隐逸志趣的。例如:

> 誓息兰台策,将从桂树游。(陈子昂《入峭峡安居溪伐木溪源幽邃林岭相映有奇致焉》)
>
> 去去陵阳东,行行芳桂丛。(李白《送温处士归黄山白鹅峰旧居》)
>
> 露裛思藤架,烟霏想桂丛。(杜甫《遣闷奉呈严公二十韵》)
>
> 寂寂寥寥扬子居,年年岁岁一床书。独有南山桂花发,飞来飞去袭人裾。(卢照邻《长安古意》)

这些观点看似十分令人信服,但细究之下,难免有以偏概全之嫌。

先来说说王维的这幅《袁安卧雪图》,这本就是一幅争议之作,历代文人对其赞扬的有许多,但批评的亦不少。朱熹就提出过"王维是在雪里误画了芭蕉"[1]的说法,而后的学者如谢肇淛、康有为、钱锺书等在其著述中均持这种观点。那么,如果说这样的画作只是一种"事谬",我们又如何能推及到其诗作上? 更何况一个人的艺术风格或许会因其一贯的思维而不可避免地都带有相似的个人气质,但写诗和作画本就是两种艺术形式,作画风格并不能等同于作诗风格,所以其画风是难以挪用到诗风上的。

另外,虽然王维信佛,其作品中常常流露出一种禅宗虚实思想,但这种禅宗观物方式往往意在营造一种空灵澄澈、悠然恬静的哲学境界,"并未发生为了追求'神似'而违背自然'物理'的情况,其诗作还是遵循客观真理的。"[2]我们知道《鸟鸣涧》是《皇甫岳云溪杂题五首》中的第一首,其余四首分别是:

> 《莲花坞》:"日日采莲去,洲长多暮归。弄篙莫溅水,畏湿红莲衣。"

---

① (宋)黎靖德编,王星贤点校:《朱子语类》,卷一三八,北京:中华书局,1986年,第3287页。

② 徐礼节、余文英:《王维〈鸟鸣涧〉'桂花'义辨释》,《安徽农业大学学报》,2004(11):128—129。

《鸬鹚堰》:"乍向红莲没,复出清蒲飏。独立何褵褷,衔鱼古查上。"
《上平田》:"朝耕上平田,暮耕上平田。借问问津者,宁知沮溺贤。"
《萍池》:"春池深且广,会待轻舟回。靡靡绿萍合,垂杨扫复开。"

细细品读,不难发现,这五首每一首写一处风景,即一景一诗,一诗一景。除有争议的"桂花"外,其余均为实景实写,并未发生"虚景实写"之事,为何独独"桂花"要如此?

此外,王维诗集中共三处写到"桂花",其他两处为:

"山中有桂花,莫待花如霰"(《崔九弟欲往南山马上口号与别》)
"幸与丛桂花,窗前向秋月"(《山茱萸》)

这两处都是实写秋桂。因此,此诗中的"桂花"并没有必要虚写。
所以,"虚花说"亦不能成立。

## 三、"春华摇落君独秀"之春桂说

无论是主张"月光说",还是"虚花说"的学者都是因为诗中体现的时间是春天,而桂花应该是在秋天开放的,所以第一时间判定此"桂花"不是实写。其实,古代是有春桂这一品种存在的。秋桂与四季桂的划分方式是就现在的桂花而言的。古时气候、地理环境与今天不尽相同,则桂花的花期自然也不同。

据明·李时珍《本草纲目·木部》载:"菌桂丛生岩岭间,谓之岩桂俗呼木犀……有秋花者,春花者,四季花者,逐月花者",其中"春花者"即春天开放的桂花。

古书中也有不少关于春天或四季开花的桂树的记载:

"桂花,三月开,黄而不白。大庾诗皆称桂花耐日,及张曲江诗'桂华秋

皎洁',妄矣。"(唐·段成式《酉阳杂俎》)

"桂,木也,数品……有一种四季著花,亦有每月一开者,亦有春而著花者,香皆不减于秋。"(明·王圻、王思义《三才图会·草木(第十二卷)》)

除去上述著述中的有关春桂或四季桂的记载,在唐代诗歌中也有描写春桂的诗歌:

问春桂:桃李正芬华,年光随处满,何事独无花。

春桂答:春华讵能久,风霜摇落时,独秀君知不。(唐·王绩《春桂问答二首》)

无突抱轻岚,有烟映初旭。盈锅玉泉沸,满甑云芽熟。

奇香袭春桂,嫩色凌秋菊。炀者若吾徒,年年看不足。(唐·陆龟蒙《奉和袭美茶具十咏·茶灶》)

因此,我们可以断定唐代是存在"春桂"的,那么现在的问题是王维创作此首诗的地点适宜"春桂"生长吗? 这里我们就要先讨论一下《鸟鸣涧》的创作地点究竟是在何处? 关于这一问题,历来学者主要有两大争议:一是认为"鸟鸣涧"在陕西蓝田,一是在浙江绍兴若耶溪。

认为"鸟鸣涧"在陕西蓝田很好推测,因为王维晚年就隐居在蓝田辋川别墅中,而这首诗的意境又和《辋川集二十首·辛夷坞》的十分接近,所以历来学者都认为鸟鸣涧在蓝田,那么我们就要先来探究蓝田有没有"春桂"?

唐代诗人李德裕有首《春暮思平泉杂咏二十首·山桂(此花紫色,英藻繁缛)》:

吾爱山中树,繁英满目鲜。临风飘碎锦,映日乱非烟。

影入春潭底,香凝月榭前。岂知幽独客,赖此当朱弦。

"春暮"点明季节,"平泉"在今河南洛阳,那里有"德裕别墅",所以诗人写的是春季洛阳附近的桂花。而洛阳与蓝田相去不远,地理气候环境也相差不大,因此在蓝田也很可能长有春桂。

又如中晚唐诗人于武陵的《友人南游不回因而有寄》:

> 相思春树绿,千里亦依依。鄠杜月频满,潇湘人未归。
> 桂花风半落,烟草蝶双飞。一别无消息,水南车迹稀。

"春树绿"道出季节,"鄠"在今陕西户县北,"杜"在今西安东南,鄠杜之地就在今陕西蓝田附近,所以蓝田应是有春桂生长的。

而关于"鸟鸣涧"在浙江绍兴若耶溪这一说法,已有不少学者探究过,论据主要有三:

首先,王维曾到过浙江,游历过若耶溪。据宋代文人邓牧所著的《伯牙琴·自陶山游云门(续补)》记载:"涉溪水,有亭榜曰'云门山'。山为唐僧灵一、灵澈居。萧翼、崔灏、王维、孟浩然、李白、孟郊来游,悉有题句。"[1]云门山在今浙江绍兴城南,山下的水就是若耶溪。

其次,《鸟鸣涧》是组诗《皇甫岳云溪杂题五首》之一,而"云溪"即为"若耶溪",这组诗是写给住在若耶溪边的皇甫岳的。至于为何题为"云溪",而不言"若耶溪"? 主要是因为王维的一个好朋友——徐浩,字季海,越中人。据《嘉泰会稽志》载:"唐徐季海尝游溪,因叹曰:曾子不居胜母之间,吾岂游若耶之溪? 遂改为五云溪。"[2]徐浩因"若耶"(即"若爷")这一地名有悖于儒家伦常之礼("若爷""胜母"都是对长辈不敬),故改"若耶溪"为"五云溪",而"五云溪"又简称为"云溪"。

再次,从诗句本身的意境考量。三四句"月出惊山鸟,时鸣深涧中"明显化用

---

① (宋)邓牧著:《江山宜人评注.伯牙琴》,合肥:安徽文艺出版社,2011:116。

② (宋)施宿等撰:《(宋)张淏撰.嘉泰会稽志(附《宝庆续会稽志》)》,台北:台湾商务印书馆,中华民国75年(1986)(嘉泰会稽志卷第十)。

六朝诗人王籍《入若耶溪》中名句："蝉噪林逾静,鸟鸣山更幽"。当然王维并没有简单地套用王籍的诗句,只是意境上的借鉴,但不管如何,这二者之间的启发承传关系是极为明显的。

因此,有不少学者认定"鸟鸣涧"的所在地是若耶溪,而地点如果是在若耶溪,那肯定是有"春桂"存在的,据《宝庆续会稽志》记载:"四季桂有植于剡之雪馆者,城圃亦有之。"①

四季桂这种植物虽然春天也会开放,但花开并不多,而且香气极淡,也只有在闲淡细致的清静氛围下才能感受得到,不过这似乎更符合《鸟鸣涧》那清幽闲淡的意境。因而,无论王维的诗作于何地,他创作时应该都是有见到"春桂"开放的。

因此,笔者认为"春桂说"是成立的。

一花一世界,一叶一菩提。王维的这首《鸟鸣涧》看似浅显晓畅,实则精巧蕴藉。于悠远闲淡的景物之中,寄托了深蕴无穷的意味。清代著名学者王士禛更是赞王维这类的山水诗"妙谛微言,与世尊拈花,迦叶微笑,等无差别"。② 无怪乎,会有那么多研究王维诗集的学者对这首小诗青睐有加了。

---

① (宋)施宿等撰,(宋)张淏撰:《嘉泰会稽志(附〈宝庆续会稽志〉)》,台北:台湾商务印书馆,中华民国75年(1986)(宝庆续会稽志卷第四)。

② (清)王士禛著,戴鸿森校点:《带经堂诗话》(卷三),北京:人民文学出版社,1963:83。

# 密教佛顶部
## ——一个独立于胎藏部、金刚部、苏悉地部之外的密法体系

张文卓①

（浙江工业大学马克思主义学院）

**摘　要：** 佛顶部是持明密教最为典型的一个密法体系，形成于公元 4 世纪前后，5世纪后广为流传。佛顶部密法自成体系，独具特色，是独立于通常所说三部（胎藏部、金刚部、苏悉地部）之外的密法系统，这可以从名称、经轨、弘扬、信仰等几个方面得到说明。其继承发展了早期陀罗尼密教，形成较为完整的密法体系，对后来胎藏部和金刚部密法的形成产生重要影响。

**关 键 词：** 佛顶部　佛顶教　佛顶法　经轨　信仰

　　密教佛顶部是通常所称三部秘法——胎藏界、金刚界、苏悉地密法之外的另一个重要密法系统，形成于公元 4 世纪前后，5 世纪后则非常兴盛。"佛顶部"涵盖经典体系、神祇体系、密法体系、信仰体系。佛顶部作为一个自成体系、独具特色的密法体系，可以从四个方面得到论证：首先，佛顶部名称与内涵有充分的经典依据；其次，有一类数量众多的以佛顶部神祇为核心的经轨；第三，有着力弘扬佛顶法的密教僧侣，以菩提流志和不空为代表；第四，佛顶部信仰流传甚广，影响极大，其中以尊胜佛顶、白伞盖佛顶、佛顶轮王等最为典型。本文拟就此问题略述浅见，求教于方家。

---

① 作者简介：张文卓（1986—　），男，甘肃秦安人，浙江工业大学马克思主义学院讲师，博士，研究方向为佛教。

## 一、佛顶部名称

一个概念的确立和被广泛使用，标志着某种思想的形成与确立。从经典来看，指称佛顶部密法的概念主要有佛顶法、佛顶教、佛顶真言教、佛顶部等，不同称谓所指各有侧重，但均指向佛顶部密法。

### (一) 佛顶法

佛顶法的称谓出现在多部佛顶部经轨中，被广泛使用。佛顶法，即佛顶部密法的简称，是指围绕佛顶部神祇形成的密法体系。

《陀罗尼集经》中明确出现佛顶法的名称，且密法体系已初具规模，形成了包括曼荼罗法、画像法、供养法、护摩法等在内的密法内容。《陀罗尼集经·释迦佛顶三昧陀罗尼品》说："时佛世尊为诸会众说佛顶法，广此法是十方三世一切诸佛所说，我今亦复广为一切说如是法"①，同品卷末说"佛顶法竟，从此以下明诸佛法"②。《释迦佛顶三昧陀罗尼品》是《陀罗尼集经》的第一品，从品名可知该品主要讲释迦佛顶法，而且开篇即说佛顶法，也可知佛顶法在《陀罗尼集经》中的重要性，亦可知佛顶法在《陀罗尼集经》中已经初步形成。

"佛顶法"也出现在失译的《大佛顶广聚陀罗尼经》中，第一品即标注"总摄一切佛顶法"，《菩提场所说一字顶轮王经》亦说"于此胜悉地，成就佛顶法"③，《大陀罗尼末法中一字心咒经》说："若欲作佛顶法者，用金或银或铜或镴，如一手掌大，如佛顶，依如上法诵咒，顶出火光即得腾空，与一切众生说法寿命一大劫。"④可以看出，佛顶法称谓的出现并非偶然，多部佛顶部经典都自觉地以佛顶法自我定位、自我宣扬。

---

① (唐)阿地瞿多译：《佛说陀罗尼集经》(卷1)，《中华藏》第20册，第2页上。
② (唐)阿地瞿多译：《佛说陀罗尼集经》(卷1)，《中华藏》第20册，第15页中。
③ (唐)不空译：《菩提场所说一字顶轮王经》(卷3)，《中华藏》第65册，第503页上。
④ (唐)宝思惟译：《大陀罗尼末法中一字心咒经》，《中华藏》第23册，第396页上中。

"佛顶法"之称谓并非仅限于宣扬佛顶密法僧人的自我认同,同时也得到密教其他经典和流派的认同,如《苏悉地羯罗经》卷二说:"若欲成就佛顶法者,以金作佛顶犹如画印,安置幢台,茎用颇知迦"。① 可见持明密教晚期的苏悉地密法经典中已经认同并吸收了佛顶法。

### (二) 佛顶教

在一些经轨中佛顶法被称为佛顶教、佛顶真言教、佛顶轮王教法等。所谓"教",表明具有独立的教义教学体系,如瑜伽教、真言教。

《菩提场所说一字顶轮王经》说:"金刚手,此一切办事真言,于佛顶教中此是一切佛顶心,于一切事业处当用,修行者以此应护身。"② 同经卷五亦说:"於此佛顶教,佛作如是说。"③ 另外,《一字奇特佛顶经》载"如是,此大印无能胜大忿怒于佛顶教修行者"云云。④ 可见,佛顶教的说法是佛顶类经典比较统一的说法,尤其在后期不空所译佛顶部经中表现得更为明显。

相比于佛顶法,佛顶教的称呼对内强化自我认同,对外明确宣扬独特的密法体系。古人讲,名正则言顺,佛顶类密法将其从佛顶法改为佛顶教,可以说也是正名的需要。所谓教者,教法意,表示一种特定的"教学"体系的确立,也即佛顶法的固定化、体系化、仪轨化。

佛顶真言、佛顶真言教也频见于佛顶部经轨。如《菩提场所说一字顶轮王经》说:"一切有情修佛顶真言者,除一切苦恼,令我真言族成就故,观自在等大菩萨真言行光显故,一切如来说印曼荼罗法要成就故,无量如来所说真言印曼荼罗难成就者令易成故,理趣法句法要,唯愿如来应正等觉说。"⑤ 此中"一切有情修佛顶真言者",也表明佛顶真言作为一种真言教法,有特定的信仰群体。真言,梵文 mantra,是持明密教逐渐兴起并取代明咒(vidya)的一股思潮,最后在《大日

---

① (唐)输波迦罗译:《苏悉地羯罗经》(卷中),《中华藏》第 23 册,第 622 页下。
② (唐)不空译:《菩提场所说一字顶轮王经》(卷 3),《中华藏》第 65 册,第 506 页下。
③ (唐)不空译:《菩提场所说一字顶轮王经》(卷 5),《中华藏》第 65 册,第 522 页中。
④ (唐)不空译:《一字奇特佛顶经》(卷下),《中华藏》第 65 册,第 363 页上。
⑤ (唐)不空译:《菩提场所说一字顶轮王经》(卷 1),《中华藏》第 65 册,第 481 页下。

经》体系中确立下来,真言教成了密教的代名词。

可以看出,真言教的说法在佛顶法中已经广泛使用,这也是真言教的先导,下面这段文字也说明了佛顶法与真言教的直接关系。《菩提场所说一字顶轮王经》载:"世尊,云何修佛顶真言行者住清净轨则、作本尊观行? 唯愿世尊说以一支速疾成就佛顶等悉地。佛言:是故持金刚谛听众生利益故,小众生缓慢精进者差别而说。一切真言教中,三时住清净轨则,不放逸,常住观佛三摩地,不应以散动心观,不以贪染扰乱其心,应一心观佛,常以慈三摩地遍缘十方一切有情。三时澡浴,洗濯手足,依法澡洒,勇健智慧者,不应放逸,损害生命。"①《一字奇特佛顶经》亦载:"唯愿世尊演说佛顶真言教。佛告执金刚:持明者先当受三归,发菩提心,清净澡浴,大悲愍念一切有情,于寂静处应结契印,亲承禀而受。若异此结者,诸魅及毗那夜迦而作障难,死堕地狱。不灌顶者、不发菩提心者,彼人前不应结此等印,先应结三部心印。"②这里明确说"佛顶真言教",然后论述了修佛顶真言教的仪轨,强调发菩提心、灌顶等。

不空本人主要传持瑜伽密教,兼弘持明密教,尤其持明密教中的佛顶法。在其所译的佛顶类经典中明确出现"佛顶真言教",尤其以《菩提场所说一字顶轮王经》和《一字奇特佛顶经》为典型。这两部经典都属于晚出的佛顶类经典,其中"佛顶真言教"的说法较之早期的《陀罗尼集经》中"佛顶法"内涵更加确定,从法到教,本身即说明佛顶法体系的逐步完善。而且真言是持明密教晚期密法的特征,胎藏界密法兴起后以真言为特色,称之为真言乘,后来甚至以真言乘指代密教。所以可知,佛顶法中真言的地位已经逐步凸显。

佛顶轮王是佛顶部重要神祇,在晚期佛顶法中尤其活跃,也因此在佛顶轮王

---

① (唐)不空译:《菩提场所说一字顶轮王经》(卷2),《中华藏》第65册,第494页下、495页上。《一字奇特佛顶经》卷下亦说:"修轮王佛顶真言成就者,若食汝不应执过,不应恼害,不应夺悉地,不应令心散动。以我教令修佛顶真言者,不应起恶心。汝等见彼修行者应起慈心,勿令汝等移动本处。若违我语于彼起异心者,不得住于阿咤迦嚩底王宫、金刚手秘密主宫。违越我教令,我当损罚,及余所有天龙、药叉、干闼婆、阿修罗、迦楼罗、紧那罗、摩睺罗伽一切饿鬼毗舍遮起尸作障毗那夜迦羯咤布单那孳吉尼等,不应于修轮王佛顶真言者起恶心,令心散动,及彼等营从若作障难,我以金刚杵碎彼顶,我语诚实。"(唐)不空译:《一字奇特佛顶经》卷下,《中华藏》第65册,第361页下、362页上。

② (唐)不空译:《一字奇特佛顶经》(卷上),《中华藏》第65册,第336页中下。

经典中出现"佛顶轮王教"的说法。《一字佛顶轮王经》卷二说："尔时释迦牟尼如来复告金刚密迹主菩萨言：此一字顶轮王咒成就行法诸佛共说，为得利益一切有情成斯佛顶轮王教法。"①

从"法"到"教"，名称的变化也反映出佛顶部密法体系的逐步形成。

### （三）佛顶部

佛顶部这一名称出现较晚，而且往往是外部指称佛顶法这一密法体系时常用的概念。佛顶部一般包括佛顶法的密法体系、经典体系、信仰体系在内。

《金刚峰楼阁一切瑜伽瑜祇经》卷一说："若佛顶部及诸如来部、莲花部、金刚部、羯磨部等，皆能持罚彼等真言，令速成就。"②这里佛顶部与如来部、莲华部、金刚部、羯磨部并列，主要是从神祇和密法角度而言的，同于胎藏界的三部说和金刚界的五部说。《菩提场所说一字顶轮王经》卷四说："金刚手，此一切如来族真实大印结印相法，利益佛顶部有情，我今释迦牟尼宣说。"③《大唐故大德赠司空大辨正广智不空三藏行状》载："我（金刚智）之法藏尽将付汝，次于他晨为与传授五部之法，灌顶护摩、阿阇梨教、《大日经》、悉地仪轨、诸佛顶部，众真言行一一传持，皆尽其妙。"④这里说金刚智传授给不空五部密法，其中就包括"诸佛顶部"，可见佛顶部确是区别于金刚界、胎藏界、苏悉地的密法体系。

佛顶部的提法在唐代佛教中得到广泛认同。《开元释教录》的作者智升也提到佛顶部的说法，如《开元释教录》卷十四："《佛顶咒经并功能》一卷，周宇文氏天竺三藏阇那耶舍等译。右一经《大周录》中编为重译，云与《佛顶尊胜经》同本。今以佛顶部中咒法极广，未睹其经，不可悬配，故为单本。"⑤智升本人也说"佛顶部"，并说佛顶部中咒法极广。

佛顶部的提法延续至清代。《法界圣凡水陆大斋法轮宝忏》卷九说："今此壬

---

① （唐）菩提流志译：《一字佛顶轮王经》（卷2），《中华藏》第23册，第424页下。
② （唐）金刚智译：《金刚峰楼阁一切瑜伽瑜祇经》（卷上），《中华藏》第68册，第399页中下。
③ （唐）不空译：《菩提场所说一字顶轮王经》（卷4），《中华藏》第65册，第514页下。
④ （唐）赵迁撰：《大唐故大德赠司空大辨正广智不空三藏行状》卷1，《大正藏》第50卷，第292页下。
⑤ （唐）智升撰：《开元释教录》（卷14），《中华藏》第55册，第315页下。

字集更分五部,一佛部,二金刚部,三莲华部,四宝部,五羯磨部。佛部亦名灌顶部,莲华部亦名法部,金刚部亦名僧部,佛部中又分出佛顶部,佛部前或又开瑜伽部,莲华部中或又分观音部文殊部。五部应五方,一方全具五也。"①

佛顶部这一概念也得到日本僧人的认同和使用。如在《诸阿阇梨真言密教部类总录》卷上中,安然将密法内容分为 20 个部类,其中第六即是"诸佛顶部",其中又具体包括"五佛顶法""大佛顶法""金轮佛顶法""一字佛顶法""尊胜佛顶""白伞盖佛顶"。可以看出,后期密教对佛顶部的归纳非常详细,涵盖了佛顶部的所有神祇、密法体系,这是符合密教佛顶法发展历史的。

考诸佛顶法的演变历程,同时根据现代学术规范,笔者认为用"佛顶部"这一名称来涵盖这一类经典体系、神祇体系、密法体系、信仰体系,是客观准确的。

## 二、佛顶部经轨

经典是思想的依据,没有经典,思想则难以表现,更难以流传。佛顶法之所以广为流传、影响极大,正是以众多的佛顶部典籍为依托。佛顶部经典在印度、西域形成后,迅速向外传播,绝大多数经典被译成汉文,在中原地区流传开来。又逐渐波及周边地区,相关经典被转译成其他语言文字,如西夏文、蒙古文、藏文等,影响弥大。又经由日本求法僧,传至日本,在日本佛教界产生影响,甚至出现日本僧人的撰述文献。佛顶部密教正是伴随经典的不断涌现而产生、形成、完善。

### (一) 从经录看佛顶部经轨的逐步体系化

佛经目录是佛教知识僧侣在整理、保存佛教经典的长期过程中,逐渐形成的一种佛教经典编排体例,即依据一定的原则对浩如烟海的佛教典籍进行分类编目,以便于保存,也便于阅读研究。

《开元释教录》首先分为"总括群经录""别分乘藏录""入藏录",其中"别分乘

---

① (清)咫观记:《法界圣凡水陆大斋法轮宝忏》(卷 9),《卍续藏》第 74 卷,第 1006 页上。

藏录"根据译本保存情况又分为"有译有本录""有译无本录"等,可以看出其分类基本上是根据译本保留情况编排的,并没有单列密教经轨的考虑。

《大藏圣教法宝标目》根据佛教经典性质的不同,首先分为"大乘经律论"和"小乘经律论",在"大乘经"里面又分为"般若部""宝积部""大集部""华严部""涅槃部"及"其他",并没有单列出"密教部",密教经轨分列在"小乘经律论"中的"贞元译经"和"宋代新译经"中,密教经轨相对集中起来。

《阅藏知津》基本继承了《大藏圣教法宝标目》的分类标准,"大乘经藏"中分为"华严部""方等部""般若部""法华部""涅槃部",其中在"方等部"又细分为十四个部分,从"方等部第二之十(已下密部)"到"方等部第二之十四"所列皆为密教经轨。密教经轨属于方等部,虽然没有出现密教部,但是可以看出密教经轨相对独立出来。

安然所集《诸阿阇黎真言密教部类总录》对密教经轨做了更加细致的分类,其中专列佛顶部经轨,题为"诸佛顶部",又一进步细分为"五佛顶法""大佛顶法""金轮佛顶法""一字佛顶法""尊胜佛顶""白伞盖佛顶法"六个部分。该目录首次单列佛顶部经轨并进一步详细分类,其目录反映出佛顶部经轨的大致面貌,其中所列多部经轨如今仅存经名,内容已很难知晓,详细情况还有待进一步研究,但无论如何经目的留存为我们研究佛顶部经典体系提供了重要参考。

《大正藏》对佛教经典体系进行了重新划分,分为"阿含部类""本缘部类"……"密教部类"等 20 个部类,以此统摄所有佛教典籍。其中"密教部类"分为"密教部""密教疏""密宗",在"密教部"中又细分出 10 个分支,其中包括"诸佛顶仪轨",下列佛顶部所属密教经轨 49 部。这一分类方法继承了安然所集《诸阿阇黎真言密教部类总录》的内容。密教经轨受到重视,收录文献丰富,而且佛顶部经轨单列,体系更加明晰。

吕澂在《汉文大藏经目录》中将佛教经典分为五类:"一、经藏,二、律藏,三、论藏,四、密藏,五、撰述。"①其中对密藏又"别为金刚顶、胎藏、苏悉地、杂咒四

---

① 吕澂:《新编汉文大藏经目录说明》,《吕澂佛学论著选集》(卷三),济南:齐鲁书社,1991 年版,第 1638 页。

部"①,其中杂咒部又分为"诸佛、佛顶、诸经、菩萨、观音、文殊、明王、诸天、陀罗尼等顺序编次"②。对密藏的分类与《大正藏》相似,但是收录经目远比《大正藏》少,因为他认为:"日本流传之经轨,不见载于经录者甚多,大都属于撰述而伪托翻译,今只选录数种,余悉从删。③"

可见,在早期经录中,别说佛顶部经轨,即就是密教经轨也并没有单列,但随着密教的发展,后来的经录中不仅逐渐将密教经轨单列,甚至佛顶部经轨也单独列出。从佛经目录的变化也可以看出佛顶部密法的演变。

### (二) 佛顶部经轨举要

汉译佛顶部经轨以北周保定四年(564)阇那耶舍译出的《佛顶咒经并功能》为最早。唐永徽四年(653)由阿地瞿多译出的《陀罗尼集经》中重点论述了佛顶法的相关内容,明确出现"释迦佛顶佛",首次论述释迦佛顶佛的造像特征,也出现了一系列佛顶佛,包括阿弥陀佛顶、阿閦佛顶等,也论述了佛顶咒法、坛法、曼荼罗法、供养法,等等。佛顶法在汉传佛教中发生实际影响,始于《陀罗尼集经》,但是明显可以看出,此时的佛顶法尚处于早期阶段,并未形成体系。

唐景龙三年(709)菩提流志译出《一字佛顶轮王经》五卷,这是佛顶部的一部非常重要的经轨,属于佛顶部神祇中的佛顶轮王类,系统论述佛顶轮王法,建立了佛顶轮王法的理论与实践体系。后来不空重译了《一字佛顶轮王经》,题为《菩提场所说一字顶轮王经》五卷,内容与菩提流志所译基本一致。不空又译出佛顶部另一重要经轨——《一字奇特佛顶经》三卷,也是属于佛顶部佛顶轮王法的内容,重点是一字佛顶轮王。还有多部佛顶部经轨的念诵仪轨,如不空译《一字顶轮王念诵仪轨》一卷、《一字顶轮王瑜伽观行仪轨》一卷、《金刚顶经一字顶轮王瑜伽一切时处念诵成佛仪轨》一卷。《尊胜佛顶陀罗尼经》是佛顶部经轨中的另一部重要经典,先后多次翻译,并形成相关念诵修法仪轨。又,据日本僧人安然所

---

① 吕澂:《新编汉文大藏经目录说明》,《吕澂佛学论著选集》(卷三),济南:齐鲁书社,1991年,第1639页。
② 吕澂:《新编汉文大藏经目录说明》,《吕澂佛学论著选集》(卷三),济南:齐鲁书社,1991年,第1639页。
③ 吕澂:《新编汉文大藏经目录说明》,《吕澂佛学论著选集》(卷三),济南:齐鲁书社,1991年,第1639页。

集《诸阿阇梨真言密教部类总录》记载，还有诸多梵字、梵汉两字佛顶部经轨。另外，藏译佛教经轨中也有不少佛顶部经轨，敦煌文献中亦有不少抄本，还有西夏文、回鹘文、蒙古文等多种语言文字的相关佛顶部文献。

可以看出，佛顶部经轨数量众多，内容丰富，这是佛顶部密法形成的基础。

### 三、弘扬佛顶法的僧侣

"人能弘道，非道弘人"，任何佛教思想的传播必然依靠翻译、疏释、弘扬的僧侣，佛顶部密法的流传也不例外。

密教经轨相继形成，作为新兴的佛教思潮，自然引起僧俗关注，开始翻译弘扬。就汉译佛顶部经轨而言，最早传译佛顶部密法的是阇那耶舍、耶舍崛多及舍那崛多师徒三人，译出《佛顶咒经并功能》。

系统传译佛顶法的当推阿地瞿多，其撮要而译的《陀罗尼集经》中佛顶法占重要地位，前文亦有论及，此不赘述。除了翻译佛顶部经轨之外，阿地瞿多本人也多次开坛传法，其中就有佛顶部密法。《陀罗尼集经翻译序》说："但法师（阿地瞿多）含珠未吐，人莫别于怀，雅辩既宣，方知有宝（云云），故能决众疑言，皆当理。然则经律论业传者非一，唯此法门未兴斯土，所以丁宁三请，方许坛法。三月上旬赴慧日寺浮图院内，法师自作普集会坛，大乘琼等一十六人，爰及英公鄂公等一十二人助成坛供。"①其中说到阿地瞿多亲自开坛传法，建普集会坛，而普集会坛则是佛顶法的重要内容。据此可知，阿地瞿多不仅译介佛顶部经轨，而且也践行、弘扬佛顶法。

菩提流志是继阿地瞿多之后又一位译介、弘扬佛顶法的重要密教僧人。他传译的主要是佛顶部中的佛顶轮王法，首次翻译了《一字佛顶轮王经》五卷，又重译为《五佛顶三昧陀罗尼经》四卷。之所以选择译介佛顶轮王法，这与当时的政治背景密切相关。菩提流志于武周长寿二年（693）年来到中土，初到洛阳，旋即

---

① （唐）阿地瞿多译：《佛说陀罗尼集经》（卷1），《中华藏》第20册，第1页上。

随驾至长安。其翻译的第一部经典是《宝雨经》,该经主要论述女人也可以做转轮王,实际上是为武则天称帝营造舆论基础,而他重视佛顶轮王法也与此有关。因为佛顶轮王是佛顶佛和转轮王融合的产物,一方面迎合了武则天称帝的需要,另一方面又借此弘扬了佛顶法,可谓一举两得。

另一位译介、弘扬佛顶法的著名僧人是不空。他重译了《菩提场所说一字顶轮王经》五卷,又翻译了一系列佛顶轮王类经轨。在佛顶法中,他最重视佛顶轮王法。他之所以重视佛顶轮王法,一方面出于理论需要,因为佛顶轮王中的一字佛顶轮王法与金刚界密法有密切关系,如《金刚顶经一字顶轮王瑜伽一切时处念诵成佛仪轨》开篇说"为修瑜伽者,纂集此微妙成佛理趣门"[1],说明翻译该佛顶轮王法是为了修瑜伽密教的需要,进一步说明一字佛顶轮王法与瑜伽密教有密切关系;另一方面,不空的密教思想具有很强的现实性,其与肃宗、代宗关系特殊,所以他重视护国思想,从这个意义上来讲,他重视佛顶轮王法与菩提流志有相似之处。

佛陀波利是弘扬尊胜佛顶法的著名僧人,其翻译的《佛顶尊胜陀罗尼经》流传最广,影响最大。宋代继续译介佛顶法的僧人有施护、法贤,元代西夏僧人沙罗巴、契丹国僧人慈贤,主要弘扬白伞盖佛顶法。

综上,从北周开始一直到宋元时期,历代不乏翻译、弘传佛顶法的僧侣,虽然各有侧重,但都对佛顶法的流传起了至关重要的作用。亦可知,对于佛顶法的译介与弘扬并非偶然,也并非昙花一现,而是代有弘传,源远流长。

## 四、佛顶部信仰

佛教作为宗教,信仰是其本质。一切理论最终都指向成佛,为成佛提供根据,而修证佛法则是佛教的宗教实践,从佛教理论到证悟成佛则离不开信仰。佛教信仰随着时空不同,信仰内容、信仰方式、信仰形态等方面也存在很大差异,如

---

[1] （唐）不空译:《金刚顶经一字顶轮王瑜伽一切时处念诵成佛仪轨》,《中华藏》第66册,第196页中。

佛顶尊胜陀罗尼经幢就是佛顶部密教信仰中非常独特的一种形式。一般来讲，经典的译介与疏释、造像的兴起、僧侣的弘扬、信众的膜拜，都反映出信仰的兴盛。

佛顶佛自产生以来，数量众多的相关经典相继译介到中国，有些甚至被反复重译，又被翻译成多种语言文字，广为流传；传译佛顶法的僧人历来不乏其人；有唐一代，多地出现了大量佛顶佛造像；[①]佛顶尊胜陀罗尼经幢遍起于大江南北；[②]佛顶法也漂洋过海，在日本产生重大影响，出现了大量日本撰述文献，造像也非常兴盛。（此中部分内容前文已有讨论，关于尊胜佛顶法尚需另外撰文予以探讨）总之，这几个方面都无可辩驳地说明佛顶部密教在历史上确实流传极广、影响极大。

## 小结

综上可知，佛顶部密教作为一个独立的密法体系，有充分的经典依据，而且也符合从佛顶佛到佛顶法，再到佛顶部的历史与逻辑的演变。因此以"佛顶部"指称这样一个自成体系、独具特色的密法系统有充分的经典和理论依据，是科学准确的，符合其内涵与外延。长期以来，学界对于胎藏界、金刚界密法研究较多，对于早期密教的关注与研究仍有不足。佛顶部密法正是持明密教时期一个最具代表的密法体系，其继承发展了早期陀罗尼密教的思想和内容，密法体系更加成熟，对后来金、胎两部密法的形成产生重要影响。通过研究佛顶部密法，可以看到从持明密教到金、胎两部密法过渡的痕迹，诸如曼荼罗的地位开始凸显、真言越来越被强调、密法内容更加完善，等等，这对研究金、胎两部密法的形成有重要意义。就密教思想史而言，也是非常重要的一个环节。佛顶部密教之所以长期没有引起重视，也是因为当金、胎两部密法兴起之后，佛顶部密法被吸收改造，融

---

① 参考拙文《关于菩提树下施降魔印宝冠佛像的再探讨》，《甘肃社会科学》2014 年第 3 期。
② 关于尊胜佛顶的研究，学界已有众多成果，此处从略，重在说明尊胜佛顶作为佛顶部神祇中的重要一尊，影响最大。

入金、胎两部密法之中,逐渐丧失了独立发展的地位,只有像尊胜佛顶、白伞盖佛顶、佛顶轮王等个别佛顶部神祇仍单独流传,以至于湮没了佛顶部作为一个独立密法体系存在的历史与事实。

# 沈善宝与清代女性作家交游考①

珊 丹②

（中国计量大学人文社科学院）

**摘 要**：本文从《鸿雪楼诗选初集》《鸿雪楼词》及《名媛诗话》入手，较广泛地涉猎与沈善宝交往文人的别集，力图对沈善宝的主要交游对象作较深入探讨，较全面系统地对沈善宝与若干好友的交游唱酬进行论述，重点研究沈善宝与女性文人吴藻、丁佩、顾春、姜云林、潘虚白等人的交游，力图把握沈善宝与这些友人的交游往来的特点，以期对沈善宝的文学交游活动和文学名声的建立过程研究有所突破。

**关 键 词**：沈善宝 女性作家 交游

沈善宝（1808—1862），钱塘人，为清代道光、咸丰年间活跃于杭州及北京文坛的著名女作家，著有《鸿雪楼诗选初集》十五卷、《鸿雪楼词》一卷、《名媛诗话》十五卷，为道咸年间的"红闺诗领袖"③。

冼玉清在《广东女子艺文考》中谈到女性文学创作与作品流传的三种途径说："其一名父之女，少察庭训，有父兄为之提倡，则成就自易。其二才士之妻，闺房唱和，有夫婿为之点缀，则声气易通。其三令子之母，侪辈所尊，有后嗣为之表

---

① 本文为杭州市哲学社会科学规划常规课题《清代知识女性文化心态的自我写照——沈善宝诗歌研究》（B13WX03）阶段性研究成果。

② 作者简介：珊丹，中国计量大学人文社科学院副教授。

③ 吴藻原作，沈善宝著，珊丹校注：《鸿雪楼诗词集校注》，北京：中国社会科学出版社，2012年，第379页。

扬,则流誉自广。"①沈善宝在她的《名媛诗话》中也清楚地表明了女性作品传扬之不易:"闺秀……生于名门巨族,遇父兄师友知诗者,传扬尚易。倘生于蓬荜,嫁于村俗,则湮没无闻者,不知凡几。"②而对于沈善宝来说,父亲早逝,其兄不以文名见传,其诗集《鸿雪楼诗选初集》(四卷本)在婚前已刊刻发行。没有男性亲人帮助的沈善宝,在道咸女性文坛被公认为才媛领袖,除了她杰出的诗词创作成就外,也与她广泛的社会交游有着密切的关系。沈善宝早年失怙,长年南北奔走,奉母养家,结识了不少男性文人,并与杭州名媛诗人广为唱和。后进入北京女性文人社交圈,并因编纂《名媛诗话》广泛交接各地女性才媛。这些交往,对其生活的改善、才学的增进,乃至社会声望及文学地位的确立起到了重要的作用。

本文拟从沈善宝的《鸿雪楼诗选初集》《鸿雪楼词》及《名媛诗话》入手,并参照同时代其他诗人的诗词别集,分阶段梳理考辨沈善宝不同时期的交游对象,进行归纳整理。并分析其与同时代女性作家交往的特点,以期对沈善宝的文学交游情况有一个全面的阐述及分析。

沈善宝的《鸿雪楼诗选初集》以系年编次,始于嘉庆二十四年,迄于咸丰元年,即沈善宝十二岁到四十四岁三十二年间的诗歌,其中可以清晰地了解到沈善宝与其同时代女性文人的文学交游。其《名媛诗话》对其家庭命运遭遇、师友来往、行踪事迹等有多处记载,从中我们可以梳理出沈善宝不同时期文学交游的情况,并将其文学交游分为四个阶段进行考证研究。

## 一、仰慕期

沈善宝之父沈学琳为江西义宁州判,沈善宝幼年即随父宦游章江。十二岁时父亲因同僚倾轧自戕而亡,留下一家八口在异乡艰难度日,三年后始得回到故乡杭州。沈善宝母亲吴浣素为一时名媛,曾与杭州才媛徐德馨结社唱和,后徐德

---

① 冼玉清:广东女子艺文考//胡文楷编著,张宏生等增订:《历代妇女著作考(附录二)》,上海.上海古籍出版社,2008 年,第 951 页。
② 沈善宝:名媛诗话//王英志主编:《清代闺秀诗话丛刊》.南京:凤凰出版社,2010 年,第 349 页。

馨随夫宦游山东，而从江西归来后吴浣素夫人为一家生计辛苦操劳，亲操井臼，与杭州闺秀才媛似乎并没有什么往来。沈善宝为奉母养家，鬻画售诗，文学声名不显，交游很少，没有为杭州闺秀文人所熟悉与接纳。

检点沈善宝《鸿雪楼诗选初集》可以看出，从嘉庆二十四年到道光十四年共十五年中，与沈善宝诗歌中显示与之有文学交往的女性文人有五位：庄端红、刘笺云、丁佩、李倚香、黄履。

庄瑞红：浙江乌程人。著有《端红女史诗钞》。其生平不可考。沈善宝《题庄端红女史诗集》，诗前有序："庚辰暮春，庄瑞红女史以感怀诗寄示。……未亲淑范，神交两地"①，可知沈善宝只是与其神交，并未有更多的交游。

刘笺云，据《名媛诗话》卷七记载，刘笺云为南昌大刀将军刘铤女，沈善宝幼年时曾与其比屋而居，唱和颇多。沈善宝有《与刘笺云女史味道》《新秋夜坐柬笺云女史》《秋夜怀刘笺云女史》《怀笺云女史》《寄笺云姊江西》，从诗中可见，沈善宝离开江西后，就再未与刘笺云见面，而刘笺云后因"忽悟元功，日以练神养气为事，与余相见渐疏，诗亦不作"②。

李倚香，山东寿光人，沈善宝寄父李世治之女。道光八年，李世治收沈善宝为女弟子，后又以书信召沈善宝至寿光家中，收为寄女，沈善宝与李倚香结识。沈善宝在寿光时有《上巳与李倚香四姊同游也园》《题画芍药留别倚香四姊》。归家途中有《郯城寄倚香姊》，归家后《寄倚香姊寿光》，此后再未见诗词往来。

丁佩，字步珊，江苏娄县人。道光十二年进士兰溪陈毓楫妻，著有《绣谱》三卷、《十二梅花连理楼诗集》。道光七年，丁步珊慕沈善宝才名，绘桃花册页寄赠，沈善宝赋诗以谢。丁步珊离浙之时，与沈善宝信函订交。《名媛诗话》卷七记载："云间丁步珊佩，与余神交七载，方得一晤。而七载之中，音问不绝，此唱彼和，不啻聚谈一室。"沈善宝与丁佩虽然七年不曾谋面，但此阶段，丁佩应是沈善宝交往时间最久的闺中密友，也是她真正的文字之交。检点沈善宝诗作，从道光七年二人诗函定交，到道光十四年间，沈善宝写给丁步珊的诗歌共有十一首。

① 沈善宝著，珊丹校注：《鸿雪楼诗词集校注》，北京：中国社会科学出版社，2012年，第5页。
② 沈善宝：名媛诗话//王英志主编：《清代闺秀诗话丛刊》，南京：凤凰出版社2010年，第473页。

　　黄履,字颖卿。道光十四年夏,黄颖卿赠沈善宝诗,沈善宝和诗答谢,这是沈善宝与杭州才媛交往的开始。十月,黄履邀沈善宝往夏园赏菊。《和黄颖卿夫人履见赠之作》①有"何幸钧天下界闻,几时煮茗细论文""漫夸镂雪与团香,展到瑶笺喜欲狂"之句,可以看出,对于黄履的赠诗,沈善宝非常高兴。早在道光七年,沈善宝读吴藻的《花帘词稿》时,就对当时已声名大噪的女词人吴藻表达了歆慕之情:"歌真高白雪,品欲重南金。从此阑干畔,临风思不禁"②。道光十一年,有《满江红·题吴苹香夫人花帘词稿》③,表钦慕私淑之意:"记当日、一编目睹,四年心事。……浣露回环吟未了,瓣香私淑情难置。倘金针、许度碧纱前,当修赟。"但沈善宝与杭州才媛一直未有往来,此时与黄履的交往,应为其进入杭州才媛社交圈开启了一条道路,沈善宝之欣喜,应不仅仅是得到一个文字之交,更希望黄履能成为自己进入杭州闺秀才媛圈的桥梁。

## 二、交往期

　　道光十四年冬,沈善宝售画数十幅,凑足资金,将父母、妹兰仙、弟善熙及伯祖、庶伯祖母、叔、庶祖母八棺并葬于杭州丁家山祖坟,完成心愿,其孝行得到了广泛赞誉。《国朝杭郡诗三辑》卷九十五记载:"(沈善宝)因以润笔所入,奉母课弟,且葬本支三世及族属数。远近皆称其孝且贤。"沈善宝的孝行得到了社会的承认,也成为了她进入杭州才媛社交圈的契机。

　　道光十五年早春,沈善宝西湖探梅,并写诗柬约黄履相见:"月明愿约美人来,三弄瑶琴坐花影。"④同年春分前一日,梁德绳请沈善宝于夏氏园看盆梅,沈善宝即席赋诗。梁德绳,字楚生,晚号古春老人,浙江钱塘(今杭州)人。出身名门,父为侍郎梁敦书,夫为兵部主事许宗彦。工诗,能书,善琴,著有《古春轩诗

---

① 沈善宝著,珊丹校注:《鸿雪楼诗词集校注》,北京:中国社会科学出版社,2012 年,第 127 页。

② 沈善宝著,珊丹校注:《鸿雪楼诗词集校注》,北京:中国社会科学出版社,2012 年,第 32 页。

③ 沈善宝著,珊丹校注:《鸿雪楼诗词集校注》,北京:中国社会科学出版社,2012 年,第 392 页。

④ 沈善宝著,珊丹校注:《鸿雪楼诗词集校注》,北京:中国社会科学出版社,2012 年,第 132 页。

钞》两卷,续《再生缘》,为当时杭州才媛的中心人物。这次邀请,标志着沈善宝正式进入杭州才媛社交圈。当时在座的还有梁德绳之女许延礽(字云林)、钱塘闺秀鲍靓(字玉士)、吴藻。黄履,沈善宝的旧相识只有黄履一人,或可以推测,黄履正是沈善宝与梁楚生相识的介绍人。

《名媛诗话》卷六载吴藻唱和沈善宝诗,有"寒梅高格出风尘,一笑相逢爱性真"句,下引吴藻原注:"余晤君于夏氏园,看盆梅。一见倾心,遂成莫逆。"①在座的其他闺秀也与沈善宝迅速成为好友,交往密切。聚会后,梁德绳之女许延礽(字云林)寄函和章,沈善宝走笔奉答,又为其题画。四月十七日,许延礽邀饮,沈善宝与龚自珍之妹龚自璋(字瑟君)初次见面,沈善宝即席赋诗"红闺恨接尘谈迟""何幸金兰许同谱"②表达了相见恨晚之意。龚自璋的和诗亦表达了钦慕之词:"追陪已幸生同世,倾倒何嫌恨见迟"③,许延礽更对沈善宝赞赏有加,称其为"绝世才华绝世姿"。

当年夏日于许延礽,梁德绳持夜来香鹦鹉茉莉花架首唱并征题咏,沈善宝又与兵部尚书许乃普的继室项苣章(字屏山)、绍兴知府席椿女、山阴知县石同福继室席慧文(字怡珊)、吴藻姊吴香结识,成为好友。此后,沈善宝与诸闺秀交游频繁,相携出游,相互唱和。《名媛诗话》卷六记载了她们出游的快乐:"丙申初夏,苹香苣香姊妹携沤池席怡珊慧文、云林并余泛舟皋亭。看桃李绿荫,新翠如潮,水天一碧,小舟三叶,容与中流。……留连半晌,重上小舠。推篷笑语,隔舫联吟。归来已六街灯火上矣。"④

从道光十五年到道光十七年间,沈善宝诗集中出现了大量与杭州闺秀的唱和寄赠之作,可以看出,这段时间,沈善宝已完全融入杭州才媛社交圈,她的诗歌才华也得到了闺秀诗人的赞许和肯定。道光十五年,作《秋日感怀》十五首,抒发

---

① 沈善宝:名媛诗话//王英志主编:《清代闺秀诗话丛刊》,南京:凤凰出版社,2010 年,第 444 页。
② 清和望后二日云林夫人招饮斋中得晤龚瑟君夫人自璋即席赋赠.沈善宝著,珊丹校注:《鸿雪楼诗词集校注》,北京:中国社会科学出版社,2012 年,第 135 页。
③ 清和望后二日云林夫人招饮斋中得晤龚瑟君夫人自璋即席赋赠.沈善宝著,珊丹校注:《鸿雪楼诗词集校注》,北京:中国社会科学出版社,2012 年,第 135 页。
④ 沈善宝:名媛诗话//王英志主编:《清代闺秀诗话丛刊》,南京:凤凰出版社,2010 年,第 451 页。

身世之感、朋友情怀,传诵一时。道光十六年冬,《鸿雪楼初集》(四卷)付梓,好友丁佩为之作序。次年,好友吴藻为其选定《鸿雪楼词》。

### 三、广泛期

道光丁酉十七年,沈善宝赴京。沈善宝是应其寄母李太夫人之邀而进京的。李太夫人为漕运总督李湘棻之母。道光八年沈善宝有《山左李云舫孝廉湘棻以〈剑山房诗稿〉寄示奉题》诗四首,其于李湘棻的交往从此开始。《名媛诗话》卷七载:"宝与戊子岁始识太夫人与袁江,太夫人抚之为女。后闻先母弃养,复召至京寓相依,为择配遣嫁恩礼备至,逾于所生。"①李太夫人与沈善宝不仅亲似母女,还经常诗歌唱和,互为知己。道光戊戌十八年春李太夫人携沈善宝拜谒富察太夫人,富察太夫人对沈善宝"拂拭奖许,此后顾复优厚,宝亦依恋若老亲焉"②。

好友许延礽早其一年进京,经由许延礽的介绍,沈善宝得以结识满族著名女诗人顾春,顾春为其诗集题词,顾春与沈善宝一见如故,面定金兰。"初逢宛似旧相识,更羡当筵七步才"③,盛赞其"巾帼英雄异俗流"④。此后二人相约出游、诗歌唱和,友谊维持终身,无论是在生活上还是在创作上都相互鼓舞相互促进。此后沈善宝参与了以顾太清为主的北京闺阁诗坛,交游活动更为频繁,人际交往更为广阔。

潘素心,字虚白,会稽人,据沈善宝《名媛诗话》记载:"余为入都之前,太夫人见余《秋怀》诗十五章,深为激赏,访问殷勤。迨余北至晋谒,即蒙刮目,奖许过当。"⑤时潘素心已年近八旬,大沈善宝近五十岁,应属文坛前辈,二人却成莫逆之交,诗歌唱和不断。张繻英,字孟缇,江苏阳湖人,二人相识于道光十八年四月。沈善宝对张英的人品才华极为赞赏,"孟缇弱不胜衣,而议论今古之事,持忆

---

① 沈善宝:名媛诗话//王英志主编:《清代闺秀诗话丛刊》,南京:凤凰出版社,2010 年,第 451 页。
② 沈善宝:名媛诗话//王英志主编:《清代闺秀诗话丛刊》,南京:凤凰出版社,2010 年,第 470 页。
③ 顾太清奕绘著,张璋编:《顾太清奕绘诗词合集》,上海:上海古籍出版社,1998 年,第 96 页。
④ 顾太清奕绘著,张璋编:《顾太清奕绘诗词合集》,上海:上海古籍出版社,1988 年,第 96 页。
⑤ 沈善宝,《名媛诗话》//王英志主编:清代闺秀诗话丛刊,南京:凤凰出版社,2010 年,第 461 页。

凛然,颇有烈士之风"①。"诗到中年偏有味,人非绝代不工愁""麟阁高标惭野战,论功可许列公侯"②。壬寅夏,沈善宝访张孟缇,二人谈及"夷务未平,养成患,相对扼腕"③,合作《念奴娇》,张孟缇上阕词"塞燕惊弦,蜀鹃啼血,总是伤心处",写其面对国家危亡痛心疾首,沈善宝下阕则有"壮士冲冠,书生投笔,谈笑擒夷虏"之句,写其面对强敌,壮怀激烈。二人词风不同,个性相异,但其心胸均不同于一般闺阁女子,心曲相同,确可称之为"肺腑之交"。

　　道光乙亥十九年秋日,沈善宝与顾太清、项屏山、许云林、钱伯芳结秋红吟社。秋红吟社的文学活动持续了近四年的时间,诗社成员经常相约出游,命题赋诗。除了上述五人之外,参与诗社活动的还有满族才媛棟鄂武庄、棟鄂少如、富察华尊和太清妹顾霞仙以及余季瑛、李纫兰等。在此之前的蕉园诗社、吴中十子、随园女弟子等女性文学社团中,基本是以家庭、亲友作为纽带而形成的,或是以男性倡导者为中心形成的,而秋红吟社则完全是由女性诗人组成的文学团体,其成员来自南北不同地域、不同民族。这样一个聚集南北、满汉上层知识女性的诗社,在中国女性文学史上,是一个非常重要的事件。在诗社中,沈善宝以自己过人的才华得到了人们的认可和推崇。当时著名的女诗人顾春称赞她:"座中牛耳问谁持? 词坛唯许君为主。"④

　　随着沈善宝与京城女性文人的密切交往,沈善宝的才名也进一步彰显,她的文学交游更加广泛。道光戊戌十八年暮春,湘潭才媛郭润玉于李太夫人处结识沈善宝,二人"小诗赠答,一往情深"⑤。太谷温如玉,字润清,徽州刺史鲍时基妻,随夫进京时与沈善宝相识,即成莫逆之交。《名媛诗话》记载:"润清平生以礼自持,无一嗜好,惟爱书画。见余片纸只字,皆珍若拱璧。"⑥温曾与沈善宝言:

① 沈善宝:《名媛诗话》,王英志主编:清代闺秀诗话丛刊,南京:凤凰出版社,2010 年,第 487 页。
② 题梦缇:《澹菊轩诗集》.沈善宝著珊丹校注:鸿雪楼诗词集校注,北京:中国社会科学出版社,2012 年,第 197 页。
③ 沈善宝:《名媛诗话》,王英志主编:清代闺秀诗话丛刊,南京:凤凰出版社,2010 年,第 478 页。
④ 顾太清、奕绘著,张璋编:《顾太清奕绘诗词合集》,上海:上海古籍出版社,1998 年,第 163 页。
⑤ 沈善宝:《名媛诗话》,王英志主编:清代闺秀诗话丛刊,南京:凤凰出版社,2010 年,第 463 页。
⑥ 沈善宝:《名媛诗话》,王英志主编:清代闺秀诗话丛刊,南京:凤凰出版社,2010 年,第 468 页。

"他日结邻上,作闺中之元白,讨论诗文以娱暮景,于愿足矣。"毕节邱荪(字云漪)在沈善宝入都后即来相访,二人交谊颇深。在《鸿雪楼诗选初集》还存有沈善宝与朱葆英、赵淑芳、恽湘、陈敦蕙等诗歌唱和。

由此可见,由于京城文化中心的特性,沈善宝此时的文学交游,已经打破了地域的限制,扩展到京城名媛及来京的各地名媛,广泛地交游为其《名媛诗话》的写作打下了良好的基础。而从沈善宝与这些新知旧雨的诗歌唱和中,我们已经可以看出沈善宝文学交游的心态发生了变化,与刚刚进入杭州名媛社交圈时有些受宠若惊的心态相比较,沈善宝显得更加自信自如了。

### 四、领袖期

进京之时,沈善宝曾自信地宣称:"不惮驱驰赴帝京,要将文字动公卿。"[①]成名心盛的沈善宝在入京之后短短的四年已让京城的名媛社交圈接受了自己,并逐渐成为了京城才媛中文学交游中的重要人物,但真正让沈善宝成为道咸时期女性文坛领袖的则是其《名媛诗话》的写作。

道光壬寅二十二年春,沈善宝开始编撰《名媛诗话》,至道光二十六年(1846)冬落成 11 卷,复辑题壁、方外、乩仙、朝鲜诸作为末卷,而成 12 卷。之后,又陆续补充续集上中下 3 卷,共成 15 卷。沈善宝在《名媛诗话》开篇就交代了自己的写作目的,是为了彰显女性才华,然而,我们也不可否认,诗话的作者事实上也是文坛话语权的掌握者,对于才名心切的清代闺秀来说,通过交结诗话的写作者而传扬才名、甚至留名后世,是非常重要的。因而,《名媛诗话》的编写,对于沈善宝文坛领袖地位的确立起了重要的作用,也使得她的文学交游更加广泛。

《名媛诗话》所用材料除了参考前人书籍之外,还有三个渠道:一是沈善宝主动征集求索,二是才媛主动投赠,三是友人辗转介绍。通过这些渠道,沈善宝大大地扩大了自己的交游范围,更增加了自己在女性文坛上的影响力。

---

① 沈善宝著,珊丹校注:《鸿雪楼诗词集校注》,北京:中国社会科学出版社,2012 年,第 174 页。

　　《名媛诗话》中，沈善宝记录了自己向王筠香、项屏山之妹项祖香索稿的过程，也记载了各地闺秀主动投赠诗稿的情况。

　　陈蕴莲，字慕青，江苏江阴人，有《信芳阁诗草》。《名媛诗话》记载，丙午春陈蕴莲入都过访沈善宝，二人唱和颇欢。沈善宝有《初春陈慕青蕴莲夫人投诗见访赋答》。后陈蕴莲又寄其新做《烟萝仙馆即事十咏》，此后二人虽分两地，却书信往来，唱和不断。

　　韩淑珍，字畹卿，山阴人。戊申春暮，与沈善宝"晤与张梦缇处，论诗谈画，相得甚欢，出其诗稿，嘱采《哭弟》古风二章"[1]。

　　何佩芬，字季贽，灵石人。沈善宝曾与其会与李太夫人处，但不知季贽能诗。后沈善宝做《名媛诗话》，何佩芬出示其诗稿，并嘱沈善宝采入《哭侄女烈妇贞祥》、《赠节妇裕祥》二诗，"以彰节孝"[2]。

　　在《名媛诗话》的记录中，还可以看到许多与沈善宝交往密切的才媛将自己亲友的诗作交与沈善宝，嘱其采入诗话。如潘虚白出其祖姑苏兰谷太夫人及侄女潘佩芳诗，许云姜出其婆母孔经楼夫人诗，钱伯芳出其从姊钱孟端诗。张孟缇出其母汤瑶卿的诗稿《蓬室偶吟》，并郑重嘱咐沈善宝："子可于《诗话》中纪之，藉传不朽，庶不负先慈。"[3]而其好友也将自己的新作或未能刊行的少作付与沈善宝，希望借《诗话》传于后世。

　　陈静宜《题〈名媛诗话〉》称道沈善宝："之子才调无双，贤名第一，是吟坛宗主。"[4]好友张孟缇对其成就大为赞赏："彤管新标月旦评，玉台已就名山业""谢庭众女趋函丈，玉尺量他绝代才。"[5]著名女诗人恽珠的孙女佛芸保拜其为师，袁枚的长孙女袁嘉的《湘痕阁诗稿》刊刻之时，也请沈善宝作序并选定。可以看出，沈善宝的文学才能和文坛地位已得到了承认与肯定。

　　道光二十九年暮春，沈善宝回到阔别 12 年的故乡杭州时，不但受到了故乡

---

① 沈善宝：《名媛诗话》，王英志主编：清代闺秀诗话丛刊，南京：凤凰出版社，2010 年，第 573 页。
② 沈善宝：《名媛诗话》，王英志主编：清代闺秀诗话丛刊，南京：凤凰出版社，2010 年，第 577 页。
③ 沈善宝：《名媛诗话》，王英志主编：清代闺秀诗话丛刊，南京：凤凰出版社，2010 年，第 478 页。
④ 沈善宝：《名媛诗话》，王英志主编：清代闺秀诗话丛刊，南京：凤凰出版社，2010 年，第 569 页。
⑤ 沈善宝：《名媛诗话》，王英志主编：清代闺秀诗话丛刊，南京：凤凰出版社，2010 年，第 570 页。

才媛的热烈欢迎，更受到了故乡才媛的高度赞誉。十五年前，沈善宝初进杭州才
媛社交圈。而这次回到家乡，沈善宝已经成为名动南北的才媛领袖了。闺友们
以沈善宝为中心，进行了多次游赏唱和。吴藻赠诗称道她"雪泥鸿爪记前尘，十
载归来彩笔新"①、"红闺诗领袖，健笔擅三唐"。闺友们还出其新作或其亲友之
作与沈善宝，嘱其采入诗话。除了这些旧日闺友之外，沈善宝还结交了许多新的
才媛。杭州女性才媛中的后起之秀关瑛召集闺友设宴款待沈善宝，表达了对沈
善宝的倾慕之情，出示其诗稿，请求品评，称其为"红粉军中掌书掾，碧城天上选
花人"②。咸丰元年春，沈善宝回京，归途中，嘉兴鸳湖县令杨炳继室丁善仪久闻
沈善宝之命，专程相迎，把酒相谈，结为金兰。到扬州，与旧友许云林、许云姜、钱
伯芳相见，停留三日。旧友相逢格外欣喜，临别时闺友以诗壮行，充满不舍。此
次归乡，可以说是沈善宝文学交游的最高潮。以其为中心，杭州、扬州的才媛进
行了多次的诗歌唱和，文学交游活动异常活跃，是清代女性交游的一个真实
写照。

咸丰四年，武凌云外放朔平府（朔州）知府，沈善宝随夫赴晋。在晋期间，沈
善宝的文学交游处于停滞状态，在其留下的诗文中，只有对京城闺友的怀念之
作，而无与当地才媛的交流。

## 四、结论

根据以上梳理，我们可以总结出沈善宝与清代女性文人交往的特点：

1. 清代中晚期女性文人的文学交游活动已经相对活跃，不再仅仅以家族亲
友为纽带，但女性作家的文学成就还需要父兄或师长的褒扬，声名才能得以彰
显。沈善宝父母早逝，家道衰落，因而虽然其在进入杭州女性文人社交圈前，诗
词创作无论是从数量还是质量来说都已达到了相当的高度，但依然没有为杭州
女性文坛所熟知。直到道光十五年她二十八岁时才经黄履介绍，结识了梁书绳、

---

① 沈善宝：《名媛诗话》，王英志主编：清代闺秀诗话丛刊，南京：凤凰出版社，2010 年，第 587 页。
② 沈善宝：《名媛诗话》，王英志主编：清代闺秀诗话丛刊，南京：凤凰出版社，2010 年，第 589 页。

吴藻、许文林等杭州著名的才媛，进入了杭州女性文人的社交圈。这些才媛与沈善宝一经相见，即为沈善宝的才华所折服，与之成为好友。而在与杭州才媛广泛交往之后，沈善宝的文学声名得以彰显。

2. 正是由于与杭州才媛的密切交往，沈善宝刚一进京，即进入了京城才媛的社交圈，结识了京城著名的才媛。由沈善宝进入杭州才媛社交圈的艰难与其进入京城社交圈的迅速，可以看出，女性创作在清代虽然日趋繁荣，但女性文人在社会中毕竟还处于弱势地位，因而女性文人往往希望通过相互间的文学交游，提高自己文学创作的水平，彰显自己的文学声名。在未被主流文坛所承认的范围内，拓展出一块属于自己的文学领域。而相同的性别、相似的创作经历是女性文人互通声气内在基础，在他们的交往中，没有政治立场、经济利益在其中，更多的是源于共同的爱好和相互间的惺惺相惜，因而建立起来的友谊反而更纯粹，更真诚，甚至贯穿生命始终。

3. 沈善宝从杭州到京城，文学交游的范围不断扩大，在交游中的身份也在逐渐变化，并最终成为了京城闺秀交游的中心，其中的原因一方面是由于她主动关注女性文学创作，与当时众多的女性文人都保持密切的交往。另一方面，为了让自己的作品能够载入诗话，流传后世，女性作家也主动采用各种方式与沈善宝交往，使其文学交游范围更为广阔，奠定了她在清代女性文学史上不可忽视的领袖地位。这个过程中，可以看出清代女性文人强烈的才名意识，她们已经不再满足于社会所赋予她们的家庭职责，而是期望通过文学创作，展示自己的才华，实现留名后世的强烈愿望。

# 清代杭州诗画僧论略

蔚　然①

（中国计量大学人文与外语学院）

**摘　要：**清代杭州除以弘扬佛法教义闻名的高僧外，还有一批工诗善画的僧人。他们在佛教发展史上地位未必重要，但却成为清代诗歌史上一个不可或缺的环节。正嵓、宗泰、达受、元晖、明中等僧人，他们分布于杭州净慈寺、径山寺、灵隐寺等各寺院，他们诗画兼擅，其中部分僧人甚至有诗集传世，或有相关画作见于典籍记载，但至今大多埋没不闻。不过，从他们见于其他诗歌选集的传世诗作中，依然能够领略其创作特色与对清代诗歌史的贡献。

**关 键 词：**清代　杭州　诗画僧

清代杭州除以弘扬佛法教义闻名的高僧外，还有一批诗画兼擅的僧人。他们在佛教发展史上地位未必重要，但其诗画兼擅的文学艺术素养，为清代诗歌史增添了独特的色彩。

## 一、清代杭州诗画僧概述

清代杭州佛教兴盛，寺院林立，兼以明末清初国变之际有众多遗民遁入空门，故而诗僧众多。但其中诗画兼擅的僧人则数量大为减少，笔者依据《清画家

---

① 作者简介：蔚然，中国计量大学人文与外语学院中文系教师。

诗史》进行统计,诗画兼擅的僧人共有十九人。其中很多僧人的生平交游等相关文献资料匮乏,故本文拟以这些诗画僧常住寺庙进行分类介绍。

### 灵隐寺僧

律月,又名清月,字品莲,号藕船,扬州人,俗姓徐,为灵隐寺僧。律月禅颂之余,喜以鼓琴为乐,同时绘画工于兰竹,有诗集《品莲吟草》。

祖江,字东林,号莘波,西安弥陀寺僧,曾经流寓西湖灵隐寺,工书画。

### 径山高庵

宗泰,字古笠,初为平湖德藏寺僧,后主杭州径山高庵,自称高庵道人。书法喜作狂草,善作小画,有《阅世堂稿》。

### 莲花精舍

元晖,字鉴微,杭州莲花精舍主持僧。生活在康熙中后期。工诗,善画山水。曾画《纳凉图》长卷,上有吴允嘉、毛先舒、宋荦等名士的题咏。

### 万峰山房

篆玉,字让山,号岭云。俗姓万,杭州仁和人,工诗画,善隶书。西湖万峰山房僧,继主南屏。万峰山房是净慈寺的支院,也属于净慈一脉。乾隆九年,杭世骏与厉鹗、金农、施安等结南屏诗社,篆玉就是诗社成员之一。诗有《话堕集》。

### 净慈寺

正嵒,字豁堂,别号南屏隐叟,晚号随山。俗姓郭,金陵人。[①] 十三岁时入灵隐寺为僧,顺治九年主持常熟三峰寺,顺治十三年主持净慈寺。山水画师法元四家,工诗词,有《屏山剩草》《同凡草》《谷鸣个庵集》。

明中,字大恒,号烎虚,一号啸崖,浙江桐乡人。俗姓施,七岁时于嘉兴楞严寺出家,雍正间受皇命住吉祥苑参究佛理,乾隆初还乡,主持圣因寺、上天竺寺,乾隆二十二年主持南屏净慈寺。山水画取法元人,气味清远,李之潩评其"诗无蔬笋气"[②]。与篆玉同为南屏诗社成员。梁山舟刊其遗稿为《烎虚大师遗集》。

际祥,号主云,吴兴人,曾主持归安演教寺,后主西湖南屏净慈寺。书画俱学

---

① 沈德潜《清诗别裁集》认为是浙江仁和人。
② 李濬之编,毛小庆点校:《清画家诗史》,杭州:浙江人民美术出版社,2014年,第1838页。

华亭董其昌,工诗。为阮元所倚重,阮元抚浙时曾书"南屏秋色归诗版,北苑春山证画禅"楹贴,以赠送际祥。

了义,初名常清,号松光,主西湖净慈寺。工诗画,善琴弈,"山水得奚铁生指授"①。有《妙香轩诗钞》。

达宣,字青雨,海宁人,俗姓朱,出家于白马寺,后住西湖净慈寺,继松光老人法席。工画。有《茶梦山房吟草》。

达受,字六舟,又字秋楫,号小绿天庵僧。海宁人,俗姓姚,祝发于白马寺。写生纵逸有致,工篆隶,善铁笔,尤精摹拓彝器,阮元称他为"金石僧",后主持净慈寺。与何绍基、戴熙交情甚好。诗集有《小绿天庵吟草》《山野纪事诗》。

**天竺寺**

见贤,一名际贤,字省凡,更字省斋,乌程人,俗姓陈,杭州天竺寺僧。工诗,善山水,与当时名士朱文藻、严果最为契合。

**辩利院**

一理,字庭敏,一字静惟,别号日斋,杭州辩利院僧。清修苦行,能诗善画。有《学圃小稿》。

**金粟庵**

明怀,字苇江,号石巢,临平金粟庵僧。山水画得元人之法。

**孝慈庵**

方珍,字席隐,号小山,初住武林孝慈庵。工诗画,与"西泠八家"中的陈鸿寿志趣相投,以及酷爱金石的郭麟过从甚密。曾到扬州,为阮元所爱重。

**仙林寺**

传心,字晓源,号指柏,石门人,俗姓严,杭州仙林寺僧。工诗善画。

另外,还有三位诗画僧为杭州人,具体常住寺庙则无记载,分别是:

明奇,字具如,杭州人。书法宗怀素,画作仿苏轼。

念深,字竹隐,西湖僧。善画山水。

---

① 李濬之编,毛小庆点校:《清画家诗史》,杭州:浙江人民美术出版社,2014年,第1398页。

超源，字莲峰。雍正间受召，赐紫衣杖钵，敕主持苏州怡贤寺。山水画笔法秀润，诗学王孟，有空山冰雪气象。作品集为《未筛集》。

## 二、清代诗画僧的交游情况

明清时期儒释道三家有融合的趋势，习儒为业的文人也往往喜欢精研佛法，因此，很多文人都有方外交。杭州这些诗画僧人中，就有与阮元、杭世骏、毛奇龄等文人交游的记载。

净慈寺的达受，"阮文达以'金石僧'称之……与何蝯叟、戴鹿床交最契。"①阮文达即阮元（1764—1849），字伯元号芸台或云台，晚号怡性老人，谥文达。江苏仪征人，乾隆五十四年进士，历经乾嘉道三朝，在经学、目录、校勘、金石、书画、诗文等方面都取得了非常高的成就，被誉为一代文宗。任浙江学政、浙江巡抚的十余年间，他奖掖文士，选拔人才，编纂地方文献，刊刻诸家著述，为浙江保存了大量的文献资料。何蝯叟即何绍基（1799—1873），清代诗人、书法家，字子贞，号东洲，晚号蝯叟，湖南道州人，曾任广东乡试考官，视学浙江。精通金石书画。戴鹿床即戴熙（1801—1860），清代画家。字醇士，号鹿床、松屏等，浙江钱塘人。咸丰年间官至兵部右侍郎。工诗善画，还喜欢治印。

莲花精舍主持僧元晖的画作《纳凉图》上，有"吴石仓、毛西河、宋漫堂诸名流题咏"②。吴石仓，即吴允嘉，字志上，又字石仓。清代学者、藏书家。浙江钱塘人。喜爱藏书，辑有《武林耆旧集》《钱塘县志补》等等。与华嵒交好，华嵒称其"山人惟好道，自制芙蓉裳"。毛西河即毛奇龄（1623—1716），字大可，号晚晴等，萧山人，郡望西河，被称"西河先生"。清初经学家、文学家。与毛先舒、毛际可齐名，被称为"浙中三毛"。宋漫堂即宋荦（1634—1714），字牧仲，号漫堂、西陂等，晚号西陂老人。河南商丘人，清代诗人、画家，为"后雪苑六子"之一。与王士禛、施润章等同被称为"康熙年间十大才子"。

---

① 李濬之编，毛小庆点校：《清画家诗史》，杭州：浙江人民美术出版社，2014年，第1409页。
② 李濬之编，毛小庆点校：《清画家诗史》，杭州：浙江人民美术出版社，2014年，第1376页。

西湖万峰山房僧人篆玉，"喜与杭堇浦、丁敬身诸名流相唱和"。① 杭堇浦即杭世骏（1695—1773），清代经学家、文学家、藏书家。字大宗，号堇浦，别号智光居士等，仁和人。雍正二年举人，乾隆元年举博学鸿词科。晚年主讲广东粤秀和江苏扬州书院。丁敬身即丁敬（1695—1765），字敬身，号钝丁、砚林，别号龙泓山人、砚林外史等，钱塘人。清代书画家、篆刻家，为"西泠四家"之首。

净慈寺僧际祥，"阮云台相国抚浙时尝书'南屏秋色归诗版，北苑春山证画禅'楹贴赠之。"②阮云台即阮元，在浙江为巡抚时赠联。

净慈寺僧了义，"山水得奚铁生指授。"③奚铁生即奚冈（1746—1803），清代篆刻家、书画家。字铁生、纯章，号萝龛，别号蒙泉外史等原籍安徽，寓杭州与丁敬、黄易、蒋仁并为"西泠四家"。

天竺寺僧见贤，"朱朗斋、严古缘喜与为方外交。"④朱朗斋即朱文藻（1735—1806），字映漘，号朗斋，仁和人。清代藏书家、校勘学家。曾与孙星衍、阮元研讨金石，为阮元订成《山左金石志》。严古缘即严果，字敏中，一字九峰，号春山，晚号古缘，仁和人。乾隆三十五年举人。工书善画。

孝慈庵僧方珍，"曼生、频伽喜与之游，尝至扬州，为阮云台、伊墨卿所爱重。"⑤曼生即陈鸿寿（1768—1822），钱塘人，书画家、篆刻家。字子恭，号曼生等，为"西泠八家"之一。频伽即郭麟（1767—1831），字祥伯，号频迦，江苏吴江人。清末学者、书法家。酷嗜金石，工篆、籀、摹印。著作有《潍县金石志》《望三诗稿》。郭麟亦工诗词古文，著有《灵芬馆诗初集》《二集》《三集》《四集》《续集》，《灵芬馆诗话》《续诗话》等。阮云台即阮元，晚年居扬州。伊墨卿即伊秉绶（1754—1815），字祖似，号墨卿，晚号默庵，清代书法家，福建汀州府人，故又被称"伊汀州"。乾隆四十四年举人，乾隆五十四年进士，历任刑部主事，擢员外郎。伊秉绶喜绘画、治印，亦有诗集传世。

① 李濬之编，毛小庆点校：《清画家诗史》，杭州：浙江人民美术出版社，2014年，第1382页。
② 李濬之编，毛小庆点校：《清画家诗史》，杭州：浙江人民美术出版社，2014年，第1391页。
③ 李濬之编，毛小庆点校：《清画家诗史》，杭州：浙江人民美术出版社，2014年，第1398页。
④ 李濬之编，毛小庆点校：《清画家诗史》，杭州：浙江人民美术出版社，2014年，第1389页。
⑤ 李濬之编，毛小庆点校：《清画家诗史》，杭州：浙江人民美术出版社，2014年，第1394页。

净慈寺僧明中,"梁山舟学士为刊其遗稿"。[1] 梁山舟(1723—1825),字元颖,号山舟,浙江钱塘人,大学士梁诗正之子,清代著名书法家。

由上可知,清代杭州诗画僧交游对象大多为当时一些诗画兼擅的名士,他们志趣相投,有着共同的爱好。阮元抚浙十二年间,爱惜人才,提携后学,刊刻私人文集,编撰地方文献,不仅与浙地士人交游颇多,亦有方外之交,达受、际祥、方珍都受到他的奖掖。阮元本人在金石书画方面也有极高的造诣,因而会赏识这些书画僧。又如,与篆玉唱和的丁敬、为了义指授山水的奚冈、与方珍交好的陈鸿寿,是"西泠八家"中三家。与达受私交密切的戴熙,是清代著名画家。

## 三、清代杭州诗画僧诗歌创作

据资料记载,诗画僧十九人中,九人曾有诗集流传。但现在这些别集存世甚少,只能从其他诗歌选集,如《两浙輶轩录》《清画家诗史》《国朝杭郡诗辑》《全浙诗话》等找到他们的部分作品。从他们现存诗歌作品来看,所涉内容广泛,创作内容主要有以下几个方面。

第一,交游唱和:

从这些诗画僧留存下来的诗作可以看出,内容颇多涉及交游。一种情况是诗题即含"次韵",表明是与朋友的酬唱之作,属于与朋友交游的范畴。如明奇的《村斋次孙先生可堂韵》,虽是写景,但题目中已点明是唱和之作;再如达宣的《小颠山房壁间旧有炅虚中祖所绘山水因墨迹模糊倩松光老人补缀颠公索诗纪事即次原韵》,炅虚中祖即雍正、乾隆时期净慈寺炅虚禅师,前文提到的净慈寺僧明中。他诗画兼擅,时人誉为"画禅诗圣",也是"南屏诗社"重要成员,浙派诗僧的代表。此诗本为纪事,但题名"次韵",侧面反映了与友人斗诗之乐。另外就是记述与友人的日常交往。如正嵩《戏酬友人蕙日铸茶》,友人向其赠送当时绍兴名茶日铸茶;篆玉《苏明府同游花坞诸精舍》,记述与友人同游之乐;超源《与雪林上

---

① 李濬之编,毛小庆点校:《清画家诗史》,杭州:浙江人民美术出版社,2014 年,第 1383 页。

人南屏话旧》，记述与友人重逢闲话的生活；而达受《天都程木庵孔目邀余作黄山之游馆于铜鼓斋中并为拓三代彝器不下千纸成四大卷器有为土花所蚀者以针剔之凡往来四载而竣》，诗中把"金石"与"金兰"并提，金石雅好成为自己与友人结盟的媒介。

第二，写景：

写景也是这些诗画僧作品中常见的内容，体现了僧人对自然美的静默观照。如正嵓的《湖心亭同诸子晚眺》，虽是友人宴集，但并无过多的世俗烟火气，描写了鸿蒙夜色中寂灭空濛的西湖景致，以及内心超然空明的抒情主人公形象。宗泰的《怀高庵》，则描写了自己居所高庵地势险要、人迹难至，日日与寒竹云霞为伴的世外生活，尾联"夜深群息动，天籁静中闻"，以动衬静，表达了作者对自然美最深刻的体验。宗泰的另一首《重登双径》，描写双径虽然几经变迁，但那一轮皎洁秋月映照法堂的景象却从未改变。作者静观自然，心明澄澈，与自然融为一体。超源的《登清凉山》《香嵓杂咏》《尧峰道中》，达宣的《至韬光》《游云林寺》等亦是如此。也有在景物中寄予自己的思考，如见贤的《暮秋有感》，借霜欺翠松、风炉寒菊来抒发自己"才疏阅世难"的情怀。

第三，咏物：

咏物诗数量虽然不多，但大都清新可喜。如正嵓的《黄岩小橘甚佳喜题一绝》，作者以黄岩橘实现了长洲、古瓯、洞庭的地理空间的跨越，由眼前小橘引发了对乡土的怀念，以及黄岩橘给自己思乡情带来的心灵抚慰。达宣的《佛手柑》，作者不仅描写佛手柑色泽金黄，气味清芬，还满怀喜悦之情，描绘出它奇特的姿态：既是连枝体，又成抵掌形，既如弥陀结印，又似阿閦翻经。更戏称佛手可以为众生指点迷津。方珍的《戏拈绝句》则是一首咏水仙的诗，这首诗的特别之处是作者没有给题咏对象附着宏远深意，仅仅就事论事。尤其是毫不避讳地写自己养出的水仙是"黄矮菜"，解构了水仙在传统文学中被誉为"凌波仙子"的仙气，颇有僧诗的蔬笋气，极尽自嘲调侃之能事。

第四，题画：

这些诗画僧不仅工诗而且善画，绘画是其生活形态中的重要组成部分。因此,他们存世诗歌中留下了不少题画之作。正嵩、超源、明怀、际祥、了义都有诗题单纯为《题画》的诗作,如超源的《题画》,"溪口有亭,岩边有屋,不见人归,空留云宿。"前两句以朴实的语言客观地罗列画面景物溪、亭、岩、屋,后两句笔锋一转,点出画中蕴含的闲云野鹤之意。沈德潜评,"向度滕公岭有句云:'石屋不见人,惟留白云住。'不意莲峰先得我心。"①还有一些借题画以达到交游的目的,如元晖的《题画赠金介山》、念深的《题画送徐公之任辽州》,都是名为题画,实则赠别。

从这些诗画僧目前存世的诗歌来看,可以梳理出有一些共同的创作主题。

首先就是无所不在的对佛理的参悟。如祖江的《中秋对月》,"万里秋光月满天,心怀坦白悟前身。诗人浪咏今何夕,祗晓寻常一样圆。"②月在古代诗歌发展过程中被赋予了远远大于其形象的意义,中秋月象征着团圆,以及由团圆不得而引发的思乡、怀人之情。但在祖江这里,却是被用来反诘诗人不切实际的想象,即使今夕中秋,月亮也与平常没有什么特别之处。反而月圆之夜清光万里,澄澈空明之中更容易让人参悟佛法,正好证悟前身。佛教讲三世因果,六道轮回,所谓"欲知前生事,今生受者是。欲知来生事,今生作者是"。证悟前身也是对今生的反省,为来生而加强今生的苦修。作者把中秋月的诗写得充满佛理,从诗歌史的角度来说是达到了新的高度。正嵩的《月下由御教场下投净慈宿朗公房》,"御教场中月直时,下山全不道归迟。三松影落半湖水,一路沿钟到净慈。"③一首描写夜行的小诗,营造出了清幽的意境,更见功力的是作者在诗中传达的禅意。夜色之中,月照中天,影沉平湖,波澜不起,正是作者物我相忘空寂心境的写照。山间回荡着的寺庙悠长的晚钟声,仿佛在指引作者前行,到达他内心指向的终极归宿。宗泰的《无垢寺》,"一径当门细,无人竹户开。古藤缘殿角,老柏舞荒台。日射松鼯走,林昏石虎埋。断碑横古道,绣遍六朝苔。"④根据作者的题记,无垢寺

---

① (清)沈德潜:《清诗别裁集》,长沙:岳麓书社,1998年,第1032页。
② 李濬之编,毛小庆点校:《清画家诗史》,杭州:浙江人民美术出版社,2014年,第1405页。
③ (清)沈德潜:《清诗别裁集》,长沙:岳麓书社,1998年,第1011页。
④ 李濬之编,毛小庆点校:《清画家诗史》,杭州:浙江人民美术出版社,2014年,第1373页。

位于天目山麓,传说梁昭明太子曾在此翻经。宋代张景脩也写过一首《题无垢寺》,"禅房闭深花,锡杖生古藓。秋山翡翠寒,春水玻璨软。无嫌墙太低,但恐路不远。何人坐长松,令我思韦偃。"张景脩约生活于宋元佑年间,那时的无垢寺历经数代,清幽古寂,而宗泰所处清代,此寺已经荒败不堪,人迹罕至。从首联、颔联、颈联的描写中可以看出,无垢寺如今已被废弃,门前一条狭小的路径通向寺院,竹户大开却了无人迹。古藤和老柏肆意盘踞攀爬于殿宇之间,松鼯在此筑穴游走其间。而尾联对句描写路上的断碑"绣遍六朝苔",忽然泯灭了时光的印迹,由齐梁入清历经千年的漫漫时光,被定格在眼前的一条断碑之上。唐代华严学者李通玄所言"一念三世无来去",禅宗的"一念三世"就是对此观点融合的产物,一念就是一念心,指瞬间的生命。现在的瞬间马上变成过去,未来的瞬间又成为现在,马上也会变成过去,所以过去世、现在世、未来世没有绝对的界限,而是在不断流动中,一念即三世。宗泰笔下绣满六朝青苔的断碑也是如此,消融了过去与现在的时间对立,达到圆融无碍的境界。

其次是对隐逸闲适的追求。上述诗画僧,有的是潜心修佛,有的是遗民为避世而为僧。不管哪种情况,他们的诗中都有对隐逸闲适境界的追求。如正嵒的《题画》,"家住邨西二里馀,霜干木落见深居。待它五月浓荫后,遮住茆檐好读书。"①从题画诗的内容来看,画面所绘应该是"霜干木落"的深秋季节,但作者对掩藏在村外林中的居所颇有兴趣,继而联想待到林木枝繁叶茂,能居此茅屋读书即是人间乐事。虽为题画,实乃抒发离群索居的隐逸情怀与闲适自在的精神境界。正嵒还有一首《田家》,风格绝类陶渊明的田园诗。而其对闲适隐逸田园生活的追求,也与陶渊明并无二致。其中"何载造物者,亦得厚我施。夜来微雨过,使我菜麦滋",作者对微雨过后嘉禾生长的欣喜之情溢于言外。"及时务耕作,哪敢贪天时",又与陶渊明躬耕陇亩,以田园劳作之苦为乐的生活态度一致。所以沈德潜评,"近陶共性情,不在面貌。"②又如超源的《题画》,"春浦风生柳岸斜,好

① (清)阮元编:《两浙輶轩录》(卷三十九),杭州:浙江古籍出版社,2012年。
② (清)沈德潜:《清诗别裁集》,长沙:岳麓书社,1998年,第1010页。

山何处著人家。白云遮断桥西路，不许渔郎问落花。"①运用陶渊明《桃花源记》之典，来烘托山水隐逸之情。但超源"不许渔郎问落花"，不啻于对陶渊明隐逸思想的批判。陶渊明虽然构筑了桃花源这样与世隔绝的环境来表现自己对隐逸的崇尚，但既然允许渔人踏入禁地，说明他理想中的隐逸不仅要达到内心的宁静，还需要被外界认同。对于超源这样的高僧，陶渊明的隐逸境界无疑执着于五蕴，并非真正的解脱。超源笔下的隐居之所，则来路已被"白云遮断"，而且"不许"渔郎探问，他所追求的隐逸境界是离相，放下万法，不执着般若，心无挂碍，一切沉寂澄明，得到真正的解脱。

再次，对友情的珍重。从这些诗画僧现存诗作来看，交游题材占了很大一部分。有的诗是表现僧人之间的交往，有的是表现与当时名士的方外交，尤其是与那些对书画有共同爱好的文士，他们更建立了非同一般的友谊。对友情的珍重也成为这些诗歌的重要主题之一。特别的是，僧人笔下的友情比起世俗对友情的理解，多了一份超然洒脱。如超源的《与雪林上人南屏话旧》，"雨积南屏客梦寒，喜逢白足共盘桓。能忘物我情方恰，略辨酸咸事即难。钟向乱云深处听，山从凉月出时看。门前湖水无古今，早晚还期把钓竿。"超源对友谊的理解是物我两忘，朋友聚首固然欢洽，但也不会存永远相聚的执念，时过境迁必须分别时，相忘于江湖又何尝不是友谊的另一种境界。超源对于友谊的见解迥然不同于传统诗歌中"相见时难别亦难"的愁苦悲情，世间万物本是五蕴和合而成，悉皆无常，陷于我执只能给自己带来痛苦，僧人对待友情的态度通达许多。还有一些僧人因书画金石之雅好与士人订方外交，如达受《天都程木庵孔目邀余作黄山之游馆于铜鼓斋中并为拓三代彝器不下千纸成四大卷器有为土花所蚀者以针剔之凡往来四载而竣》，"得联今雨客新安，逆水迴流三百滩。拓卷何妨称集古，似将金石订金兰。"②达受不仅书画兼工，还酷爱金石，摹拓古铜器为其绝技，被阮元尊为"金石僧"。程木庵即程洪溥，字丽仲，号木庵。安徽新安人，家里收藏极富，所藏

---

① 李濬之编，毛小庆点校：《清画家诗史》，杭州：浙江人民美术出版社，2014年，第1380页。
② 李濬之编，毛小庆点校：《清画家诗史》，杭州：浙江人民美术出版社，2014年，第1411页。

三代彝器上千种。达受应程氏所邀拓家藏彝器,历时四年,二人也因金石结缘,所以诗中以金石比金兰。而另一首《仪征相国知余有金石之嗜属陈云伯大令命拓彝器全图寄维扬相国即赠一诗云旧向西湖访秀能万峰深处有诗灯那知行脚天台者又号南屏金石僧一时传为佳话云伯欲建诗灯阁徵诗一时和者甚众》中,描述自己与阮元、陈云伯的友情,也是"订交方外惟金石"。据现存资料,除以上所述,达受的众多友人如汤贻汾、何元锡等等,都是当时书画金石名家,在达受看来,抽象繁复的友情就等于具象单一的金石,万物本是因缘和合而成,由色、受、想、行、识五蕴构成,一切都受缘的制约,五蕴分合无常,人生自然也是无常的。既然没有常住不变的事物,所以也不必执着于任何事物或情感。僧人以这种化繁为简的方式去对待情感,亦何尝不生豁然开朗之感,免去诸多离情别绪之苦。

综上,清代杭州诗画僧身份特殊,但他们与当时名士酬唱往来,推动了当时士僧交游的风气。他们佛理与诗画兼通,一方面推动了清代僧诗的创作,形成净慈诗系,灵隐诗系两个重要派别,"尤其是净慈诗系,自明末以来,诗灯延续数百年而不衰。"[1]另一方面,他们诗风清绝,别有气象,"烟霞之气,萦绕笔端"[2]、"殊有空山冰雪气象"[3]是时人对他们出尘脱俗诗风的中肯评价。因此,诗画僧诗歌创作具有诗、画、禅结合的异质,推动了清代诗歌史的发展。

① 何年丰:《清初两浙诗僧研究》,浙江师范大学硕士论文,2016 年,第 116 页。
② (清)张云璈在《品莲上人遗稿序》中评灵隐诗僧律月之语,参见(清)沈镕彪:《续修云林寺志》,杭州:浙江大学出版社,2018 年。
③ (清)沈德潜:《清诗别裁集》,湖南:岳麓书社 1998 年,第 1032 页。

# 略论明本禅师的书法艺术

张家成①

（浙江大学哲学社会学系）

**摘　要**　作为元代临济宗高僧，中峰明本禅师不仅以其"会通禅净"的禅法思想和实践在中国佛教史上影响深远，同时在书法艺术方面也以"柳叶体"书扬名海内外。本文从现存的明本墨迹、明本"柳叶体"书法的艺术特征，以及其与明本禅法之间的内在关联等角度，阐述明本的书法艺术。由于明本书法艺术的独特性，明清以来明本的墨迹并不被国内书画界所重视，但却因为其日本弟子携回日本并得以完整保存下来，并在东瀛大放异彩。明本书法之所以被称作"柳叶体"，其来有自。一般认为其书法风格渊源于晋卫瓘的"柳叶篆"。但本文认为，宋元以降中国书法史上除"文人书法"以外，另外还存在相对独立的佛教书法或禅宗书法传统。显然自成一体的明本的柳叶体书法与这两大传统亦有分有合，但更多地还是体现了禅宗书法的传统。本文最后结合明本的禅法实践来探讨其与明本墨迹之间的内在关联，以期揭示明本柳叶体书法所蕴涵的独特的艺术魅力。

**关 键 词**：墨迹　柳叶体　禅宗书法　自成一体

唐宋以降，伴随着世俗化的发展趋势以及禅宗的流行，佛教艺术也出现了繁荣的景象。特别是宋元明清时期的很多禅师，在参禅修持的同时，还特别注重诗文书画等艺术创作，并且取得了突出的成就。在杭州佛教历史上，特别是宋元以

---

① 作者简介：张家成，浙江大学哲学社会学系教授。

降,如道潜、无准师范、大慧宗杲、北礀居简、大川普济等等,均擅长书法,并有墨迹存世。① 作为元代临济宗高僧,中峰明本禅师(1263—1323)不仅以其"念佛禅法"在中国佛教史上影响深远,同时在书法艺术方面也以"柳叶体"书扬名海内外。

然而,由于明本禅师特重行持,他为世人所知的主要在于其德行和禅法。加之明本禅师的书法作品在国内未能得到很好的保存,因此明本禅师在书法艺术方面取得的成就,尚未为国内佛教界及学术界所重视。所幸的是,由于元时为数众多的追随明本参学习禅的日本入元僧人在归国时携带了为数不少的明本手书的像赞、题字及偈语等墨迹,从而使得明本的书法作品得以完整地在日本保存下来。明本的书法艺术不仅对日本镰仓时代末期以降的日本书法风格产生了重要影响,而且也为当代海外学界所重视。20 世纪 90 年代,甚至有海外学者以明本的书法成就作为其博士论文选题,加以研究。② 相对来说,国内相关研究还是比较缺乏。鉴于此,本文拟对明本禅师的书法艺术成就略作叙述。

## 一、明本禅师的墨迹情况

"墨迹"一词本是指笔迹、真迹之义,原无特别所指。然而,普遍擅长诗、书乃至绘画的宋元时期中国禅师有些虽然未曾到过日本,有些则曾应请东渡赴日弘法,他们亲笔所题的法语、顶相赞偈及诗文等墨迹作品,有不少被其门下习禅的日本僧人保留并在日本得以妥善保存下来。因而,"墨迹"一词转而成为特指宋元禅林的一种文化现象,即专指中国禅师的书画作品真迹。因此,本文所说的明本禅师"墨迹"即指明本禅师的书法作品。

中峰明本禅师于 1262 年出生于临安府钱塘县(今杭州市)的一个普通士人之家,他十五岁时即立志向佛,后往杭州市郊的西天目山拜高峰原妙为师,并长

---

① 韩天雍:《中国禅宗墨迹研究》第二章"中国宋元禅僧墨迹流派",北京:中国美术学院出版社,2008 年。

② 德国学者 Uta Lauer 曾以《中峰明本禅师的书法》为题撰写其博士论文,该著已有中文译本问世。见劳悟达著,毕斐等译:《禅师中峰明本的书法》,北京:中国美术学院出版社,2006 年。本文在撰写时,多有参考。

期在天目山弘传临济"看话禅"法与"坐禅"之风,故人们称之为"天目中峰"。

明本毕生弘扬临济看话禅,他继承乃师高峰原妙(1238—1295)之遗风,一生淡泊名利,韬光养晦,拒任名刹住持,常年草栖浪宿,始终与朝廷保持着一定的距离。其高风亮节,为世人所称道。其世系弟子遍布海内外,有"临济子孙遍天下,天下临济归中峰"之说。元代文人黄潜在《〈无见睹禅师语录〉序》即作如是说:"入国朝以来,能使临济之法复大振于东南者,本公(即明本)及(无见先睹)禅师而已。"①可见当时中峰明本已然被视为南方最具影响力的一位禅师。因其在中国佛教史上有着重要的地位和影响,而被时人誉之为"江南古佛"。②元代名儒郑元佑曾这样评价道:"国师(明本圆寂后被追谥为"普应国师")之弟子,东弹三韩,南极六诏,西穷身毒,北弥龙沙。"③可见当时僧俗四众及各界人士,前来求法者不可胜数。上自文人权贵,下至庶民百姓,乃至海外僧人学者,多有仰慕明本之德名,争相前来追随明本求法习禅的。值得注意的是,与一般的参禅求法不同的是,这些仰慕明本前来求法者,往往是"出纸求指示"(《示海东渊首座》)、"出纸求语警策"(《示荣藏主》),而明本则是"直笔以拟之"(《示宗已禅人》)、"直笔以此答之"(《示海东渊首座》),在《天目中峰和尚广录》和《天目中峰和尚杂录》中,诸如此类的明本之法语比比皆是。另外,相传明本禅师身边常有两位头陀替他扛纸,凡是有人前来乞求法语,他就信笔书之。④无数的求法者往往"携纸求法",明本则是有求必应、"直笔作答",这种独特而又别致的参禅方式在中国禅宗历史上似乎并不多见,这从另一个侧面反映出求法者对明本禅师墨迹亦偏爱有加(笔者妄加猜测,这些求法者中不排除有人名为求法,实则为求书而来的),也说明明本禅师的墨迹在生前就已颇为时人所重。

明本禅师习学书法的经历,今已不可得而知。但他与同时代的不少著名文人、书画家多有往来,却是事实。如元代著名书画家赵孟頫、管道升夫妇均是明

① (元)黄潜:《〈无见睹禅师语录〉序》,《卍续藏》第122册,第231页。
② (元)祖顺:《元故天目山佛慈圆照广慧禅师中峰和尚行录》,《禅宗全书》第48册,第282页。
③ (元)郑元佑:《侨吴集》卷9《立雪堂记》,《四库全书》本,第30页。
④ (明)无愠编:《山庵杂录》卷上,《卍续藏》第148册,第172页。

本门下俗家弟子,其他如鲜于枢、邓文原、冯子振、虞集、杨维桢等擅长诗文书画的元代文人也与明本多有往来交集,可见明本在书法方面所受时代影响也是不言而喻的。① 特别是元代著名书法家赵孟頫,其一生抄写佛经诗书不辍,为后人留下了许多宝贵的艺术珍宝。赵孟頫与明本禅师过从甚密,他写给明本禅师的书信以及其一门所书明本的诗谒法语作品也大多保留下来,亦为其书法中的精品。② 遗撼的是,中峰明本复赵孟頫一家的信札(墨迹)却未能得以保存。据明顾清《松江志》,明本禅师"手书遗迹留天目山者众甚多"③。然而,由于种种原因,明本留下的大量墨迹在国内几乎没有保存。

幸运的是,由于明本禅师门下前来求法的日本弟子众多,明本为这些弟子所题墨迹也多被他们携带回国,从而明本墨迹即书法作品中的部分得以在日本以及海外保存至今。日本学者所编的《禅林墨迹》(田山方男编,东京,禅林墨迹刊行会,1955年)、《墨迹大观》(芳贺幸四郎编,东京,求龙堂,1977年)基本收录了中峰明本现存的绝大部分书法作品。

根据明本书写这些作品的用途的不同,我们可以将这些墨迹分为法语、题赞、题跋、书札及题词等类别。法语,如"为远溪祖雄题写的法语";题赞有明本为自己顶相所题的自赞,如高源寺所藏顶相、神户数本家所藏顶相,以及明本为其他作品所题的赞语和题跋,如《观音》像题赞、《金刚经》题跋等;书札(书信),如"致性海道人札","致僧济札"等;题词仅有一件,即为一草庵题写的"会庵"。

从文化史、艺术史的角度来看,这些明本墨迹作品的价值十分重要,它们不仅有珍贵的艺术价值,还有相当重要的学术价值。现存明本著作主要有两种,即《天目中峰和尚广录》和《天目中峰和尚杂录》,其中《杂录》的"编者不详",且目前所见的《杂录》的最早版本见之日本学者所编的《卍续藏》第122册,约成书于日

---

① 劳悟达著,毕斐等译:《禅师中峰明本的书法》第二章有关内容,北京:中国美术学院出版社,2006年。
② 赵孟頫致中峰明本的十一封信札,书法界分别称之为吴门帖、俗尘帖、山上帖、南还帖、醉梦帖、还山帖、入城帖、丹药帖、尘事帖、疮痍帖等。
③ 转引自韩天雍:《中日禅宗墨迹研究》,北京:中国美术学院出版社,2008年,第47页。

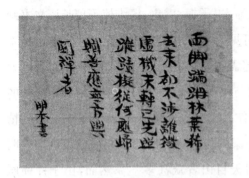

图1 明本书释智愚"善应无方"诗　　　　　　图2 明本题"会庵"道号

本明和六年①，笔者估计，《杂录》的编纂或许与明本墨迹在日本得到妥善保存密切相关。

## 二、自成一体的"柳叶体"：明本书法的艺术特征

国内书画界关于明本墨迹的评论，最早见诸明代作家刘璋《皇明书画史》，并将中峰之书称为"柳叶体"。刘璋评说道："明本书类柳叶，虽未入格，亦自是一家。"②这一基本论点，有三个值得注意的地方：一是明本书笔画形状类似柳叶，故后人称之为"柳叶体"，二是从价值上评判其"不入格"，亦即与主流书风格格不入；三是认为明本书法还是"自是一家"的。这几点看法也比较有代表性，无疑也为后来业界学者所沿习。

实际上，所谓"柳叶体"的说法其来有自，最早是指魏晋时期的书法家卫瓘的篆书。宋代朱长文（1039—1098）在《墨池编》卷一引梦英所撰《十八体书》中说："柳叶篆者，卫瓘所作。卫氏二世工书，善数体，又为此法。其迹类蘸叶而不真，笔势明劲莫能传学。卫氏与索靖并师张芝，索靖得张芝之肉，卫瓘得张芝之筋，

① 纪华传：《江南古佛：中峰明本与江南禅宗》，北京：中国社会科学出版社，2006年，第91—93页。
② 载（清）姜绍书、（明）刘璋撰，张斋辑校：《无声诗史皇明书画史》，太原：山西教育出版社，2015年，第164页。

故号一台二妙。"①卫瓘是魏晋时期一位颇有创意的书法家,他与尚书郎敦煌索靖俱善草书,并且一同师法于张伯英(张芝),时人将卫氏父子及(索)靖三人之书号为"一台二妙"。

由此可知,"柳叶体"最早是指魏晋时期的书法家卫瓘的篆书——柳叶篆,因其形如柳叶,故名。可惜的是,卫氏传世的作品主要是章草,其"柳叶篆"作品并没有留传下来。而中峰明本的书法,主要是行书或行草,这是两种完全不同的字体。明代文人刘璋显然应该知悉"柳叶体"这一术语的早期用法,他之所以还是将中峰明本书法称之为"柳叶体"时,很可能是强调明本与卫瓘的书法在风格上的某种联系或类似之处。

劳悟达在其《中峰明本的书法》一著中分析指出,朱长文所刻画的柳叶体的特征,有三点与中峰明本的风格相契合:"点线不直""笔法劲爽""无法习得"。②韩天雍在《中日禅宗墨迹研究》一书中这样评价明本的书法:"这些墨迹大多呈一种共同的奇异特征:笔划似一种矮竹叶,世称'柳叶体'。文字点画似乎从草简中来,有如乱石铺街,风扫落叶。整个章法又宛如茂林修竹,秋风萧瑟。让人感到愤世嫉俗,铿锵有声。或许是出自特有的禅心,超然于技法之外,但又在法度之中,应是他在妙悟的世界中自然流露的心灵轨迹。"③综合上述说法,加之刘璋的评说,为我们认识、理解和欣赏明本"柳叶体"书法的艺术特征提供了重要参考。

如果从书写技巧和风格的角度来看,中峰明本的书法还是明显带有西汉至东晋时期四百多年间流行的"章草"(或韩天雍所称之简草,即"汉简草书")书法艺术的一些特征。除篆体外,卫瓘、索靖还以章草名家的。"章草"是今草的前身,是篆书演进到隶书阶段相应派生出来的一种书体。章草与今草的区别主要是保留隶书笔法的形迹,上下字独立而基本不连写。章草结构严谨、章法活泼、点画劲挺、形态规范,字里行间透露出一种高古之意。明本所书墨迹作品之所以

---

① (宋)朱长文纂辑,何立民点校:《墨池编》,杭州:浙江人民美术出版社,2012年,第33页。
② (德)劳悟达著、毕斐等译:《禅师中峰明本的书法》,北京:中国美术学院出版社,2006年,第102页。
③ 韩天雍:《中日禅宗墨迹研究》,北京:中国美术学院出版社,2008年,第49页。

被称为"柳叶体",除笔画两端略尖、形若柳叶之外,在审美风格上也与被后人称为"柳叶篆"的卫瓘及其同时代的善书章草的索靖的作品有类似之处。另外,从明本之书法作品中,我们也不难看到二王、欧阳询以及苏东坡等传统书家的某些痕迹,明本之书法也是在传统书法的熏习中成长起来的。

从技法上看,明本"柳叶体"书法至少有以下几个重要特征:

第一,笔画的点与线通常不平直,而是婉转弯曲。说明明本在书写运笔时,笔尖先落地,然后中间增宽,最后又缩为比较纤细的比例,从而呈现出柳叶一般的形状;

第二,笔势明晰遒劲,笔画婉转且有力,从而克服了人们心目中"柳叶"柔软无力的外形特征,结果形成了如雕刻一般的效果,由此也增加了书法的表现力;

第三,从作品的总体布局和结构来看,明本的书法虽然字形大小不一,却错落有致,从而使得作品整体风格别有一番和谐之美。因此明本书法之风格显得别具一格,很难成为一般人书法之募本。可以说,在中国书法艺术史上,明本的书法是自成一家的。

图3 中峰明本书《劝缘疏》(局部)

第四,明本禅师的这种书风显然并非中国书法的正统,因此它也无法通过临募以往的传统碑贴名作的方式而获得。[①]

明本的书法作品看上去用笔随意,如柳叶飞舞之状。其"柳叶书"的书法风

① [德]劳悟达著、毕斐等译:《禅师中峰明本的书法》有关分析论述,北京:中国美术学院出版社,2006年,第102页。

格,我们很难找到其笔法之直接渊源。众所周知,明本与元代大书法家赵孟頫等当时的文人士大夫有着密切的交往,这说明他应该也是了解并熟悉中国传统书法的。但是,我们在欣赏明本的富有原创性的"柳叶体"书法作品时,却难以看出明本的书法艺术所受中国书法传统的直接而重要的影响。

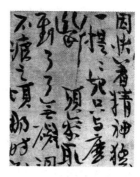

图4 《与济侍者札》(局部)

正因如此,明本的这种风格显然也不为当时书画界传统所认可,即"不入格"。或许正因为明本的书法与传统风格的迥然不同的另类风格,其结果使得元以后中国历代书法鉴赏家很少有对明本的作品予以收藏和讨论。这应是中峰明本的作品未能被当时的书法界重视和认可,且在中国国内几乎无一留存的一个重要原因。另外一个因素,或许是作为高僧的明本禅师名声太盛,从而掩盖了其书法艺术上的成就。

### 三、禅宗书法:明本的禅法与书法

与明本的书法在元明以后中国国内几乎无一保存的命运大相径庭的是,明本的墨迹在日本却受到重视并得到了完整地保存。中峰明本禅师是元代最著名的禅师之一,他的影响更是遍及海外,朝鲜、日本、越南等国众多僧人均前来参学,尤其是日本门徒众多。[①] 明本禅师的不少作品真迹由当时来华留学的日本僧侣带回东瀛,其"柳叶书"在日本社会的影响也十分显著。当代国内书画界也有这样一种说法,认为明本的柳叶书传到日本以后,影响重大,并成为日本"和氏书法"之渊源。而中国留日艺术家接受"和式书法"影响者也不在少数,尤为突出的如丰子恺、弘一法师等。[②] 可见,正是这些日本弟子在后来中峰明本的书法传

① 参见笔者所撰:《元代入浙巡礼求法的日本僧人》一文,载光泉主编:《第四届灵隐文化研讨会论文集》,北京:宗教文化出版社,2017年。
② 《中峰明本行书释智愚「善应无方」诗立轴纸本》,https://www.zai-art.com/appwrapper_dist/appShare/work.html?id=4c36f479c3ef4b7084fce5e1d6462b66。

播中发挥了关键的作用。

同时我们还发现,不仅是明本禅师的柳叶书,与宋元时期的文人书画相比,中国禅宗僧人的艺术作品(禅画)也有类似的情况发生。在具有强大的文人书画传统的国内书画界,禅师绘画作品也像明本的墨迹一样未能受到应有的重视,从而这些禅书、禅画大多未能得到很好的保存和收藏。如宋僧牧溪的禅画,其命运与明本的书法颇为类似,其在国内书画界所获评价不高,但通过入宋的日本禅僧将其携带回日本,却在异邦大放光彩。当然,这有日本社会历史的因素。在当时,日本的武士阶层正在努力寻找自己的文化身份,而来自中国的禅宗文化恰好以其哲学伦理和审美观迎合了这些新兴统治者的需要。这是诸如中峰明本的禅书、牧溪的禅画作品在日本受到高度重视和完整保存收藏并得到广泛传播的一个重要理由。

因此,我们在探讨明本的书法时,还有必要引入"佛教书法"或"禅宗书法"这一概念,以此与正统的"文人书法"传统相区别。

在中国书法史上,佛教对中国书法的影响不容忽视,僧人书家也层出不穷,著名者亦不下百余人。历代书法的作品,都是世人临摹学习的典范,僧人书法的创作,也一代代传承不息。如魏晋六朝时支遁、康法识,释洪偃、安道壹等,他们或"善草隶",或工正书。隋朝时著名书僧智永禅师乃王羲之的第七世孙,相传他曾书《真草千字文》八百本,成为当时和后世学习的范本。从此纷纭的草书渐归统一,奠定了唐朝以来千余年草书的笔法基础。他发明的"永字八法"[①],也成为后世习字的规范。唐朝时一代草书宗师——释怀素亦曾临智永《千字文》,其书法笔走龙蛇,气度非凡。出自他手中的《自叙帖》《苦帖》,至今仍是中国书法中的瑰宝。然而,总的说来,唐以前的佛教书法与传统文人书法之间并无明显的差异和不同。而随着中国化的佛教——中国禅宗的出现及其在社会上的广泛流行,中国书法及其审美观念亦开始出现了另一种发展演变的轨迹。

---

① "永字八法"是:一侧,即点;二勒,即横画;三努,即直画;四趯,即勾;五策,即斜画向上者;六掠,即撇;七啄,即右之短撇;八磔,即捺。这八法能通一切字,是历来学习者用笔法则。参见诸宗元《中国书学浅说》,民国万有文库本。

中国禅宗的特色是主张"不立文字,教外别传,直指人心,见性成佛"。禅宗提出"平常心即道",崇尚简单、直接,对于传统佛教的坐禅、诵经及苦行的修行方式实现了超越。在"若不究心,坐禅徒增业苦;如能护念,骂佛犹益真修"的思想支配下,禅宗各派中普遍出现不尚坐禅、不尚苦行的现象,随缘任运,机锋棒喝,乃至呵佛骂祖,亦狂亦癫。令人惊奇的是,与此同时的中国书法也出现了十分类似的现象,一种气势磅礴,狂态逼人的草书——狂草,这种以抒发书写者情感、充分表达作者个性为无上至尊的艺术,几乎垄断了晚唐乃至五代书坛,而其中的领袖人物则几乎全是佛门禅僧:巧光、亚栖、梦龟、彦修、贯休等等……

古代禅师们的写字作画意在以书(画)证禅或以借书画等载体来表现禅意,这与普通文人和士大夫的写诗作画之间是有着很大的不同的。当然,禅宗僧人并非生活在真空中,他们同样也受到传统和时代思潮的影响,而且伴随着佛教中国化的进程的加剧,作为中国化佛教的典型代表,禅宗还特别强调世间与出世间打成一片。因此我们认为,"禅宗书法"渊源于中国传统的文人书法传统,但随着禅宗文化的盛行,佛教禅宗书法又逐渐形成有别于传统文人书法的审美风格和旨趣。这两大艺术传统之间有分有合。对禅宗书法作品的解读、评价和欣赏,显然也不能完全用文人书法传统的标准来评判和衡量。"禅宗书法"是禅宗与书法交融之后的产物。禅宗书法,可以把它描述为禅师独特的精神状态和个性的真实体现。

从明本之书法作品中,我们虽然也不难看到二王、卫瓘、欧阳询以及苏东坡等传统书家的影响和痕迹——毕竟明本之书法也是在传统书法的熏习中成长的,但由于明本将自己的内心、感情完全融汇其中,因此形成了自己独树一帜的风格——而这种风格显然并非正统书法风格的反映。因此,"自是一家"的明本的柳叶体书法与这两大传统之间亦有分有合,但其更多地还是体现了禅宗书法的传统。明本的书法是元代"禅宗书法"之典型代表。

因此,我们有必要结合明本的禅法思想和实践来探讨其与明本墨迹之间的内在关联,以期揭示明本柳叶体书法所蕴涵的思想内涵和独特的艺术魅力。我们应当看到,明本一生行谊中酷爱庵居修行,颇有隐逸之风,其个性追求自由,不愿受世俗种种的牵累。从明本禅师的书法作品中,无疑也透露出明本独特的个性特征。

可以说,明本的书法就像他一生的修行道路一样,表现出强烈的独立自由之感。明本的书法作品就像他与众不同的修行生活一样,打破成规,走自己的路,从而自成一家。

# 王灵官信仰的历史变迁与空间传播

何兆泉　孟晓荣①

（中国计量大学人文与外语学院）

## 一

　　王灵官，又名王善、王恶、王天君、灵官王元帅等，是中国民间信仰之一，各地道观镇守山门之武神，或称护法监坛之神，类似佛教中的韦陀、四大天王，相传又为道教"五百灵官"的统帅，在神仙体系中还是雷部三五火车雷公、玉枢火府天将、真武大帝佐使等等。王灵官的形象通常为赤面，三目，披甲执鞭，其主要职掌为司天上、人间纠察之责，保民护法、除邪斩魔，民间有赞曰："三眼能观天下事，一鞭惊醒世间人。"王灵官信仰在中国历史上源远流长，而且影响广泛，在现代社会仍广为人知，但迄今为止学术界对其研究还相对较少，现有的研究成果则多半长于故事描述②，相关问题分析尚留许多待发之覆，有关王灵官信仰的来龙去脉多如云山雾罩，再加上灵官形象又频见于明清以来的小

---

① 作者简介：何兆泉，中国计量大学教授；孟晓荣，中国计量大学中国哲学专业硕士研究生。

② 比较有代表性的相关研究论文有郭铸：《王灵官的故事》，《中国道教》1993年第4期；周崇林：《王灵官与萨天师的故事》，《中国道教》2002年第4期；张泽洪：《明代道士周思德与灵官法》，《中国道教》2006年第3期；雷文翠：《〈咒枣记〉中的王灵官故事初探》，《枣庄学院学报》2008年第3期。

说①,以致信仰变迁的历史事实与故事虚构往往混淆莫辨。故此,本文主要从时、空两个纬度略加考察,试图梳理王灵官信仰的历史变迁与空间播布的基本情况,期望能够引起学术界对中国灵官文化的更多关注与讨论。不妥之处,尚祈方家批评指正。

二

在道经中,灵官是仙官之称,《汉武帝内传》谓:"阿母昔出配北烛仙人,近又召还,使领命禄,真灵官也。"②李唐时"五百灵官"作为道教诸神渐渐流行,不过当时的"五百灵官"与王灵官实无瓜葛,反而是张怀武"张灵官"等更为人所重。③一般认为,王灵官信仰源于宋代。其传说分歧不一,清代道士张继宗所撰《神仙通鉴》的记载流传较广。根据《神仙通鉴》记载:

> 王灵官乃玉枢火神,降为山灵精气,为湘阴之庙神也。铁面朱髯,初无姓名。西河萨真人萨守坚,见其庙祀血食太甚,乃飞符火焚其庙,王灵官以无辜焚,奏于天庭,玉帝赐予慧眼并金鞭;准其阴随萨真人,察其过错,历十有二年,以慧眼观察,见真人无过可寻。及至闽中,遂拜为师,誓佐行持。真人乃劈干卦"王"字为之姓,以"善"字号其名。为奏天庭,录为雷部三五火车雷公,又称豁落灵官,三十六天将之一,为道教护法监坛之神。

---

① 王平:《〈水浒传〉"灵官殿"小考——兼及〈水浒传〉成书问题》,《辽东学院学报》(社会科学版)2010年第1期。

② 《汉武帝内传》实为神话志怪小说,作者班固,但一般认为出于魏晋间人伪托。

③ 徐铉:《稽神录》卷五《张怀武》:"南平王钟傅镇江西,遣道士沈太虚祷庐山九天使者。太虚醮罢,夜坐廊庑间,忽然若梦见壁画一人前揖太虚曰:'身张怀武也,尝为军将,上帝以微有阴功及物,今配此庙为灵官。'既寤,起视壁画,署曰'五百灵官'。"此系宋初所记唐末时事,然据文献记载,唐代开元年间庐山已有"五百灵官"壁画,流风所及,至北宋开封玉清昭应宫之太一东西两廊也绘有"五百灵官"壁画。详见陈舜俞《庐山记》卷一《叙山水篇第一》、李攸《宋朝事实》卷七《道释》等。

据此,王灵官出自道教神仙传说,似并非实有的历史人物,只是相传他是萨守坚的弟子。① 而萨守坚是北宋徽宗朝的西蜀道士,获受林灵素和张继先等人道法,后又跻身道教神仙体系②,身份十分复杂。萨守坚精通符咒道法,相传他降服王灵官后,遂将此道法传授给王灵官。③ 明代《正统道藏》(1445 年始刊)所收《道法会元》一书,全书乃汇编宋元以来诸符箓道派法术而成,书中载录了《雷霆三五火车王灵官秘法》。其后《万历续道藏》(1607 年始刊)又新录《太上元阳上帝无始天尊说火车王灵官真经》一卷。王灵官秘法、王灵官真经等编入道藏,当然可见王灵官信仰的重要性,但《正统道藏》《万历续道藏》都是明代编纂,《道法会元》《太上元阳上帝无始天尊说火车王灵官真经》等文献作者均亡佚不闻,学者一般都推断也出于明人之手,因此并不足以说明王灵官信仰在明代之前的实际情况。

从道教文献看,王灵官的形象虽然最早附会于北宋徽宗年间,然而考诸史实,宋代并没有王灵官信仰的确凿记载。明刻《三教搜神大全》卷二记载:

> (萨守坚真人)继至湘阴县浮梁,见人用童男童女生祀本处庙神。真人曰:"此等邪神,好焚其庙!"言讫,雷火飞空,庙立焚矣,人莫能救。但闻空中有云:"愿法官常如今日"。自后庙不复兴。真人至龙兴府,江边濯足,见水有神影,方面黄巾金甲,左手拽袖,右手执鞭。真人曰:"尔何神也?"答曰:"吾乃湘阴庙神王善,被真人焚吾庙后,今相随一十二载,只候有过,则复前仇,今真人功行已高,职隶天枢,望保奏以为部将。"真人曰:"汝凶恶之神,坐吾法中,必损吾法。"其神即立誓不敢背盟。真人遂奏帝,收系为将,其应如响。

---

① 有学者认为,历史上确有王善其人,乃是萨守坚弟子,林灵素再传弟子,后来道教将其尊为护法灵官后,对其来历进行了一番"艺术"加工。参见马书田:《超凡世界——中国寺庙 200 神》,北京:中国文史出版社,1990 年,第 140 页。不过,由于研究者并未提供确凿的证据,这样的说法颇值得商榷。
② 李叔还:《道教大辞典》,杭州:浙江古籍出版社,1987 年,第 549 页。
③ [日]窪德忠:《道教诸神》,萧昆华译,成都:四川人民出版社,1996 年,第 138 页。

学术界一般认为，《三教搜神大全》等明代神谱类著作明显受到元刻《搜神广记》等文本体例的影响①，甚至有人认为《三教搜神大全》的内容也可能系承袭元人著作，严格来说是元人始撰、明人增补而成。但《三教搜神大全》所记王灵官故事始撰于元代，他也只是依附于萨守真故事的配角，因追随萨真人而被封为部将，其形象尚不突出。王灵官信仰的真正兴起应该还是入明之后，特别是受到朱明皇室的推重而获得格外的发展。《明实录》是较早论及王灵官的官修史籍，后来类似记载又被修入《明史·礼志》等正史文献，其谓：

> （崇恩真君萨守坚）西蜀人，从王侍宸、林灵素学法有验。而隆恩真君，则玉枢火府天将王灵官也，又尝从萨真君传符法。永乐中，以周思德能传灵官法，乃于禁城之西建天将庙及祖师殿。宣德中改庙为大德观，封二真君。成化初，改观曰显灵宫。……夫萨真君之法，因周思德而显，而其法之所自，又皆林灵素辈所附会。②

据此，王灵官信仰的兴起，实与明代永乐年间的周思得（德）有莫大关系。关于这一点，明人倪岳（1444年—1501年）也提供了进一步的佐证，其谓：

> 道家之言有曰"崇恩真君"，姓萨氏，讳坚，西蜀人，在宋徽宗时尝从虚靖天师张继先及王侍宸、林灵素传学道法，累有灵验。而隆恩真君则玉枢火府天将王灵官也，又尝从萨真君传授符法。国朝永乐中有杭州道士周思得，以灵官之法显于京师，附体降神，祷之有应，乃于禁城之西建天将庙及祖师殿。宣德中，改庙为大德观，封萨真人为"崇恩真君"、王灵官为"隆恩真君"，又建一殿崇奉二真君，左曰"崇恩殿"，右曰"隆恩殿"。成化初年，改观曰宫，加"显灵"二字。逐年四季更换袍服，三年一小焚化，十年一大焚化。又复易以新制珠玉锦绮，所费不赀。每岁万寿圣节、正旦、冬至及二真君示现之辰，皆

---

① 孔丽娜：《元刻〈新编连相搜神广记〉诸神故事来源考》，陕西师范大学硕士论文2006年。
② 《明孝宗实录》卷十三，弘治元年（1488年）四月。

遣官致祭,其崇奉可谓至矣。今就其言议之:萨真人之法,因王灵官而行;王灵官之法,因周思得而显。而其法之所自,皆宋徽宗时林灵素辈之所传。①

倪岳在此特别强调,"萨真人之法,因王灵官而行;王灵官之法,因周思得而显"。周思得(1359年—1451年)是杭州道士,又名思德,得龙虎山正一派道法的传授,尤善持五雷火府之法,故得以显扬宋元以来的萨守坚、王灵官等道法一脉。明代皇帝多崇信道教②,周思得显扬灵官法,很大程度上也因为获得明成祖的信任。明代张岱称:

周思得,钱唐人,得灵官法,先知祸福。文皇帝北征,召扈从,数试之不爽。号"弘道真人"。先是,上获台官藤像于东海,朝夕崇礼,所征必载以行;及金川河,舁不可动,就思得秘问之。曰:"上帝有界,止此也。"已而,果有榆川之役。③

对此,清代学者赵翼进一步考证明人文献说:

道观内多塑王灵官像,如佛寺之塑伽蓝作镇山门也。孙国牧《燕都游览志》谓:永乐间有周思得者,以王元帅法显京师。元帅者世称灵官,天将二十六居第一位。文皇祷辄应,乃命祀于宫城西。宣德初拓之,额曰大德显灵宫。按《帝京景物略》及《列朝诗集》,文皇获灵官藤像于东海,朝夕礼之如宾客,所征必载。及金川河,舁不可动,就思得问之,曰:"上帝界至此也。"果有榆川之役。④

---

① 倪岳:《青溪漫稿》卷一一《崇恩真君 隆恩真君》。
② [日]窪德忠:《道教史》,上海:上海译文出版社,1987年,第251—254页。
③ 张岱:《夜航船》卷一四《弘道真人》。
④ 赵翼:《陔余丛考》卷三五《王灵官》。

由此可见，周思得因预测祸福屡试不爽，加上有祷则应，明成祖颇为信任，以致亲征漠北蒙古时也都要抬举藤灵官相随军中。于是，永乐十八年（1420年）明廷于禁城西侧兴建天将庙及祖师殿，分别供祀护法神王灵官及其受法祖师萨守坚。宣德（1426年—1435年）中，改庙为大德观，封萨真人为"崇恩真君"、王灵官为"隆恩真君"，并新建一殿崇奉二真君，左曰"崇恩殿"，右曰"隆恩殿"。有学者研究指出，大德观属明皇室内道场，专门为皇室祷祠服务，明人即云："大德之祠，国之秘祠也。"[1]在周思得构建道法体系、显扬灵官法的同时，王灵官等神格也不断提升。成化（1465年—1487年）初年，明廷又改大德观为显灵宫。

正所谓风过草偃，上行下效，在皇室扶持的影响下，王灵官信仰也很快在明代社会各阶层传播开来。明世宗是明代最为沉醉道教的皇帝，明代有名的神魔小说《北游记》正好成书于嘉靖年间（1522年—1566年），其中就大段演绎了王灵官的故事。在《北游记》中，王灵官原名王恶，先被萨守坚真人焚庙，后被真武大帝收服为护法元帅，并因真武大帝的举荐而被玉皇大帝册封为豁落王元帅，位于真武大帝佐使之列。[2] 明代中后期吴承恩的《西游记》中，王灵官作为真武大帝的佐使曾在灵霄宫上与孙悟空鏖战[3]，受文学作品的深远影响，王灵官作为真武大帝的佐使形象基本确定下来。万历年间（1573年—1620年）成书的神魔小说《咒枣记》（又名《萨真人得道咒枣记》）以描述萨真人故事为主，但也重点涉及王灵官被降服成神的故事。[4] 明代的这些文学艺术的创作，极大丰富了王灵官的形象，使其信仰更加深入人心。

## 三

《王灵官宝诰》云：

---

① 张泽洪：《明代道士周思得与灵官法》，《中国道教》2006年第3期。
② 余象斗：《北游记》第二十二回《祖师河南收王恶》。
③ 吴承恩：《西游记》第七回《八卦炉中逃大圣　五行山下定心猿》。
④ 邓志谟：《萨真人咒枣记》。参见雷文翠：《〈咒枣记〉中的王灵官故事初探》，《枣庄学院学报》2008年第3期。

　　先天主将，一炁神君。都天纠罚大灵官，三界无私猛吏将。金睛朱发，号三五火车雷公。凤嘴银牙，统百万貔貅神将。飞腾云雾，号令雷霆。降雨开晴，驱邪治病。观过错于一十二年，受命玉帝。积功勋于百千万种，誓佐祖师。至刚至勇，济死济生。方方阐教，处处开坛。豁落猛吏，三五火车。太乙雷神应仙天尊。

　　明代乍兴并日益风靡的王灵官信仰，其形象中至少包含着雷神雷公崇拜、火神崇拜和传法护法崇信等传统的明显烙印。如王灵官号"三五火车雷公"，火车雷公即是雷部的下辖官员，这里既受到先秦以来中国民间自然崇拜的影响，又与北宋末年神霄派雷法的道教传承有密切关系。又，明代王灵官曾被封为"玉枢火府天将"，有雷火之能，且脚踩火轮，其三目、持鞭的形象更与"火德星君"十分类似。因此，人们又往往尊王灵官为火神，许多灵官像都是朱发红袍，生就一副火神模样，各地火神庙中也喜欢供奉灵官。这也充分说明，明代王灵官信仰虽然最初是因为皇室的尊奉而骤起，但在其后来的传播过程中，其实已吸收融合了传统文化中的多元基因，也受到道教法术与其他民间信仰的交互激荡。这既丰富充实了王灵官的信仰内涵和生动形象，也反过来不断扩大了它在社会各阶层中的影响。

图1　　　　　　　　　　图2　　　　　　　　　　图3

火德星君形象(图1、图2)　　　台北行天宫王灵官形象(图3)

　　关于王灵官信仰的具体传播情形，这是很难处理的棘手问题。可行的研究路径是从灵官殿的修建作为切入点来考察信仰的推广情况，类似于通过寺院研究来考察佛教文化的传播。根据文本与历史的考察，永乐年间北京创修的"天将庙"，以及明代后来所修的"隆恩殿""大德观""显灵宫"，都可视为皇家创修灵官殿的典型。经过明清两代的尊崇和推广，王灵官信仰已逐渐发展至全国各地，但民间灵官殿兴废更迭无常，若要全面考察其传播扩散的实际情况，需要依赖长期的、充分的个案研究的积累。为便于操作，笔者先主要利用《中华道藏》《中国基本古籍库》《中国地方志》《四库全书》等人文数字化资源，对应某一时代现存文献来检索当时灵官殿的修建实情，另外通过网络资源来检索迄今仍存的全国道观所设灵官殿情况，以期抛砖引玉，管窥一豹，先尝试做一个关于王灵官信仰空间传播的初步考察。

1. 明代王灵官信仰空间分布：明成祖永乐（1403 年—1424 年）中始兴于北京，明宣宗宣德年间（1426 年—1435 年）南京亦建王灵官祠。此后，至明世宗嘉靖年间（1522 年—1567 年），安徽、浙江等地方也有王灵官殿修建的明确记载。

《明孝宗实录》记载，详见上文，此处从略。《明史》卷五零《礼志九·诸神祠》等基本沿用了《明实录》，其谓："永乐中以道士周思得能传灵官法，乃于禁城之西建天将庙及祖师殿。宣德中，改大德观，封二真君。成化初，改显灵宫。"

明·沈应文《（万历）顺天府志》卷二《营建志》："朝天宫、灵济宫、显灵宫、混元宫，俱离城三里。"

明·徐学聚《国朝典汇》卷一九二《工部》："（嘉靖）三年（1524 年），营龙虡殿于显灵宫，以奉玄武。御史张曰韬奏乞停止，不报。"

明·佚名撰《金陵玄观志》卷二辑录了明礼部侍郎陈琏所著《灵应观碑略》，其谓："都城西南隅隆然而高者，曰乌龙潭山……宣德七年（1432 年）春，守备罗公于山之东建王灵官祠。"此处都城指明代南京。

明·徐弘祖《徐霞客游记·游白岳山日记》："……乃登太素宫。宫北向，玄帝像乃百鸟衔泥所成，色黧黑。像成于宋，殿新于嘉靖三十七年（1558 年），庭中碑文，世庙御制也。左右为王灵官、赵元帅殿，俱雄丽。"

民国·李楁《（民国）杭州府志》卷十二"东岳庙，在县南五里……正德五年（1510 年），羽士徐庆又修建王灵官殿于庙左。"（1922 年刊本）

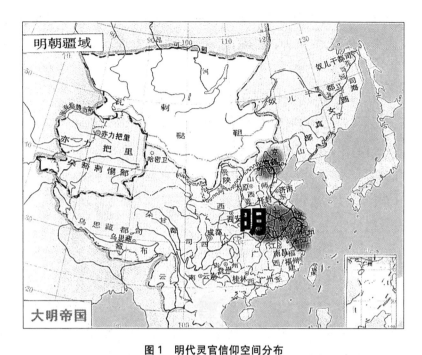

**图1  明代灵官信仰空间分布**

(注：图中深色部分为考证的空间分布区域，下同)

2. 清代王灵官信仰空间分布：进一步扩散，已覆盖河北、河南、安徽、浙江、湖南、云南等地。

清·曾国荃《(光绪)湖南通志》卷一六《地理志十六》："又有数支水逆流出佳木白鹿，经灵官殿，与耳石岭之水合。"（清光绪十一年刻本）今湖南省邵东县有灵官殿镇，耳石岭亦在邵东县。

清·谢俨《(康熙)云南府志》卷一七《方外志二》："钞定寺在罗汉山，殿阁重重，缀于峭壁。殿南有龙王庙，上数十武有寿佛殿、祖师殿、飞云阁，旁有赵道人墓，北有灵官殿、二清阁、玉皇阁、太清宫……"（清康熙刊本）

清·王士俊《(雍正)河南通志》卷十八"一自灵官殿拜台起，至新集。田间路旁，各挖沟一道，长二十里，宽三尺，深三尺，引水流入小江河。雍正五年开。"（清文渊阁《四库全书》本）

清·穆彰阿《(嘉庆)大清一统志》卷四四《承德府》："琳霄观，在乐平县喀喇河屯行宫东南,本朝康熙四十九年建。南向门外树坊二,门内为钟鼓楼,内为灵官殿,又内为圣母殿,又内为火神殿,殿额皆圣祖仁皇帝御书。"(《四部丛刊》续编本)

清·李桂林《(光绪)吉林通志》卷二六《舆地志十四》:"七圣庙有二:一在城东,正殿三楹,大门三楹,康熙五十四年建。一在城西南七十里东京城,正殿三楹,九圣殿三楹,娘娘殿三楹,灵官殿三楹。东西配庑各五楹,大门三楹。"(清光绪十七年刻本)

清·何绍基《(光绪)重修安徽通志》卷二三七引《歙县志》曰:"吴立循,黟县人……父又病笃,医治无效……遂下至灵官殿,碎其瓷石香炉,取铦利者,挖出肝一片,归而和药进之,父病顿愈。"(清光绪四年刻本)

清·嵇曾筠《(雍正)浙江通志》卷二三零《寺观五》:"(宁波府)佑圣观……(康熙)四十三年海关监督宝善重建真武殿。四十八年,海关监督穆尔萨重建灵官殿。(慈溪县)清道观……康熙年间重建大殿、文昌阁、官厅。雍正八年,住持冯守恒创建符官阁、灵官殿。"(清文渊阁《四库全书》本)

(注:颜色较深地区为空间分布区域。)

3. 现存各地王灵官信仰情况：除了新疆、西藏、内蒙等少数省份外，全国大部分省份都仍然建有王灵官信仰的道观或祠殿。

陕西宝鸡金台

吉林辽源福寿宫石刻

上海白云观

该节内容主要结合网络资源搜索、筛选,因篇幅有限,各地有关王灵官的相关图文信息就不一一具列,仅以汇总统计表格作为说明,以见王灵官信仰的深远和广泛的影响。

| 地区(省市) | 名称 |
|---|---|
| 北京市 | 白云观 |
| 浙江省杭州市 | 玉皇山道观 |
| 湖北省武汉市 | 长春观 |
| 安徽省宣城市 | 广教寺 |
| 安徽黄山市齐云山 | 雷霆纠罚司 |
| 天津市 | 娘娘宫 |
| 江苏省苏州市 | 玄妙观 |
| 湖北省武当山 | 元和观 |
| 河北省隆化市 | 万寿寺 |
| 湖北省荆州市 | 灵官殿、灵官庙 |
| 江西省抚州市葛仙山 | 灵官殿 |
| 陕西省华山 | 灵官殿 |
| 江西省鄱阳县 | 万寿寺地藏王殿 |
| 甘肃省兰州市兴隆山 | 灵官殿 |
| 福建省福州市 | 九仙观 |
| 吉林省辽源市 | 福寿宫 |
| 上海市 | 白云观 |
| 青海省西宁市 | 北禅寺 |
| 山西省珏山 | 真武殿 |
| 山东省泰山 | 泰神庙 |
| 四川省青城山 | 真武宫 |
| 台湾省台北市 | 行天宫 |
| 台湾省台中市 | 圣寿宫 |
| 台湾省台中市 | 玄元宫 |

（续表）

| 地区（省市） | 名称 |
|---|---|
| 浙江省杭州市吴山 | 玄妙观 |
| 浙江省湖州市 | 广惠宫 |
| 浙江省湖州市 | 烟霞观、古梅花观 |
| 浙江省温州市 | 慈湖八福砖塔 |

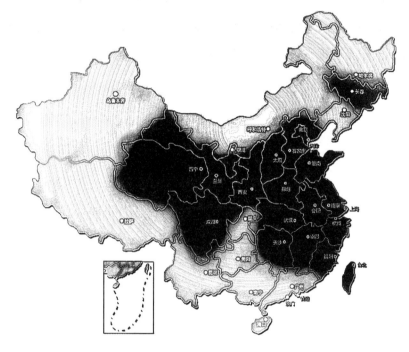

（深色为明确现存王灵官信仰的地区，其他地区情况还有待进一步考证）

综上所见，就初步考察来看，王灵官信仰因为受到朱明皇室的大力尊崇，故始兴于北京、南京等政治中心区域，并逐渐扩张至安徽、浙江等江南区域，后来又陆续传播至河北、河南、湖南、云南等地。若进一步从现存观殿考察，实际上王灵官信仰基本覆盖了全国大部分汉族聚居省份，东北至吉林，东南至台湾，西北至青海，几乎都有王灵官信仰的痕迹。需要注意的是，迄今仍然存在的各地灵官殿等，绝大多数应该都沿袭自明清或今人根据乡邦文献重新修复。如《武林玄妙观志》就记载,吴山玄妙观于明代几经扩建,灵官殿成为观内主要的七大殿(真武、三清、玉皇、三官、天医等殿)之一。因此,我们大概也可以推测,王灵官信仰自明朝永乐年间兴起,经明清数百年的传播推广,已发展为全国性的信仰。从王灵官信仰传播的具体情况来看,除了受到皇室扶持等政治因素的助力外,当然还受到中国本土道教文化(如宋明一脉的道教传承体系)和民间信仰(如真武大帝信仰、火神信仰)的交互影响,而民间口头传承的传说故事和明清小说等多元文学形式,对相关信仰实现从上到下、从中心到边缘的普及,无疑也有着非常巨大的影响。至于各地灵官的最初创建时间和演变过程的详细考证,则需要通过不同区域文化研究的不断推进,才能呈现出更加清晰的历史面目。

# 亦儒亦佛亦友人

## ——儒佛会通视域下冯登府与释达受交游考

房瑞丽[①]

（中国计量大学人文与外语学院）

**摘　要：**本文的学术研究视野是儒佛会通，以嘉道间浙江著名的学者冯登府和僧人达受为研究对象，分为三部分：一是冯登府的在儒而佛，二是释达受的在佛而儒，三是两人的交游过往。在此基础上，考察嘉道间江南儒僧群体的互动和交流，从儒佛会通的角度解读嘉道时期江南学术文化圈的另类交流。

**关　键　词：**冯登府　释达受　儒佛会通　嘉道

冯登府（1783—1841 年），字柳东，号云伯，又号勺园。他生活的嘉兴梅里，明清以来文人荟萃，有着良好的文化传统。他一生以著书立说为己志，著述丰硕，实践着儒家的"三不朽"。他又热心于家乡的文化事业和整理乡邦文献，整理《梅里词辑》《清芬集》，收集朱彝尊的佚稿成《曝书亭集外编》，还为家乡"能诗而无后"者倡捐清芬祠，以及重修曝书亭等。这些都可以看出他思想中对传统儒家观念的坚守。葛金烺、葛嗣彤在《爱日吟庐书画丛录》中，称其"克尽教职，无愧于古之师儒，以为司教者劝"[②]，表彰了他在甬上教授的十年，为儒者师，为教育事业所作出的贡献。综其一生[③]，毋庸置疑，他的思想以儒为主，特别是在早期，为

---

① 作者简介：房瑞丽（1978—　）女，河南夏邑人，文学博士，现为中国计量大学人文与外语学院副教授。

② 葛金烺、葛嗣彤撰，慈波点校：《爱日吟庐书画丛录（中）》，杭州：浙江人民美术出版社，第 503 页。

③ 笔者撰有《嘉道名儒冯登府生平事迹论略》一文，《中国古典文献与文化》2018 年第 2 期，可参阅。

了家庭的责任积极进取。但三十七岁及第后,特别是父亲去世的打击,使他产生了远离官场的想法,在思想上更加倾向于佛释之思。

## 一、冯登府在儒而佛

冯登府在《柳东居士长短句自序》中云:"余少喜侧艳,长益工愁。年时乃溺志于参同考异之编,焠掌于凡将元尚之书。"①也就是性好有韵之文,有志于经术。但他的父亲冯元曦终身教谕,未能及第,二弟登善盛年病逝,三弟登隽也因家庭负担未走读书致仕之路,所以他的科举之路肩负着家庭的希望和责任。在他往返京师八九次,历时二十余年,终于在三十七岁之时进士及第。但是在他任职翰林院庶吉士,到官仅三天,这一喜讯还未来得及告诉家里之际,他得到父亲因痰疾而殁的消息,这对他的打击是巨大的。随即回乡丁忧。他后来作诗记载了这一深深的遗憾和悲伤。《改官闽峤,南行,抵里自述》七首,其三云:"阿翁四十二,初赓鹿鸣诗。慷慨济时志,郁郁不得施。儿今早通籍,恨不亲见之。归来但涕零,风木长年悲。禄及生难待,祭薄养可知。一卷活民谱,儿今善所为。心死即身死,斯语常常思。勖哉继父志,敢忘剑汝时。"②父亲一生的心愿今得以实现,但亲已不在,唯有涕零、悲伤,也即产生了"心死即身死"的想法。他在《自题前尘图》十帧之十《蓬山应诏》中也表达了这样的心情。"自惭苦屋穷愁子,得列花鳌侍从官。泥金帖附家书法,尔时应博高堂欢。一朝宫柚香痕染,廿载青衫泪点干。寄言志士来宜早,神仙休欢鬓丝老。"③终于有机会谋求一官,而自己身份低寒,唯感自惭。而二十年的青衫泪早已变干,所有的努力都是为了博得高堂欢。而今亲不在,也就没有什么值得留恋的了。虽然后来服阕后,他被任为福建将乐县知县,仅七十五日便旋辞而归,并为自己刻了一枚印章,"廿年秀才 一等翰林 七十五日县令",这是戏谑的口吻,也是"心死"的注解。自此他绝意宦海,

---

① 冯登府:《柳东居士长短句·自序》,国家图书馆藏抄本。
② 冯登府:《小樯李亭诗录》(卷二),国家图书馆藏道光六年刊本。
③ 冯登府:《石经阁诗略》(卷五),国家图书馆藏嘉庆二十五年刻本。

"不自暇"而为学,专心著述立说。

冯登府生性淡泊,甘于清贫,厌恶官场丑态,自云:"我本贫家儿,百炼穷愁骨。最厌贵人态,常避粗官热。"(《改官闽峤,南行,抵里自述》七首,其二)他辞官后居里中自筑勺园,云:"今所食不过一粟,所居不过一廛。小邱、卷石、杂花、野竹,以吾身倘佯啸傲其间,无他思虑营营之扰。其视世之汨没者,虽均之未免有所待。而其取之也不贪,故其用之也不竭。江湖之浩荡,鸥鹭之间适,须于此,足吾欲焉。"①当辞官若干年后,他回忆自己的那段经历时,在《武陵章石渠诗钞序》说:"余则一官漫浪,护落风尘,今幸得遂初服,将采陔兰之馨,洁白华之膳。暇则与艑郎樵子呕吟,踯躅于山阿水涘之间,作一桃源渔父足矣。"(《石经阁文集续编》卷二)还在感叹当初选择遵从内心是多么快慰于心的事情。他在许多诗歌中,都表明了自己志在归隐山水田园间,追求那种现实与超然的自我情趣。如《自题东溪消夏图》:"亦欲归耕去,长年约溺沮。"《可盦以蜀山瓦炉烹弟二泉试阳羡茶》:"我是江南老桑苎,樵青携上五湖船。"《勺园杂兴,用韦左司春游南亭韵》:"物理各有托,我生忘辱宠。"《过三高祠》:"平生终羡渔装好,多事红衣画钓徒。"与冯登府的人生志趣相一致的,就是他的思想深处那种佛道那种禅意人生的追求。如他在《破山寺怀常尉寄蒋伯生丈》中,写道:"仙尉题诗去,孤云何处寻。惟余潭下水,(有空心潭)花落至今深。一径自幽竹,空山闻鼓琴。怀哉松月夜,杳矣清猿吟。"仙尉运用的是汉代梅福的典故,指梅福辞南昌尉,归里后,在一个早上抛妻弃子,成仙而去的传说。孤云的意象总是和禅意结合起来的,杜牧的《将赴吴兴登乐游原》诗中有"清时有味是无能,闲爱孤云静爱僧。""鼓琴"寓在两个人是追求超然自我,怀璞守真的保持真性情的知音,《庄子·渔父》篇载"孔子弦歌鼓琴,奏曲未半,有渔父者,下船而来。"松间明月,用以渲染幽然的禅境,由来已久,如唐雍陶《宿大彻禅师故院》诗:"竹房谁继生前事,松月空悬过去心。"宋戴复古《题赵庶可山台》诗之二:"松月照今古,樵风送往还。"而"清猿"的意象,更是禅意的外化,张锦辉在分析唐诗中的猿意象时,论道"作为大自然的一份子,猿在

---

① 冯登府:《石经阁文集》(卷三),《勺园图记》。

自然界中悠闲地生活着。而这种表现也正是每个主体最本真的原始状态，是文人内心真实情感的表露。可是世俗生活中的种种烦恼、痛苦使得他们无法享受这与生俱来的自由。在看到猿自由自在的游玩时，他们也渴望自由，向往自然，因为大自然比朝廷、比市井要纯洁得多、干净得多。此时当文人以禅者的眼光去看待猿时。它们的身上似乎都有着悠远的神韵和空明的意境。所以猿在成为禅境的外化时，也是诗境的组成部分。"①冯登府的这首诗中亦是如此。着眼于禅境的塑造与渲染，是写怀人，更是那种冲淡自然的禅味和禅意的书写。

实际上，在他的《四十初度诗》其六中，已经流露出来他人生后半段的思想倾向了，"鞠场鼎社我何曾，避俗媸闲得冷症。雪屋且停人日洒，竹街迟挂上元灯。吟髭才将新添老，宣发空搔欲近僧。噤瘝庠春寒梅格瘦，放晴好约探花明。""宣发空搔欲近僧"，就表明了自己的领悟，决定了自己后来的人生走向。

晚年，官居甬东，透悟人生，将禅理蕴含诗中更是常见，如《五月小住武林，晤屠筱园（湘之）、方雪斋（成珪）、吴辛峰（庆来）、金岱峰（衍宗）诸广文，排日有文宴之乐，用梅都官韵》："人生苦逼仄，忽忽少壮过。十年数旧交，故乡已无多。一官纵酸冷，闲适心神和。得酒共斟酌，衰颜红生涡。会合定有缘，聚散忘刹那。醼合太傅例，德免妇人诃。既醉杂谐笑，论交戒欺阿。今日倘不乐，明日当如何。"《叠前韵答筱园》："说经曲室密，问字符亭过。广文雅好士，来比鲫鱼多。游山竹扶老，晏坐松养和。相邀同听雨，瀑酿滴成涡。茗柯含儒理，香界悟禅那。斋早何肉断，累免周妻诃。得此山水郡，仕宦如林阿。一笑三千年，握手奈别何。（时将返四明）"这两首诗，是在往还家乡途中与友人的短暂相聚和寄赠友人之诗，从诗中可以看出，都是自己人生的感悟，是入佛后的参透。

他还在与朋友的书信中，不时地流露出他的超然世外的思想。如他在与好友严杰的回信中，写道："是故心无欲则静，静则安，安则适。举人世之荣辱、得丧、安危、顺逆，俱不足累我神明，搅我念虑。……四明非乐土矣，行将东至天台、雁荡，择地而隐，以求遂我之闲适已。托小筠为我买田巾子之山，卜邻桃花之洞，

---

① 张锦辉：《猿——唐代文人禅诗的另类书写》，《北京社会科学》，2014年第4期。

同为仙源渔父,子能移家而从乎。"(《复严厚民处士书》)表达了自己不为人世所累,而追求道家仙源渔父的归隐之情。他在《十二客者传并赞》中,对自己的状态的描述是"余穷于世久矣,为人所弃,不为物所弃,岂天之所位置啬于彼而丰于此耶?我巢之中有客庋止,结纳古欢,屏除势利,悦有涯之生,作无益之事。勿溷金榖,毋眩朝市,足我所好,不知老之将至云尔。"

在《金养虚诗集序》中,云:"诗不多作,偶一吟咏,辄悟道而一运于虚,泉鸣竹笑,自然成声。宎然而深者与目谋,穆然而长者与心谋。其视天地间,何在非诗?何在非道也?"虽是说金氏,但实与己通。而金氏之子似园之所以请冯登府作序,也是因为其"稍彻禅理也"。冯氏的涉禅理之深,在当时也是为人所熟知的。

他自署"歌罗庵主",也表明了自己的崇佛心态。他在四十岁时《自题前尘图》十帧之五中,怀念亡妻之作,题名为《昙华净果》,序云:"余室人李名畹,字梅卿,以癸未来归,十年食贫,瀞婉有德,兼工诗词,有《随月楼稿》,以壬申年亡。"诗有云:"优昙祇一见,地喜净果在。"苏辙《那咤》一诗,其中有"佛如优昙难值遇,见者闻道出生死"一句,冯登府正是化用此意,运用佛家语表现了与妻子的今世生死情缘。他在为李稺园《梵纲经直解改注》所作的序中云:"窃谓佛之言觉,独觉者觉。人形即寓生,无生者生具。每患爱河恒溺,苦海易沈。或蓂溷于戾车,或营求于吠舍。情禅佛说,撩量欢喜之丸;女市天开,瓾堕横陈之席。滗饭陀酒,浊此口舌;鼠槛雁疷,受诸苦蘗。"这些佛理若非深究禅意而能与之精神贯通者,则不能言之。

另外,从上面提到的他的诸多的佛理禅意诗也可以看出。他们的这种思想的形成,往往与他与僧友的交往也是密不可分的。在与冯登府交往的僧人中,他在诗歌中提到的有石佛庵的复庵,还有杭州的理庵、云懒上人等,其中与他交往密切的,或者说他提到的最多的,就是被阮元称为"金石僧"的西湖僧释达受。

## 二、释达受的在佛而儒

达受(1791—1858),字六舟,又字秋楖,号寒泉,又号际仁,又署万峰退叟,南屏退叟、小绿天庵僧、西子湖头摆渡僧。俗姓姚氏。浙江海宁人。他幼年多病，"频遭闵凶"，因而"失学"，出家海宁白马庙，遂入佛门。先后主持湖州演教寺、杭州净慈寺、苏州沧浪亭、海宁白马寺。他在金石学、篆刻、书法等方面有较深的造诣，以全形拓、锦灰堆之技艺，开金石学历史之先河。吴式芬《宝素室金石书画编年录序》中评价六舟的全形拓"肖形绘影，无弗工也"①。许瀚曰："精巧出人意表，如入意中，皆就原器拓出，不爽豪发，觉彩色模饰之图，又不足系余怀矣。"②他自云："壮岁行脚所至，穷山邃谷之中，遇有摩崖，必躬自拓之。或于鉴赏之家，得见钟鼎彝器，亦必拓其全形，庶几古人之制度可考，而究无关于实证也。"何绍基《僧六舟金石书画编年录序》："六舟长老，自为年谱，题曰《金石书画编年录》者，以生平于经禅之暇，酷嗜金石兼及书画也。方外之杰，究心书画者，自古不乏。从事金石因以考订史误，证明古篆真草源流，自六朝以来至于今，高僧夙衲中，未之闻也。自六舟始。"③可以说是佛门金石考据第一人。

他虽出于佛家，但好读儒书，管庭芬《南屏退叟传》云："性颖悟，每放参之暇，好读儒书。"④达受自言："初习梵课之暇，即与青雨弟同为韵语，兼游心于《说文》、汗简，攻篆刻之技。"并且诗歌创作成就颇高，陆以湉《冷庐杂识》云："杭州近日诗僧，首推海宁六舟达受。"⑤有《小绿天庵吟草》二卷，《山野纪事诗》一卷。达受在《云房薙染》中云："儒书释典本相通，妙谛由来贯此中。"可见他在金石学方面的艺术成就与他能够会通"儒书释典"的妙意而自成一家有很大关系。他好交游，曾云："新交旧雨往来酬应，殆无虚日。"一时学界名流，皆与之交。如刘喜海、张廷济、管庭芬、严福基、何绍基、程洪溥、许瀚、戴熙、顾广圻、洪颐煊、钱泰吉、蒋光照、冯登府等。《清稗类钞》云："耽翰墨，不受禅缚。行脚半天下，名流硕彦，无

① 吴式芬：《宝素室金石书画编年录·序》，《历代金石考古要籍序跋集录　卷一》，桑椹编纂，杭州：浙江古籍出版社，2010年，第378页。
② 许瀚：《跋六舟手拓金石彝器全图》，《六舟集》，六舟撰，桑椹点校，杭州：浙江古籍出版社，2015年，第310页。
③ 何绍基：《僧六舟金石书画编年录序》，《六舟集》，六舟撰，桑椹点校，杭州：浙江古籍出版社，2015年。
④ 管庭芬：《南屏退叟传》，《六舟集》，六舟撰，桑椹点校，杭州：浙江古籍出版社，2015年，第205页。
⑤ 陆以湉：《冷庐杂识》（卷六）《六舟僧》，北京：中华书局，1997年，第212页。

不乐与之交。"①

道光十五年,陈芝楣任江苏巡抚,延请六舟主吴门沧浪亭畔大云庵。道光十八年,他在好友陈文述的推介下结识阮元,阮元赠诗云:"旧向西湖访秀能,南屏庵内有诗灯。哪知行脚天台者,又号南屏金石僧。"因此婺源齐梅麓太守彦槐赠以莲联云:"中丞教作沧浪主,相国呼为金石僧。"因其在篆刻、金石、书画等方面独特的成就,又被阮元称为"九能儒僧"。鹿泽长《六舟集序》称:"卓然宿儒,似不仅以诗名者。既而频与往返,知其能书能画,工铁笔,又钩勒,而精力所专,尤在于碑帖尊彝。每有所得,辄能出卓识,考核辨驳,为俗儒所不能道耳!"②以僧人的身份致力于儒家金石考据之学,从这个方面来看他是身为释氏而法儒家的。从诸友的评论也可以看出,"卓然宿儒""舟车盈门""金石考史"等等,这些都是儒家之职事,而六舟热衷其中。他行脚半天下,我们看不到他的有关佛法的任何言论,也就是说他交游天下,不是去弘扬佛法,而是访求金石。

前文有述,他是因为幼年多病而出入佛家的,也就是说他的遁入空门不是心理的追求,而是身体的原因,他不是因为信仰佛法,而是寻求避灾免祸。但毕竟他是释氏,要诵习梵经的,而实际上在他内心里,真正热衷和全身心的投身其中的,是他的金石传拓。好友何绍基云:"余因常常想见荒山古麓、奇峰大云中人迹昕不能至,或樵路仅存,或孤塔忽露,往往残钟败碣,恍惚有字与雾草一色。六舟方杖锡戴笠,与猿鸟争路,烧败叶,藉浓苔,出毡椎登登有声,山谷皆应。无论所拓有字无字,字或丑或妍,或古不古,而其一往孤清浩远之气,与千年前古人相接;而天地间无文之文,无象之象,变现于烟云洞壑草树间者,亦因以毕领其奥异,斯所得者,富哉! 富哉!"③我们亦可以想见一个僧衣儒帽之人,在残垣僻壤,山间古寺专注传拓的身影是那么执着与坚定,无论他是儒还是佛,都足以让人钦佩不已。

① 徐珂:《清稗类钞》第三十一册《鉴赏》(上册),北京:商务印书馆,1983 年,第 179 页。
② 鹿泽长:《六舟集序》,《历代金石考古要籍序跋集录》(卷一),桑椹编纂,杭州:浙江古籍出版社,2010 年,第 378 页。
③ 何绍基:《何绍基诗文集》,长沙:岳麓书社,1992 年,第 773—774 页。

### 三、冯登府与达受的交游过往

达受的这种入于空门而不安于佛法的行为，并不是都能为时人所理解，徐时栋《烟屿楼笔记》就记载了一段冯登府与达受交往的往事，其中六舟的行为就受到了冯登府的学生郑耐生以及徐时栋的批评。

> 近时西湖有诗僧曰达受者，自号六舟，能诗画，尤善拓金石。十余年前，尝来甬上，主冯柳东师处。师为之吹嘘张罗，为余画红梅于扇头，颇有逸致。先是阮文达公元尝呼之为金石僧，而陈芝楣中丞銮，又曾延主沧浪亭畔大云庵。故齐梅麓太守彦槐赠以联云：'中丞教作沧浪主，相国呼为金石僧。'六舟每以是白诧。余谓，中丞、相国赏识高僧可也，高僧口中岂宜常有中丞、相国耶？慈溪郑耐生乔迁，极力诋之，贻书柳东师，哓哓不已。此则耐生之学究也。文达尝以柳东师生平所著书，撰集十六字，书楹帖赠之。此联尝悬之学署斋壁。六舟来宁波，至师处，遍视四壁，独倾倒此十六字。八分书题右联，末云：'某年月日某人曾观。'其胸中不能忘相国如此！六舟拓金石文，能拓数尺高铜瓶内底字。凡彝鼎之属，虽极凹凸敧侧，或耳足奇古，或垂环累累，六舟手拓之，纸本与物不爽毫黍，真绝技也！（卷四）[1]

此段往事记载反映了达受确实有诗画和拓金石方面技高一筹，绝然不俗，得到了阮元、陈銮等官场学者的赏识和推介，并且冯登府与达受也交情非同寻常，并且极为欣赏他的才能。但是对于达受一个方外人士来说，却把俗事的赏识念念不忘，并常以此自夸，必然会引起其他人的不满，冯登府的后学门生郑耐生贻书老师极力诋之。徐又记载了达受于冯登府处参观阮元赠给冯登府的十六字楹帖着墨记之，都是胸中不忘显达之士的表现。达受的这些表现虽然可能不入一

---

[1] 徐时栋：《烟屿楼笔记》（卷四），载《清代笔记小说》（第二十册），周光培，河北教育出版社，1996年，第275—276页。

些时人的法眼,包括徐时栋在记载此事时也在胸中对达受的行为颇不赞赏,但是
达受的才能,在拓金石文方面的绝技是无法忽视的。而记载中冯登府对达受还
是非常赏识的,所以向徐时栋这样的后学吹嘘张罗达受之才能。即使自己的门
生郑耐生极力诋毁达受,而柳东则一笑了之,与达受交往如故,并未因此有任何
的成见。可见冯登府所欣赏的是达受的才能,把他视为自己金石研究之路上的
良友益友。人孰能忘尘世之事,柳东自己的远离家乡寓居甬上亦是因为生活的
原因,所以他理解和接受了达受被阮元鼓励后的那份自豪和自信,虽然达受是方
外之人,但与自己一样的常人的被学术界领袖肯定后的欣喜不由自主的溢于言
表的情感还是可以理解的。所以冯登府之与达受可以说是知己之交,也可以说
是在他内心深处儒佛会通后的内在不自觉的表现。

他在晚年的诗作《勺园归兴》中,云:"尺素频来关菊书",将收到达受的来信
称为"菊书",引用曹丕的古诗《九日与钟繇书》中"至于芳菊,纷然独荣,非夫含乾
坤之纯和,体芬芳之淑气,孰能如此! 故屈平悲冉冉之将老,思飡秋菊之落英。
辅体延年,莫斯之贵。谨奉一束,以助彭祖之术"的典故,意为收到达受的来信,
如饮秋菊之落英一样,可以延年益寿。这种典故的运用,一方面说明两人的交情
之深,另一方面也表明了在与达受书信往来中所带来的精神上的享受,可以增加
自己生命的宽度,这也正说明了二人的精神之交。

上文提到道光十五年,达受受陈銮(冯登府同年)之邀,主持沧浪亭大云庵,
冯登府也有诗《寄六舟沧浪亭,用东坡访惠勤韵》记之,其中云:"白马寺,金鲫湖。
(六舟僧住南屏及海昌白马庙)上人巾拂无处无。兴来偶歌沧浪曲,北垞鱼鸟共
招呼。"都表明了冯登府对达受的欣赏和理解。

冯登府还为六舟所藏怀素草书《千字文》以及所拓《百碎图》题诗,其中《题百
碎图》二首云,"心恒不坏坚牢塔,身着无遮破碎衣。万事求全原不易,煮来残字
了无饥。""一身椰子画书诗,色相全空幻亦奇。比似千金百纳帖,人间无此好碑
师。"诗中所流露出来的是满满的理解和赞赏,亦可谓知己之交。

他还用诗纪之,如有《西湖僧得吴太平二年残砖,两旁有双鱼文,索之未得,
用东坡仇池诗韵寄之》,其中有云:"区区此残砾,一角荒陂伏。腐草断怜飞,危墙

古邻卜。何来颠阿师,行脚空壁逐。披榛掘鼠穴,汲冢穷猿谷。百八聚之龛,(六
舟藏百八古砖)亦颇足所欲。我久食无鱼,空歌归来曲。江湖秋水多,赪鲤报宜
速。"既有对六舟得此残砖不易的描绘,又有对其收藏八百古砖的艳羡,也表达
了自己期待早日能够一睹为快的愿望。诗中对友人的关心、对友人的艳羡与
祝贺以及自己的期望都表达了出来,这只有知己之交才会如此倾心与尽兴的
表达。

六舟曾至甬上访柳东,冯有诗《送西湖僧游明台诸山》,云:"送尔看山去,飘
然到海东。云归太白雨,秋冷六朝松。偶乞仙人米,时随樵子踪。何当结茅屋,
我欲打包从。"前四句是写景,后四句则是表达自己希望能与六舟一样,结庐茅
屋,实际上就是出世的想法,无论是柳东是否真正的有此想法,但在伴随僧友六
舟山水游览之际,自然也就被同化了,有出世的念想也是很正常的。也可以说共
同的心性、共同的爱好,使得他们相交相知。

冯登府在《浙江砖录·凡例》中提到为他的著作提供帮助的"助余采仿者",
"西湖僧达受"就是其中之一。据统计,冯登府《浙江砖录》中的砖文,收录释达受
所藏文字款识砖就有近七十处,亦可说明两人交往之密切,切磋共进金石学。

《六舟集》①现存达受《致冯登府札》四通,从中不仅可以看出他们二人的学
术交流,而且可以看出嘉道时期江南的金石学研究圈的相互切磋情况,在"金石
气"熏染下的嘉道时期金石学者对金石收藏和研究的热衷和治学态度。金石学
这样的一种冷门绝学,或者极小众的学术研究领域,只有在这个圈子中的人相互
切磋、相互交流、互通信息,才能使得这一研究领域深入下去。达受与冯登府的
金石交流,还可以看出金石学兴起的背后,金石爱好和研究者们忙碌的身影。也
就是说,清代二百年来所盛行的"金石气",其研究氛围的营造与形成,正是这些
有着深厚的兴趣和造诣的群体学者相互交流建立起来的。也就是说,这些江南
学者一方面是顺应时代的潮流而从事这一最大程度与"文字狱"绝缘的研究领
域,因为曾经的文字狱打击的教训是惨痛的,令这些即使生活在后代的学者也无

---

① 六舟著,桑椹点校:《六舟集》,杭州:浙江古籍出版社,2015 年。

法忘怀。另一方面与学者的个性和爱好以及他们之间的相互鼓励、相互推许,以及相互介绍志同道合者以扩大群体范围,也是紧密相连的。参与其中的无论是僧还是俗,他们都有着极高的热情参与其中,共同推动了金石领域研究的深入。

# 由林黛玉讲王维说开去

胡艺珊①

（中国计量大学人文社科学院）

一

　　读小说《红楼梦》，读到香菱学诗一回，看林黛玉给香菱讲诗歌。读得饶有兴致时，就想说说王维。林黛玉课堂上的王维，"大漠孤烟直，长河落日圆"的王维，"红豆生南国"的王维，"劝君更尽一杯酒"的王维，……

　　在唐代的诗人中，王维不是名气最大的诗人。论想象奇特、气势磅礴、才情恣肆汪洋，王维不比李白；论沉郁顿挫、笔力矫健、词气老苍，王维又不比杜甫；论写实通俗或者"浅切"，王维也不比白居易……其实，王维又何须要与其他诗人比呢？王维就是王维。伟大的诗人，每一个都是独特的"这一个"。王维有他的独特性和丰富性。

　　王维的独特和丰富就在于，王维是诗人，是山水田园诗派的代表，王维边塞诗也写得好，写得雄健豪迈。王维还多才多艺，懂音乐擅绘画能书法，诗书画音乐全才。苏轼"诗中有画，画中有诗"，说的就是摩诘王维。正是懂音乐，王维诗才写得如此上口如此有韵律感。"渭城朝雨浥轻尘，客舍青青柳色新……"不用

---

① 作者简介：胡艺珊，中国计量大学人文社科学院教授。

谱曲,但凡吟诵,心中涌动着的就是旋律就是音乐。王维的诗,得心应"景"而且朗朗上口。男女相恋了,有"红豆生南国,春来发几枝?愿君多采撷,此物最相思"传达情意。一首小诗写得朴素直白,连翻译都不要翻译,却又情真意切。逢年过节,想念远在他乡的亲人,有"每逢佳节倍思亲"可以抒怀。好朋友远行,依依惜别,就"劝君更尽一杯酒",不然,就是"西出阳关无故人"了……

在唐代的诗人中,王维可能不是最伟大的诗人,但王维是伟大的诗人之一。王维还被称为"诗佛"。像所有心怀高远又才华横溢的诗人一样,王维也对现实失望。但王维不像陈子昂,怀抱着"伟大的孤独感"(李泽厚语)拔剑四顾,"前不见古人,后不见来者"。王维与其前辈陶渊明一样,在自然万物中找到了共鸣。面对田园风光与自然山水,诗人有发自内心的亲近,心灵的宁静与和谐油然而生。其《山居秋暝》"空山新雨后,天气晚来秋"一诗,宁静空灵、意境悠远。王维的诗还蕴藉着禅趣与禅意,禅境自然生成。"人闲桂花落,夜静春山空。月出惊山鸟,时鸣春涧中。"如此超然物外,如此空灵的境界,大抵只能出自诗佛王维。

所以,王维是才子,是大家。王维的人生态度与审美追求,符合了中国士大夫文人的审美情趣。就像陶渊明是中国士大夫精神的一个归宿一样,王维亦官亦隐,寄情山水,阐禅悟道。其诗歌,在中国传统诗人文人那里,很容易得到共鸣,为有才情的文人才子所欣赏。其实,岂止是才子文人,在才女佳人那里,王维也有自己的知音。

当然,以王维的不凡才情和审美情趣,其知音,肯定不是晚唐杜牧诗中"二十四桥明月夜,玉人何处教吹箫"那样的女子,也不是宋代小山词里"记得小蘋初见,两重心字罗衣"或者"彩袖殷勤捧玉盅,当年拼却醉颜红"那样的女子。那样的女子,有点风尘的味道。王维诗歌的知音,一定是清新清净清清爽爽的,是才情风流风雅却不风尘的,而且貌美如花,如杜牧诗中"娉娉袅袅十三余,豆蔻梢头二月初"那样袅袅娉娉的,但又没有风尘感。当然,一定是才女,慧心丽质,冰雪聪明,是王维诗的知音,在精神上能够和诗人相通。只是,这样的知音是可遇而不可求的,需要千年等一回。

## 二

时光过了千年，终于，一个女子出现了。娉娉袅袅的："娴静时如娇花照水，行动处似弱柳扶风"；聪明又貌美如花的："心较比干多一窍，病如西子胜三分"。是的，林黛玉，曹雪芹的梦中情人，镜中月水中花，从扬州城登舟一路水路而来。连走路都这么干净这么水灵的女孩，正应了贾宝玉那句"女儿是水作的骨肉"。正是貌美如花又冰雪聪明的林黛玉，在《红楼梦》中，以给香菱讲诗的方式，隔着迢迢岁月，向一千年前的诗人王维表达了由衷的欣赏和敬意。千古知音，知音千古。这是诗人对诗人的欣赏，一定意义上，这是一次诗学意义上的精神的相遇。

若说在大观园中，有资格讲诗歌当香菱老师的，有三个才女：一薛宝钗，二林黛玉，三史湘云。在《红楼梦》中，最具诗人才华的，除了后来的宝琴，也当数薛林史三人。林黛玉魁夺菊花诗，薛蘅芜讽和螃蟹咏，史湘云偶填柳絮词，凹晶馆联诗悲寂寞，芦雪庵争联即景诗……在 120 回的《红楼梦》中，几次联诗或者起诗社，其才思敏捷才情逼人者，就在潇湘妃子、蘅芜君、枕霞旧友之间。单是辅导香菱写诗，近水楼台，宝钗最方便。而且薛宝钗的品位或者说"格"是极高的。在宝玉眼里，宝钗无书不知。对历代诗人，宝钗如数家珍。宝钗还懂戏文，在第 22 回"听曲文宝玉悟禅机"中，宝钗对《点绛唇》与《寄生草》韵律和辞藻的评点，可见其戏曲功夫，可见其"格"之高。以宝钗的修养学识，若是放在高校带研究生，也是学贯古今的好导师。至于辅导香菱写诗，不过一基础课而已。只是，宝钗是大家闺秀，中规中矩，懂得安分守时。在薛宝钗那里，诗词歌赋不过是闹着玩玩的，原不是小姐们的本分，针黹纺织才是女孩子的正经。而且，同是住亲戚家，宝钗事情比黛玉多，有母亲薛姨妈要陪伴，还有个呆霸王哥哥要闹心。辅导香菱写诗，对于宝钗来说，那是有闲情但没闲心。

湘云诗也是写得极好的，而且史湘云"是真名士自风流"，其才华不在宝（钗）黛之下。"凹晶馆联诗悲寂寞"一回，湘云与黛玉两个才女，一来一往，不分高下。湘云一句"寒塘渡鹤影"，让黛玉忍不住点赞："了不得……我竟要搁笔了。"就才情敏捷倚马可待,湘云常常胜黛玉宝钗一筹。兴致来了时,可以没昼没夜地高谈阔论,连宝钗都被聒噪得感慨"疯湘云之话多"。但史湘云是急性子的人,不比宝钗的耐心。湘云有男儿的豪爽,吃酒吃肉割腥啖膻,猜拳行令出口成章。芦雪庵吃鹿肉一回,湘云自称是吃了肉方爱吃酒,吃了酒才能有诗:"若不是这鹿肉,今儿断不能作诗。"面对林黛玉"我为芦雪庵一大哭",史湘云则"'是真名士自风流',你们都是假清高,最可厌的。我们这会子腥膻大吃大嚼,回来却是锦心绣口。"果不其然,吃了鹿肉的史湘云,其才思敏捷、"扬眉挺身"、不肯让人之势,直引得宝玉"看宝钗、宝琴、黛玉三人共战湘云……哪里还顾得联诗,"连湘云都笑自己哪里是在写诗,分明是在"抢命"。在大观园一群女孩子中,湘云是最天真烂漫无心机的,有豪情无矫情。听刘姥姥说一句:"老刘,老刘,食量大似牛,吃一个老母猪不抬头。"黛玉不过笑岔了气,伏着桌子喊嗳哟;湘云却是撑不住,一口饭喷了出来。以湘云之率性之豪放,几杯小酒下去就摩拳擦掌行酒令,酒喝高了就骰帕包一包芍药醉眠芍药裀,口内还犹作睡语说酒令:"泉香而酒洌,玉碗盛来琥珀光,直饮到梅梢月上,醉扶归……"如此放达个性,哪有耐心指导香菱。

倒是黛玉,反正闲着也是闲着,倒不如带个学生。一来解闷,二来有趣,三是才情使然,兴之所至。不然,黛玉也是"无事闷坐,不是愁眉,便是长叹"。白天里"肩上担着花锄,锄上挂着花囊,手内拿着花帚"(亏曹雪芹想得出来),满园子地扫花葬花,吟什么"花谢花飞飞满天,红消香断有谁怜"的《葬花词》。到了晚上半夜三更睡不着,看看"乐府",听听雨声,闷制什么"秋花惨淡秋草黄,耿耿秋灯秋夜长"的《秋窗风雨夕》。当然,林黛玉的才华才情才思敏捷是无与伦比的,但凡《红楼梦》中写诗的场合,几乎都是林黛玉独占鳌头,冠压群芳。第38回"林黛玉魁夺菊花诗",黛玉"一从陶令平章后,千古高风说到今",三首菊花诗,让李纨"恼不得要推潇湘妃子为魁"。凹晶馆联诗至最后,当湘云"何等自然,何等现成,何等有景且又新鲜"地吟出"寒塘渡鹤影"时,黛玉一句"冷月葬花魂"将联诗推到孤寂清冷的极致。此句一出,连妙玉都感叹"好诗,好诗,果然太悲凉了。不必再往下联……"

黛玉的才情就在于,打点精神认真写来是好诗,偶一为之随便写写亦在众人之上。元春省亲"大观园试才题对额"一回,元春有意考查宝玉,命其各匾额各赋五言律一首,其他都是一人一首。黛玉原本存心大展奇才,但贾妃只命一匾一咏,黛玉即使有才,也不好违谕多作。没了兴致,不过胡乱作一首五言律应景。但即使是林黛玉应景之作,也被元春赞为"与众不同"。就连黛玉为宝玉代写"杏帘在望":"杏帘招客饮,在望有山庄。菱荇鹅儿水,桑榆燕子梁。一畦春韭绿,十里稻花香。盛世无饥馁,何须耕织忙。"一首五言诗自然天成,被元春指为宝玉所作前三首之冠。且元春喜之不尽,说宝玉"果然进益了"。至于黛玉的《葬花词》《桃花行》《秋窗风雨夕》,即使放在唐诗中,也是出色的篇章。可以说,在《红楼梦》中,林黛玉的诗歌才华是无与伦比的,也是无所不在的。其才情之高,没有之一。

如此,在《红楼梦》三才女中,辅导香菱写诗的雅兴,就自然而然地落在了林黛玉身上。而且,就才华、就性情、就身世飘零与孤寂处境,由林黛玉作香菱的诗歌老师,是再合适不过的了。当然,黛玉带学生,学生不能多(也没那么多),就香菱一个。课也不能多,多了,黛玉"娇喘微微"的身子骨也受不了。就开一两次课,而且是专题。于是,在大观园,在潇湘馆,在老师林黛玉和学生香菱之间,一种"一对一"的师生关系和诗歌教学模式就这样形成了。

## 三

要开课了,就要有教学内容,有教学方法。当然,林黛玉不需要写什么讲义。至于讲什么,对黛玉来说,不是什么难事:"不过是起承转合,当中承转是两副对子,平声对仄声,虚的对实的,实的对虚的,若是果有了奇句,连平仄虚实不对都使得的。"林黛玉自己写诗的创造性经验,本身就是极好的教材和方法。课本还是要有的,用的是王维的版本《王摩诘全集》。这是中国传统教学文选阅读的方法。对此,林黛玉深谙三昧。

黛玉讲诗香菱学诗的情节,在《红楼梦》第48回"慕雅女雅集苦吟诗"中。香菱学诗,是小说中的经典桥段。香菱学诗的过程,其实就是林黛玉讲诗歌鉴赏和诗歌写作的过程。林黛玉为香菱讲了两次课,讨论了一两次。如果把黛玉的讲课总结一下,是极好的教研论文。当然,说到论文,黛玉肯定也是不写的,就像她从不对宝玉说什么仕途经济学问一类的"混账话"一样。黛玉如何讲课,以及其讲课所显示出的价值和意义,需要后人来总结。总结一下林黛玉的讲课,发现还是很有些章法的。

讲课伊始,黛玉先概括性地讲解写诗的一般规则,如平仄虚实相对。在此,黛玉言简意赅,强调写诗贵在新奇。所谓新奇为上,立意要紧,意趣要真,"不以词害意"。

然后是文选阅读。以经典诗歌为教材,提升香菱的诗歌认知水平和鉴赏品位。这也是中国传统教学最基本最行之有效的方法。黛玉最先推出的是《王摩诘全集》,要求香菱将全集中的五言律读一百首,悉心揣摩;然后,读一二百首老杜的七言律;再然后,读李青莲的七言绝句,也是一二百首。用黛玉的话说就是:"先有了这三个人作了底子,然后再把陶渊明、应玚、谢、阮、庾、鲍等人的一看……不用一年的功夫,不愁不是诗翁了。"

几百年前,林黛玉在给香菱讲诗歌的时候,就深知教学不能满堂灌,要用启发式,激发学生的兴趣,鼓励学生的独立思考。当香菱读完王维来换杜诗的时候,黛玉的启发式教学模式开启了:

> "可领略了些滋味没有?"香菱笑道:"领略了些滋味,不知可是不是,说与你听听。"黛玉笑道:"正要讲究讨论,方能长进。"

于是,师生之间的讨论展开了,在一个才女老师和一个慕雅女学生之间。香菱将自己读摩诘诗的体会一一道来,黛玉则是耐心倾听,不时点拨,循循善诱。同时又旁征博引,由王维的"渡头余落日,墟里上孤烟",引申到陶渊明的"暧暧远人村,依依墟里烟"。随手又把陶渊明诗翻出来,递与香菱。由王维到陶渊明,由"上孤烟"到"依依墟里烟",让香菱领略了"原来'上'字是从'依依'两个字上化出来的"……

文选阅读了,课堂交流与讨论也进行过了。通过阅读和讨论,用宝玉的话说,就是"你已得了……你就作起来,必是好的。"探春也来了兴致,要补一个请柬,邀香菱入社。但香菱却强烈地要求老师出题目,做练习。

> "出个题目,让我诌去,诌了来,替我改正。"黛玉道:"昨夜的月最好,我正要诌一首,竟未诌成,你竟作一首来。十四寒的韵,由你爱用那几个字去。"

当然,香菱是好学生。接了作业,茶饭不思,夜不能寐。第一首,被黛玉认为意思是有,却措辞不雅。但黛玉善于鼓励:"把这首丢开,再作一首,只管放开胆子去作。"再一首,让宝钗看,却是句句月色,不像吟月。但功夫不负有心人,终于,香菱梦中得诗。期间冥思苦想、个中着魔细节,在《红楼梦》中写得不胜其妙。单是宝钗借此劝导宝玉,"你能够像她这苦心就好了,学什么有个不成的"。可见"呆香菱(学诗)之心苦"。

至此,林黛玉的唐诗专题课结束。大观园的女孩子中又多了一个女诗人。

## 四

在潇湘馆开设的这次诗歌专题课上,黛玉不过寥寥数语,就讲到了中国古代文学史上几个时期重要的诗人。出现在林黛玉课堂上的,是从两汉到魏晋南北朝再到唐代文学史上著名的诗家:"建安七子"的应玚,"竹林七贤"的阮籍,"庾信文章老更成"的庾信,俊逸豪放的鲍照。至于陶渊明、谢灵运,那是王维田园山水诗的前辈。可见,黛玉开诗歌专题课,心中是有点丘壑的。若在高校,仅黛玉讲中国诗歌的学问,至少也是博导级的学者。

在讲课中,黛玉是把王维、杜甫、李白的诗歌作为范本,依次推荐给香菱的。而在三位诗人中,黛玉首推王维,将摩诘五言诗作为基础读物和经典范本,让香菱去阅读去揣摩。黛玉的用心,可以说是意味深长。王维作为山水田园派诗人的代表和集大成者,有着山水诗人共同的特点:热爱自然,寄情山水,与日月山川、自然万物有着特别的亲近和共鸣。在这一点上,古代的陶渊明如此,英国的湖畔派诗人如此,王维也是如此。正是如此,王维的诗才立意新颖、自然天成。这是诗歌创作最高的境界,也是诗歌创作及文学创作最初、最终、最根本的要求。在这一点上,王维懂得,林黛玉懂得。当然,曹雪芹也懂得。

林黛玉的诗歌教学或者诗歌欣赏课,采用的是中国古代诗歌鉴赏与批评最典型的方法,即诗话、评点的方法,这也是印象批评的方式。印象主义批评西方也有,在 18 世纪末到 19 世纪初的英国出现,然后是 19 世纪末到 20 世纪前 30年在欧美兴盛,英国的查尔斯·兰姆和法国的阿纳托尔·法朗士可为其代表。尤其是后者,强调批评家的心灵感受和独特个性,这与中国古代文学批评重批评家个人之内心感悟有相通之处。但印象批评不是西方文学批评的传统和主流,而是中国古代文学批评最传统最典型的方式。

与西方文学批评自亚里士多德以来一脉相承相比,中国古代文学批评不成体系。但中国文学批评有自己的风格。与西方文学批评的理性分析、思辨性、逻辑性不同,中国古代文学批评是感性的,重体验和感悟。中国人的哲学观念、思维方式和审美态度,形成了中国古代文学批评重直觉、重内心感受、重整体印象的特点。在表达形态上,则表现为诗话、词话、小说评点。而且中国文学批评的范畴术语空灵圆活,少明确的定义,表达形式是诗意的,常常点到为止,可意会不可言传。在《红楼梦》中,无论是林黛玉讲诗歌鉴赏和诗歌写作,还是每次起诗社,亦或是元春探亲时"大观园试才题对额",但凡有写诗或评诗的场合,都体现出中国古代文学批评之印象批评的特点。当然,最典型的就是香菱学诗黛玉讲诗一节;黛玉让香菱读王维五言律诗一百首,"细心揣摩透了";当香菱读完王维来换杜诗时,黛玉问"可领略了些滋味没有?"这里的"揣摩"和"领略",正是中国古代诗歌鉴赏所强调的"参"和"悟",即"涵咏默会"。至于香菱在读了王维诗之后所体会到的:

> 据我看来，诗的好处，有口里说不出的意思，想去却是逼真的。有似乎无理的，想去竟是有理有情的。
>
> 我看他《塞上》一首，那一联云："大漠孤烟直，长河落日圆"，想来烟如何直？日自然是圆的：这"直"字似无理，"圆"字似太俗。合上书一想，倒像是见了这景的。若说再找两个字换这两个，竟再找不出两个字来。再还有"日落江湖白，潮来天地青"：这"白""青"两个字也似无理，想来，必得这两个字才形容的尽……

香菱所谓"口里说不出的意思，想去却是逼真的"，正是中国古代诗歌鉴赏中所谓的玩味体验之过程性。可见，香菱读王维诗，是读出了摩诘诗的"意思好处"的。这"意思好处"可以意会，但又难以言传。须得悟、体验、会心，方能得其中三昧。

至于黛玉对香菱所讲的"若是果有了奇句，连平仄虚实不对都使得的。""第一立意要紧"，"不以词害意"……几句话，看似平淡，但渗透着中国古代诗歌的审美诉求。当然，这样的审美诉求表现在《红楼梦》中所有关于诗歌的场合。比如第三十七回"秋爽斋偶结海棠社，蘅芜苑夜拟菊花题"，当宝钗和湘云拟题时：

> 宝钗又向湘云道："诗题也不要过于新巧了。……若题过于新巧，韵过于险，再不得有好诗，终是小家气。诗固然怕说熟话，更不可过于求生，只要头一件立意清新，自然措词就不俗了。"

这里，宝钗的"立意清新"自然就"措词不俗"，与黛玉"立意要紧。若意趣真了，连词句不用修饰，自是好的，这叫做'不以词害意'"之说，可以说是异曲同工，重在立意之新颖。

再如李纨对黛玉、宝钗诗的评点。也是第三十七回，当黛玉提笔一挥而就，写出"半卷湘帘半掩门，碾冰为土玉为盆"时，宝玉先喝起彩来："从何处想来！"又看下面"偷来梨蕊三分白,借得梅花一缕魂",众人都不禁叫好:"果然比别人又是一样心肠"。此次诗社写海棠诗的结果被李纨评为:"若论风流别致,自是这首(黛玉诗);若论含蓄浑厚,终让蘅稿。"此番点评,既有对黛玉诗立意和宝钗诗风格的欣赏,又表现出古代诗歌鉴赏术语圆活、诗话评点的特点,其中"风流别致""含蓄浑厚"几句,看似简短,点到为止,但意蕴丰富,宝(钗)黛二人风格尽出。

及至第三十八回"林潇湘魁夺菊花诗,薛蘅芜讽和螃蟹咏",黛玉所作三首诗被李纨不容置疑地评为:"今日公评:《咏菊》第一,《问菊》第二,《菊梦》第三,题目新,诗也新,立意更新,恼不得要推潇湘妃子为魁了。"黛玉的三首菊花诗:如《咏菊》"……满纸自怜题素怨,片言谁解诉秋心。一从陶令平章后,千古高风说到今";《问菊》"欲讯秋情众莫知,喃喃负手叩东篱。孤标傲世偕谁隐,一样花开为底迟?……"《菊梦》"篱畔秋寒一觉清,和云伴月不分明。登仙非慕庄生蝶,忆旧还需陶令盟。……醒时幽怨同谁诉,衰草寒烟无限情。"每一首都立意新颖、率性自然、文采风流。可见,李纨虽自谦"不能作诗",但李纨评诗的"格"是高的。当然,李纨的审美不是李纨自己的,而是小说家兼诗人曹雪芹的。

在《红楼梦》中,无论是诗歌写作还是诗歌评点,或者说是诗歌鉴赏与批评,都蕴含着中国古代诗歌一以贯之的审美倾向。这是中国古代诗人在长期的诗歌创作实践中形成的,也是由钟嵘、司空图、严羽、王夫之等诗论家所阐发出来的。其中所蕴含的审美态度,如立意与意境、"滋味"与妙悟,"涵咏默会"与"吟咏性情"、质性自然与表达自然……诸如此类。这样的审美情趣和审美取向,不是漂浮在作品表面上的,而是渗透到如林黛玉讲诗、众才女写诗评诗等情节和场景中,自然而然地流露出来的。而这样的"格"或者审美,与中国古代诗歌鉴赏与批评的精神指向是一致的。

## 五

一部《红楼梦》,其实,就是一部关于诗歌写作、诗歌鉴赏、诗歌批评的百科全书。其中,不乏对唐代诗歌大家和历代诗歌大家的欣赏和理解。在小说中,林黛玉薛宝钗们关于中国古典诗歌的学养和见识,其实就是曹雪芹的学养和见识。黛玉之外,遍布于《红楼梦》中对唐诗对古诗的记忆和评点,如宝钗"杜工部之沉郁、韦苏州之淡雅、温八叉之绮靡、李义山之隐僻";元春省亲"大观园试才题对额"一回,宝钗提醒宝玉的写"冷烛无烟绿蜡干"的钱翊……诸如此类,不一而足。单单是大观园开夜宴庆生日行酒令,湘云要求酒面"一句古文,一句旧诗,一句骨牌名,一句曲牌名,还要一句时宪书上的话……"如此奇葩、如此精灵古怪的要求(也亏湘云想得出来),不但没有难住黛玉宝钗之流才女。就连刚刚学诗的香菱,都能想到岑参"此乡多宝玉"、李义山"宝钗无日不生尘"的诗句。至于杜甫的《秋兴》八首、李白的句子,唐诗宋诗,与古文骨牌曲牌历书相映成趣。其中,黛玉的"落霞与孤鹜齐飞,风急江天过雁哀,却是一只折足雁,叫的人九回肠,这是鸿雁来宾,",湘云醉眠芍药裍:"泉香而酒洌,玉碗盛来琥珀光……"此等功夫,不是对古诗古文熟谙于心,融会贯通,还真真写不出来。

《红楼梦》诗文并茂、诗文合璧、诗文相得益彰。其中,林黛玉史湘云薛宝钗的诗歌,其实都是曹雪芹的诗歌;蘅芜君枕霞旧友潇湘妃子的才华才思才情,就是曹雪芹的才华才思才情;"一畦春韭绿,十里稻花香",自然天成;"一从陶令平章后,千古高风说到今",放达率性而无矫情;就连"芦雪庵争联即景诗"一回,凤姐一句粗话"一夜北风紧"起题,大观园众才女及宝玉你来我往,即景吟诗,文气贯畅,一气呵成。及至最后,当黛玉宝琴吟出"无风仍脉脉,不雨亦潇潇"后,一首即景诗余韵袅袅,意境尽出。

至于《葬花词》,那是诗人林黛玉的,也是诗人曹雪芹的。而且,天才的诗人,其才华总是相通的。由《葬花词》——

> "花榭花飞飞满天,红绡香断有谁怜?……桃李明年能再发,明岁闺中知是谁?侬今葬花人笑痴,他年葬侬知是谁?……"

联想到刘希夷《代悲白头翁》:

　　"洛阳城东桃李花,飞来飞去落谁家!……今年花落颜色改,明年花开复谁在?……年年岁岁花相似,岁岁年年人不同……"

再到张若虚的《春江花月夜》:

　　"江畔何人初见月?江月何年初照人?人生代代无穷已,江月年年望相似;不知江月待何人,但见长江送流水……"

三首诗,时代不同,作者不同,意象不同。但共同的生命体验和悲悯情怀,对宇宙无穷、人生短暂的感慨与叹惋,对花谢花飞、青春易逝的怅然与无奈,让三首诗在内在精神上一脉相通。至于在《葬花词》中,黛玉一句"天尽头,何处有香丘?"这是对生命的悲悼和发问。这样的发问,与张若虚的"不知乘月几人归,落月摇情满江树"的神来之笔,有异曲同工之妙。所不同的是,如果说,《春江花月夜》带着初唐诗人张若虚意境浩淼的博大胸怀的话,《葬花词》则带着闺中女儿林黛玉的多愁多病和多情善感。那是娇花照水的,也是弱柳扶风的。当然,这样的襟怀,这样的善感,非大诗人大才情所不能为。

## 六

　　作为小说家,曹雪芹创作了《红楼梦》这样的经典小说,曹雪芹不愧为中国古代小说史上最伟大的小说家(没有之一)。曹雪芹是小说家,但本质上,曹雪芹是一位诗人,而且是伟大的诗人。只是,曹雪芹作为小说家的才华,掩盖了其作为诗人的才华。《红楼梦》作为小说的光芒,遮掩了小说中诗歌的光芒。

　　至于香菱学诗一回,是小说家兼诗人曹雪芹,让潇湘馆里的女诗人林黛玉,隔着千年时光,与公元8世纪的盛唐诗人王维相遇。这是诗人意义上的相遇,是诗人王维和诗人林黛玉的相遇,也是王维、林黛玉、曹雪芹三位诗人的相遇。林黛玉对王维诗歌的理解和欣赏,就是曹雪芹的理解和欣赏。甚至可以说,曹雪芹是借林黛玉的这次诗歌专题课，向诗人王维以及杜甫、李白等伟大诗人表达了自己最崇高的敬意。在讲课中，林黛玉对于诗歌的判断和阐释。也是曹雪芹的判断和阐释。这样的理解、欣赏、判断、阐释，是有着中国传统文人共同的审美情趣、诗性追求和一以贯之的精神传承的。只是，有意味的是，在《红楼梦》里，作者借林黛玉辅导香菱学诗，作了生动感性的表达。

# 论佛教理念对杨亿诗学观建构的影响

傅蓉蓉①

（华东理工大学艺术设计与传媒学院）

**摘　要：**对于宋代诗学的研究，特别是宋初，杨亿是无法回避的一个重要历史存在。作为继王禹偁之后主盟文坛多年的一代诗宗，诗学唐宋转型之发端的"西昆体"诗派创始人，杨亿的诗学观代表了宋代诗学发轫期的主流价值取向。除了作为一名深具影响力的诗人，杨亿还是宋初有相当影响力的佛教信徒与外护，曾受命参与《景德传灯录》的修订，并且与当时著名的僧人如广慧元琏等有深入的交往。在杨亿诗学观形成的过程中，他受到了佛教思辨方式、审美理念、文字章法的影响，这一点不仅可以从杨亿本身的诗歌理论阐述中得到印证，也通过他的诗歌创作得到展现。借助杨亿这个典型范例，我们也可以体察到宋初佛教思想在文学领域的拓展与影响力。

**关键词：**杨亿　佛教　诗学观

在唐宋诗学转型发展的研究中，佛教思想的影响力容易被忽视，实则在宋型诗范式和宋代诗学理论体系建构过程中，佛教思想的影响起到了重要的作用。这一点，通过杨亿这样的典型例证，便可以判明。

杨亿，字大年，据《宋史·杨亿传》云："亿天性颖悟，自幼及终，不离翰墨。文格雄健，才思敏捷，略不凝滞，对客谈笑，挥翰不辍。精密有规裁，善细字起草，一

---

① 作者简介：傅蓉蓉，华东理工大学艺术设计与传媒学院教授，亚利桑那大学访问学者。

幅数千言,不加点窜,当时学者,翕然宗之。而博览强记,尤长典章制度,时多取正。喜诲诱后进,以成名者甚众。人有片辞可纪,必为讽诵。手集当世之述作,为《笔苑时文录》数十篇。重交游,性耿介,尚名节。多周给亲友,故廪禄亦随而尽。……"①可见,这是一个典型的学者型诗人,且具有宋型文化人格中的"内圣"特质。

宋真宗时,著名诗人徐铉、李昉等纷纷谢世。特别是公元 1001 年王禹偁去世后,文坛空虚,当时年仅二十八岁的杨亿早已身入翰苑,声名大振,理所当然的填补了文坛盟主的空缺。此后,杨亿与刘筠、钱惟演等一班同气相求的诗友借助在禁中编辑《册府元龟》,借此机会相互酬唱,形成了一个酬唱团体,吸引了大量诗人加入,在公元 1005—1008 年间,随着"西昆酬唱"影响力的扩大以及《西昆酬唱集》的编定,"时人争效之,诗体一变"②。

主盟文坛的杨亿身上还有另一重身份值得关注,那就是他是宋初颇有影响力的佛教信徒,刊定《景德传灯录》,编修《大中祥符法宝录》,与佛门人物交往甚多,据冯国栋先生《杨亿佛门交游考》所载,既有"有宗门禅将(如广慧元琏),也有天台名德(如四明知礼);既有中土真檀老宿,复有天竺海东高僧(如寂照);既有声名奕赫、名动京师之高僧,也有化止一方,默默无闻之法师(如僧依觐)。"③尤其值得一提的是,道原于景德元年(1004 年)携《佛祖同参集》(《景德传灯录》原名)进献宋真宗,真宗下诏命杨亿等人刊修编定,书成于大中祥符二年(1009 年),与西昆体形成之年代几乎重合。

因而,我们想要探讨的问题是:在杨亿诗学观形成的过程中,佛教的思辨方式、审美理念、文字章法是否对他产生过影响? 在理论和创作两个层面,如何验证其影响?

---

① 脱脱等:《宋史》(卷 305),北京:中华书局,1977 年,第 10082 页。
② 欧阳修:《六一诗话》,何文焕辑《历代诗话》,北京:中华书局,1981 年,第 270 页。
③ 冯国栋:《杨亿佛门交游考》,《宗教研究》2007 年第 2 期,第 88—92 页。

## 一、佛教理念影响杨亿诗学观建构的必然性

### 1.1  环境与经历——杨亿亲近佛教思想的根源

杨亿建州人,建州五代时属闽国,是佛教发展的繁盛之地。王审知(909—925 年在位)有国之时先后兴建、修复 260 座寺和 6 座塔。在《杨文公谈苑》中有这样的记载:"公言:吾乡建州,山水奇秀。梁江淹为建安令,以为碧水丹山,灵木珍草,皆平生所至爱,不觉行路之远,即吾邑也。而岩谷幽胜,土人多创佛刹,落落相望。伪唐日州所领十一场县,后分置邵武军,割隶剑州。今所管六县,而建安佛寺三百五十一,建阳二百五十七,浦城一百七十八,崇安八十五,松溪四十一,关隶五十二,仅千区,而杜牧江南绝句云:'南朝四百八十寺。'六朝帝州之地,何足为多也!"①可见当地盛况。杨亿早慧,七岁能文,十岁能赋诗,十一岁时在京城赋诗《喜朝京阙》:"七闽波渺邈,双阙气岧峣。晓登云外岭,夜渡月中潮。愿秉清忠节,终身立圣朝。"②宋太宗甚为欣赏,将他留在京中。对于这样一位少年才子,家乡环境的耳濡目染很容易在他文化观形成的伊始之敷上亲近佛教的底色。

杨亿虽名列三馆,蜚声文坛,然考其生平,却命运多舛。早年丧父,依族人而居,壮年失子,并终生没有留下自己的子嗣;中年之时又遭政治风波,饱尝人生之苦。譬如景德元年(1004 年),契丹南下,群臣慌张,劝真宗迁都或退避,独杨亿与寇准激切上书主战,后真宗虽勉强应战,并订下澶渊之盟,但他心中对主战派以其安全为筹码,孤注一掷的态度实在很憎恨。寇准便因此事受谗,后竟贬死雷州,杨亿虽未遭贬,但也给真宗留下了极坏印象。真宗曾对宰相王旦说:"亿性峭直,尤所附全,文学固无及者,然或言其好窃议朝政,何也?"③正是其不满之情的体现。况且杨亿又屡屡与真宗在封禅,献祥瑞等问题上意见相左,其心中压抑彷

---

① 李裕民辑校:《杨文公谈苑》,上海:上海古籍出版社,2001 年,第 549 页。
② 傅璇琮、倪其心等:《全宋诗》,北京:北京大学出版社,1991 年,第 1415 页。
③ 李焘:《续资治通鉴长编》卷 83,《续资治通鉴新定本 600 卷》第 3 册,台北:世界书局,1983 年,第 5 页。

徨乃至忧患意识必定浓重深厚,无可消解。再加上,此时在杨亿的身边有人屡向真宗进谗言,挑拨本已脆弱的君臣关系,更使杨亿的心境雪上加霜。欧阳修《归田录》卷一中记载了这样一则轶事,值得玩味:

> 大年在学士院,忽夜召见于一小阁,深在禁中,既见赐茶,从容引问,久之,出文稿数箧,以示大年云:"卿识朕书迹乎? 皆朕自起草,未尝命臣下代作也。"大年惶恐不知所对,顿首再拜而出。乃知必为人所谮矣。由是佯狂,奔于阳翟。①

一望可知,有人向真宗进言,污蔑杨亿贪天之功。这对于作为"好文之主"且性格自负的真宗来说是不可容忍的。尽管,他采用了比较温和的方式向杨亿提出警告,但对杨亿而言,这种不实之词和皇帝的不信任却足以摧垮他的自尊与自信。我们可以体会到,在他"佯狂,奔于阳翟"的背后那种巨大的惶恐和失落。在这种心理状态之下,杨亿更容易从佛教中寻找心灵的寄托与安慰。其《送觐道人归故诗序》中云:"予少游风波之涂,早别枌榆之里,危未脱于羿彀,疾莫造于医门,淳化末请告归宁,师惠然访我,以长生度世之旨诲予,予正为利禄所啖,旅火内迫,且辞以未能。去年出守缙云,师前期未忘,冥感潜契,盖以收视反听,未尝梦想者二十年。及予南辕之夕,师油然欠伸,鬓髶假寐,梦游缙云栝苍之间,若有灵仙真人授以金简玉字之诀,蓬蓬形开之后,怳然起薄游之心。及予莅郡十旬,师即振锡而至,盘桓数日便为仙都之行。"②这一段与觐道人的交往记述能够很好地证明杨亿经历世事磨难之后,愈加亲近佛门的生命状态。再如题赠《威上人》一首云:

> 五蕴已空诸漏尽,冡间行道十年余,吟成南国碧云句,读遍西方贝叶书。

---

① 欧阳修:《归田录》(卷一),《欧阳修全集》,北京:中国书店,1986 年,第 1016 页。
② 曾枣庄、刘琳:《全宋文》第 7 册,成都:巴蜀书社,1990 年,第 714 页。

清论弥天居士伏,高情出世俗流竦。问师心法都无语,笑指孤云在太虚。①

其中"清论弥天居士伏,高情出世俗流竦"表达的就是对于佛教高僧的倾心仰慕。这种宗教观念上的认同,也很容易迁移到他对佛教文学观念的接受。

### 1.2 家族与交游——杨亿亲近佛教思想的助力

在杨亿的家族中对他影响力最大的人——其从祖父杨徽之。徽之才华出众,尤长于诗。太平兴国元年(976年),宋太宗赵光义继位,召杨徽之为左拾遗,回朝又升右补阙。太宗好诗,久慕杨徽之诗名,故索要其平生所作,杨氏献数百篇及谢诗以进,其末章有:"十年流落今何幸,叨遇君王问姓名"等句。太宗特选其十联警句,亲书于御屏风上。杨徽之又献《雍熙词》十篇,太宗为之和韵酬答,每有御制诗,也都赐赠给杨徽之。杨氏曾奉诏参与编修《文苑英华》一千卷,此为宋代四大类书之一。他负责诗歌部分二百卷。同时,徽之也是一名虔诚的佛教徒。杨亿为其所撰《杨公行状》云:"公天性纯懿,无有矫饰,履行端谨未尝放佚,以俭约自律,奉养甚薄,以名教为务,颠沛不违。接士以谦卑,检身以清白,好谈名理,多识典故,自唐朝以来士族人物风流雅俗悉能记之,亹亹可听。素好吟咏,遂臻其极,每对客论诗,终日不倦,此所以垂名亦几乎成癖也。崇奉释典,酷信因果,每五鼓即起,漱诵《金刚经》,如是者三十年未尝暂废,所诵亦十数万过矣。"② 即此可见,徽之诗释两道并行,均用力甚勤。

杨亿早年受教于杨徽之,《宋史·杨亿传》云:"会从祖徽之知许州,亿往依焉。务学,昼夜不息。徽之间与语,叹曰:'兴吾门者在汝矣。'"足见徽之对其期许之深。而杨亿对这位从祖也礼敬有加,甚至其成年后每叙事质疑,其言必称"从祖江陵公"③。可以推想,杨徽之的佛教信仰也会影响到杨亿的宗教认同。

---

① 傅璇琮、倪其心等:《全宋诗》,北京:北京大学出版社,1991年,第1325页。

② 曾枣庄、刘琳:《全宋文》第8册,成都:巴蜀书社,1990年,第12页。

③ 脱脱等:《宋史》(卷305),北京:中华书局,1977年,第10082页。

在《五灯会元》中有一则记载:"(杨亿)及壮,负才名,而未知有佛。一日过同僚,见读《金刚经》,笑且罪之。彼读自若,公疑之曰:'是岂出孔孟之右乎!何佞甚'因阅数板,憮然,始少敬信。"①这则故事流传甚广,虽经冯国栋和李瞳两位先生考订②,认为其中有夸大成分,不可尽信,但杨亿与同僚曾经论及佛理,却并不是空穴来风。这则故事中所涉的"同僚"就是北宋诗人李维。《宋史·李维传》曰:"维博学,少以文章知名,至老手不废书。景德以后,巡幸四方,典章名物,多维所参定。尝预定《七经正义》,修《续通典》《册府元龟》。性宽易,喜愠不见于色,奖借后进,嗜酒善谑,而好为诗。"③从叙述中可见,李维与杨亿无论爱好、个性还是工作交集甚多。《宋史·杨亿传》亦云:"亿刚介寡合,在书局,唯与李维、路振、刁衎、陈越、刘筠辈厚善。"④他有一首《可久道人之歙州兼简知郡李学士》⑤,就是写给李维的:

> 独携缾锡新安去,寒雨西风落叶频。江水浅深清见底,山程高下险摧轮。
>
> 社中香火延开士,肘后方书济俗人。乡树再寻南国路,禅房空锁帝城尘。
>
> 旧传心印都忘念,自有衣珠岂患贫。四众仰瞻谁见顶,千家应供定分身。
>
> 宰官多结空门友,外护须依守土臣。想到临川逢内史,翻经相对一噷伸。

在诗中杨亿不仅对可久道人的离去表达了依依之情,并对其济世之功德进行了

---

① 普济:《五灯会元》(卷12),北京:中华书局,1997年,第726页。

② 参见冯国栋:《杨亿佛门交游考》,《宗教学研究》2007年第2期,第88页;李瞳:《禅宗文献中杨亿形象的变迁》,《学术研究》2017年第4期,第36页。

③ 脱脱等:《宋史》(卷282),北京:中华书局,1977年,第9542页。

④ 脱脱等:《宋史》(卷305),北京:中华书局,1977年,第10082页。

⑤ 傅璇琮、倪其心等:《全宋诗》,北京:北京大学出版社,1991年,第1359页。

赞美,同时也表达了对同为佛门外护的李维的思念之情。刊修《景德传灯录》时,杨亿也与李维共领其事。所谓同气相求,杨李二人的思想观念很容易相互影响。

杨亿与王旦亦交情甚笃。旦,字子明。太平兴国五年(980 年),王旦登进士第,以著作郎预编《文苑英华》。澶渊之战时,王旦权任东京留守事。景德三年(1006 年)拜相,监修《两朝国史》。他善知人,多荐用厚重之士,劝真宗行祖宗之法,慎所改变,为相十二年,深为真宗信赖。王旦与佛门渊源深厚,曾为西湖净行社社首。净行社仿庐山慧远白莲社而建,以净土宗修持理念为宗旨,聚合了当时许多著名文人如苏易简、王禹偁等。杨亿非社中人,但他与王旦来往密切,彼此知己。因而,王旦临终之时,希望能以僧礼入葬,杨亿虽不能满足其愿望,但也竭尽全力。文莹《续湘山野录》对此有记载:

> 至病之革,公召杨文公于卧内,嘱以后事曰:"吾深厌烦恼,慕释典,愿未来世得为宓芻林间宴坐观心为乐。将易箦之时,君为我剃除须发,服坏色衣,勿以金银之物置棺内。用茶毗火葬之法,藏骨先茔之侧,起一茅塔,用酬夙愿。吾虽深戒子弟,恐其拘俗,托子叮咛告之。"又曰:"仗子撰遗表,但罄叙感恋而已,慎毋及姻戚。"大年谓曰:"余事敢不一一拜教。若剃发三衣之事,此必难遵。公,三公也。万一薨奄,銮辂必有被挑之临,自当敛赠公衮,岂可加于僧体乎?"至薨,大年与诸孤协议但以三衣置柩中,不藏宝货而已。寿六十一。配享真宗庙廷。[①]

有托后事之请,说明两人彼此相待如家人,这其中自然有两者信仰相近的原因。

《天圣广灯录》的编撰者,驸马都尉李遵勖亦与杨亿交谊深厚,且以弟子自居,在杨亿身后亲自哭祭。他的《先慈照聪禅师塔铭》说:"予承世善庆,素慕禅

---

悦,故翰林杨文公亿,中山刘公筠,不我遐弃,为方外之交。"①可见这两者不仅是文章知己,也是信仰同道。

如果说,与亲长友朋的交往促进了杨亿对于佛学理念的接受与认知,他们带有佛教美学特色的文学观也会给杨亿诗学观的建构带来一定的影响;那么直接与诗僧交往,对杨亿诗学理念的形成产生的影响更为直接。

杨亿本人在禅学修为上造诣颇深,得广慧元琏之真传,颇为宗门器重。《禅林僧宝传》记载,杨亿这样自述师门渊源:"去年假守兹郡,适会广慧禅伯,实承嗣南院念。念嗣风穴,风穴嗣先南院,南院嗣兴化,兴化嗣临济,临济嗣黄檗,黄檗嗣先百丈海,海嗣马祖。马祖出让和尚,让即曹谿之长嫡也。斋中务简。退食多暇。或坐邀而至。或命驾从之。请叩无方。蒙滞顿释。半岁之后。旷然弗疑。"②足见杨亿有传承曹溪法脉的自觉。

高僧慈明楚圆往谒唐明智嵩,智嵩也是首山省念的弟子,与杨亿之师元琏同门,智嵩竟然令楚圆往参杨亿,称"杨大年内乾知见高,入道稳实,子不可不见"。楚圆与杨亿经过一场交锋,相互承认是"作家",杨亿留之斋中,楚圆旦夕质疑,相见恨晚。杨亿以居士之身,竟被宗门引为同道,奉为作家,足见其修为。③ 而与禅僧精研切磋的结果,自然是从思维方式审美观到表达方式都会受到禅宗家法的影响。

同时,宋初"九僧"体作家中有四位与杨亿相熟。宋初"九僧",根据司马光《温公续诗话》:"所谓九诗僧者:剑南希昼、金华保暹、南越文兆、天台行肇、沃州简长、贵城惟凤、淮南惠崇、江南宇昭、峨眉怀古也。"④他们大致生活在景德初年前后。这九人中浙右三僧保暹、行肇、简长与楚僧惠崇受赐紫衣师号并入"译经院",以"证义"身分与杨亿同修《大中祥符法宝录》,此书虽成于大中祥符六年(1013年),但著录太宗太平兴国七年(982)至真宗大中祥符四年(1011)共三十

① 李遵勖:《天圣广灯录》(卷17),《续藏经》第135册,台北:新文丰出版公司,1976年,第756页。
② 惠洪:《禅林僧宝传》(卷16),前田慧云、中野达慧等《卍续藏》第79册1560号,1912年,第524b。
③ 惠洪:《禅林僧宝传》(卷21),前田慧云、中野达慧等《卍续藏》第79册1560号,1912年,第532b。
④ 吴文治:《宋诗话全编》,南京:江苏古籍出版社,1998年,第372页。

年间所出经籍,约二百二十二部,所以开始修书的时间当早于此数年,四僧与杨亿之交往也当早于此年。这四僧在九僧群体中作品存世最多,质量最高,通过他们,杨亿对这一诗歌群体可以有非常清晰与深入的了解。

仔细查考九僧的作品,我们可以发现其共性十分明显:

其一,题材范围有限。从现存的 134 首作品来看主要不外乎赠别(包括寄赠)、题写景物两类,分别为 74 和 34 首,占总数的 84% 强。另外只有少量的咏物诗和怀古诗。

其二,情感抒发上的类型化。在九僧的作品中,我们几乎看不出诗人真正的情绪表达,有的只是一点稀薄而空灵的意趣。就拿希昼那首颇受欧阳修赞美的《怀广南转运陈学士状元》为例:

> 千峰邻积水,秋势远相依。春生桂岭外,人在海门西。
>
> 残日依山尽,长天向水低,遥知仙馆梦,夜夜怯猿啼。①

全诗开合自如,气势尚佳,特别是颔联浑然天成,构对精致。但是通体读来却让人觉得缺少了诗人特定的情感指向。写离别是最容易动情的。然而,从希昼的诗中,我们却丝毫看不出这个被送者与他之间的独特情谊,甚至可以说,只要换一个题目,这首诗可以送给任何一个人。当诗成为"羔雁之具",诗便失去了感染力。

其三,意象构造简单化。同样在欧阳修《六一诗话》中记载了这样一则轶事:

> 当时有进士许洞者,善为词章,俊逸之士也。因会诸诗僧分题,出一纸约曰:"不得犯此一字",其字乃山、水、风、云、竹、石、花、草、雪、霜、星、月、禽、鸟之类,于是诸僧皆搁笔。②

---

① 傅璇琮、倪其心等:《全宋诗》,北京:北京大学出版社,1991 年,第 1441 页。
② 吴文治:《宋诗话全编》,南京:江苏古籍出版社,1998 年,第 213 页。

许洞所为,多少有些恶作剧的成分,但从中我们的确可以看到九僧诗在意象塑造上过分单纯。中国人的思维方式中"尚象"的成分较重,因此,在传统的诗学审美观念中,诗人耳目所见之景象可以引人进入玄远或深妙之境,对意象的提炼正是其思想情志的集中体现。优秀的诗人思维灵动,洞察万物;拙劣的诗人只能在前人用滥了的意象群中讨生活,表现平庸的思致。依此标准来看,九僧的作品实在不能算上品。

九僧诗虽然成就平平,但这一诗人群体对于宋初的诗学进程并非没有意义。其价值在于,首先,他们挽救了晚唐以来以白体为主流的诗歌一直趋于平庸化和世俗化的流俗。精微细致是其明显的特点。而这些特点对于诗人杨亿而言具备了一定的吸引力。这一点我们会在后续论及。

简言之,在宋初诗歌面临转型发展的大背景下,杨亿因其自身经历、师承、交游等诸多方面影响,在其诗学观建构过程中必然受到佛教理念以及佛门诗学思想的影响。

## 二、从杨亿诗学理论本体看佛教理念的渗透与关联

### 2.1 杨亿诗学观辨析

要辨析佛教思想的渗透与关联,首先要对杨亿诗学理念有一个整体性认知。对于多数人而言,是通过景德年间编定的《西昆酬唱集》,特别是集前的一篇序文来理解杨亿的诗学观念的。该序如下:

> 余景德中忝佐修书之任,得接群公之游。时今紫微钱君希圣、秘阁刘君子仪并负懿文,尤精雅道,雕章丽句,脍炙人口,予得以游其墙藩而窥其模楷。二君成人之美,不我遐弃,博约诱掖,置之同声。固以历览遗编,研味前

作,挹其芳润,发于希慕,更迭唱和。……①

序中,杨亿提出了自己的诗歌创作方法论:"历览遗编,研味前作,挹其芳润。"这种方法受到了人们广泛的指摘,认为杨亿主张诗歌创作仅仅是将前人的诗歌意象重新编组,掇取其风花雪月的部分加以拼接,连缀成满纸芳菲,却不知所云的诗篇。对于此,抨击得最为激烈的当属石介。其《怪说》中篇称杨亿"穷研极态、缀风月、弄花草,淫巧侈丽,浮华纂组,刓锼圣人之经,破碎圣人之言,离析圣人之意、蠹伤圣人之道"。似乎杨亿的诗歌离经叛道,天下文运之坏,责在其一人。

其实,这样的认知十分片面。当杨亿主盟文坛时,他面临着一个严峻的问题:白体诗已经写了二三十年,无论气局、格调都流于俗滥,所以,作为诗坛灵魂人物他有责任重新审视前代诗学遗产,寻找适合的范型,在不久后,杨亿得到了李商隐诗集的残卷。江少虞《宋朝事实类苑》载,杨亿发现义山诗并渐得其趣的过程:

> 至道中,偶得玉溪生诗百余篇,意甚爱之,而未得其深趣。咸平、景德年间,因演绎之暇,遍寻前代名公诗集,观富于才调,兼极雅丽,包蕴密致,演绎平畅,味无穷而炙愈出,钻弥坚而酌不竭,曲尽万变之态,精索难言之要,使学者少窥其一斑,略得其余光,若涤肠而换骨矣。……②

杨亿完全为义山诗所吸引,给予其高度评价,这是因为它实在太符合诗人的诗学理想了。他对李商隐诗歌的总体特点把握得非常周密,体会到了义山诗结构流畅但意旨深沉,一唱三叹,回味无穷的朦胧美感,认为只有这种丽思华采和沉潜深永才能纠正宋初诗歌的浅率诗风。杨氏主张"研味前作""历览遗编",其用意在于深切领会李商隐诗的味外味,象外象,而所谓"挹其芳润"则是为了寻绎其诗

---

① 杨亿:《西昆酬唱集序》,曾枣庄、刘琳:《全宋文》第 7 册,成都:巴蜀书社,1990 年,第 726 页。
② 江少虞:《宋朝事实类苑》(卷 34),上海:上海古籍出版社,1981 年,第 435 页。

的内在思理脉络,加以吸取。他之所以要潜心李诗,乃是希望藉此开辟一条符合宋人审美理念的诗歌之路。

《集序》是对杨亿诗学思想的概括。但是这一概括受到了"禁中唱酬"的文本局限。北宋诗人张方平有诗曰《题杨大年集后》,在高度赞赏了杨亿诗"富艳三千牍,从容八十函,典纯追古昔,雅正合周南"之后,结句特别提到"可怜经济意,旧客入高谈"①。所谓"高谈",指的就是杨亿门人编辑的《杨文公谈苑》,其中记录了杨亿一些零散的诗谈,吉光片羽,弥足珍贵。另外杨亿八个文集中仅存的一部《武夷新集》里也有一些诗学观点可与《谈苑》《集序》相互辩证。在结合了这些文本之后杨亿的诗学观梳理如下:

1. 积学为诗

杨亿论诗非常注重学问。这一点从"集序"中可以体会到,在《谈苑》中讲得更明显,追述到他早年编定的《武夷新集》,其中也屡屡提到:

> 学者当取三多,看读多,持论多,著述多。②
> 博综文史,详练经术,词采奋发,学殖艰深。③
> 学海汪洋,辞锋颖脱。④
> 予亦励精为学,抗心希古,期潄先民之芳润,思窥作者之壶奥。⑤

杨亿之所以能在真宗朝领袖文坛三四十年,其重要原因之一即在于博学。石介力反昆体,对杨亿诗批得体无完肤,但却不得承认其"学问通博,笔力宏壮,文字所出,后生莫不爱之"⑥。

积学为诗的表现之一为作诗讲究用典用事。这本是李商隐的一大特点,故

---

① 傅璇琮、倪其心等:《全宋诗》,北京:北京大学出版社,1991年,第3837页。
② 李裕民辑校:《杨文公谈苑》,上海:上海古籍出版社,1993年,第8页。
③ 杨亿:《送进士陈在中序》,曾枣庄、刘琳:《全宋文》第7册,成都:巴蜀书社,1990年,第705页。
④ 杨亿:《贺王著作启》,曾枣庄、刘琳:《全宋文》第7册,成都:巴蜀书社,1990年,第693页。
⑤ 杨亿:《武夷新集序》,曾枣庄、刘琳:《全宋文》第7册,成都:巴蜀书社,1990年,第712页。
⑥ 石介:《祥符诏书记》,《徂徕先生文集》,北京:中华书局,1984年,第22页。

后人有"诗家总爱西昆好,独恨无人作郑笺"的感叹,也留下了"獭祭鱼"的讥评,但是义山之为纯然出于一己之思,欲借典故曲折含蓄地吞吐心绪,而杨亿却有意将这种"诗法"上升到了理论高度,视之为诗歌要义。

积学为诗的表现之二为善思尚辩。杨亿论诗主追索古今之变化,辨析物象之本源,探讨义理之曲直。他在《与史馆检讨陈秘丞启》中说:"良史之任,历代为难。自非通倚相《邱》《索》之书,专羊盼《春秋》之学,博物稽古,多识旧章,变例发凡,深穷微旨"①,所论的就是通过对经典的考辨,阐发幽隐之旨的重要性。

落实在具体的文本上,杨亿特别拈出的就是一个"辩"字。"辩"即辩是非,别真伪。《墨子·小取》对辩的法则作了这样的说明:"夫辩者,将以明是非之分,审治乱之纪,明同异之处,察名实之理,处利害,决嫌疑。焉摹略万物之然,论求群言之比;以名举实,以辞抒意,以说出故;以类取,以类予;有诸己不非诸人,无诸己不求诸人,或也者,不尽也。"②也就是指以理性方式通过论据以及逻辑对事物进行分析,去伪存真。杨亿论及这一概念之处甚多:

> 望气成龙虎,披文辩鲁鱼,清光无咫尺,玄览亦踌躇。③
>
> 何词辩之纵横,文彩巨丽,俊发若此。④
>
> 尝慷慨发愤,以学者传授失其宗本,去圣逾远,亡羊多岐,大惧夫羲文之微言将坠于地,乃铺衍遗意,发挥成文,作赋六十四篇,篇演一卦之义……深者厉之,坚者钻之,高者跂而望之,幽者俯而探之,汗漫无际者凌厉以求之,窈冥无状者罔象以索之……⑤

以学问入诗实际上是宋人面对"风骨兴象皆备"的唐诗欲与争胜的一条蹊径。杨亿诸论,实有开创之功。

---

① 曾枣庄、刘琳:《全宋文》第7册,成都:巴蜀书社,1990年,第687页。
② 孙诒让:《墨子闲诂》卷11,北京:中华书局,1954年,第260页。
③ 傅璇琮、倪其心等:《全宋诗》,北京:北京大学出版社,1991年版,第1388页。
④ 杨亿:《答李寺丞书》,曾枣庄、刘琳:《全宋文》第7册,成都:巴蜀书社,1990年,第654页。
⑤ 杨亿:《送元道宗秀才序》,曾枣庄、刘琳:《全宋文》第7册,成都:巴蜀书社,1990年,第709页。

2. 辞采研练

杨亿在"集序"中特别指出"雕章丽句，脍炙人口"，可见其对诗歌辞采藻丽的重视。为了强调"言之有文"的观念，杨亿对文采丰艳者的夸奖亦可谓不遗余力

> 藻绣纷错，珠璧炫耀，观咸洛之市，天下之货毕陈，入宋鲁之邦，先王之礼尽在，亦以见一时文物之盛。①
>
> 奇彩彪炳，清词藻缛，入孔子之宅，金石丝竹以尽闻；游和氏之场，珪璧琮璜而皆在。②
>
> 藻绣纷敷，琳琅焜耀，登于乐府何愧《中和》《乐职》之诗？布于郢中，足掩《阳春》《白雪》之唱雅。③

与"辞采"紧密关联的是杨亿对诗歌的研练之功也颇加重视。《谈苑》中曾记"周世宗作诗"一事极能体现其观点：

> 周世宗尝作诗以示学士窦俨，曰："此可宣布否？"俨曰："诗，专门之学。若励精叩练，有妨几务，苟切磋未至，又不尽善。"世宗解其意，遂不作诗。④

所说的虽然是前代历史故事，但能体现杨亿对窦俨的说法颇为赞同：为诗需深加锻炼，否则难以收到良好的表达效果。所谓辞采，其实正是出于研练之功。

3. 意在言外

杨亿论诗，颇喜表彰寻幽发微，意在言外者。如其《送元道宗秀才序》曰："河

---

① 杨亿：《群公赠行集序》，曾枣庄、刘琳：《全宋文》第 7 册，成都：巴蜀书社，1990 年，第 717 页。
② 杨亿：《群公饯集贤钱侍郎知大名府诗序》，曾枣庄、刘琳：《全宋文》第 7 册，成都：巴蜀书社，1990 年，第 718 页。
③ 杨亿：《送致政朱侍郎归江陵唱和诗序》，曾枣庄、刘琳：《全宋文》第 7 册，成都：巴蜀书社，1990 年，第 719 页。
④ 李裕民辑校：《杨文公谈苑》，上海：上海古籍出版社，1993 年，第 25 页。

南元生出东南之美族,禀山川之灵气,学术渊奥,才思深婉,雅善词赋,尤工诗什。每扣虚课寂,缘情体物,必有警策;传诵人口,左氏之笔,微为富艳;相如之文,长于形似,翘翘然秀出于场屋间矣"①,所谓"扣虚课寂""左氏之笔"就是表彰元生之诗不直白发露,而能寄情象外,曲尽其妙。

类似的说法也《温州聂从事永嘉集序》中出现:"君之于诗也,类解牛焉,投刃皆虚;譬射鹄焉,舍矢如破。彼唇腐齿落者,所贵乎少,我取其多;彼勌弩肉缓者,咸谓之难,我以为易;独擅一源之利,不见异物而迁,扣寂求音,应之如响,触物成咏,思若有神。"②

此外,《杨文公谈苑》中记余恕与杨亿共同赏析徐铉,李义山诗一事。其中有云:"因出义山诗共读,酷爱一绝云:'珠箔轻明拂玉墀,披香新殿斗腰支,不须看尽鱼龙戏,终遣君王怒偃师。'击节称叹曰:古人措辞寓意,如此深妙,令人感慨不已。"③义山此诗语含讽谏,刺君主之荒淫无道。杨亿称其寓意深妙,显然是体会到了作品的言外之旨。

### 4. 诗主教化

杨亿究竟是如何看待诗歌的功能的? 在我看来,他主张承续"诗言志"的传统,以诗歌作为教化的辅助:

> 今观聂君之诗,恬愉优柔,无有怨谤。吟咏情性,倡导王泽,其所谓越风骚而追二雅,若西汉《中和》《乐职》之作者乎?④

> 君以治剧之能奉求瘼之寄,所宜宣布王泽,激扬颂声,采谣俗于下民,辅明良于治世,当俾《中和》《乐职》之什登荐郊丘,岂但亭皋、陇首之篇留连景物而已⑤

---

① 杨亿:《送元道宗秀才序》,曾枣庄、刘琳:《全宋文》第7册,成都:巴蜀书社,1990年,第709页。
② 曾枣庄、刘琳:《全宋文》第7册,成都:巴蜀书社,1990年,第717页。
③ 李裕民辑校:《杨文公谈苑》,上海:上海古籍出版社,1993年,第38页。
④ 杨亿:《温州聂从事云堂集序》,曾枣庄、刘琳:《全宋文》第7册,成都:巴蜀书社,1990年,第713—714页。
⑤ 杨亿:《送人知宣州诗序》,曾枣庄、刘琳:《全宋文》第7册,成都:巴蜀书社,1990年,第706页。

昔者郑国名卿，赋诗者七子，郓中高唱，属和者数人。善歌者必能继其声，不学者何以言其志，故雅颂之隆替本教化之盛衰，傥王泽之下流，必作者之间出。①

足见杨氏认为诗歌的职责不在于"流连光景"，而是要像《中和》《乐职》那样起到宣布王泽，隆于教化，辅助政治的作用。

### 2.2 佛教对杨亿诗学观构建渗透与关联

在辨明了杨亿的诗学观之后，我们可以发现，在其诗学观的背后有着佛教的思辨方式与文学观念的直接影响。以下分论之：

1. 学养

积学为诗的做法首先在宋初诗僧群里中得到广泛提倡与应用的。僧侣们注重汲取前人的诗学养料，熔铸诗句。惠崇即是一例。文莹《湘山野录》卷中记曰：

宋九释诗惟惠崇师绝出，尝有"河分岗势断，春入烧痕青"之句，传诵都下，籍籍喧著。徐缯遂寂寥无闻，因忌之，乃厚诬其盗，闽僧文兆诗以嘲之，曰："河分岗势司空曙，春入烧痕刘长卿。不是师兄偷古句，古人诗句犯师兄。"②

文莹虽意在辩解，但却传递出一个事实，惠崇为诗已不是纯然出于己意，率性而为，他开始变化前人诗句，为己所用。在其创作中，这样的例子屡见不鲜。如其"岭暮清猿急，江寒白鸟稀"一句显系化自刘长卿"日暮苍山远，天寒白屋贫"；而其"古戍生烟直，平沙落日迟"则为王维"大漠孤烟直，长河落日圆"的翻版。与后来宋型诗人的"夺胎换骨""点铁成金"相比，惠崇的做法不免幼稚，但我们却可以从中得到一个信息：诗僧们已经在不经意间开始寻求学养与创作的沟

---

① 杨亿：《广平公唱和集序》，曾枣庄、刘琳：《全宋文》第7册，成都：巴蜀书社，1990年，第720页。
② 文莹：《湘山野录、续录、玉壶清话》，《唐宋史料笔记》，1984年，第34页。

通,改变诗歌语言过度的直白与日常化。这对杨亿来说不失为一种有价值的借鉴。

2. 研练

从晚唐五代到宋初,诗僧对于诗歌语言精细化的追求从未停止。晚唐齐己的《风骚旨格》即是一例。张伯伟先生说:"齐己'势'论的来源,与禅宗影响直接有关。他出于沩仰宗,而'仰山门风'的最大特点即在于"有若干势以示学人"(《宋高僧传》卷十二),⋯⋯齐己的以"势"论诗,正有得于仰山的以'势'接人"。①如"狮子返踯势",就出于禅宗话头。

宋初僧人受此启发,尤重辞句练饰之术,与晚唐一脉相传。九僧中的金华僧人保暹有《处囊诀》收录于《吟窗杂录》中。其开宗明义曰:

> 夫诗之用,放则月满烟江,收则云空岳渎。情忘道合,父子相存,明昧已分。天机不测是诗人之大用也。②

且不论其具体内容,单是这种比中有议的论诗方式就与齐己诗论中"狮子返踯势"之类相似。而寻绎其内容,可以发现,保暹主张为诗的目的在于表现诗人与天地宇宙相往来的灵性和知觉。落实到具体诗歌上,也就是要通过杜绝"骈经""钩锁""轻浮""剪辞""狂辞""逸辞""背题离目"七病,较之晚唐,思路更为清晰。

值得注意的是,保暹首先提出了在宋代诗学理论中非常重要的"句眼"问题。在《处囊诀》中他共拈出四联,其中三句为贾岛,一句属杜甫:评价贾岛的"天上中秋月,人间半世灯"时指出"灯字乃是眼也";评"鸟宿池边树,僧敲月下门"一句时又说"敲字乃是眼也";"过桥分野色,移石动云根"则"分字乃是眼也";评杜甫"江动月移石,溪虚云傍花"指出"移字乃是眼也"③。在这里被称为"句眼"的有名词也有动词,论者虽语焉不详,但我们可以知道他重视诗句中带有提挈色彩的

---

① 张伯伟:《唐五代诗格丛考》,《文献》1994年第3期,第56页。
② 陈应行:《吟窗杂录》卷13,北京:中华书局,1997年,第411页。
③ 保暹:《处囊诀》,陈应行:《吟窗杂录》卷13,北京:中华书局,1997年,第413—414页。

字，注意到了遣字与达意之间的微妙关系。

在创作实践中，保暹也很好地贯彻了自己的理论主张，他的《江行》诗中有"浦暗微分树，滩遥半涨沙"①之句，"微"字勾勒出江边夜色半明半昧的情状，"半"字则准确地传递了江潮缓缓涌动的态势，很见精微细致的功力。

诗僧的"研练之功"得到了杨亿的关注，在《杨文公谈苑》中有"近世释子诗"一条记曰：

> 公常言，近世释子多工诗，而楚僧惠崇、蜀僧希昼为杰出。其江南僧元净、梦真，浙右僧宝通、守恭、行肇、鉴徽、简长、尚能、智仁、休复，蜀僧惟凤，皆有佳句。惠崇《赠裴太守》云："行县山迎舸，论兵雪绕旗。"《高生山阁》云："劝酒淮潮起，题诗楚月新。"……惟凤《秋日送人》云："去路正黄叶，别君堪白头。"《哭度禅师》云："海客传遗偈，林僧写病容。"皆公之所举，略记十之二三。公又言，因集当代名公诗为《笔苑》，辇下江吴僧闻之，竟以诗为贽，择其善者，多写入《笔苑》中。②

这段文字表达了杨亿对诗僧创作有着深入细致的了解。在重视其作品的同时，诗僧提倡一些诗学观念如重视意象的精微化、细致化，讲究语言琢练等当然也会在潜移默化中被吸收。

3. 运思

杨亿虽与佛教多个宗派的僧人有交往，但他与禅宗的关系最为密切，在他为《景德传灯录》所作的序言中，他对禅宗"不立文字"的传统有深入地认知："首从于达磨，不立文字直指心源。不践楷梯径登佛地，逮五叶而始盛，分千灯而益繁。达宝所者盖多，转法轮者非一。盖大雄付嘱之旨，正眼流通之道，教外别行不可

---

① 傅璇琮、倪其心等：《全宋诗》，北京：北京大学出版社，1991年，第1445页。
② 李裕民辑校：《杨文公谈苑》，上海：上海古籍出版社，1993年，第90页。

思议者也。"①在他看来,从达摩祖师开始禅宗的宗旨倡导"自觉",就是凭借"觉性"智慧冲破一切障碍,打碎过渡诠释带来的窒碍,了解宇宙人生之本相。认同了这样的思维理念,杨亿对禅宗诗学中的相关概念在接受上也会较为自然自觉。

当然,既然论诗,便不可能真正脱离语言,禅宗说诗,只是强调要"但见情性,不睹文字",也就是强调诗之旨趣是通过意象,而非语言作直接表达。这一点五代时闽僧文彧在其所著《论诗道》②一篇中就有论述:"至玄至妙,非言所及,若悟诗道,方知其难。诗曰:'未必星中月,同他海上心。'禅月诗:'万缘冥目尽,一衲乱山深。'薛能诗:'九江空有路,一室掩多年。'周朴诗:'尘世自碍水,禅门长自关。'此乃诗道也。"这里强调的就是诗中需有言外之意,象外之想。

同在此文中,文彧又道:"诗之结尾,亦云断句,亦云落句,须含蓄旨趣。《登山》诗:'更登奇尽处,天际一仙家。'此句意俱未尽也。《别同志》:'前程吟此景,为子上高楼。'"此乃句尽意未尽也。《春闺》诗:'欲寄回纹字,相思织不成。'此乃意句俱尽也。"可见在他看来,有余不尽,令人回想回味的才是好诗。

在论及诗之破题时,文彧提出"五种破题:一曰就题,二曰直致,三曰离题,四曰粘题,五曰入玄";其中"五曰入玄,取其意句绵密,只可以意会,不可以言宣也。贾岛《送人》:'半夜长安雨,灯前越客心。'此乃上下句不言送人,而意在送人。郑谷《题雁》:'八月悲风九月霜,蓼花红淡苇条黄。'此乃上下句不言雁而意就雁也。欧阳詹《赠老僧》:'笑向何人谈古时,绳床竹杖自扶持。'此乃上下句不言老僧而意见老僧。以上五种惟入玄最妙。""入玄"之妙同样在意会神到,不落言筌。

文彧,生卒年及生平均不详。仅《宋诗纪事》卷九十一云:"文彧,号文宝大师。"为五代时闽僧,与陈文亮同时。陈振孙《直斋书录解题》卷二十二及《宋史·艺文志》八均题作僧神彧撰。神、文音近,又同处五代之时,遂妄改之。《宋史·艺文志》著录其书于李洞《贾岛诗句图》之后,而《诗格》引诗亦多为

---

① 杨亿:《景德传灯录序》,高楠顺次郎等:《大正藏》第51册2076号,东京:大正一切经刊行会1934年,第196b。

② 吴文治:《宋诗话全编》,南京:江苏古籍出版社,1998年,第17页。

晚唐之作，又引贾岛诗而称"古人"，可推知其人当在五代宋初之时。对于关注佛教文献的杨亿对此书恐怕并不陌生，也会对杨亿的诗学理念建构形成一定地渗透。

4. 诗教

在北宋前期，为了获得士大夫阶层以及君主的认同，一些僧人在诗歌功用观上主动向儒教正统诗教靠拢，试图实现儒释互济，赢得主流文化的认同。宋初天台宗山外派代表人物孤山智圆就做了这样的努力。他在称自己"字无外，自号中庸子，于讲佛经外，好读周孔杨孟书，往往学为古文，以宗其道，又爱吟五七言诗以乐其性情"①，足见其有心跨越儒释界限，会通两道。

智圆论诗尤其注重诗歌的教化功能。其《钱塘闻聪师诗集序》云："或问诗之道，曰：'善善，恶恶。'请益，曰：'善善颂焉，恶恶刺焉。'……'故厚人伦、移风俗者，莫大于诗教与!'"他肯定诗歌的"美刺"功能，强调诗歌创作"厚人伦、移风俗"，这几乎是儒家诗教的翻版。②《湖西杂感诗并序》曰："湖西杂感诗者，中庸子居西湖之西、孤山之墟，伤风俗之浮薄而作也。虽山讴野咏，而善善恶恶，颂焉刺焉，亦风人之旨也。"③也表达了对儒家仁义观的坚持，对诗歌"善恶"功能的认同，以及对诗歌反映现实的重视。

重教化的背后是智圆对儒家文道观的坚持。其《答李秀才书》中说："愚窃谓文之道者三，太上立德，其次立功，其次立言。德，文之本也；功，文之用也；言，文之辞也。德者何所以畜仁而守义，敦礼而播乐，使物化之也。"④即此一语可见其态度与想法。

当然，作为天台诗僧，智圆对僧人的创作也多有关注，但其评价仍是从儒家诗教的角度出发的。在《赠诗僧保暹师》中，智圆认为保暹的《天目集》"凿彼淳粹源，清辞竞流泻，放意尚幽远，立言忌妖虫……上以裨王化，下以正人伦。驱邪俾

---

① 智圆：《闲居编自序》，《闲居编》《续藏经》101 册，台北：新文丰出版公司，1976 年，第 1 页。

② 智圆：《闲居编》卷 29，《续藏经》101 册，台北：新文丰出版公司，1976 年，第 139 页。

③ 智圆：《闲居编》卷 42，《续藏经》101 册，台北：新文丰出版公司，1976 年，第 175 页。

④ 智圆：《闲居编》卷 24，《续藏经》101 册，台北：新文丰出版公司，1976 年，第 123 页。

归正,驱浇使还淳"①。在他看来保暹诗"清辞竞流泻""放意尚幽远"是其特色,这些特色的价值在于以诗歌辅助政教,匡正人心。这当然是智圆解读过度,但其良苦用心昭然若揭。

作为僧侣,论诗皈依儒家诗教,智圆此举固然顺应了宋初文坛渐次兴起的重振儒家之道的潮流,但也有其自身原因。智圆与当时天台宗之正统四明知礼有所谓"山家""山外"之争,冲突比较激烈。其《与嘉禾玄法师书》②有明确表述:

> 有四明知礼法师者,先达之高者也。尝为天台别理,立随缘之名而鲸吞起信之义焉。有永嘉继齐上人者,后进尤者也谓礼为滥说耳。繇是并形章藻二说,偕行如矢石焉。杭诸宗匠莫有评者,翾尔学徒甚以为惑矧。……

这番话明确道出了智圆对知礼的不满,斥其为"滥说"。

但是,就当时的形势而言,知礼得到了士大夫阶层的更多拥戴。这其中就包括杨亿。文莹《湘山野录》卷下收录了这样一件事:

> 明州天台教主礼法师,高僧也。聚徒四百众,以往生净土诀劝众修行。晚结十僧,修三年忏烧身为约。杨大年慕其道,三以书留之,云:"忆闻我师比修千日之忏,将舍四大之躯,结净土之十僧,生乐邦之九品。窃曾其恩,冀徇群情,乞往世以为期,广传道而兴利。愿希垂诺,冀获瞻风。"后礼师终不诺。又贻书杭州天竺式忏主托渡江留之,亿再拜:"昨为明州礼教主宏发愿心,精修忏法,结十人之净侣,约二载之近期,决取乐国之往生,并付火光之正受。载怀景重,窃欲劝留。诚以天台大教之宗师,海国群伦之归响,传演秘筌之学,增延慧命之期,冀其住世之悠长,广作有情之饶益,遂形恳请,罄

① 智圆:《闲居编》卷44,《续藏经》101册,台北:新文丰出版公司,1976年,第180页。
② 智圆:《闲居编》卷21,《续藏经》101册,台北:新文丰出版公司,1976年,第116—117页。

叙诚言,得其报音,确乎不夺。虑丧人天之眼目,孰为像季之津梁,忏主大师同禀誓师,兼化本国,可愿涉钱塘之巨浪,造鄞水之净居,善说无穷,宜伸于理夺,真机相契,须仗于神交。"[①]

四明知礼欲修忏焚身,杨亿因为尊敬其人,再三劝阻。此事最终惊动朝野,真宗诏赐知礼"法智大师"称号,令其为国祈福。可见知礼在当时的影响力。智圆以"诗教"论诗,从一定程度上来说也是为了在知礼巨大的光环下寻求突破与认同。

虽然,杨亿对四明知礼甚为敬仰,但是作为一名儒家知识分子,他恐怕无法漠视智圆这些带有明显正统性的诗学功用观。而且,这本身也符合杨亿的文化立场。所以,我们可以说,这些观念对杨亿的诗学观的确立有一定的影响和关联。

如上,佛教理念特别是佛教文学观对于杨亿诗学观确立的影响已经辨明,当然,我们必须指出,这种影响是一种有限的影响,但是在杨亿顺应宋初诗学转型的大趋势,建构更符合宋型诗自立的需求的诗学理论的过程中,佛教理念通过诗僧群体提供了有益营养。

### 三、从杨亿创作实践看其诗学观中的佛教理念影响

对一个诗人诗学观的考察不仅限于其理论阐发,也必须结合对其创作实践的考察,以验证其诗学观是否真正得到贯彻。通过对杨亿的诗歌创作的考察,我们可以看到禅宗"不离文字""绕路说禅"理念对其的影响。具体可以落实于意象选择和章法、句法。

#### 3.1 含而不露的意象选择

含而不露的意象选择手法来源于禅宗"不离文字"的传播方式的影响。禅宗

---

① 文莹:《湘山野录、续录、玉壶清话》,上海:上海古籍出版社,1984年,第58页。

初立时以"不立文字""见性成佛"为根本主张,但是在其发展过程中,因为积极入世的需求必须寻找到适合其理论传播的中间渠道。因此,"文字禅"便应运而生。语言文字成为禅悟的中介,其实质就是要在阐释教义时主要依赖于被接引者的自性觉悟,体会意象背后直指心性的禅理。如何做到不被文字本身的表达局限所拘束,妨碍进入悟道之境即成为了一个关键问题。选择含而不露、意蕴多元的意象成为一种解决问题的途径。作为一个有着深厚禅宗佛学修养的诗人,杨亿对此方式极为熟稔,在他的作品中大量采用秾丽且意蕴多元的意象,完成对诗歌主旨与诗人超越性情感领悟的表达。

在杨亿作品中《宣曲》二十二韵非常出名:

| | | | |
|---|---|---|---|
| 宣曲更衣宠, | 高堂荐枕荣。 | 十洲银阙峻, | 三阁玉梯横。 |
| 鸾肩裁纨制, | 羊车插竹迎。 | 南楼看马舞, | 北埭听鸡鸣。 |
| 彩缕知延寿, | 灵符为辟兵。 | 粟眉长占额, | 蛮发俯侵缨。 |
| 莲的沉寒水, | 芝房照画楹。 | 麝脐重翠被, | 鹿爪试银筝。 |
| 秦凤来何晚, | 燕兰梦未成。 | 丝囊晨露湿, | 椒壁夜寒轻。 |
| 绮段余霞散, | 瑶林密雪晴。 | 流风秘舞罢, | 初日靓妆明。 |
| 雷响金车度, | 梅残玉管轻。 | 银环添旧恨, | 琼树怯新声。 |
| 洛媛迷芝馆, | 星妃滞斗城。 | 七丝絚绿骑, | 六箸斗明琼。 |
| 惯听端门漏, | 愁闻上苑莺。 | 虚廊偏响叶, | 近署镇严更。 |
| 剗戟心长苦, | 投签梦自惊。 | 云波谁托意, | 璧月久含情。 |
| 海阔桃难熟, | 天高桂旋生。 | 销魂璧台路, | 千古乐池平。① |

这首排律格律严整,音节铿锵,而且从首联起即用对仗,终篇不懈。其中"十洲""莲的""绮段""流河""虚廊""海阔"数联尤为精切,雍容典雅之感。从字面上看,设色浓丽,雕琢精美而富有感性色彩。故而"鸾肩""彩缕""翠被""银筝""画

① 傅璇琮、倪其心等:《全宋诗》,北京:北京大学出版社,1991年,第1402页。

榧""金车""玉管"等具有视觉冲击力的语词一一铺排入墨,华妍精彩。故《四库全书简明目录》中称杨诗"组织工致、锻炼新警之处终不可磨灭"①。

宣曲,是汉代宫廷的名称,以此为题,很容易使读者产生一种感觉,认为诗人实在借前代宫廷故事炫耀腹笥。然而,在密丽生涩的文本背后,诗人却别有寄托。陆游跋《西昆酬唱集》云:"祥符中尝下诏禁文浮艳,议者谓是时馆中作《宣曲诗》,'宣曲',见《东方朔传》。诗盛传都下而杨刘方幸,时或谓颇指宫掖。又二妃皆蜀人,诗中有'取酒临邛'之名,赖天子爱才士,皆置而不问,独诏讽切而已,不然亦殆哉。"②从陆跋看,宋真宗诏禁文风浮艳,是因为一首《宣曲》触痛了他的心病,参之杨亿不肯为真宗书册后诏一事,可以想见他对真宗的宫掖生活多有不满,故借汉朝之酒杯消己心之块垒。通过此例,我们可以看到,杨亿诗歌题旨表达含蕴隐晦,不肯直抒其事,需转折体悟方可领会。这样的写法与唐人诗歌直接发露形成鲜明反差。可见杨亿更注重以意到神会的方式进行沟通。

> 锦字停梭掩夜机,白头吟苦怨新知。谁闻陇水回肠后,更听巴猿拭袂时。
> 汉殿微凉金屋闭,魏宫清晓玉壶欹。多情不待悲秋气,只是伤春鬓已丝。

> 寒风易水已成悲,亡国何人见黍离。枉是荆王疑美璞,更令杨子怨多歧。
> 胡笳暮应三挝鼓,楚舞春临百子池。未抵索居愁翠被,圆荷清晓露淋漓。③

这两首诗名为《泪》,收录于《西昆酬唱集》中,是与李商隐同题的作品。但是

---

① 永瑢等:《四库全书简明目录》卷 19《西昆酬唱集》提要,上海:上海古籍出版社,1985 年,第 833 页。
② 陆游:《渭南文集》卷 31,《陆放翁全集》上册,北京:中国书店,1986 年,第 197 页。
③ 傅璇琮、倪其心等:《全宋诗》,北京:北京大学出版社,1991 年,第 1405 页。

对此作品的历史评价却不高。评论者每每以为其"堆金砌玉，繁碎不堪"。然而，仔细寻绎，我们却发现在绮错密丽的文本背后作者别有深意。

前一首诗，杨氏偏重用苏蕙、卓文君、阿娇等佳人故实，勾勒她们虽秉才色却终被弃置的悲凉命运，使读者在不知不觉中思维被牵引，并生发出传统诗学中"香草美人"的约定俗成的联想，而结联的伤春也不能单纯视为一种季候变迁的感怀。在中国诗歌的美学规范中，"春""秋"两季包含着无尽感伤，《楚辞》中"极目千里兮伤春心"，"悲哉秋之为气"即是肇端，也为这看似自然的物候更迭定下了基调，春华秋实最易引动敏感的诗人们对美之易逝，命运之不可捉摸的畏惧与忧伤。应当说，杨亿的身世不算坎坷，少有"神童"之名的他早早地列名两禁，备位台臣，然而他却又的的确确地"身不逢主"。在宋真宗眼中，杨亿始终不过一个与司马相如相类似的文学侍从。其《赐杨亿判秘监》一诗云："琐闼往年司制诰，共嘉藻思类相如。蓬山今日诠坟史，还仰多闻过仲舒。报政列城归觐后，疏恩高阁拜官初。诸生济济弥瞻望，铅椠咨询辨鲁鱼。"[1]充分体现了这位君主对诗人的定位。是时宋真宗在王钦若的鼓惑下封禅求仙，服食访道，生活之荒唐奢侈不下于汉武、隋炀，而杨氏生性耿介，逢君之恶颇思劝戒，但难以引起重视。于是一番抑郁不得时只能借题发挥。这一点在第二首诗中表现得更为明白，荆王疑璞，杨子怨歧，不正是诗人忠而见疑，幽思傍徨的人生处境的真实写照吗？"未抵索居愁翠被，圆荷清晓露淋漓"，恰是因为在他内心中认定不能见信于君上，虽独秉清洁高傲的节操却陷于深深的无奈之中。郑再时笺注《西昆酬唱集》时称杨亿"以鲠直之故，屡犯主颜，又遭王钦若、陈彭年等谗诉得行，郁郁不得申其志。然志终不可诎，发而为诗，则此集是，非'情动于中而形于言耶'"[2]，可说是深得诗人之旨。

值得特别指出的是"圆荷清露"这个意象在诗中的应用。莲花在佛教中是一种具有特殊意义的植物。《佛说阿弥陀经》记载，"极乐国土，有七宝池，八功德水，充满其中，池底纯以金沙布地，……池中莲华，大如车轮，青色青光，黄色黄

---

① 厉鹗：《宋诗纪事》（卷1），上海：上海古籍出版社，1981年，第4页。
② 郑再时：《西昆酬唱集笺注序》，《西昆酬唱集笺注》，济南：齐鲁书社，1986年，第1页。

光，赤色赤光，白色白光，微妙香洁。"①《大智度论》卷八记载了为何趺坐莲花的原因，②除了莲花在众花中最大最盛、代表庄严妙法，莲花柔软素净，坐其上花却不坏，更可以展现神力之外，它其实已升华为天上之花，与人中之花有别。佛教进入中土后，原本荷花渐渐成为洁净的象征。士大夫洁身自处，正好也与佛教"不著世间如莲花"思想契合。杨亿在诗的结尾处，特地拈出这个意象，表明诗人虽然历经坎坷波折而内心世界澄澈清明，不染尘埃的操守。

在这两首诗中，杨亿采用了淡化或虚化诗中"情"的成分，看重寄托的含蓄性，注重内在心理的超越性体验，揭示出较为高远的旨趣。意象本身所具有的多元化指向也充分调动了阅读者自身的经验积淀，构成了读者与作者之间不可言说的情感会通。

在"不离文字"的传播方式影响下杨亿的作品以含蓄深挚方式表达心性情感之超越，这代表了宋代诗人摆脱唐型诗范式制约的努力。

### 3.2  密铺排与实字对

禅宗文字表达的一大特色是隐匿主体意识，超离象外，"绕路说禅"，通过看似有关联但关系并不密切的意象的连缀与堆叠，让读者在无意间获得"顿悟"。在杨亿的诗歌创作中表现为好用密铺排和实字对。

先看密铺排。杨亿《始皇》一首：

> 衡石量书夜漏深，咸阳宫阙杳沈沈，仓波沃日虚鞭石，白刃凝霜杠铸金。
> 万里长城穿地脉，八方驰道听车音。儒坑未冷骊山火，三月青烟绕翠岑。③

---

① 鸠摩罗什译：《佛说阿弥陀经》卷一，高楠顺次郎等：《大正藏》第12册0366号，东京：大正一切经刊行会，1934年，第346c。
② 鸠摩罗什译：《大智度论》卷八，高楠顺次郎等：《大正藏》第25册1095号，东京：大正一切经刊行会，1934年，第115c—116a。
③ 傅璇琮、倪其心等：《全宋诗》，北京：北京大学出版社，1991年版，第1406页。

此诗几乎是《史记·秦始皇本纪》的浓缩。先写始皇刚愎自用，以致众官"不中呈，不得休息。"次写其暴政，鞭石、销毁天下兵器；再写其劳民，筑长城，修弛道，虽威及八方却自坏根基。最后写其焚书坑儒，引起天下大乱导致覆亡。八句诗紧密勾连，一气写尽始皇事迹，不着议论痕迹而理在其中，以铺排擅场。

再以《樱桃》十二句五言排律为例：

> 离宫时荐罢，乐府艳歌新。石髓凝秦洞，珠胎剖汉律。
> 三桃聊并列，百果独先春。清籞来君赐，雕盘助席珍。
> 甘余应受和，圆极岂能神。楚客优羊酪，归期负紫莼。①

诗人几乎句句用典，写樱桃之名，之形，之早熟，之珍贵，之甘美，将中国诗歌中"赋"的技巧充分地发挥出来，使人目迷五色。诗人笔下典故来源极其广泛，大大超越了唐人用典使事手眼不出史书、经典的局限，如诗之首联用《乐府诗集》中郑樱桃故事，点明所咏何物，次联上句引任昉《述异记》所载武陵源中石洞生乳水，食之可以不死的传说为樱桃抬高身份。下句化用扬雄《明猎赋》中"剖明耳之珠胎"句，点明樱桃晶莹光洁的形状。"三桃""百果"一联则一出于潘岳《闲居赋》，一出于后梁宣帝《樱桃赋》点出其结实早的特性。末联诗人为了突出樱桃纯甘味觉揽入《世说新语》中陆机与王武子关于羊酪与紫莼的对话，更加增添了一般隽永的回味。

诗人通过铺排的典故，叠加出新的语境，产生一种"平行中的张力"，以最客观的形式激发读者的主体情性。利用典故本身具有的意义叠加对读者产生加强对读者的心理暗示，以达到不言而喻的目的。

次看，实字对。实字对，顾名思义是在对仗中多用实词，意在追求一种生涩矫健之美。实字对不但可以使诗句的典故表现充分详尽，而且往往能丰富诗句

---

① 傅璇琮、倪其心等：《全宋诗》，北京：北京大学出版社，1991年，第1412页。

的情感，有利于设色点缀。杨亿诗中实字对极多，这是与他视为典范的李商隐极为不同的。如其"步试金莲波溅袜，歌翻玉树涕沾衣"①两句，"步试金莲""歌翻玉树"写其繁华享乐，而"波溅袜""涕沾衣"则分明是乐极生悲，一联之中哀乐同现，情致宛然；再如"铜龙漏滴传钩盾，玉兔光芒射绮疏"②一联，"铜龙漏滴"是描写宫廷夜色的常用意象，透露出一份优雅与沉寂，"钩盾"借用的是古代官署名。隋唐有钩盾署，属司农寺，职掌薪炭鹅鸭薮泽之物，以供祭飨。很显然，用这个典故，诗人在诗句想表达的意思中重叠了一层隐射，意指闲职；"玉兔光芒"指明月，"绮疏"指装饰了镂刻花纹的窗子，如果直讲句意，无非是月光映照窗棂，但是，玉兔之意象使人联想起月宫嫦娥的寂寞幽独，叠加了具有宫廷色彩的绮疏让人更生一种身处禁中，气度清华却不胜孤凄之感，再结合到前一句中的"闲职"，读者从这一联中感知的恐怕不仅是值守集贤院中学士眼前之景，更会捕捉到诗人内心不可名状的苍凉孤独。

　　杨亿为诗结体严谨，法度森然。他试图在已经被唐人用到熟烂的体式句法中寻求突破，而禅宗"绕路说禅"的文本，以纯粹的画面或画面组合凸现意象的客观性，达到无意为佳的美学效果的手法恰为其提供了参考。

　　在杨亿的诗学创作实践中，他对禅宗思维方式与文字表达方法的应用可以说是一种无心而得，得益于他多年来对禅宗文本的编修以及与禅僧的相互论辩探讨。但是，这种创作方式的新变却为宋初诗歌带来了一种新的风气，并逐渐形成一种新的范式。

　　综上所述，通过对杨亿诗学观建构与佛教理念对其影响力的探讨，我们实则可以厘清一条线索，那就是在北宋初年的诗学发展进程中，佛教理念通过文人士大夫的吸收与消化参与到宋型诗范式建构，并为其提供理论参考和创作实践经验的。在唐宋诗学转型这一大命题的研究中，佛教的影响力不容忽略。

---

① 傅璇琮、倪其心等：《全宋诗》，北京：北京大学出版社，1991年，第1400页。
② 傅璇琮、倪其心等：《全宋诗》，北京：北京大学出版社，1991年，第1336页。

# Balancing Han Buddhist Identity within the Personification of San Jiao He Yi

Ji Gong

**Abstract:** This paper examines the historic record of a figure in Hangzhou during the Southern Song Dynasty named Li Xiuyuan, his Buddhist tonsure as Daoji in 1148 CE at Lingyin Monastery in Hangzhou, and his legendary transformation into the folk hero of Hangzhou-"Ji Gong". It explores the phenomenon of Ji Gong both historically and through folk legend and it aligns this character's evolution with other significant historic events during the Song Dynasty, during the fall of the Qing Dynasty, and its relevance at the onset of China's modern period. It further considers the acceptance of Ji Gong currently in spiritual, secular, and popular thought. The study explores Ji Gong's legendary narrative relative to Han Chinese identity and the Han concept of *san jiao he yi*. It considers the position of Buddhism generally in Han identity, and it demonstrates the important role Hangzhou Buddhism specifically played in the preservation of Han identity in modern China. The analysis draws attention to a variety of factors which evidence how the Buddhist history of Hangzhou contributed to the preservation of the fundamental spirit of China from the Wuyue period to the present day. The analysis serves as a blueprint for a comprehensive argument that identifies the Hangzhou Buddhist culture as a major influence in the preservation of Han identity.

In the popular history and legend of China, there is a well-known character endeared by many people in China-he is commonly known as Ji Gong or the "crazy monk"[1]. In popular culture, Ji Gong is the central character in a variety of books, films, and television shows; the sheer volume of which evidence the importance of this figure in contemporary Chinese culture. In the popular narrative, Ji Gong takes on the appearance of an irreverent, intoxicated monk who stumbles on to accidental profundity and wisdom from one day to the next. The purpose of this paper is to develop a blueprint which will establish a vastly different understanding of this character and his influence on Han identity; the analysis also further supports the assertions of Buddhist scholar Albert Welter PhD. in that it demonstrates another major role Hangzhou Buddhism played in the history of China. My interest in this figure is partially connected to the historic record of Ji Gong but is more directly focused on the phenomenon of Ji Gong as it relates to its relevance to the Han Chinese. The initial research questions are: Why is this figure so recognized, and how is his development relevant to the proper understanding of the history of Buddhism in Hangzhou and throughout China. This is a significant question because his legacy does not remain isolated to a specific time period or ideological movement in China. His legend seems to be connected to the overall legacy of China itself. The pressing question is-why?

I will argue that the character of Ji Gong proves to encapsulate the legacy

---

[1] This figure is known by a variety of names detailed later in the paper. Ji Gong would translate as "Master Ji" and his common nicknames were "Crazy Ji" or "Mad Ji" which translate as "Ji Dian" or "Ji Fengzi" respectively.

and ideals of Han China which have been protected from persecution by his unorthodox image, and further, that the phenomenon associated with Ji Gong continues to act as a fulcrum point with which to balance ideologies within popular Chinese secular and spiritual[1] thought against the indigenous Han ideals. In order to present this thesis effectively, I feel it necessary to establish what we can about the historic record of an individual named Li Xiuyuan and contrast it against his transformation to the legendary figure Ji Gong. I will consider the indigenous ideologies developed over time in China which constitute the heart of China to its people. I will also make a short designation of a currently non-defined influential group in the Chinese populous who may have influenced the evolution of Ji Gong. With this background considered, I will analyze the history and circumstances of the period in which Li Xiuyuan lived during the Southern Song Dynasty, the written development of his legend as Ji Gong during the fall of the Qing Dynasty, and his current universal acceptance in China.

The historic record of Ji Gong is very brief and is found in the writings of the Song Dynasty biographer Chan Master Jujian (Meir 1998). The historic record associated with Li Xiuyuan leaves little to consider, but what is recorded is an important starting point towards understanding the phenomenon of Ji Gong. Historically, this individual has been known by a variety of names. Lingyin monastery refers to him as: Li Xiuyuan, Huyin, Yuansao, and Ji Dian. In the public accounts we see him called by a variety of names including: Ji of the Dao, the Living Buddha, the Hidden Recluse of Qiantang Lake, the Chan Master, the Drunken Arhat, Elder Brother Square Circle, Abbot Ji, and his most popular title Ji Gong (Cass 2014). Li Xiuyuan was born in Hangzhou around the year 1130 CE and his father was a former military advisor named Li

---

[1] The emphasis is on Buddhism within the Han concept of *san jiao he yi*.

Maochun. In his eighteenth year, which would be approximately 1148 CE, he lost both his parents (Shahar 1998). In roughly the same year, he was taken in and tonsured as Master Daoji by Venerable Huiyuan or "Master Xiatang" at the Lingyin Temple in present day Hangzhou (Lingyin 2012). There are many accounts of the individual known as Ji Gong or "Master Ji" after this point in his recorded history. I will rely on the overview by PhD. Professor and scholar of China, Victoria Cass:

> "Lord Ji studied at the great Lingyin Monastery... The Chan masters of the temple instructed him in the infamously harsh practices of their sect, but failed... He left the monastery, became a wanderer with hardly a proper jacket to wear, and achieved renown-not in the temples, but in the wine shops." (Cass 2014)

The accounts of Ji Gong's history demonstrate a rebellion against the structure of the monastic codes, while they retain a connection to the goals and spirit of Buddhism. Venerable Daoji stopped his meditation, ate meat, drank alcohol, and he interacted with the members of secular society in Hangzhou. The consensus of monks at Lingyin rejected him and called for his expulsion from the temple. Abbot Huiyuan argued on his behalf and maintained that true Buddhism should call for tolerance of his behavior (Lingyin 2012)[1]. The various accounts of his latter history greatly reflect a consistency in the overall narrative. Ji Gong was born in 1130 and orphaned in 1148. He was taken in by Lingyin Monastery where he eventually rejects or transcends the established monastic code, and he dies around 1209 at Jingci temple in Zhejiang province-

---

[1] Huiyuan was however disparaging maintaining that a "lunatic" such as Daoji should not be bound by normal rules in Buddhism and a religion seeking to deliver all beings from torment should be tolerant to a crazy monk.

60 years from his tonsure at Lingyin, 79 years overall.

The *legendary* accounts of Ji Gong are very easy to find because of the predominant fascination with this character in contemporary Chinese society. Ji Gong's appearance is fairly consistent in legend: tattered robes from his constant walking around Hangzhou, a floppy hat proclaiming the title of "the Buddha"①, a Chinese fan in one hand, and a jug of wine in the other. His facial expressions are depicted as mostly jovial or confusing but rarely solemn. He is thought to have transcended the Buddhist monastic codes and he became the manifestation of a living Buddha. His character has a compassionate heart, a cunning mind, values reflective of Confucian society, while he also possesses magic powers which he can manifest when needed to fight as an advocate for any of the people of Hangzhou in the face of trouble (Shahar 1998). Compared to American pop culture, Ji Gong is China's cherished version of the unlikely Marvel Comics super hero "Deadpool"②. Ji Gong's legend was established contemporary to his historic time, it was shaped orally during the Yuan and Ming Dynasties, it was recorded as a historic legend by story tellers and writers in the Qing Dynasty, and the story evolves through modern media throughout modern day China (Cass 2014). The legendary Ji Gong would seem to be a confusing figure with multiple personalities. He interacts with the general society of Hangzhou, he is believed to have achieved Buddhist enlightenment as a Living Buddha, he is greatly guided by Confucian values, and he possesses the ability to wield Taoist magic powers at will.

The first observation I would like to consider is in the construction of the

---

① His hat is depicted with the Chinese character "Fo" 佛 meaning Buddha.

② This was an American film released in 2016 featuring an unlikely Marvel Comics superhero who is comical and offensive behaving outside the image of a traditional super hero, and yet he always manages to act on behalf of the best interests of the people. He is known for befriending outcasts, drinking, and acting uncharacteristic of a heroic societal ideal.

legendary figure Ji Gong as it relates to indigenous Chinese thought. In June of 2018, I studied with Dr. Lin Haizhong, professor of Buddhism and Chinese Art, at the China Academy of Art in Hangzhou. I asked him about the relationship between ancient Chinese philosophy and contemporary Chinese though trelative to the concept of *san jiao he yi*. He explained to me the often referred to image in China of the three legs on a kettle. To Dr. Haizhong, this analogy establishes a balance point for total structure in most anyone who considers themselves "truly Chinese". The first leg represents Confucianism, which pertains to the proper formation of an orderly and benevolent society. The second leg of the kettle represents Taoism which is understood to pertain to the strengthand power of the body. The third and final leg represents Buddhism which pertains to the proper understanding of the heart or the mind. The three legs are all needed for the kettle to stand firmly upright. According to Dr. Haizhong, when these elements are able to be fully balanced in harmony, one has reached perfection in the human form. Dr. Haizhong expressed to me that to understand life in this way, is to understand the core of the Han Chinese spirit.

The earliest evidences of the elements in this comprehensive philosophy and individual Han identification can be traced as far back as the Zhou Dynasty in China; backto the connections with the origins of Confucian and Taoist ideas (DeBarry 1999). Further, the culmination to Han identity becomes complete beginning in the 1st century CE with its connections to Buddhism and Emperor Ming of the Han Dynasty (Keown 2013)[1]. After this period, what it truly meant to be Chinese-what it meant to be Han-was understood through the

---

[1] From this period forward, there was a history of acceptance and adjustment between the indigenous ideas of Taoism and Confucianism and the later acceptance of Buddhism while each philosophy found an accepted position in Chinese society. This continued to adjust through the Tang Dynasty.

analogy of the three legs of the kettle, otherwise known asthe harmonious understanding of *sanjiao*he yi (Teiser 1996)[①]. We see the legendary manifestation of this ideal in the evolution of the character Ji Gong. By 1900, Beijing storyteller and author Guo Xiaoting had published his second installment of *The Complete Tales of Lord Ji* (Cass 2014). An analysis of this work as translated by John Robert Shaw shows a very complex evolution of Ji Gong from the simple historic record. He appears as a character who sometimes supports the Buddhist structures and who sometimes rejects them. A character who battles with evil Taoist priests while possessing and harnessing the greatest of their magic. A character who exposes corrupt magistrates and officials while assisting the ones who are benevolent. Most importantly, as Victoria Cass points out, "Ji Gong governs an ad hoc clan of the righteous oppressed" (Cass 2014). Regardless of who was in a position of power, Ji Gong demonstrates the highest Han ideals of Confucianism, Taoism, and Buddhism and wields them in favor of the people of China. In the oral history, Ji Gong became a relatable human personification of the concept of *san jiaohe yi* within their hearts. A symbol which could not be erased by any imperial mandate or persecution.

It is difficult to determine an exact demarcation of who the influential group was directing the legend and narrative of Ji Gong over its history. This initially makes finding academic value in the phenomenon of Ji Gong seem unobtainable. With the vocabulary and players established, however, I believe that the value of this study can be fully realized. Any written record in antiquity is connected to what most would consider a *formally* educated group. From the perspective of societal governance, we might identify this

---

① This refers to the phrase san jiao related to Chinese philosophy considering a harmonious aggregate of the three teachings, not to be confused with san jiao in Chinese medicine.

group as the "elite" with a king or emperor at its head. From the perspective of Chinese Confucian scholars, we might identify this group as the "literati". From the perspective of Buddhist hierarchy, we might identify this group as "monks", "abbots", or even "masters". What we have as written evidence to examine in China are the recordings of members of one of these types of groups, or a group which is closely similar. This prompts the question as to what we call the individuals who were influential in the populous but not related to any defined group. I maintain that this also represents an educated group which was outside any definitionor formal societal category. I find that "laity" is not the proper term. Laity assumes a proclaimed allegiance to the authority of an elite structure and lies at its lowest ranks. The vernacular phrase "normal everyday people" implies a slight to the thoughts of the members of those who are defined as elite classes. The designation "typical" or "common" people implies a slight in the other direction. None of these terms fully capture the group I am trying to identify. In an attempt to best convey my meaning and not use an arbitrary term, I find it necessary to create my own term/acronym to identify this other societal group in the hopes of attaining mutual understanding. I settled on: Contemporary Observant Masses Positioned to Assess Spirituality and Society-or COMPASS.

The use of the word *contemporary* is to denote the interaction of these individuals in the times and places which were the same as when particular doctrines, ideas, or promoted legends developed. The word *observant* is used to identify these individuals as not simply detached from the ideological conversations of the time but active in considering and responding to them. The term *masses* is used to draw attention to the vast majority of the population who was not fully connected to any individual hierarchical group. I use *positioned* to imply the ability to observe ideas from a non-affiliated, nonbiased perspective which might occur within a particular organization. I use *assess* to identify these individuals as active participants who possessed the ability to disseminate all streams of information and make an informed response. Finally, I use the words *spirituality and society* to identify the topics in question. The issues in question regard the most helpful ways to live with one other and how to perceive a place in a higher universal order for the Han people of China. With this new group of influential individuals defined, we are in a better place of perspective to balance the inter-connected nature of ideas and recorded history offered by the formally educated "elite" classes, and the responses and influences of the Han COMPASS in reaction to them. Certainly, the oral story tellers and a Qing Dynasty writer named Guo Xiaoting would have been identified as members of the COMPASS. The support of their audiences would have driven their success and so they are members as well. With this background and structure established, a focused analysis of the significant periods in the evolution of the phenomenon of Ji Gong can be undertaken.

The first relevant time period to consider related to the legend is the initial historic period of Li Xiuyuan or "Ji Gong". This has been established as the Southern Song Dynasty period in the city of Hangzhou, and it starts around 1148 CE. This year historically records Li Xiuyuan's tonsure at Lingyin Monastery and simultaneously marks the inception of the*legend* of Ji Gong. The significance of this merging of history and legend is revealed in the political and social history just before this time period and during it. The period prior to the Northern Song Dynasty period is known as the Five Dynasties and Ten Kingdoms Period and was marked by internal warring to take control of China after the fall of the Tang Dynasty. A variety of warlords established claims to various lands, and during this time the southern coastal pocket of China was secured as the Kingdom of Wuyue, with its capitol in the modern-day city of

Hangzhou. The Wuyue Kingdom was a self-proclaimed Buddhist Kingdom and is characterized by the co-operative relationship between King Qian Lu and the influential Buddhist abbot Yongming Yanshou (Welter 2019). The Wuyue period was a peaceful and prosperous time within its borders, and the Buddhist message radiated from the city of Hangzhou throughout China-inward during the early Song Dynasty period, as well as outward towards Korea and Japan (Wu 2019). In the Five Dynasties period we see a time of general chaos and instability in China. [1] Competing Han regions were marked by the polarization to specific independent ideologies that existed somewhere within the concept of *sanjaio he yi*. Some kingdoms relied on highly humanistic and socio-political systems, like the kingdoms of the north. The Kingdom of Wuyue, by contrast, leaned heavily towards Buddhism.

The dawn of the Northern Song dynasty period in 960 CE provides us with an interesting terrain to consider. The founder of the Song Dynasty, Zhao Kuangyin (Taizu), was an army officer who leaned heavily to military and economic dominance along with ideas of Confucian hierarchy (Huang 1997). Emperor Taizu established his capital city in the north at modern day Kaifeng and re-stabilized China by maintaining almost 2000 years of continuous Han lineage and tradition. During the Northern Song period, a unified China solidified its position while the heavy ideological influences of individual regions maintained their former flavors. This new stability would eventually be threatened. In a history contemporary to Emperor Huizong[2], a Tungusic people from whom the Manchus later descended rose up in the Sungari region of Manchuria. By 1114, they established the Jin Dynasty (Huang 1997). The purpose of this analysis is not to detail the events between the Song and Jin

---

[1] Hangzhou was insulated from much of the fighting by natural borders to the west and east.

[2] Eighth Emperor of the Northern Song; 1082 – 1135 CE.

Dynasties as their powers collided, but it is significant to note the origin of the powers-the Song being represented by Han lineage, and the Jin represented by pre-Manchu lineage. Eventually, after two years of warring between the Song and the Jin Dynasties, the Jin captured the Song capitol of Kaifeng. They also captured the then retired Song emperor Huizong, his successor Qinzong, and most of the Song imperial court (Ebrey 2006). The remaining Song forces regrouped under the new Emperor Gaozong and retreated to re-establish their capitol in Hangzhou[1] in 1127 CE[2].

It has been previously established that Ji Gong was historically born in 1130, in Hangzhou, to a former military advisor. [3] This almost exactly coincides with the clash of ideology that would have resulted by the interjection of heavy military and political Han governance into the legacy of Buddhist Han governance in the Wuyue region after the Song's retreat from the Jin. In this environment, the people of Hangzhou were faced with considering a forced reassessment of what it meant to be fully Han Chinese. This clash of indigenous ideologies would struggle tobe balanced by the Han concept of *san jaiohe yi*in the face of the Manchu Jin invaders. The Song had aspirations to regain their former capitol from the Jin, but after roughly 18 years, they finished the expansion of imperial buildings in Hangzhou and extended the palace walls for the final imperial footprint in 1148 CE (Gernet 1962). Consider the year 1148 CE. In 1148, the Song court accepts its permanent capitol in Hangzhou. In 1148, the Han ideals of body, heart, and society came crashing back together in the city of Hangzhou. In 1148, Daoji (Ji Gong)

---

[1] Former Lin'an.

[2] This was thought to be a temporary capitol at the time but grew to the final permanent home for the Song Dynasty.

[3] It is interesting to consider the background and ideologies of Ji Gong before he entered Lingyin. His father was a former military advisor and was most likely heavily influenced by Confucian hierarchy.

becomes tonsured at Lingyin Monastery, and in 1148 Ji Gong's legend begins to develop and refine itself casting him as a mascot for the Han ideal of *sanjaio he yi* in and among the Han COMPASS of China. This legend would be further refined and developed orally throughout the Yuan Mongol rule, during the Ming Dynasty, and during the reign of the Manchurian Qing which would eventually face off against the foreign powers of the west in the 19th & 20th centuries.

I contend that after the compressed reassembly of Han *sanjaio he yi* ideals during the Southern Song period, through the spirit of a type of ancestral lineage to a romanticized Han China, the COMPASS of China created an impenetrable figure to encapsulate their overall spirit in the legend of "Ji Gong". Examining the Qing Dynasty period reveals further evidence to supportmy assertion. The fall of the Ming is often coupled to a declining economy and introverted state which positioned the Manchurian Qing powers to easily take control. The Qing's early policy of Sinification with Han ideals gained them the trust of the people of China at large (Huang 1997). It must have been a confusing time where efforts of Qing projected national solidarity mixed with the feelings of the Han COMPASS about foreign rule. The recipe for the Qing's successful strategy proved effective, evidenced by their nearly 300-year reign. That said, I would mark the start of their decline after about 200 years, during the onset of the first Opium War and the first collision with the west[①]. By 1900, the Qing control of China was in decline and western powers forced their control into the coastal trade ports of China and around the city of Beijing. The spirit of the people of Han China would have been in decline as well. There may have been a feeling of disconnection to their lineage

---

① There was western influence into China before this point related to trade ports established in Macau and Hong Kong by the British and Portuguese, however, the effects of the Opium Wars with Brittan shifted the structure in China significantly.

and legacy. Perhaps a feeling of "selling out" to the Manchurian powers who could not tame the western invasion. Beijing was being diced up by unfamiliar powers who had no understanding or concern for Han spirit or legacy.

In the late 19<sup>th</sup> & early 20<sup>th</sup> century, Gao Xiaoting began to write and publish accounts of the legend of Ji Gong to be sold in Beijing book stores. This written legendary artifact is a second entry into the historical record for the phenomenon of Ji Gong. Xiaoting's first publications were in the 1890's. Although the written recordings of these legends are attributed to Xiaoting, they are more broadly the collective voice of the people-the Han COMPASS which I have identified earlier. Xiaoting collected the numerous accounts of Ji Gong by writing down the performances of the Beijing storytellers of the era (Shahar 1998). I find this specific time and place important to consider. The popularity and demand for this evolution of the legend of Ji Gongis directly related to the environment in China that was developing. The Qing Empire was in decline. The west was extracting the resources of China and trampling its legacy. The people of Han China needed a hero, and he again came to the rescuein the form of the legend of Ji Gong. Ji Gong's home town of Hangzhou must have held a special place in the hearts of Han Chinese. It was a peaceful beacon of indigenous values during the Wuyue Kingdom inside of China which projected positively to the outside world. It was a safe haven for the Han Song Empire after their displacement by the foreign Jin. It was professed to be the greatest city on Earth by Marco Polo. There was an attempt to artificially recreate Hangzhou's beauty in Beijing by the Ming[1]. The spirit of Hangzhou preserved the spirit of Han China and summoned the legend of Ji Gong-Hangzhou's legendary master of *sanjaio he yi* who could ward off persecution

---

[1] Reference to the Summer Palace in Beijing.

and evil dominance. The phenomenon of Ji Gong is not simply the story of a jovial unorthodox comedian. He represents the legacy of Han China that was hiding in plain sight while struggling to protect the heart of its people.

The novels of Ji Gong written by Guo Xiaoting draw this character from Hangzhou into the city of 20th century Beijing. Ji Gong was always related to Hangzhou and Xiaoting's legends maintain that geography, but the descriptions and language of the atmosphere around him evidence the idiosyncrasies of Beijing in this volatile period (Xiaoting 2014). The seemingly innocent re-appearance of Ji Gong in a fixed written form struck fear into one foreign empire of the Manchurian Qing, and also mounted a violent rebellion against the other invaders from the west. The Qing dynasty issued the Da Qing Luli, or *Laws and Codes of the Great Qing*, to monitor and censor books like Xiaoting's *Complete Tales of Lord Ji* (Cass 2014)[①]. The resurgent spirit of the Han Chinese COMPASS pushed back against the failing Qing through its demand for the stories of Ji Gongwhile the Qing Empire tried to contain it. Western invasion and the interjection of Christian missions prompted the Boxer Rebellion in 1900. This movement tried to organize their strength to expel the foreign disruption of ideals in China as well as the Qing Empire. The rebellious Boxers, who fought to restore the spirit of Han China, practiced the Cult of Ji Gong (Shahar 1998).

"After greeting the deities and taking their places respectfully on either side of the altar, the little boys suddenly began to look sickly, with red faces and staring eyes; they foamed at the mouth; they began to shout

---

[①] These were not specifically targeted at Guo Xiaoting's books, but all books of its kind that roused public sentiment outside the comfort levels of the Qing. The Qing were known to levy extreme punishment for intentionally writing or publishing outside the guidelines of its censorship.

and laugh. " (Bastid 1976).

The Boxers ultimately failed but they were inspired by the concept of this character to restore national identity and unity. This time, through Han power in its reconnection to the former capitol of Buddhist Wuyue in Hangzhou. It would seem that after the fall of the Qing, a path to restoring the spirited legacy of Han China was temporarily protected in the hands of Sun Yat-Sen and the Republic of China. The first of his "Three Principles of the People" promised to restore Han nationalism by taking back power from the Manchurian Qing and to regain independence from imperial domination (Schoppa 2000). I will argue against the authenticity of this early portrayal of Han restoration and show evidence for Ji Gong's continued struggle to restore the heart of China from the ROC period through to the present day.

After 1911 and during the Republic of China era, Sun Yat-Sen took control of China at the onset of Chinese modernity. His message was to restore Han identity. There is a problem with that sentiment, however, especially at that point in the story of China. What was Han identity at that point? By the fall of the Qing Dynasty, there were a myriad of influences interjected into China and the ideas of Germany, Japan, England, Russia, the United States, Italy and France were entangled with Manchurian, Mongolian and Han ideas[1]. Sun Yat-sen proclaimed his willingness to restore Han identity and yet he was baptized as a Christian in 1884 and reorganized his party to model foreign Soviet Russia (Bergere 1998) (Huang 1997). This was the second time after the western invasion thatobvious western influence prompted an internal

---

[1] Western powers had been influencing the power structures in China throughout the Qing and into the Republican period in order to protect economic interests in the established goods by gunboat diplomacy with China.

Chinese ideological movement[1]. In polarized contrast, Mao Zedong and his Communist Party replaced the Kuomintang's ideals of western religious emphasis with ideas of no religion and legacy of Han culture at all. China macro-historian Ray Huang characterized Mao's approach the following way:

> "Mao Zedong... made 'Chaing Kai-shek (KMT) and the American Imperialists' responsible, portraying them as trying to perpetuate the distress. Traditional Chinese elements were labeled 'feudal'... A generation thoroughly dissatisfied with the current state of affairs assured the CCP of plenty of recruits." (Huang 1997)

Where Sun Yat-sen and Chaing Kai-shek polarized the newly forming modern nation of China to foreign religions and western sensibilities, Mao Zedong resisted by creating a third option of resistance to both foreign ideals and to indigenous Han philosophical legacy. This surely prompted a vacuum of heritage and core identityfor the Han COMPASS of China.

In order to get to the center of what Ji Gong represents, we need to recall the core spirit of the people of China as far back as the Zhou where the Han concept of *san jiao he yi* was originally starting to develop. The balance of Confucianism, Taoism, and Buddhism... Society, Body, and Heart. The spirit which was contained in the character of Ji Gong while veiled and protected by his unorthodox demeanor. I believe that to understand the contemporary significance of Ji Gong, a full evolution of the Chinese concept of *sanjaio he yi* needs to be considered-one that may be a final expansion of the

---

[1] The first was the Taiping Rebellion against the Qing influenced by Hong Xiuquan's belief that he was the brother of Jesus and the second son of God after being handed a Christian missionary pamphlet in southern China (Yu-wen 1973).

overall concept. While considering *sanjaio he yi*, the analogy of three legs on a kettle has already been established. I would illustrate the analogy more as a triangle which acts as a fulcrum. The typical illustration of the concept of *sanjaio he yi* would be as follows:

On its surface, the interpretation of this relationship of philosophies would seem to reside in the realm of religion. The Han ideal is to balance and understand how these concepts interact and blend with each other. Using Dr. Haizhong's nuanced understanding of *san jiao he yi*[①], we would arrive at a deeper understanding of this triangle:

By using Dr. Haizhong's deeper level of meaning and by understanding how both triangles overlap, we start to see the attributed characteristics of Ji Gong represented

---

① PhD. Professor of Buddhism and Chinese philosophy at the China Academy of Art in Hangzhou, China Zhejiang province. I studied with him regarding this concept in June of 2018 in Hangzhou.

in a visual form. In my research with various scholars and individuals, I often get to this stage of general understanding when searching for the Han concept of *sanjaio he yi*. In order to fully reveal the significance and influence of Ji Gong, I think a final element needs to be added to the image.

The illustration above is not fully complete. The concept of *sanjaio he yi*, when properly understood, is not an end unto itself, but rather, acts as a fulcrum to balance a sort of scale. The scale holds secular focus on one end, and spiritual or transcendent focus on the other, with the Han ideal at the fulcrum point. When the scale moves too far from perfect center, the fulcrum is there to highlight the imbalance and influence the re-correction.

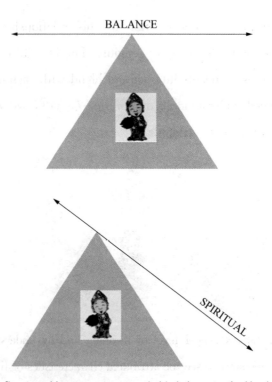

*This figure could represent a potenti al imbalance to the Han ideal that may have influenced Han sensibilities during the Buddhist Wuyue rule, the Taiping Rebellion, or the alignment with western religions in the Republican era.*

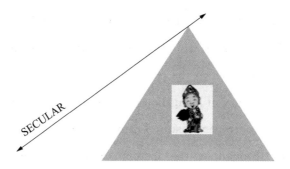

This figure could represent a potential imbalance to the Han ideal that may have influenced Han sensibilities during the Northern Song Dynasty rule, the Ming Dynasty era, or the rejection of western religions and Han traditions by Mao Zedong and the CCP

During the Southern Song Dynasty period, we see evidence where the image of Ji Gong de-emphasizes Buddhism when the imperial secular governance aspect is positioned against the Buddhist societal ideal of Wuyue. This image is immediately related to and propagated by the Han COMPASS in Hangzhou in the original construction of the legend of Ji Gong. During the Fall of the Qing, we see the elements of transcendent spiritual powers used for helpful corrections during a period of gross governmental imposition and military domination. The many legends of Ji Gong during this time act as a balance for Han identity when the scale gets set too far from center.

I would like to examine how this scale might be affecting Han interpretation in modern Chinese power structures by considering the Buddhist response to Ji Gong at Lingyin Temple, by considering the city of Hangzhou's response to Ji Gong, and by considering the contemporary response of the Han COMPASS to Ji Gong. As we noticed in the historical narrative of the Southern Song Dynasty, Ji Gong was a figure who was contrasted against the ideals of Buddhism. He was represented as someone who ignored the monastic codes and precepts, he seemed to antagonize the monks at Lingyin, and he socialized with secular society in the presence of all the secular vices. It would seem that Ji Gong would be a chapter in the history of Hangzhou Buddhism that the biography of Lingyin would like to see erased. Much to my surprise, there is significant evidence to the contrary. The history of Li Xiuyuan links him to Lingyin Monastery in Hangzhou in 1148. By conducting an examination of Lingyin Temple's current website, I came across a list of the biographies of virtuous masters throughout the history of the monastery who Lingyin specifically draws attention to. At its height, the number of monks at Lingyin was as high as 3000 and the grounds support 1300 living quarters[1] (Lingyin 2012). Out of all the monks who are historically connected to Lingyin Monastery, only 22 are listed on the website[2]. One relevant listing is for "Master Daoji"-better known as Ji Gong. His Lingyin biography lists the unusual powers and virtues attributed to this contrasting figure from their past. Further, it lists him alongside other historic figures like Yongming Yanshou and Zanning who were important figures associated with Lingyin Monastery and roughly contemporary to Ji Gong[3] (Lingyin 2012). In addition to the listings of venerable masters, there is another list of 24 designated Temple Halls at Lingyin. Of these halls, there are only 6 halls specifically dedicated to individual figures. These include Sakyamuni, the Medicine Buddha, Huayan, Elder Li, Kukai, and, of course, our subject Ji Gong (Lingyin 2012). Ji Gong maintains the status of the only monk in the history of Lingyin who is currently honored with a highlighted biography and his own hall inside the monastery itself. During the Song Dynasty history of Hangzhou, Ji

---

[1] Considering the size of Lingyin and its ～1700-year history, the number of monks who were connected to Lingyin could be in the tens, if not hundreds, of thousands.

[2] If you attributed a single monk to Lingyin for each year of its reported history, the 22 monks listed represent about 1% of all potential individuals who could be highlighted. The actual percentage of highlighted monks versus total monks is most probably much smaller.

[3] Yongming Yanshou 904 – 975 CE; Zanning 919 – 1001 CE.

Gong was said to be a disgrace to Lingyin Monastery, and yet in its contemporary narrative they have embraced him as one of their most cherished figures. As an aside, in my own early field research, every Buddhist monastic I have spoken with on the topic from various branches of Buddhism in China has a favorable reaction to the figure of Ji Gong. [1]

My next focus was to see if there was a secular narrative change related to the phenomenon of Ji Gong relative to his contemporary embrace by the Buddhist community. I considered that this would be probable considering the history of religious suppression during the Cultural Revolution, and how that might relate to Ji Gong's primary connections to the Buddhist community (and arguably Taoist). I visited the website for the Hangzhou Tourism Commission which is currently the official government tourism mouthpiece for the city of Hangzhou. In a section titled "Why Hangzhou", and a sub-section titled "Historical Notables of Hangzhou": of 44 figures listed across multiple pages, Ji Gong is listed fourth and appears on the first page of historical figures (Hangzhou 2018). After a careful analysis of the other historic figures highlighted, some have marginal or underemphasized Buddhist affiliations, but Ji Gong is prominently listed as "the Best-Known Buddhist Monk in China" (Hangzhou 2018). Further, the website promotes Buddhist sites like: Lingyin Monastery, Liuhe Pagoda, Flying Peak, the Legend of White Snake, the West Lake Fair for Pilgrims, and Qianwang Temple (Hangzhou 2018). This marks an interesting recognition of Buddhist affiliated sites by the government travel engines in Hangzhou and it is further emphasized by the common relatable figure of Ji Gong.

------

[1] This includes monastics from mainland China, Hong Kong, Taiwan, scholars from China, and various citizens of China with backgrounds ranging from taxi drivers to medical professionals and business people.

My final consideration was to generally understand what the weight of popular appeal in China might be outside the official structures that I have already considered. On a casual analysis of the Wikipedia website page for Ji Gong: there are two books listed, 19 films listed between 1939 and 2010, and 18 television series between 1984 and 2013-all featuring Ji Gong (Ji Gong 2019). It seems that Ji Gong currently holds equal affection between the spiritual ranks, the secular ranks, and the COMPASS of Han China. Considering this final evidence of mass popular appeal, I reassessed my previous illustration and further refined the triangle of *san jaio he yi*.

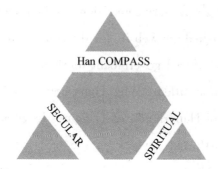

Perhaps the common interpretation of the Han concept of *san jiao he yi* evidences the cause of the birth of the legend of Ji Gong, while the red triangle illustrated above is representative of the potential balance of his effect.

As I mentioned at the onset of this paper, this analysis is intended to serve as a blueprint for a more robust focus on each aspect I have introduced in relation to Ji Gong. That said, I believe I have made a strong and evidenced argument for a greater significance than is currently realized for this endearing character. He is not just an intoxicated accidental hero. Behind this fa? ade, I have established that he protected the spirit of Han China through every period of threat since his introduction. In this analysis, I have aligned the historic record of Li Xiuyuan with the early history in Hangzhou during the Southern

Song. I established that core Han ideals were scattered throughout China and that they came crashing back together in 1128 CE. I laid out the contemporary perception of the history and development of *san jiao he yi* by the Han people and demonstrated how they were personified in the character of Ji Gong. I identified and classified the social group responsible for creating and carrying the oral legend and offered reasons for why they may have done this. I explored the significance of Wuyue Buddhism, and its effect on Confucian ideals established in the north of China. I have identified the written record of the oral legend of Ji Gong during the fall of the Qing and considered why it developed. I identified the resonance and influence of the ideals of Ji Gong through the Republican & Communist periods. I explored his current acceptance in the Buddhist community, in secular government, and throughout the people of China. Finally, I considered the factors that caused the phenomenon of Ji Gong, and the effect Ji Gong has had on the Han people of China. I have concluded that through the preservation of Buddhism in Hangzhou and its relation to the mechanism of Ji Gong's personification of *san jiao he yi*, the Han Chinese have preserved their legacy & identity from the Song Dynasty period through to the present day.

This collective analysis considers the types of structures that may encourage and support an indigenous ideology of Han China. It further considers what it may mean to be identified as "truly Chinese" and focuses on the role of Hangzhou Buddhism in that identity. It considers what significance the popular figure of Ji Gong has to the overall understanding and development of these ideals to the Han people of China. Each period I have highlighted marks a historic shift between Han ideals and periods of foreign interjections. At each of these critical moments, Ji Gong has appeared as a fulcrum for balance. In the many threats to Han identity that have taken place over the deep history of China, the Han spirit is protected and hidden in plain sight inside the resilient Hangzhou character of Ji Gong. It seems that people of all backgrounds and ideologies can find a common relatable unity through Ji Gong's legend. He seems to be a continuous influence now and, most likely, faroff in to the distant future. Perhaps that resilience is what makes Ji Gong a Taoist immortal[①]. Perhaps that proves that he escaped the cycle of samsara[②] as a Buddha. Perhaps he is the personification of Confucian Ren[③]. Perhaps his legend demonstrates the true Han ideal of *san jiao he yi*. Or perhaps, our common point of balance is the relatable resonance to Ji Gong that makes us all human.

■ Referenced Works:

Bastid, Marianne; Bergere, Marie-Claire; Chesneaux, Jean. 1976. *China from the Opium Wars to the 1911 Revolution*. New York: Random House Publishing.

Bergere, Marie-Claire. 1998. Sun Yat-sen. Trans. Janet Lloyd. California, USA: Stanford University Press.

Cass, Victoria. 2014. "Introduction" *Adventures of the Mad Monk Ji Gong*. Tokyo, Vermont, Singapore: Tuttle Publishing.

DeBarry, Theodore & Bloom, Irene. 1999. *Sources of Chinese Tradition-Volume One*. New York: Columbia University Press.

Ebrey, Patricia Buckley; Walthall, Anne; Palais, James B. 2006. *East Asia: A Cultural, Social, and Political History*. Boston: Houghton Mifflin.

Gernet, Jacques. 1962. *Daily Life in China, on the Eve of the Mongol Invasion*. California: Stanford University Press.

Huang, Ray. 1997. *China-A Macro History*. London: East Gate Book Publishing.

Keown, Damien. 2013. *Buddhism-A Very Short Introduction*. Oxford: Oxford University

① The Eight Taoist Immortals have cults tracing back to the Han Dynasty period. They are believed to have the power to create life or destroy evil.
② The concept of Buddhist suffering connected to the cycle of birth and death before reaching enlightenment.
③ Ren is the Confucian ideal which is exemplified by virtuous human experiences and altruism.

Press.

Schoppa, Keith R. 2000. *The Columbia Guide to Modern Chinese History*. New York: Columbia University Press.

Shahar, Mier. 1998. *Crazy Ji, Chinese Religion and Popular Literature*. Cambridge, MA: Harvard University Asia Center.

Teiser, Stephen. 1996. "The Spirits of Chinese Religion" *Living in the Chinese Cosmos: Understanding Religion in Late-Imperial China (1644 – 1911)*. New Jersey: Princeton University Press.

Welter, Albert. "The Ruler-Mapping and Marking Buddhist Sacred Space: Wuyue Monarchs as Cakravartin". Class Lecture, History of East Asian Buddhism, University of Arizona, Tucson, AZ, February 6, 2019.

Wu, Jiang. "Spatial Analysis and GIS Modeling of Regional Religious Systems in China: Conceptualization and Initial Experiments". Class Lecture, History of East Asian Buddhism, University of Arizona, Tucson, AZ, March 5, 2019.

Xiaoting, Guo. 2014. *Adventures of the Mad Monk Ji Gong-The Drunken Wisdom of China's Famous Chan Buddhist Monk*. Translation by John Robert Shaw. Tokyo, Vermont, Singapore: Tuttle Publishing.

Yu-wen, Jen. 1973. *The Taiping Revolutionary Movement*. New Haven and London: Yale University Press.

2019. Ji Gong. Wikipedia. Last Modified 2018, accessed April 7, 2019. en. wikipedia. org/ wiki/Ji_Gong.

2004 – 2012. Lingyin Temple. Master Daoji. Last modified 2012, accessed April 6, 2019. en. lingyinsi. org.

2013 – 2018. Living Poetry. Why Hangzhou. Last Modified 2019, accessed April 6, 2019. en. gotohz. com.

# Su Shi(苏轼), Hangzhou(杭州) & Song Dynasty Buddhism

Ping Situ, University of Arizona

司徒萍　亚利桑那大学

**Abstract**

Su Shi (苏轼,1037 - 1101), also known as Su Dongpo (苏东坡), was one of China's greatest poets, essay-writers and artists of the Song Dynasty. He was also an enthusiastic follower of Chinese Buddhism and served as governor in Hangzhou for five years. In this article, the author will discuss how the city of Hangzhou and Chan (禅) Buddhism inspired Su Shi's poetry and how his achievements, in turn, impacted the development of Chinese culture.

## Chinese Buddhism in the Southern Song Period

Chan Buddhism developed in China from the 6th century onwards, becoming dominant during the Tang (唐,618 - 907) and Song (宋,960 - 1279) dynasties. Chan spread south to Vietnam as Thiền and spread north to Korea as Seon. In the 13th century, it spread east to Japan as Zen. During the Song Dynasty, Chan Buddhism was the largest Buddhist sect, used by the government to strengthen its control over the country. Buddhism shaped

Chinese culture in a wide variety of areas including art, literature, politics, philosophy, medicine, and more. Records show there were over 450,000 Buddhist monks and nuns living in monasteries during the Song dynasty ("Chinese Buddhism").

Hangzhou is the capital of Zhejiang Province, in the Yangtze River Delta (长江三角洲). It became the capital of China during the Southern Song dynasty (南宋, 1127 - 1279), when most of the northern country had been conquered by the Jurchens (女真) in the Jin-Song wars. Chinese Buddhism was introduced to Hangzhou during the Eastern Jin Dynasty (东晋, 317 - 420) and began to flourish in the Song era. By the end of the Southern Song period, there were more than 480 Buddhist temples or monasteries in the Hangzhou region, making it the "Buddhist Center in Southeast" (东南佛国) of the country (光泉).

### Who was Su Shi?

Su Shi is one of the most important figures in Chinese history. He is "unquestionably one of the most extraordinary men ever to grace the world of Chinese arts and letters" (Grant 249). Su was multitalented and excelled particularly in poetry, prose, calligraphy, and painting. His poetry has a long history of popularity and influence not only in China, but also in Japan and Korea, and has been translated into many different languages ("Su Shi"). Su Shi was also an accomplished public official. Unfortunately, his political career path was very bumpy due to the strong stances he took on many controversial political issues. Starting at age thirty, he got into numerous political troubles, and after banishments from the central government, he was constantly on the move (Hays, 2016).

## Hangzhou: A Second Home to Su Shi

Su Shi served as the governor of Hangzhou for two terms for a total of five years. He thrived in the city and wrote many of his most renowned poems there. He fell in love with Hangzhou, where the tranquil settings of mountain temples helped ameliorate the negative effects of his unhappy political life. Su Shi spent some of his happiest days there.

The most outstanding contribution of Su Shi to the city of Hangzhou was the large-scale dredging project of the West Lake (西湖), which is famous for its natural beauty and Buddhist culture. With mud dredged up from the lake bottom, Su constructed a long pedestrian causeway across the lake. The causeway was later named Su Causeway (苏堤) in his honor. During the Southern Song period, the view of the Su Causeway during spring (苏堤春晓) was considered the best view of the West Lake ("Su Di").

Su Shi wrote the poem below during his first posting as governor ofHangzhou(1071 – 1074). It is considered by many people to be the best poem ever written about the West Lake. This translation is from Burton Watson.

| 《饮湖上初晴后雨》 | **Drinking at the Lake;** |
| --- | --- |
| | **It Was Clear at First but Later it Rained** |
| 水光潋滟晴方好， | The gleam of this bright expanse of water, fine while the weather'sclear; |
| 山色空蒙雨亦奇。 | The color of the hills under a drizzly sky-rain too is superb! |
| 欲把西湖比西子， | Shall I compare West Lake to the Lovely Hsi-tsu[1], |
| 淡妆浓抹总相宜。 | In light make-up or heavy, equally fine? |

[1] Hsi-tsu (西施) was a renowned beauty of the Hangzhou area in ancient times. She was just as beautiful in light makeup at home as she was in full makeup at formal events.

## Influence of Chan Buddhism on Su Shi and His Poetry Writing

Su Shi was born in Meishan (眉山) near Mount Emei (峨眉山), one of the Four Sacred Buddhist Mountains of China (四大佛山). He grew up and was surrounded by family members who were devoted Buddhists, including his parents, his two wives and a concubine. His interest in Buddhist literature started at a young age, and deepened during the years when he served as governor of Hangzhou, where he spent considerable time visiting Buddhist temples and monasteries. He developed and maintained close relationships with many Chan masters and eminent monk artists in the Hangzhou region (江南).

In his early 40s, Su Shi was accused of criticizing the emperor and imperial policies in some of his writingsand was put in jail, and nearly lost his life. After being released from the prison, Su was demoted and banished to Huangzhou (黄州) for about five years (1079 – 1084). The exile in Huangzhou was a key turning point in Su's life. He spent a significant amount of time in Buddhist temples studying Chan Buddhist classics and began to reflect the true meaning of life. Despite hardships that challenged him during that time, Su produced some of his most admired poetry. He incorporated elements relating to Chan Buddhist ideology and his personal inner emotions into his poems. These poems go beyond the mere descriptions of natural phenomena or ordinary events. They provoke readers to think deeply about and beyond the subjects that are written about. The poem below is a good example.

《定风波》        **Stilling Wind and Waves**

莫听穿林打叶声，Don't listen to rain pelting the forest's leaves-

何妨吟啸且徐行。Why should that stop our singing, strolling along?

竹杖芒鞋轻胜马，Bamboo staffs and sandals are less trouble than horses.

谁怕？        Who minds?

一蓑烟雨任平生！One reed coat full of rain, all my life!

料峭春风吹酒醒，A nipping spring breeze sobers me up

微冷。        As it grows chilly.

山头斜照却相迎。Slanting rays above the peak come to greet us.

回首向来萧瑟处，I look back along our rain-soaked path.

归去，        On our way home

也无风雨也无晴。There'll be neither storms nor fair skies (Egan and Su 474).

Su Shi wrote this poem in 1082 in Huangzhou during his exile. The lines of "谁怕？一蓑烟雨任平生！(Who minds? One reed coat full of rain, all my life!)"and "归去，也无风雨也无晴(On our way home, there'll be neither storms nor fair skies)" vividly illustrate Su's optimistic spirit and determination. Su is saying that he is not afraid of the wind and rain, which in reality, refer to the political storms he experienced in his bumpy political life. There were abundant hardships (winds and rains) in his everyday life during his exile in Huangzhou. Thanks to his deeper understanding of Chan Buddhist principles, Su found inner peace with himself. This enabled him to break away from troubles and worries, and see the world from a hopeful perspective.

## Su Shi: A Pioneer of Chinese Literati Painting

Su Shi was also a celebrated painter and calligrapher. He was a leading

"Ancient Tree, Bamboo and Rock" by Su Shi

pioneer of literati painting （文人画）. In the late Song Dynasty，literati paintersin China were also known as scholar-official painters，who were more focused on expressing themselves through art than depicting nature realistically. Su's world famous *"Ancient Tree, Bamboo and Rock"* painting was a great example. His artistic style of painting with simple strokes brought out his inner feelings and thoughts，which resonates with Chan paintings （禅画） that came after. It is reasonable to believe that this innovative painting style was also influenced and inspired by the philosophy of Chan Buddhism，with its emphasis on simplicity.

Su's *"Ancient Tree, Bamboo and Rock"* painting looks deceptively simple，with a piece of old solid rock on the left side，a tangled dead tree trunk with branches breaking through towards the sky to the right，and a few tiny pieces of tender bamboo shooting up behind the rock. The old weathered rock and dead tree trunk represent Su's frustration and sorrow caused by decades of political exile，and the new tiny bamboo seems to symbolize a new hope or beginning. No matter how chaotic things could be in this world，Su Shi always maintained an optimistic and tranquil attitude in his life and his works.

## Su's Contribution to the Dissemination of Chan Buddhism

Su Shi was a good friend and supporter of many Chan monks. He was frequently invited to write prefaces or introductions for collections of monastic poetry, as well as to write poems and inscriptions in Buddhist temples. Many monks expressed their admiration and respect of Su Shi in a variety of Chan writings, such as biographies of monks（僧传）, recorded sayings of individual monks(灯录 or lamp records）, and Chan anthologies（禅文记）. These Chan texts demonstrate that Su Shi left an unforgettable impact on scholars and Chan monks during the Song period. The writing sare still read and studied today, illustrating that Su Shi is a lasting influence on subsequent generations.

■REFERENCES

Cahill, James. "Late Northern Song Painting: Nobles and Scholar-Amateurs. " ⟨http://ieas. berkeley. edu/publications/pdf/aparv_lecture8b. pdf⟩. Accessed 6 May 2019.

"Chinese Buddhism. " *Wikipedia: The Free Encyclopedia*. ⟨https://en. wikipedia. org/wiki/Chinese_Buddhism⟩. Accessed 22 May 2019.

Da, Liang　达亮. *Su Dongpoyufojiao* 苏东坡与佛教. Sichuan da xue chu ban she 四川大学出版社，2009.

Egan, C. Ronald. *Word, Image, and Deed in the Life of Su Shi*. Harvard-Yenching Institute, 1994. Monograph Series: 39.

Fung, Mary M. Y. , and David Lunde. *A Full Load of Moonlight: Chinese Chan Buddhist Poems*. Musical Stone Culture LTD, 2014.

Grant, Beata. *Mount Lu Revisited: Buddhism in the Life and Writings of Su Shih*. University of Hawaii Press, 1994.

Guang, Quan　光泉. "Nansongshi qi Hangzhou de fojiao wen hua 南宋时期杭州的佛教文化". *Zhongguo min zubao* 中国民族报, 27 Feb. 2018. http://reli. cssn. cn/zjx/zjx_zjyj/zjx_fjyj/201802/t20180227_3859594. shtml⟩. Accessed 23 July 2019.

Guoxue da shi wang, "苏轼的艺术人生智慧". *Zhongguoqingnian wang* 国学大师网, 中国青

年网〈http://g. youth. cn/x/201707/t20170728_10397150. htm〉. Accessed 3 May 2019.

"Hangzhou. " *Wikipedia：The Free Encyclopedia*. 〈https://en. wikipedia. org/wiki/ Hangzhou〉. Accessed 26 July 2019.

"Hangzhou and Buddhism. " 〈http://en. gotohz. com/whatishot/201307/t20130717_86537. shtml♯sthash. 8aTkxULS. dpbs〉. Accessed 4 May 2019.

Hays，Jeff. "Su Shi（Su Dongpo）-The Quintessential Scholar-Official -Poet. " 〈http:// factsanddetails. com/china/cat2/4sub9/entry-5474. html〉. Accessed 6 May 2019.

Hu,Minggang 胡明刚. *Su Shi zhuan* 苏轼传. Beijing lian he chu ban gong si 北京联合出版公司,2013.

Kang,Guojun 康国军. "Cong Su Shi de chanshi ci kan qi chansi Xiang de fa zhan 从苏轼的禅诗词看其禅思想的发展. "〈http://blog. sina. com. cn/s/blog_15b370ead0102wbp8. html〉. Accessed 3 May 2019.

Lin, Yutang. *The Gay Genius：The Life and Times of Su Tungpo*. The John Day Company，1947.

Lin,Yutang 林语堂. *Su Dongpozhuan* 苏东坡传. Shanghai sudian 上海书店，1989.

"Literati Painting". 〈https://www. comuseum. com/painting/schools/literati-painting/〉. Accessed 26 July 2019.

Qin,Haoqi 秦浩气. "Su Shi yu can seng 苏轼与禅僧". 〈https://wenku. baidu. com/view/ b2fe0a09763231126edb1134〉. Accessed 4 May 2019.

Shuai, Yang 帅杨. "Lun Su Shi zhejuHuangzhou qi jian de xin ling li cheng 论苏轼谪居黄州期间的心灵历程". *Huanggangshi fan xue yuan xuebao* 黄冈师范学院学报,vol. 28,2008, pp. 126 - 128. 〈https://wenku. baidu. com/view/a988c9d4c1c708a1284a44f4. html〉. Accessed 29 July 2019.

"Su Di 苏堤". *Wikipedia：The Free Encyclopedia*. 〈https://zh. wikipedia. org/wiki/％E8％ 8B％8F％E5％A0％A4〉. Accessed 27 July 2019.

Su Shi，and Burton Watson. *Selected Poems of Su Tung-P'o*. Copper Canyon Press，1994.

"Su Dongpo・Hui huayishu 苏东坡・绘画艺术. "*Souhu* 搜狐，26 June 2018. 〈http://www. sohu. com/a/237952861_786865〉. Accessed 4 May 2019.

"Su Shi". *Wikipedia：The Free Encyclopedia*. 〈https://en. wikipedia. org/wiki/Su Shi〉. Accessed 8 May 2019.

Sun, Xu 孙旭. "Song dai Hangzhou si yuan de di li fen buji yuan yin 宋代杭州寺院的地理分布及原因. "*Zhong Nan da xuexuebao（she huikexue ban）*中南大学学报（社会科学版）, vol. 19, no. 2,2013, pp. 208 - 212. 〈http://www. zndxsk. com. cn/upfile/soft/2013/02_ skb/36-p. 208-13sksb8. pdf〉. Accessed 9 May 2019.

Wang，Linxiang 王琳祥. *Su DongpozhejuHuangzhou* 苏东坡谪居黄州. Hua zhong shi fan da xue chu ban she 华中师范大学出版社，2010.

Woon，Pastor Adeline. "Su Shi：The Song Dynasty Poet and Chan Buddhism Enthusiast. " 〈https://www. tsemrinpoche. com/tsem-tulku-rinpoche/books-poetry/su-shi-the-song-dynasty-poet-and-chan-buddhism-enthusiast. html〉. Accessed 5 May 2019.

Yang，Xiaoling 杨晓玲. "Lunfojiaosixiang dui Su Shi Hangzhou shi qi shige de ying xiang 论佛教思想对苏轼杭州时期诗歌的影响". *Xian daiyu wen 现代语文*(*Wen xueyanjiu 文学研究*)，vol. 10，2010，pp. 38 - 39.

Zhejiang Provincial Department of Culture and Tourism. "The Buddhist Center in Southeast China. " 〈http://ct. zj. gov. cn/en/class/history-and-culture/buddhist-center-zhejiang. html〉. Accessed 4 May 2019.

Zhou，Xiaoyin 周晓音. *Shu shiyuchaokuang：Su Shi shi hang shi qi huo dong yuchuangzuo ping xi 淑世与超旷：苏轼仕杭时期活动与创作评析*. Zhejiang gong shang da xue chu ban she 浙江工商大学出版社，2013.

Zhou，Xiaoyin 周晓音. "Lun Su Shi zai Hangzhou shi qi de wen huaxingge 论苏轼在杭州时期的文化性格". *Journal of Zhejiang Normal University*(*Social Sciences*)，vol. 169，no. 4，2010，pp. 22 - 27.

# 王维的浙东之路

陈　菊①

（中国计量大学人文社科学院）

**摘　要**：王维于盛唐时代文名煊赫，唐代宗以为"天下文宗""名高希代"，王维不仅仅接受了传统的儒家思想教育，更是融合了佛家思想，实现了三教的融汇。而他的佛教禅宗思想随着年岁的增长，对世俗的看淡，最终得到了"诗佛"的称号。

**关 键 词**：禅宗　浙东　空灵

王维是盛唐时期山水田园诗派的代表人物，他的诗歌早期不乏想要建功立业的才士激情，充斥着对世间功名利禄的追求，体现了积极乐观的生活状态。王维擅长绘画精通音乐，后期的诗歌创造出了"诗中有画，画中有诗"的境界。空明境界和宁静之美是王维的山水田园诗艺术的结晶。

## 一、王维生平与佛家的渊源

王维的一生与佛家有不解之缘，友人苑咸在《酬王维》中就称赞他是"当代诗匠，又精禅理"，死后更是得到了"诗佛"的称号。他的山水诗不仅寓有空灵之感又处处涌动着禅趣，表现出一种对境观心达到道契玄妙，静极生动，动极归静，动静不二的玄妙之意，空灵自然。物我合冥，无执无念的艺术境界。明人胡应麟评

---

① 作者简介：陈菊，中国计量大学 2014 级中国哲学学科医生。

点王维是"身世两忘，万念皆寂"。王维对佛家的钟情和他创作中蕴含的禅意是毋庸置疑的，这与他生活的时代背景是分不开的，王维所生活的盛唐是一个以儒为主、兼取百家思想兼容并包的时代。佛教自东汉传入中国以来，"到唐代有了很大的发展，天台、三论、法相、华严、禅宗等教派，在佛教中国化方面，都已经到了相当成熟的阶段，禅宗尤其如此，它经深深切入中国文化之中。"禅宗在唐代社会已经成为一种生活风尚，不少士大夫以禅宗作为生活哲学，这对于当时文人的人生理想和生活情趣和文学创作有深刻的影响。正如宋代周必大在《塞岩升禅师法名》中所说："自唐以来，禅学日盛，才智之士人，往往出乎其间。"在奉佛的时代风气影响下，王维本人也是一个虔诚的佛教徒，具有很高的佛学修养。

王维从小就深受禅宗影响，母亲崔氏是一个虔诚的佛教徒，王维兄弟均受其母影响，史载"维弟兄俱奉佛，居常蔬食，不茹荤血"。可见他对禅宗是很虔诚的。王维名字本身就含有禅机，字摩诘，与名字连读恰为"维摩诘"。当时有一部《维摩诘所说经》，其中的维摩诘长者是通达般若智慧的，这部经书专说般若所以也被视为禅宗的根本经典之一。传说王维因仰慕维摩诘居士，所以才取名。王维一生也曾遍访名僧大德，可见他与禅宗的深厚缘分。

袁行霈就曾经指出王维一些诗歌在佛教禅宗思想的影响下，早期就表现出空寂或无我的境界。尤其是后期的诗歌，意象空灵、境界清幽，呈现出一种闲淡冷寂、悠然自在的情趣。其诗中的禅意与禅学的"顿悟"浸润有关。王维在长期的山水诗歌创作中把自己对于禅宗的理解融入其中，形成了自己独特的审美观念。具体表现为三种类型：一是以静寂为任用的自在之美，写了一些静寂肃穆的山水诗；二是以清丽为任用的自在之美，写了一些优美幽深的山水诗；三是以自然为任用的自在之美，写了一些物事的自生自灭、自动自息的山水诗。

## 二、王维在浙东的考证

王维曾到过江南，到过浙江，到过越中，到过若耶溪。据《新唐书·王维传》记载，王维于开元初进士及第后授太乐丞，因坐伶人舞黄狮事被贬为济州同仓参军,直到开元二十三年张九龄执政才返京任右拾遗。对于王维的这段经历,研究者大都说其行止难考定。绍籍越文化研究者竺岳兵在其《王维在越中事迹考》中认为:"唐开元八年至开元二十一年将近15年间的王维原来在吴越漫游。但过去我们不知道王维的浙东事迹,只知道王维早就有'辋川别业',因而把许多优秀的诗篇归于辋川作……现在有充分的理由说他的《鸟鸣涧》、《山居秋暝》、《相思》等名篇作于越中。"他还引谭优学《唐诗人行年考续编·王维生平事迹再探》中的一段话作为佐证:"宋末元初人邓牧所著的《伯牙琴》中的《自陶山游云门》,其中有这么一段:'涉溪水,有亭榜曰云门山,山为唐僧灵一、灵彻居,萧翼、崔颢、王维、孟浩然、李白、孟郊来游,悉有题句。遐想其一觞一咏,因亦如我辈今日,斯人皆尽归也。所指秦望山,为始皇东游处。'云门山在越州越南,寺在山中,即以山名寺。山下的水就是有名的若耶溪。"可见,王维不但到过云门若耶溪一带,还留下了诗句。

第二,云溪就是若耶溪。《鸟鸣涧》这首诗是组诗《皇甫岳云溪杂题五首》之一,全题为《皇甫岳云溪杂题五首·鸟鸣涧》,王维是为居住在若耶溪边的皇甫岳而写下这一组诗的。著名唐史研究专家郁贤浩在《唐刺史考》中认为,皇甫岳是开元十年(722)在越州任刺史的皇甫忠的重孙,而云溪"为若耶溪的别称"。那么,王维为什么要将若耶溪改称为"云溪"呢?据《嘉泰会稽志》卷十记载:"唐徐季海尝游溪(若耶溪),因叹曰:'曾于不居'胜母'之间,吾岂游'若耶'之溪?'遂改名五云溪。"原来,正是王维的好朋友徐浩因"若耶"(谐音"若爷")这一地名有悖于儒家孝顺谦恭之礼("若爷""胜母"都是对长辈不敬,乃避讳),故改"若耶溪"为"五云溪"。至今,若耶溪上游云门山下有桥名五云桥,靠近若耶溪的绍兴城门仍名为五云门。"五云溪"又常常简称为"云溪",如唐朝会稽作家范摅自号"五云溪人",其著述则名《云溪友议》。

### 三、《鸟鸣涧》的禅学意义

《鸟鸣涧》:"人闲桂花落,夜静春山空。月出惊山鸟,时鸣春涧中。"首先,看作者当时的创作情境。《鸟鸣涧》是王维组诗《皇甫岳云溪杂题五首》中的第一首。按唐代有两位皇甫岳。一位是中唐人，《新唐书·宰相世系表》中载，皇甫岳，皇甫询之子，与宰相皇甫娜同为唐宪宗时人，这比王维晚半个多世纪，显然诗中所指为另一个人。皇甫岳是一个"神清眸朗""四气平和""烧丹炼药""未曾婚嫁"的修身学道之人。由此推知，王维当年造访过皇甫岳隐居之地。可能见过其人，或者没有谋面，而见到了其画像。"云溪"，幽人徜徉之地，高士隐栖的场所。这一组诗的第四首《上平田》净云：朝耕上平田，暮耕上平田。借问问津者，宁知沮溺贤。"沮溺是《论语》中的"辟世之士"，他们之贤在于看到当时的社会"滔滔者天下皆是也，而谁以易之"的无可为而遁隐于世。因此，皇甫岳还是一个退隐山林的高士、"避世"的贤者。作者在这游玩也较为吻合的。

其次，分析诗人当时自身的精神取向。《皇甫岳云溪杂题五咏》的内容都是描绘江南景色，具有南国风味。据傅璇琮考证：在唐代，皇甫家族中早有一支籍居于润州丹阳。唐玄宗开元二十八年，王维曾以殿中侍御史身分知南选。次年自岭南北归，尝过润州并到访瓦官寺谒璇禅师，其集中有《谒玻上人》诗。故云溪当在润州丹阳郡。

在开元二十二年，张九龄执政，推行开明政治，王维受到鼓舞，上诗请求引荐，被任为右拾遗。在开元二十五年，张九龄被权奸李林甫等人诬陷，贬为荆州长史。从此政治日趋腐败。王维对张的被贬很感沮丧，曾作《寄荆州张垂相》诗寄意，表达将退出官场："方将与农圃，艺植老丘园。"内心不满，采取了亦官亦隐、全身远祸的生活方式。他虽仍在朝廷供职，却常住在终南山的蓝田辋川别业。从另一方面来讲，王维之始于用世而终于避世，这也是中国封建士大夫典型意义的缩影石中国古代的文化精神历来推崇高尚的人格和节操，而高卧山林，不与权贵同流合污的避世之士，更被后代失志于世或自外于世的士大夫所推崇。尤其是在唐代，"林下风流"的高士风范成为士人竞相仿效的对象。联系到《鸟鸣涧》，在看上去意脉从容、朴素自然的背后，融人了王诗流丽尖新、富有理趣的另一面。"所谓无意为文而意已至"，针对《鸟鸣涧》这首诗，除了写"闲静"之境，觉知桂花之落，内心外境如一，方能体察春山之空。月出山鸟惊鸣，更显示幽静之境。王维崇信佛教,而佛教正讲究由闲人静而达到无欲无念的境界。在这种状态下,人就能体察到花开花落,能感受到自然极细微的声迫。以至于人们拿李嘉佑诗"闲花落地听无声"王安石诗"细数落花因坐久",甚至王维自己的诗作"坐久落花多"来印证,说明王维由于心灵澄寂,对自然声息体察人微而达到的佛家境界(禅境)。陈允吉在《论王维山水诗中的禅宗思想》一文中,引证佛教《大般涅槃经》中的两段话:"譬如山涧因声有响,小儿闻之,谓是实声,有智之人,解无定实。"据此断定王维写这首小诗,是为了寓托佛教虚幻寂灭的思想。依此解诗,未必尽然。王维毕竟不是纯粹的佛门信徒。况且,王维在这里是写诗,并非在写佛学讲义。"佛教哲学无论说得怎样动听,归根结蒂是归于寂灭,它是一种厌世的思想,而诗歌中那些艺术佳篇,应当说无一不是表现人类对美的创造的向往,这种艺术理想从根本上说是与佛教哲学相对立的。如果王维完全在作品中贯彻这种宣扬空寂的禅理,他的包括山水诗在内的许多优秀诗篇必然失去光泽。王维追求有闲之生活与好闲之习性,已成其独特的闲情逸致,以致一切景物都涂上了悠闲、空灵的色调。

## 四、小结

对王维佛禅之研究近年来尤为壮观,繁荣的背后实则潜藏许多无谓的重复。比如论述王维诗与禅宗,基本上都认为禅宗思想对其诗歌创作产生重要影响,集中在禅宗的般若空观、色空相即观、不二法门等对其诗歌的影响。王维笔下之所以会有那一片空寂的山水田园和安宁自适的心境,是与他的禅学修养分不开的,但并不能由此就把王维看作一个纯粹的佛教徒。仔细考究那一片禅化的山水,在"空"与"寂"的外壳下,实则潜藏着强烈的生命意识,究其山水诗中生命意识的形成原因,我们必须对王维的思想构成以及他与佛禅的关系作深入的探讨。实际上,王维的思想中除了佛教外,还有儒家和道家两种重要思想因子。正是这种儒释道三位一体的驳杂思想,才使他笔下的禅,既不同于孟浩然过于俗世的禅,也不同于李贺绝望凋零的禅,更不同于晚唐消极避世的苦禅,而是一片独特的、厚重高华、充满生命渴望的禅味境界。

儒家思想对于王维来说，可以说是一种沉浸到骨髓的深刻，儒家思想贯穿于王维一生思想的全过程。他信仰禅佛除了与当时奉佛的时代风气和母亲的宗教信仰有密切的关系外，也是他的儒家思想带给他的人生际遇的逆向推动。宋朝苏轼在《答张文潜书》说："其文如其为人"，王维终归不能"寂灭"，禅宗成为了他实现艺术化人生的一种方式和对自身伤心事的一种消解。所以，他对自然山水虽然不带有更多主观感情的观照与裁夺，却难以泯灭诗人的人生热望和真性情。虽禅味蕴藉，却自然不自然的流露有现世的哀伤。其实，如果王维真的"万念皆寂"（明胡应麟《诗薮》），毫无人生热望与生命追求，那么诗歌就缺乏了该有的神韵。也许，王维之所以被唐代宗称为"天下文宗"、他的诗歌受到后世经久不衰的推崇，原因在禅，但更在那流淌于禅境之中、无法言说、言语道断的生命意识。王维用"诗佛"的艺术感观，在栖心浮屠与眷念俗世的天边，点化出了一片遥远而空灵、无情而多情的美丽。

随着隋、唐门阀贵族体制式微和科举制度完善，儒家哲学不可避免地成为文士安身立命的必由之径。王维科场顺通而仕途坎坷，穷达相兼，此一折衷而又不越常轨的人生阅历，对王维的哲学思想的形成至关重要。同时代诸多理佛文人、居士中，多数唯具备佛禅之形而未真正实践和保有其核。较之后文人理佛每每理论与生活实践相脱离，王维则将理论与实践契合无间。仕途并非王维竭尽全力之所求，而空灵寂静求得佛家无生，才可谓王维完整之索求与终其一生的最高理想。王维早年由儒家而仕进，具有浓厚的"活国济人"兼善天下的儒家人生哲学理想，追求人我之整体外在圆满。随着时序位势之变，转而倾慕隐遁、虚静、澄澈而至于物化大通。王维早年有求仙问道之心，亦出于天机聪颖、智慧绝伦和保持澄澈身心的高端主观意愿。仕途的挫折和人生的失意依然是王维道家思想植根与繁茂的外在客观因素，严峻现实注定要求王维调节心态以适应客观社会环境，求得内心的平和，具体表现为以淡泊无为而求身形之道，虚静全真而求心神之道，物化大通而求审美之道。王维家庭背景和个体特质是成就其"诗佛"的重要原因。初唐抑制豪强，佛门失却权贵稳定之物质依托，这就导致凭依朝廷权门而昌显的贵族化的北宗,最终为拥有广大信众的平民化的南宗所取代。王维于南阳郡受神会之托撰《能禅师碑》,深入阐明南宗哲理,南宗在逐渐取得正统地位的过程中,获得文坛具有极大影响的王维的鼎力支持。王维理佛至精至诚,一身南、北禅兼修,顿、渐并行不悖,以渐门戒律规范日常行止,以顿门妙悟实践艺术创作,佛教哲学思想浸染其内心世界并终其一生孜孜以求圆满。王维深刻领悟佛教禅宗思想中"身心相离"和"不染万境"的恒然妙趣,并以此运作心神、身形,这与他所处社会环境和自幼熏染有关,更加与其秉性、志趣、特长和审美思想密切相关联。王维哲学思想的本体论表现为"空寂"思想,认识论表现为"不二法门"思想,实践论表现为"去执"思想,境界论表现为"不染万境"和"心生万境"思想。上述思想对王维的艺术创作和日常行止影响极大。王维有异于其他仕宦阶层所向往和实践的"内圣外王"思想,对于理想与现实之间的差异,提出"外人内天"的理论思想,由醇儒理想化的治国模式,演变为超越完美人格修养,行政合乎天道自然之后,精神境界达到真如涅槃——外在实现"圣""王"之道德与作为、内心实现空寂无尘的境界。王维之"身心相离"说,在于深悟"本性自在"的禅宗真谛。"本性自在"是"身心相离"的佛禅理论基础,"不染万境"则是王维"身心相离"处世方式的最终结局。王维之内心世界与哲学思想,充分体现在个体内心的和谐与和谐环境的营造。王维所谓"不染万境",事实上形成了与万境相交融而自我圆满圆通,事事随缘,处处随意,随心所欲而不违外物的境界。

# 智者大师与唐诗之路

张凯迪[①]

（中国计量大学人文社科学院）

**摘　要:** 本文主要探讨了一下智者大师对于唐诗之路发展的贡献。首先,本文先梳理了一下唐诗之路与佛教尤其是天台宗的关系。然后论述了智者大师的佛学思想。智顗主要的思想有一心三观和一念三千。本文着重分析了智顗一心三观提出的目的和意图。另外,本文就智顗一念三千的思想渊源之十如是说,十法界说和三种世间说作了具体的分析。最后,本文认为智者大师对于唐诗之路贡献卓越,对佛教中国化作出了巨大贡献,为我们留下了丰富的思想遗产。

**关 键 词:** 智顗　天台　一心三观　一念三千　圆融

## 1. 唐诗之路与佛教的关系

佛教初传中国是在东汉初年,虽然对中国产生了很大的影响但是在传播过程中也遇到了很多的问题。在传播过程中,佛教与中土固有之文化产生了摩擦,与中国本土化的道教和儒家也不甚相合。经历这些过程之后,佛教不断调整自己以适应中国的社会和文化,迎合中国民众的心理建设。一方面,它积极吸收汉族文化的营养,学习汉族文化的优点,另一方面,积极学习中国本土的道教和儒家学说,用这些学派的话语来阐述自己佛教的话语,更有利于民众的接受。

---

[①] 作者简介：张凯迪,中国计量大学中国哲学专业 14 级硕士生。

南北朝时期到隋朝时期之间,佛教与中国本土文化不断交融,第一个中国化佛教宗派天台宗在天台山诞生。唐诗之路沿线地区,正好就是佛教传播繁荣、佛教文化与中土文化互相交流频繁的地区。这块地方佛教寺院非常多,而且有很多富有名声的佛寺,这些寺庙都是历史上很多有名的僧人所修炼的场所。这块地方的寺庙不仅有极富盛名的天台清寺,而且有越州的会稽寺、云门寺,刻中的龙宫寺、沃洲寺、天姥寺、四明寺,新昌的大佛寺等等。

这块地方与佛教的亲密关系应该从东晋王朝南渡开始算起,晋王朝南迁,大批文人雅士和僧人、道人等均来越州游览与居住,像东晋非常有名的文人谢安、书法家王羲之等等。这些名士对于此地的美好风光相当赞赏,在这作诗作画,这就是历史上有名的"魏晋风骨"。正是在他们的影响下,唐朝许多的文人便沿着晋人走过的路,来到此地继续越中的山水之游。文人的往来活动频繁再加上此地本身佛教活动兴盛,所以为佛教的发展做了很好的铺垫。

俗话说得好,"天下名山僧占多",越中优越的自然条件很好地推进了佛教的进一步发展。自东晋开始在此地住锡的著名高僧就有不少。例如刻中佛派的竺法深、都超、于法开、于法威、道壹、竺法蕴、桓玄、于道邃等,都曾在这一带活动。师徒相授,法轮常转,薪尽火传。这些佛教活动是中国佛学走上独立道路的前奏,预设着佛教天台宗的诞生。唐朝时,有"会稽二清"等高僧在此地修炼。刻中和天台山水一脉相连,所以说天台宗的形成是刻中和天台佛教活动长期发展的结果,具有重大的文化意义,是佛教中国化的首个宗派,意义非凡,而且对于之后禅宗的形成也具有重大的启示作用。

佛教传入中国后,或者说为了生存下来,或者说为了更好地发展,所以根据中国的国情,吸收了一部分道教的教义,使之更加符合中国人的心理习惯,于是逐渐形成了中国特色的佛教学说,为佛教的中国化做了很好的铺垫。其中标志性的事件就是天台宗的建立,是中国历史上佛教中国化的第一个宗派。天台宗的建立与智者大师入天台山具有重大的关系。智者大师之所以非常坚决地要入天台山,和他教义之指归、修炼之历程密切相关。智顗认为此地是建立寺庙的绝妙之地,于是不顾陈、隋皇帝的盛情邀请,坚决告辞,入天台山建立佛寺,从而创立了第一个中国化佛教宗派——天台宗,揭开了佛教中国化、本土化的序幕。之后佛教的宗派便接连诞生,隋唐时期也是天台宗最为兴盛的时期。在唐朝众多来此地游览的诗人中,就有很多是来瞻仰智顗遗风的。正是在这种情况下,文人墨客感慨于美好的风光,在此地吟诗作画,遂编成文集,成为中国诗歌史上亮丽的风景线,也是文化史上的一大奇观——唐诗之路。

所以说,智者大师创立了天台宗,为唐诗之路的发展做出了不可磨灭的贡献。

接下来,本文着重论述一下智者大师的佛学思想,主要是从两方面来论述,一个是一心三观,一个是一念三千。

## 2. 一心三观

智顗将"三观"分作"次第三观"和"一心三观"两个类别。在次第三观中,三谛的圆融是通过从假入空、从空入假、最后实现非空非假的中道这样一个顺序来实现的,由此可以看到次第三观是有顺序的循序渐进的,因此属于可思议的。而在一心三观中,于一心中同时照见空、假、中三谛,于一心中直接得一切智、道种智和一切种智。由此可以看到一心三观是超越顺序的,同时观照的,属于不可思议的。当然,我们应该了解到的是可思议的是为了方便所说,不可思议是为了真实所说。

从形式上来看,次第三观和一心三观有层次上的差别,次第三观并不是究竟,三观的实质和宗旨是落实在"一心三观"上的,和天台哲学的整个圆融的体系相统一。从精神上来看,一心三观以次第三观为背景,中道第一义观的内容从实际上已经体现出了一心三观的基本精神,这一精神指的是圆融的思维方式以及超越理性的宗教神秘体验。

之所以智顗创作了次第三观和一心三观两种类别,是因为预设的对象不同。在他看来,次第三观是对钝根之人所说的,设置次第三观是为了使钝根之人能够循序渐进,完成他们对世界的圆满的认识。至于一心三观,是给圆教利根菩萨所修行的。一心三观是不用循序渐进的,也不存在阶级差别。一心三观对于次第三观来说,是一种"圆妙观心",即是一种"圆觉"。

一心三观具有两个基本原则,一个是"观"的主体必须是中道,亦即实相,另一个是"观"的对象必须也是中道,亦即实相。所以,我们可以看到,一心三观的背景是彻底的中道实相原理。也就是说,不仅所观之境是不思议的,就连能观之境也是不思议的。总的来说,一心三观就是以不思议之心来观照不思议之境。

但是,智顗又进一步说道如果从非一心三观的认识论角度来看的话,众生的"一念无明心"和真如法性存在着相互对待和相互依存的关系的。他说:

问:无明即法性,法性即无明。无明破时,法性破不?法性显时,无明显不?答:然。理实无明,对无明称法性。法性显,则无明转为明;无明破,则无无明,对谁复论法性耶?无明法性心,一心一切心,如彼昏睡;达无明即法性,一切心一心,如彼醒悟。

正是因为有对待,所以才需要一"破"一"显"。在无明未破、法性未显之前,众生都处于"昏睡"的状态,而一旦无明被破除,法性显示之后,那么这两者的对待和依存关系就都不存在了,就进入了"无明即法性"的境界,众生都到达了"醒悟"的佛的境界。由此我们可以看到智顗的"一念无明法性心"的观点。无明即是法性,法性亦是无明。无明指的是众生愚昧的状态,法性指的是众生清醒的状态,而沟通这两个状态桥梁的就是"心"。一旦"心"破除无明就可以显示法性,而不管是心还是法性,其实质都是中道实相。

同时,智顗对于《华严宗》的"唯心偈"非常地重视。"唯心偈"说道:"心如工画师,画种种五阴。一切世界中,无法不造作。心如佛亦耳,佛如众生然。心佛及众生,是三无差别。"由此我们看到智顗的"心佛众生,三无差别"的观点。由于心、佛、众生本来没有差别,所以从理论上肯定了众生成佛的可能性。

由此,我们可以总结出"一心三观"的建立,在认识论上具有三个方面的特点。

首先,从认识主体和认识客体方面来说,一心和三观的本质都是实相,本身是没有主体和客体的,或者说主体和客体是一样的,都是实相,并无区别也无需区分。但是为了方便说法,必须先预设主体和客体。一心三观正是先预设了主体和客体,将心视为主体,将空、假、中三观视为客体。但是实际上,主体的心和客体的三观本质都是实相,既然如此,实相既是认识的出发点,也是认识的归结点。所以说认识主体和认识客体的预设都只是在虚幻世界中所谓的精神与精神的重合。

第二个特点表现在认识方式上。一心三观的认识方式表现为一种直觉,而且是超越理性思维的直觉。世界万物因为是中道实相,所以对世界万物的认识可以还原为对心的观照。一方面,这种观照不用借助语言、概念,即"离诸戏论,言语法灭",否认语言、概念在其中的作用。另一方面,这种观照也不需要理性思维。直觉就相当于神秘体悟,所以说,一心三观的认识论和天台宗的宗教实践是息息相通的。

第三个特点表现在提出一心三观的目的。一心三观充分体现了圆融统一性。用一心来观照三观,一心具空、假、中三谛,三观也具空、假、中三观,于是一心和三观达到了圆融统一,一心三观学说也得到了圆融统一。实际上,不仅一心三观学说,智顗的整个佛学思想体系都是圆融统一的。智顗认为,圆教所提出的一心三观,就是要使众生于一念心中切入实相,最终得究竟解脱。次第三观并不独属于圆教,只有一心三观才是圆教独特的理论,充分体现圆教的圆融统一的特点。圆融统一的特点使得圆教区别于其他教。智顗建立一心三观,正是为了殊显圆教的特殊的地位。

由此可见,智顗提出"一心三观"的根本意图就是为了世间万物都是在"一心"基础上的统一圆融,强调了众生在此统一圆融的哲学背景下进行修行的重要性。"一心"既是天台宗整个哲学体系最核心的概念,也是天台宗实践的起始点和终结点。智顗说:"虽种种说,只一心三观。"意思即是说,虽然佛道修行的方法有很多,但是"一心三观"是最根本的方法。通过一心可以体悟三观,悟得三观可以证得中道实相。顺此理论,就可以修行圆满。如此看来,我们首先已经解决了认识论上的问题,既然认识论上的问题已经解决,那么接下来的实践就有了保证。

### 3. 一念三千

根据"一心三观"的思维方式来看的话，"一念三千"也是在实相原理的指导之下，通过"一念"和"三千世间"互为圆融的关系的说明而建立的。

#### 3.1 一念

首先，从一念上来解说。智顗所说的"心是一切法，一切法是心"，既是天台论心的关键，也是"一念三千"的关键。它体现了"心"与万法相即的思想，摆脱了佛教传统的缘起论和心物相合的认识论的束缚。智顗认为，世界上并不存在心物的能所的差别，一念心的能所之别只是一种假设。心就是一切，一切也就是心。因此，所谓的"心生一切法"这类的缘起说，说到底也只是一种假设，并不属于"一念三千"的不可思议的境界。

所以，智顗所阐述的一念心之中的"心"，并不是一般哲学意义上的心，也不是作为万物之源的精神本体的心，而是实相，是一切法的实相。实相表现在人们平时的一念之中。"一念"指的虽然是心的刹那活动，但是从实相这个意义出发来推论的话，那么"一念"表示的既不是时间也不是空间，而是一切，是一种不可思议、不可理喻的境界。也只有在"心"是实相的意义之下来看，所谓的"烦恼即菩提，生死即涅槃"的话语才是可以理解的。

根据这一原理，世间万物本来就是具足于一心之中的，根本用不着去其他的地方寻找世界的本原，由此看来的话，世间万物等同于一心，一心与万物并没有体用的关系。事物之所以千差万别，现象之所以光怪陆离，其实都只是真如实相的不同显现而已，和一念心在实相原理下相融相即。从这个层面上来说，现象与本质完全统一，没有任何的差别和隔阂。

#### 3.2 三千

其次，从三千上来解说。三千指的是三千诸法、三千世间，通俗来说就是指整个世界和宇宙。三千世间对于"一念"的不可思议来说，是属于可思议的，在可思议境界之中。它的理论来源是十如是说、十法界说、三种世间说。

### 3.2.1　十如是

"十如是"说源于鸠摩罗什所翻译的《法华经》，智颛对"十如是"给予了高度的重视和评价。十如是指的是如是相、如是性、如是体、如是力、如是作、如是因、如是缘、如是果、如是报、如是本末究竟。

在《法华文句》中，智颛对"十如"说中的"唯佛与佛乃能穷尽诸法实相"这句话，从方便权实的角度重新进行了解释。智颛说："如是相者，一切众生皆有实相，本自由之，乃是如来藏之相貌也。"也就是说，因为一切众生都有实相，都具如来藏相貌，所以一切众生与佛是究竟平等的。即使是处于地狱界，也具人界相、性、本、末，甚至也具佛界相、性、本、末，所以说不仅只有佛才能穷尽诸法实相，一切众生也都可以穷尽诸法实相。众生与佛都有实相，从本体上来说就是一样的；众生与佛都具如来相貌，从相貌上来说也是一样的；众生与佛都具足十界的相、性、本、末，可以进入的境界也是一样的。所以说，众生与佛是究竟平等的，具有很强的理论支撑。智颛论"十如是"的目的正在于此，就是要开权显实，将众生和佛置于与佛同等的地位，告诫众生可以于一念中切入诸法实相。

为了进一步说清楚十如是和"空、假、中"三谛的统一相融的关系，智颛对《华严经》中的关于十如是的经文进行了不同的句读的处理，所以有"十如三转"的说法。所谓的"三转"，就是指三种不同的句读方法。

第一种句读，"是相如，是性如……是本末究竟等"。这种句读方法是因循慧思的，"南岳师读此文，皆云如，故呼为十如也。"这种句读方法，"如名不异"，所以指的就是空的意思。顺此理路，十如就是阐述一切诸法之毕竟空的含义，也就是空谛。

第二种句读，"如是相，如是性……如是究竟本末究竟等。"这种句读方式，如也是空的意思，以如来明一切诸法的相性，都表现为"如"之空体的现象，这是就空体之有的表现而为立论，指的即是假谛。

第三种句读，"相如是，性如是……本末究竟等。"这种句读方式，"如"作为一的意思，"是"作为实的意思，这种句读方式意在表达一切诸法的空性和假性，从开始的相到末尾的本，都是真实不妄的，是即离空有而即空有的中道实相，指的是中谛。

因为古代佛经中是没有句读的，所以后人可以有不同种断句方式和不同种理解，给后人留下充分的思考和探讨的余地。我们应该认识到，智顗的这三种不同的句读方法不是简单的文字游戏，而是具有深刻内涵所在的。智顗将三种不同句读带来的不同理解分别对应于空、假、中三谛，不仅仅可以排除因为句读的不同而对经文的不同理解所可能造成的对于理论阐述的危害，而且也从实际上表明了自己的世界观和知识论，真理观和方法论的圆融统一，让我们深刻体会到智顗整体哲学思想的严密的逻辑性和统一性。

### 3.2.2　十法界

十法界，简称为十界，出自于《华严经》。法界即指诸法的分界，因诸法各有自体因此分界不同，所以名之为法界。十法界是将无明和法性的两种状态的此消彼长分别作为十个层次，分别是：地狱、饿鬼、畜生、修罗、人、天、声闻、缘觉、菩萨、佛。前面六界合称为"六凡"，所谓的地狱指的是最恶最苦的世界，饿鬼指的是具有无穷贪欲的世界，畜生指的是愚昧的动物的世界，阿修罗指的是充满了愤怒和争斗的世界，人指的是重视道德和伦理的人类的世界，天指的是幸福和快乐的世界。

后面四界合称为"四圣"，属于圣者觉悟的境界，所谓的声闻指的是学法闻道的解脱世界，缘觉指的是观法悟道的解脱世界，菩萨指的是有慈悲精神的世界，佛指的是觉行圆满的世界。智顗对"十法界"的解释主要分为两个方面。一个是"十界互具"说，另一个是"一念十界"说。

所谓"十界互具"，指的是十种法界相互包含、渗透乃至转化，例如地狱界蕴含着佛界等其他九界，佛界也蕴含着地狱界等其他九界。十界互具是圆教独特的教法，智顗认为"十界互具"说高于其他各教的说法。因为其他各教认为，十法界中的每一法界都有自己质的规定，彼此之间不仅不融通，而且是完全是隔绝的。别教所论的十法界，都是在可思议境的，以九界为权，以佛界为实，这是具有对待而不圆融的认识。而圆教却认为,虽然通常都说九界为妄法,佛界才是真实,但是实际上十界各具权实,而权实的本质没有差别,属于同一本体,所以十界都是真实的。所以十界应属于不可思议境界,十界互具是绝对圆融的认识。在此意义上来说,最终十法界即一法界,这也是"十界互具"说的解脱论意义。

唯心偈说道心如工画师,画种种五阴。"一切世界中,无法不造作。心如佛亦耳,佛如众生然。心佛及众生,是三无差别。"由于前面已经解释过,不再赘述。由此偈我们可以看到:十界都是由心而造作出来的,所以心应当具足十界。一念心刚起的时候,应该是属于某一界的,但这一界也具足其他的九界。例如杀心一起,应当属于地狱。那是怎么起了杀心呢?是因为有贪心,贪心就应该属于饿鬼了。贪心使人充满了愤怒,继而进行争斗,就属于阿修罗了。如果更甚者作出了违背伦理道德的事情,就属于畜生了。一旦意识到自己行为的错误,就可以转入人了。如果能都放下烦恼,追求幸福和快乐,就可以进入天了。继而更进一步,就可以进入"四圣"境界。如果可以通过教育明白自己可以解脱,就进入了声闻。之后通过学习佛法,提高自己的觉悟,解脱痛苦,那么就进入缘觉了。不仅自己觉悟了,还帮助他们觉悟,那么就进入菩萨了。最后降服恶心,增强善心,就具备了圆满的觉行,进入佛了。这一例子充分论证了"十界互具"的哲学命题。"十界互具"给人以不断提高和完善人格的动力,不仅具有重视伦理道德的重要意义,而且智𫖮通过这个表达了对于止观修行的重视。强调了凡人成佛的可能性,只要通过止观修行,人人都具有成佛的可能性。对于普通民众修行自身,提高自身具有重大的鼓舞作用。

所谓"一念十界",指的是一念心即具足十法界。在智𫖮看来,上至佛界,下至地狱界,十法界都是一心所造作出来的,十法界理体平等,没有任何差别,所以一念心起,就已经具足十法界,切入十界平等之理。因为各法界的理体是平等的,所以无明就是智慧,烦恼就是觉悟,恶业就是善业,即通常所说的"烦恼即菩提,生死即涅槃"境界。因为所有这一切都是在凡心一念之中的,并且因为十界互具的缘故,所以"一念心起,十界中必属一界。若属一界,即具百界千法。"一念十界,也就是一念百界千法,进而推出一念具足宇宙万法。当然,"一念十界"和

"十界互具"说一样也是属于不可思议的止观范畴的,它的成立同样也是以"实相"学说为背景的。一念十界的意义在于说明十界没有层次高下的分别,也没有前后次第的差别。一念即地狱,一念即佛;佛即地狱,地狱即佛。

一念十界从本体论的高度阐释了众生平等,并且指出了这种平等并不仅仅是一种理想的境界,而且也应该适用于现实的世间万物。"一念十界",此一念即属某一界,也属佛界,也属其他九界,所以在修习止观、悟得涅槃之前,众生并不存在权利上的差别。这种众生成佛可能性平等的呼声,客观上是当时社会民众的普遍心声,揭示了当时民众对森严等级秩序的反对,在客观上反映了当时社会的实际状况和民众要求平等的强烈希望。并且"一念十界"学说体现了智𫖮的大乘菩萨的立场,亦即自利利他,体现了智𫖮具有大慈大悲精神。智𫖮在利他的事业上用了太大的功夫,以至于他获得比其师远低得多的地位,但是他在佛教理论方面的成就远远高于其师,在佛学史上具有重要的地位。

### 3.2.3 三种世间

三种世间,也指三种世界。根据《大智度论》第七十卷所说的,"世"是隔别的意思,"间"是间差的意思。三种世间分别指的是众生世间、国土世间和五阴世间。虽然世间有三种,但是每一世间都和十法界相联系,所以成"三十种世间差别"。因为十法界互具,所以十法界成百法界,而每一法界又具三十种世间,百法界便具三千种世间,所以命名为"一念三千"。

智𫖮认为,三千世间看似复杂,其实归根结底只是在一念心中而已。这三千世间与一念心的关系是"若无心而已,介尔有心,即具三千"。又因为"只心是一切法,一切法是心",所以心与法并没有先后顺序的分别,在时间和空间上均是平等的。

综上所诉,智𫖮"一念三千"学说充分依赖于"十如是"说、"十法界"说和"三种世间"说,这些学说的背景都可归之于实相原理,所以"一念三千"的本质也是一实相。智𫖮从绝对平等的实相原理出发,提倡一念心即具三千,三千只在一念心中。

### 4. 智者大师的地位

智者大师开创了天台宗,创立了圆融的佛学思想体系。他的一心三观和一念三千的学说,均体现了他的圆融的佛学思想。圆融思想也是天台宗区别于其他佛学教派的重要标志。智颉为天台宗的开创以及佛教的发展作出了卓越和非凡的贡献。正是在智者大师的开创之下,佛教兴盛发展,也给唐诗之路的兴盛带来了积极的作用和重要的影响。智者大师不容置疑是唐诗之路上一个极其重要的人物。

智颉的佛教,已经是典型化了的中国佛教。智颉以其自身深厚的传统文化之素养为基础,对印度佛教进行了全面地改造,使得中国佛教改变了之前唯印度佛经为准,丝毫没有自己的思考的局面。并且智颉对佛学的中国化的植入,使本来远离人间烟火的佛教大大缩短了与现实社会人生的距离,迎合了普通民众的心理,使得佛教的传播更加普遍。智颉以后的佛学教派,大都沿着智颉的路线,加快促进了佛学与传统文化思想的融合。实际上,智颉对于之后对中国影响很大的禅宗也具有很大的思想启迪作用。智颉所促成的佛教的中国化,明显加强了佛教学者的社会使命感和传播的责任感,在一定程度克服了佛家空疏浮虚的缺点。

毫无疑问,智颉为我们留下了一笔非常宝贵的思想遗产,对于佛教的中国化贡献突出,加强了佛教与中国文化的交流和交融,进而对于丝绸之路的兴盛起到了不可磨灭的积极作用。

# 寒山子研究综述

## ——亦谜亦诗亦禅

毕诗栋[①]

（中国计量大学人文社科学院）

**摘　要**：寒山子是中国历史上著名的诗僧，一生极为神秘、传奇。对于其生平的记载，由于受到资料的限制，至今未有定论。其流传在世的诗三百余篇，内容丰富，直面社会存在的现实问题，既含有佛教之理又有人生感悟。其佛教思想主要体现在其诗上，以无常、因果、轮回等作为主题，启迪心智，净化人们的心灵，对今人有着极高的启发作用，影响古今中外。

**关 键 词**：寒山子　寒山诗　佛教思想

## 一、谜一样的生平

作为唐代影响深远的诗僧，寒山的传说历来是层出不穷、众说纷纭的，其身份特殊、神秘莫测以及扑朔迷离富有传奇色彩的一生备受后世追捧。民间著名的寒山被通称为"文殊化身"或"寒山老佛"，以精通佛理、举止风狂、出没无常闻名。与拾得被后人传说为"和合二圣"，主婚姻，相传二人是相传是文殊菩萨与普贤菩萨的化身。与丰干、拾得三人都曾在浙江天台山国清寺隐修，故称"国清三隐"。

---

① 作者简介：毕诗栋，中国计量大学中国哲学专业 14 级硕士生。

### 1. 寒山其人

寒山,又称寒山子,是中国唐代著名的诗僧,存世诗歌三百余篇,基本都收录在清康熙四十四年(1705 年)彭定求、沈三曾等人奉敕编校的《全唐诗》中,其诗大多讲求实言至理,描述个人经历与世态人情,且成功的融汇儒释道三家思想语言,宣扬佛理,劝诫世人,部分禅诗意境高远深邃,得到当时人们的推崇。

不过,有关寒山子其人,书序、方志、僧传和禅门语录等史料中有不少记载,但各种资料之间彼此矛盾,而且带有不同程度的神奇色彩,不可作为考证的切实依据。这使得寒山的身世及事迹神秘而传奇,因此学界对寒山其人及其生活年代持有不同的看法。

目前,有关于寒山的生平事迹记载的史料主要出处有四:第一是诗序,有宋本的《寒山子诗集序》与《寒山子诗序》;第二是佛教典籍,有《宋高僧传》《五灯会元》及《古尊宿语录》《天台山国清禅寺三隐集记》《祖堂集》《景德传德录》等;第三是诗歌、小说,有寒山诗、拾得诗及其他文人诗,《太平广记》等;其是为地方志,有《苏州府志》《(嘉定)赤城志》及《(雍正)平阳府志》等。这些资料记载有真有假,需要仔细鉴别、去伪存真。

宋本《寒山子诗集》有闾丘胤《寒山子诗集序》记载:"详夫寒山子者,不知何许人也,自古老见之,皆谓贫人风狂之士,隐居天台唐兴县西七十里,号为寒岩。"[1]在世人眼中,寒山子或许是一个狂妄不羁的贫子,隐居在天台附近。"不知何许人也",诗序中没有具体给出寒山子的来历和他生活年代。"每于兹地,时还国清寺。寺有拾得,知食堂,寻常收贮余残菜滓于竹筒内,寒山若来,即负而去。或长廊徐行,叫噪陵人,或望空独笑。时僧遂捉骂打趁,乃驻立抚掌,呵呵大笑,良久而去。且状如贫子,形貌枯悴。一言一气,理合其意。沉思有得,或宣畅乎道情。……用桦皮为冠,布裘破敝,木屐履地。"[2]寒山子经常去国清寺,拿一

---

① 叶昌炽、张伟明校补:《寒山寺志》,南京:江苏古籍出版社,1999 年,第 101 页。
② 叶昌炽、张伟明校补:《寒山寺志》,南京:江苏古籍出版社,1999 年,第 101 - 102 页。

些拾得专给他留的残滓剩菜,在长廊下漫步,自言自语,自笑自乐,无挂无碍。寒山穿着破旧,形容枯槁,然而其言达意,合乎正理。

但是,很早就有人怀疑闾序的真伪了。宋释赞宁在其《宋高僧传》卷十九记载:"闾丘序记三人,不言年代,使人闷焉。复赐排,乃文资也。夫如是,用有二同姓名闾丘也?"①指出闾序中记载寒山、拾得、丰干三人事迹时均未写年代,而且对序作者闾丘胤也有所怀疑,可见寒山的身世在宋代就已经不可考了。这一说法也得到近代学者余嘉锡、钱学烈等人的认可,认为是后人的伪作。不过闾序中塑造超脱尘俗、狂放不羁的寒山形象却得到了大家的普遍认同。

现代人认为,闾丘胤的《寒山子诗集序》是一篇伪序,提出了五个问题,第一,闾丘胤并非台州刺史,而是丽州刺史;第二,唐兴县县名有误,在闾丘胤时期,唐兴县还叫始丰县;第三,"使持节"与"绯鱼袋"的记载有误,闾丘胤根本不可能被赐予绯鱼袋;第四,闾丘胤记载的诗歌数目与寒山子自述的诗歌数目存在巨大偏差;第五,寺僧道翘生活的年代与丽州刺史闾丘胤相去甚远。因此,说明闾丘胤的《寒山子诗集序》极有可能也是后人伪作。

关于寒山子的生平,连晓鸣与周琦的《试论寒山子的生活年代》一文中给出三个时期的推测,贞观(627—649)说,先天(712—713)说,大历(766—779)说。

《太平广记》卷五十五引唐末天台道士杜光庭所撰《仙传拾遗》:"寒山子者,不知其名氏。大历中(766—780),隐居天台翠屏山……因自号寒山子。好为诗……凡三百余首……序而集之,分为三卷,行于人间。"②这也是目前可以考见的关于寒山的较早记载。杜光庭认为寒山子是唐大历年间人。大多数研究者认为杜光庭这段有关寒山的记载较为可信。但在《仙传拾遗》后半部分记载了道士李褐见寒山的一些事可能是臆测和杜撰。

除此之外,江苏苏州寒山寺盛传因寒山子而得名,始建年月不详,姚广孝《寒山寺重兴记》中记载:"寒山子者,来此缚茆以居,修持多行甚勤。希迁禅师于此创建伽蓝,遂额曰:'寒山寺'",自此,寒山被尊为寺院祖师。但是根据另外一篇

---

① (宋)赞宁,范祥雍点校:《宋高僧传》,北京:中华书局,1987年,第486页。
② 李昉等编:《太平广记》,北京:中华书局,1961年,第338页。

文章考证，"（《道光苏州府志》称始建于梁天监年间，未详何据）相传寒山子于唐贞观年间曾寓于该寺。后因唐代诗人张继'月落乌啼霜满天，江枫渔火对愁眠。姑苏城外寒山寺，夜半钟声到客船'《枫桥夜泊》一诗，而名播中外。"①根据张继和寒山子之间的生活年代比较，寒山子与寒山寺之间还是有时间差的。

学者钱学烈在 1998 年的《寒山子年代的再考证》一文中，通过寒山诗中的相关内容，列举出吴道子、万回师、善导和尚、五言诗句、雁塔题名、租庸调、磨砖作镜、南院、徐凝诗等事实，认为寒山子生于唐玄宗开元年间，即 725—730 年间，卒于文宗宝历、太和年间，即 825—830 年间。本文认为，这是比较可信的。

### 2. 寒山子趣闻

说起寒山子，就不得不说其一直流传在民间传说。在历史记载中，寒山子与拾得是民间传说中的"和合二仙"，掌管着人间家庭和睦、婚姻美满之责，寓意"和谐美好"。在今苏州寒山寺有"和合二圣"塑像，长期受着百姓的香火供奉。

中国古人常怀以天人合一的伟大志向，将世间的一切所见所闻全部融为一体，为我所用。在冲突中寻求调和，兼收并蓄，相互共存，相互适应，相互调节，这是和合的美好愿望早已经渗入中国人骨髓的精神追求之一。

据宋·志磐《佛祖统纪·卷三十九》记载，"（贞观）七年，寒山子者，隐居天台之寒岩，时入国清寺……闾丘胤初为台州刺史，临头头疼，遇丰干言从天台国清来，为喂水治疾，须臾即愈。胤问：'天台有何居士？'师曰：'见之不识，识之不见。若欲见之，不得取相。寒山文殊，遁迹国清；拾得普贤，状如贫子。'在国清寺库院厨中著火。"胤至郡，即诣国清，问丰干院僧道翘，引至空房，多见虎迹。云：'禅师在日，唯春米供众，夜则唱歌自乐。'又问寒山、拾得，引至灶前，见二人向火大笑，胤前礼拜。二人喝曰：'丰干饶舌！弥陀不识，礼我何为？'二人即把手而笑，走向寒岩，更不反寺。胤乃令道翘村墅人家屋壁、竹石之上，录歌诗三百余首，传于世云。"

---

① 连晓鸣、周琦：《试论寒山子的生活年代》，《东南文化》1994 年 4 月第 2 期，第 206 页。

寒山子行事怪诞,不修边幅,与当时的社会格格不入,常被人认为是"疯癫"。时任台州太守的闾丘胤,受到丰干指引,慕名来访寒山、拾得二人,但二人认为"丰干饶舌!弥陀不识,礼我何为?"因此,离寺而去,隐于寒岩,不再现于国清寺。

"使乃就岩送上。而见寒山子及高声喝曰:'贼!贼!'退入岩穴,乃云:'报法诸人,各各努力。'入穴而去,其穴自合,莫可追之。其拾得迹沉无所。乃令僧道翘寻其往日行状,地竹木石壁书诗,并村墅人家厅壁上所书文句三百余篇,及拾得于土地堂壁上书言偈,并纂集成卷。"①

闾丘胤曾前往寒岩拜谒,却没有见到寒山、拾得二人,在哀慕之余,请寺僧道翘捡寻他们的遗物,只于林间抄得三百多首诗偈,这才将他们的事迹传于世间。

南宋时期禅僧赜藏主持编辑《古尊宿语录》记载了一首关于寒山拾得之间的对话,被称之《忍耐歌》。

稽首文殊,寒山之士;南无普贤,拾得定是。

昔日寒山问拾得曰:世间谤我、欺我、辱我、笑我、轻我、贱我、恶我、骗我、如何处之乎?拾得云:只是忍他、让他、由他、避他、耐他、敬他、不要理他、再待几年你且看他。

寒山云:还有甚诀可以躲得?

拾得云:我曾看过弥勒菩萨偈,你且听我念偈曰:老拙穿衲袄,淡饭腹中饱,补破郝遮寒,万事随缘了。有人骂老拙,老拙只说好;有人打老拙,老拙自睡倒;涕唾在面上,随它白干了,我也省气力,他也无烦恼。这样波罗密,便是妙中宝。若知这消息,何愁道不了。人弱心不弱,人贫道不贫,一心要修行,常在道中办。世人爱荣华,我不争场面;名利总成空,贪心无足厌。金银积如山,难买无常限;子贡他能言,周公有神算,孔明大智谋,樊哙救主难,韩信功劳大,临死只一剑,古今多少人,那个活几千。这个逞英雄,那个做好汉,看看两鬓白,年年容颜变,日月穿梭织,光阴如射箭,不久病来侵,低

———————————

① 《四库丛刊》集部《寒山子诗集序》。

头暗嗟叹,自想年少时,不把修行办,得病想回头,阎王无转限,三寸气断了,拿只那个办。也不论是非,也不把家办,也不争人我,也不做好汉,骂著也不言,问著如哑汉,打著也不理,推著浑身转,也不怕人笑,也不做脸面,儿女哭啼啼,再也不得见,好个争名利,转眼荒郊伴。我看世上人,都是精扯谈,劝君即回头,单把修行干,做个大丈夫,一刀截两断,跳出红火坑,做个清凉汉,悟得长生理,日月为邻伴。

《忍耐歌》正好体现这种和合精神的为人处世之道,用理性良知解决现实社会的纠纷,避免不必要的冲突,切莫以恶制恶,以暴制暴,最终只能是冤冤相报无时了。尤其在当今无论是国际社会还是国家社会中,存在种种不安的矛盾,国与国针锋相对,人与人相互猜疑,不能以一种和谐共处的心态去处理发生的事情,正需要这种和合精神的彰显。

"和合二仙"寒山、拾得是中国古代人与人和合相处的典范,他们所导引出的行为处事原则已经成为中国传统文化的一部分。"倡导人们互忍互让、和睦相处的和合文化是中华文明的内在基因,已经深入到中华民族的血液中,是中华优秀传统文化的精髓之一。和合文化能指导中华民族吸纳文化的积极因素,融合创新出更加优秀的中华文明。"[①]而寒山、拾得二人的放浪形骸,对于世间的沧桑变化和参透人生的变化无常的把握,向往人与自然的和谐相处,人与人之间互敬互爱,追求人的身心合一,更是世人始终渴望的梦想。

## 二、诗性的人生

寒山子接受了天台宗与禅宗的佛学思想与禅法,表现在诗歌创作中,既有儒家的以天下为己任、经世济人的抱负,也有道家游于天地、消极避世的境界,更多的是佛家的坐禅顿悟、因果轮回的深思。诗风丰富,或清新淡雅,或玄妙高深,或

---

① 王广禄:《和合文化是中华传统文化的精髓——访寒山寺主持秋爽法师》,《中国社会科学报》2015 年 1 月 26 日,第 A05 版。

生动浅显,或尖锐辛辣。

清朝初年编修的汇集唐代诗歌的总集《全唐诗》中对于寒山子的诗进行了汇编,"寒山子诗版本较多,常见者有(四部丛刊)影印覆宋本,有正书局影宋本(全唐诗)本,均为三百余首。陈尚君辑校《全唐诗补编》中册增补二首。"①寒山子的诗多类偈颂,而且具有名理性。

《四库全书总目》卷一四九《寒山子诗集提要》中有一段话评述颇为中肯:"其诗有工语,有率语,有庄语,有谐语。至于'不烦郑氏笺,岂待毛公解',又似儒生语。大抵佛语、菩萨语也。今观所作,皆信手拈弄,全作禅门褐语,不可复以诗格绳之。"寒山的诗亦儒亦道亦佛,不主动追求形式的完美,也不大注意平仄相对的诗歌格律,言语通俗易懂,通过诗批判世俗阴暗面,并表达佛教观念。

是非颠倒、人情冷漠的社会百态,饱经沧桑、隐入山林的人生感悟,因果轮回、善恶有报的宗教情怀都是寒山诗的主题。其诗如同佛偈,言志抒情,实用说理,通俗易懂,具有空寂清明、自由舒散的无物之境,也有玲珑多变、抑扬顿挫的韵律感。

寒山子的诗歌种类繁多,有反映了他的简朴而清闲的佛徒生活,"出生三十年,常游千万里。行江青草合,入塞红尘起。练药空求仙,读书兼咏史。今日归塞山,枕流兼洗耳";有对于庸俗世风的批判是相当尖刻的,"富儿多鞅掌,触事难抵承。仓米已赫赤,不贷人斗升。转怀钩距意,买绢先拣绫。若至临终目,吊客有苍蝇",讽刺了富儿生前十分铿吝、占尽便宜,可死时只有苍蝇来吊丧,辛辣之至;有的直接宣扬佛理的"禅门揭语",有的写得很精炼很深刻,"蒸沙拟作饭,临渴始掘井。用力磨碌砖,那堪将作镜。说佛元平等,总有真如性。但自审思量,不用闲争竞",宣扬一切众生,悉皆平等,人人都有真如佛性,不必外寻,不必争竞,必须在悟字上狠下功夫,否则,就如蒸沙作饭、磨砖作镜那样,只是徒劳而已。"蒸沙作饭"是援引佛典《大佛顶首楞严经会解》卷第十二:"是故,阿难,若不断淫修禅定者,如蒸沙石欲其成饭,经百千劫,只名热沙,何以故?此非饭本沙石成

---

① 姜光斗:《论寒山子的时代、生平和诗歌》,《南通师专学报》(社会科学版)1996年6月第12卷,第2期。

故。"本是佛用来喻示阿难,如不断淫欲是修不成佛性的。现被寒山借用来喻示不从自性中去感悟,是求不到佛性的。这与南禅宗旨完全一致,"故知不悟,即佛是众生;一念若悟,即众生是佛。故知一切万法,尽在自心中,何不从于自心顿现真如本性?"(敦煌本《坛经》)而磨砖作镜的比喻,则对南宗禅影响更大,后来被南岳怀让禅师用来作为开悟马祖道一禅的重要手段(详见《五灯会元》卷三)。除此之外,寒山子也很善于写景,细致逼真,"登陟寒山道,寒山路不穷。溪长石磊磊,涧阔草濛濛。苔滑非关雨,松鸣不假风。谁能超世累,共坐白云中。"这一首额联用"濛濛""磊磊"状写草石之状,十分真切。颈联观察入微,体物传神,用词精当,造句出众。

他的诗歌既有表现自身的真实遭遇,也有对于社会人世的思考和感悟,将无常的世俗、机辨的佛理和盎然的禅境变现的淋漓尽致。在对创造幽美的意境方面,达到了旁人难以企及的高度,经常给人一种超凡脱俗的空灵感与神鬼莫测的禅机。

寒山子尽管充满着各种各样的矛盾,但有时他也会去超越这些矛盾。当他面对幽美的天台山胜境,内心有所感悟时,他便进入了一个生趣盎然、万象森罗的禅境。这既是天台宗由静止而智观之境、又是禅宗自性开悟之境,而这个境界的浑然美丽、充满生机,又超越了天台宗及禅宗的局限。他以深厚的传统文化修养的文士的笔调,将这种境界描绘了出来。

在北宋年间,日本天台宗僧人成寻从国清寺僧禹珪处得《寒山子诗一帖》,后命其弟子赖缘等五人带回日本,由此,寒山诗进入日本,影响了日本镰仓和室町时代日本人对于佛教的态度,重新升起对于回归自然生活状态的向往。

瞿汝稷曾评价说:"(寒山诗)小言大言,若讽若道,浏乎若倾云宾之冷泉,足以清五熟之沉浊;皭乎若十日之出榑桑,足以破昏衢之重幽。"寒山诗既蕴含了善恶有报、因果轮回的佛教情怀,又展示了诗人了悟生死、明心见性的超脱历程,同时还抒发了他怀才不遇、隐居山林的人生感悟,刻画了是非颠倒、人情冷漠的社会百态,生动地展示了中唐时期社会政治、经济、军事等各个方面的发展变化,意味深长、发人深省。

### 三、禅性的思想

寒山子经历了人生的起起伏伏,看遍了世间的光怪陆离。所以当他独自栖息在寒岩,获得自身的解脱时,出于自身的慈悲哀悯和清明深湛的智慧观照,有感而发,流出了诸多劝谕诗在乡野之间,以待世人自悟,这是他的菩萨之心。

他以禅宗诗歌宣扬禅宗思想,明心见性,劝谏世人不要被现实的一时欲望所蒙蔽,应该时刻保持本心,保存本来面目,这也是中国禅宗的精髓要义。

禅宗指出,每个人都是有佛性的,都有灵明觉知之性、未曾污染的纯洁的心,这也是我们原来的真实面目。但自我发展的精神的本性不会停滞不前,因此,人的本心不可能始终处于清纯无染的状态。每个人从一生下来就有欲的需求,这种欲的需求是一种出自本心最原始的力量,不可避免也无法消除。按照精神分析学派的看法,人是由本能驱使的一台机器,而其控制原则是将本能兴奋保持在最小必需量。拥有自我本位的人,与其他人相关也不过是为了满足本能欲望的需要。因此,要在这色彩斑斓、充满诱惑的世界中保持一份清纯本心是非常不容易的。人只要在社会中生存下去,纯明的本心就时时刻刻遭受到各种污染。因而,重现清明的本心就成了禅宗的使命。

"贪爱有人求快活,不知祸在百年身。"人们总是贪图一时的欢愉,忘记了生于忧患,而死于安乐的道理。寒山子希望通过对这种人世至理的描述,劝诫世人时刻警醒,希望世人重新回到清明本心,这种句子在他的诗中随处可见。

以此同时,寒山子也感叹美好无常、生死无常、情爱无常,永远不能保持不变。佛教认为,世间的一切都是因缘和合而成,我们所处的这个现实的世间,没有一样不是时时刻刻在迁流变化中,没有一样不是刹那在演化中,一切都是无常的,终将毁灭。因此,我们必须静下心来研究佛法,才会有深刻的体会。

寒山子在诗歌中总是感叹美好事物的凋零衰落,展示了人生的惨烈图景,虽然世间有着无穷的灯红酒绿,但一切都是无常,不过是梦幻泡影,"多少般数人,百计求名利。心贪觅荣华,经营图富贵。心未片时歇,奔突如烟气。家眷实团圆，一呼百诺至。不过七十年，冰消瓦解置。死了万事休，谁人承后嗣。水浸泥弹九，方知无意智。"

生与死是世间最大的难题，没有人能够避免，任你一世英雄无敌还是始终浑浑噩噩，时光流逝，最终都逃脱不了死亡。"俊杰马上郎，挥鞭指柳杨。谓言无死日，终不作梯航。四运花自好，一朝成李黄。醒蝴与石蜜，至死不能尝。"

与生俱来的欲求，是一种无法抑制的生命本能冲动。在与社会中的种种欲求相互交融时，这种欲求就被无限的放大。然而，诸法无常，众人都以为是平常事的时候，痛苦也就马上到达。"君看叶里花，能得几时好。今日畏人攀，明朝待谁扫。可怜娇艳情，年多转成老。将世比于花，红颜岂长保。"

佛说人生有八苦：一生，二死，三老，四病，五爱别离，六怨憎会，七求不得，八五阴盛。"少年何所愁，愁见鬓毛白。白更何所愁，愁见日逼迫。移向东岱居，配守北郊宅。何忍出此言，此言伤老客。"世间不只有无常，还有苦，怨恨，生老病死，爱恨离别等一些欲求不得，这也是寒山子自身的经历的写照。

佛讲三世因果，即前世、今世及后世的轮回因果，认为善有善报，恶有恶报。前世作恶，今世必定会遭受更过的痛苦。"生前大愚痴，不为今印悟。今日如许贫，总是前生作。今日又不修，来生还如故。两岸各无船，渺渺难济渡。"又讲轮回，即六道轮回，人的神识会随着业在六道中不停的流转，如同马路上车轮，转动不息，形成轮回。"世人何事可吁嗟，苦乐交煎勿底涯。生死往来多少劫，东西南北是谁家。张王李赵权时姓，六道三途事似麻。只为主人不了绝，遂招迁谢逐迷邪。"只有修行正法，才能脱离轮回。

良好的生态环境，寺观罗布，使得天台山成为中国古代文人雅士追寻的乐土，儒释道文化积淀深厚，寒山子在经历人生无常的痛苦之后选择在这里归隐是不无道理的。寒山思想促使我们更加关注人的内在心灵与精神，尤其在这物欲横流、人心不古的当今社会，既要心存天下，又要时刻具有忧患意识，其思想中追求心灵的超脱和精神的超越对于我们当前的发展有重要的启发性意义。

# 智顗"一念三千"思想之浅探

陈泓伊①

（中国计量大学人文社科学院）

**摘　要：** 智顗广弘教法，创五时八教的判教方法，发明一念三千、三谛圆融的思想，成立天台宗的思想体系。他成为中国佛教宗派史上第一个宗派天台宗的始祖，也是实际的创始者。因智顗晚年居住天台山，故称为天台宗。因以《法华经》为主要教义根据，故亦称法华宗。他强调止观双修的原则，发明一心三观、圆融三谛、一念三千的道理。

**关键词：** 智顗　天台宗　一念三千

智顗，生于梁武帝大同四年（538），卒于隋文帝开皇十七年（597）。世称智者大师，天台宗的创始人。俗姓陈，荆州华容（今湖北省监利县西北）人。十八岁时投湘州（今湖南省长沙市）果愿寺沙门法绪出家。二十三岁时往光州（今河南省光山县）大苏山从慧思禅师受业。三十岁辞师慧思前往金陵（今南京），居瓦官寺，创弘禅法，讲《大智度论》，说次第禅门，并法华玄义。三十八岁，入天台山。四十八岁，奉诏出金陵，在太极殿讲《大智度论》和《仁王般若经》。五十岁，于金陵光宅寺讲《法华经》，树立新宗义，判释经教，为天台宗奠定教义基础。五十四岁为晋王杨广授菩萨戒，由此获智者大师称号。智顗的著作很多。现存有《法华经玄义》二十卷、《法华经文句》二十卷、《观音玄义》二卷、《观音义疏》二卷、《金光明经玄义》二卷、《金光明经文句》六卷、《维摩经玄疏》六卷、《维摩经疏》（前二十

① 作者简介：陈泓伊，中国计量大学中国哲学专业14级硕士生。

五卷亲撰，后三卷灌顶续补）二十八卷、《维摩经略疏》（唐湛然略）十卷、《四教义》十二卷、《三观义》（由《净名玄义》分出）二卷、智顗前出《净名玄义》十卷；后为晋王杨广著疏，并别制《玄疏》。因将前出《玄义》分为三部，即《四教义》六卷、《四悉檀义》二卷、《三观义》二卷、《请观音经疏》一卷、《观无量寿佛经疏》一卷、《阿弥陀经义记》一卷、《仁王护国般若经疏》五卷、《金刚般若经疏》一卷、《菩萨戒义疏》二卷、《摩诃止观》（初名《圆顿止观》）二十卷、《释禅波罗蜜次第法门》十卷、《六妙法门》（一名《不定止观》）一卷、《小止观》（一名《修习止观坐禅法要》）一卷、《四念处》四卷、《五方便念佛门》一卷、《禅门口诀》一卷、《禅门章》一卷、《禅门要略》一卷、《观心论》一卷、《观心诵经法》一卷、《观心食法》一卷、《释摩诃般若波罗蜜经觉意三昧》一卷、《方等三昧行法》一卷、《法华三昧忏仪》一卷、《请观音忏法》（载《国清百录》卷一）一卷、《金光明忏法》（载《国清百录》卷一）一卷、《天台智者大师发愿文》一卷、《普贤菩萨发愿文》一卷。此外，他的著述还有《大智度论疏》二十卷、《弥勒成佛经疏》五卷等，现已散佚。又《净土十疑论》一卷，有说是后人托名伪撰。

智顗广弘教法，创五时八教的判教方法，发明一念三千、三谛圆融的思想，成立天台宗的思想体系。他成为中国佛教宗派史上第一个宗派天台宗的始祖，也是实际的创始者。因智顗晚年居住天台山，故称为天台宗。因以《法华经》为主要教义根据，故亦称法华宗。他强调止观双修的原则，发明一心三观、圆融三谛、一念三千的道理。文章将对智者大师一念三千的思想进行探讨。一念三千，从天台思想展开的逻辑上说，是观为"一心三观"、境为"三谛圆融"的"境观圆融"的必然结论。从师承上言及，是智顗把龙树的"三谛揭"、慧文的"一心三观"、慧思的"十如是"观加以会通、创新提出来的。

天台宗创始者智顗大师在《摩诃止观》卷五上说：

"夫一心具十法界，一法界又具十法界，百法界，一界具三十种世间，百法界即具三千种世间。此三千在一念心。若无心而已，介尔有心，即具三千。亦不言一心在前，一切法在后，亦不言一切法在前，一心在后。……若从一心生一切法者，此则是纵。若心一时含一切法者，此即是横。纵亦不可，横亦不可。祇心是一切法,一切法是心故。非纵非横,非一非异,玄妙深绝,非识所识,非言所言,所以称为不可思议境,意在于此。"①

智顗又在《法华玄义》卷二上说:

"游心法界者,观根尘相对,一念心起,于十界中必属一界。若属一界,即具百界千法。于一念中,悉皆备足。"②

上述两段引文集中体现了"一念三千"的思想。一念三千其大致意思是说,人的当前一念心,就具有三千种法的内容,从而也就显现出宇宙的全体。一念三千思想的要点有四:

其一:"一念",即一心,指的是妄心。然而,妄心又是染(无明)、净(法性)所在,从差别相状来说,是无明,从真如理体来说则是法性,所以也可说是"一念无明法性心",智顗说:"念只是处,处只是念,色心不二,不二而二。为化众生,假名说二耳。此之观慧,只观众生一念无明心。此心即是法性,为因缘所生,即空、即假、即中。一心三心,三心一心。……今虽说色心两名,其实只一念无明法性十法界,即是不可思议一心,具一切因缘所生法。一句,名为一念无明法性心;若广说四句,成一偈,即因缘所生心,即空、即假、即中。"③这也就是说,无明与法性是同体的,一念心就具足三千种法,不论一念心是无明染心,或是法性净心,都不能离三千种法,即都具足三千种法。这表现了天台宗性具思想体系的特色。

其二:"三千",由三种譬喻构成,即"十法界"(地狱、畜生、饿鬼、阿修罗、人、天、声闻、缘觉、菩萨、佛),十法界互具成百法界;"十如是",每一法界都不外乎十如是法(相、性、体、力、作、因、缘、果、报、本末究竟等);再配以"三种世间"(众生世间、国土世间、五阴世间),而构成三千的内容,此"三千"也即天台宗对宇宙的总称。

其三:一念与三千的关系。智顗以"一念"为修行的所观境,即观此一念是"不可思议境",而这不可思议境就是指"三千"法(一切法)。可见一念与三千的

---

① 《大正藏》第 46 卷,第 54 页上。
② 《大正藏》第 33 卷,第 696 页上。
③ 《四念处》(卷 4),《大正藏》第 46 卷,第 578 页上-下。

关系是主体与客体、修持与境界、一与一切的关系。智顗强调两者不是生与被生、含与被含的关系，两者"非前非后"、"非纵非横"，同时顿显，同时俱起，一念即是三千法，三千法即是一念，非一非异，难言难识，不可思议。

其四："游心法界"。智顗重视修持，追求游心法界，也就是不断提升精神境界，以达到不受任何对象所囿的绝对自由之境，从而游心于世界，此时一念具足三千，而世界则都成真理的世界——法界。"游心法界如虚空，则知诸佛之境界。法界即中也，虚空即空也，心佛即假也。"[①]游心法界时的法界，为空、假、中三种真理的综合、呈现，而毫无偏蔽，这也就了知诸佛的境界，乃至可以说是进入了佛境了。"一念三千"，可以说是天台宗人的最高理想追求。

需要指出的是，北宋时代，天台宗分为山家、山外两派，在一念三千义理上也产生歧解。山外派认为，心、佛、众生三者中，只有心是理，心是能变造的主体，而佛和众生则是心所变造的别相，是事不是理。由此认为只是理（心）具三千，而事不具三千。山家派则以为只是理具三千法是不够的，事也可造三千法。知礼说："良由灸病得穴故，百疾自差；伐根得根故，千枝自枯。故云：任运摄得，权实所现，以皆由理具方有事用故。只观理具三千俱空、假、中，故事用所造自然皆空、假、中。"[②]"事用"，即"事造"，变造。这是说，如灸病、伐树，只要抓住根本，就能解决问题一样，由"理具"而有"事用"，观照理具一切法俱是空、假、中，事用所造自然也都是空、假、中。在山家派看来，理具三千是指万有在本质上原来就依真如之理而一一都具足三千诸法，并不是由人等众生所造作的；不止于此，在理具的基础上，万有也都相互为缘，即众生心随染净诸缘显现而变造生起三千诸法，宛然呈森罗差别状。也就是说，在理具三千法以外，事也可造三千法。这合称为"事理三千"或"两重三千"。"皆由理具方有事用"，表现了由体而用的体用关系。理具与事用名虽异，体是一，并不是合有六千之法，而仍是三千之法。山家派的这一说法，意在强调世间与出世间的一切事相，虽然森罗万象，千差万别，但又互相融摄，彼此统一，当下即是真实的理性，即一切事相都是理体所具有的。

---

① 《法华玄义》(卷二上)，《大正藏》第33卷，第696页上。
② 《四明十义书》(卷上)，《大正藏》第46卷，第841页中。

回归到智顗。智顗对印度大乘义理作了创造性的发挥,佛教的世界模型在天台宗那里展现为一幅宏伟的宇宙图景,这即是百界千如,三千世间的"一念三千"说。"性",即心性,法性。"具",即具足、具有。"性具三千",即指一心中本来具足三千法界一切迷悟、因果之法。十界互具,"界"者,性、理、因、差别、边际等义,诸法各有自体而分界不同,故名"法界"。在大乘经论中,法界又是法性、真如、佛性等的同义语。"十法界"义出《华严经》所说的六凡四圣,由地狱、饿鬼、畜生、阿修罗、人、天、声闻、缘觉、菩萨、佛十种组成,此六凡四圣十法界的众生因各自有漏、无漏业力所感不同,而具有各各不同的因果法相,并且"各各因,各各果,不相混滥。"法界,梵语,音译是达磨驮都,本义是意识所缘对象的所有事物,即有为、无为一切诸法。若就界之字义而言,界有"种族生本""种类各别"二义。就佛教而言,法界种类颇多,例如,十八界、四法界、五重法界、一心法界、一真无碍法界等等。至于"十法界"这一概念,则是智顗大师的创造。在《妙法莲华经玄义》卷第二上,智顗言:"十法界,谓六道四圣也。皆称法界者,其意有三:十数皆依法界,法界外更无复法,能所合称,故言十法界也。二、此十种法,分齐不同,因果隔别,凡圣有异,故加之以界也。三、此十皆即法界摄一切法,一切法趣地狱,是趣不过当体即理,更无所依,故名法界。乃至佛法界,亦复知是。若十数以法界者,能依从所依,即入空界也。十界界隔者,即假界也。十数皆法界者,即中界也。欲令易解,如此分别,得意为言,空即假中。无一二三,如前云云。这里指出了法界的三层意义及十法界的具体内容,即地狱、饿鬼、畜牲、阿修罗、人、天、声闻、缘觉、菩萨、佛。所谓地狱,就是最苦最恶的世界。所谓饿鬼,就是贪欲无尽的世界。所谓畜牲,就是愚痴的动物世界。所谓阿修罗,就是愤怒斗争的世界。所谓人,就是讲究伦理道德的人类世界。所谓天,就是充满幸福快乐的世界。所谓声闻,就是闻道学法的解脱世界。所谓缘觉,就是观法怡道的解脱世界。所谓菩萨,就是具有慈悲喜舍精神的世界。所谓佛,就是悲智圆满、觉行圆满的世界。在这十界中,人处于极善与极恶的中间位置。恶伸展至极,即展开为从阿修罗至地狱的系列,善趋向至极,即展开为从天界至佛的系列。"性具十界"即指众生当下一念之念体上就具足这十法界,因此,众生性中不但具佛界善,而且也具九界恶。智顗的"十界互具"说消融了极善与极恶、极乐与极苦的二极对立,十界之内,因中有果,果中有因,法法圆融互具。十法界中每一界众生,都不可能离开其它九界而独自存在,如地狱界内同时具有饿鬼界乃至佛界。所以此一念心体上所本具的十法界又各各互具,"此十法,一一当体皆是法界。"上自"佛界",下至"地狱",界界都是全体十法界,如此十界彼此互具,则成"百法界",此百法界于众生一念心体上具足。

由此引出百界千如。

百法界中每一界又各具有相、性、体、力、作、因、缘、果、报、本末究竟的"十如是"。对于"十如是",智顗在《法华文句》卷二中作出如此的规定:"通解者:相以据外,览而可别名为相;性以具内,自分不改性。主质名为体,功能为力,构造为作,习因为因,助因为缘,习果为果,报果为报,初相为本,后报为末,所归趣处为究竟等。""十如是"出自鸠摩罗什所译的《法华经》。谓诸法实相包括相、性、体、力、作、因、缘、果、报、本末究竟等十个方面的"如是"(即"如实"意),《法华经》用十如是,即从十种角度来理解唯佛才能成就、才能究竟的"诸法实相"义。如是相,"相"即相貌,即以某种形式表示出来,是从外表上一览可知,并可依此辨别。"相"的特征在于表现于外,令人容易辨识。心之相亦是如此,因心体具足十法界一切相,所以相相之不同仅在于或隐于内,或显于外。如是性,"性"以据内,乃是相对于"相"以据外而言。"相"之特色在于显于外而易知,"性"之特色则在于其藏于内不可得见,它存在于万法中且能摄持自性不改变。如是体,"体"指所具有一定的实质,是就具足前"相""性"二者的体质而言。如是体指色、心,故十法界阴入皆以色心为体质。心具十法界之体,即心具三途之摧折色心体、三善之升出色心体、二乘之五分法身体,菩萨佛之正因体。众生当下之一念心体即具此十法界体。如是力,"力"指能推动事物,使之改变的内在作用。"如是力"指心体本具无量功德力用。如是作,"作"即构造,即依力用而起造作的作用。如是作是对"如是力"付诸于行动而言,若离心则无所作为,由此显示心具一切作。如是因,"因"是就"果"而言,为能生起未来事物的种子,亦名为业,一念心体具十法界全体业因。如是缘,"缘"即助因,能助成果的外在各种条件。如是果,"果"是由因而得的不同果实,心所造业为因,由因所获则为果,因果一体。如是报,"报"是由习因习果所感的报应。如是本末究竟等,"本""末"两字分别指初之"如是相"与末之"如是报",所归趣处为"究竟等"。

十如中,前九项描述事物的表象(相)、性质(性)、实体(体)、功能(力)、作为(作)、直接原因(因)、辅助条件(缘)、直接结果(果)、果报(报),这是从十如"别相"的差异性上来描述诸法。最后一项自初"相"至末"报"毕竟平等,不仅涵盖了从"本"至"末"的九"如是",而且指明前九法——法之实相旨归为绝对平等之无相一相,无有高下,这是从十如"总相"普遍性上来描述诸法。智顗对此作了创造性的发挥,施以三转读的方法,把"十如是"转读为"相如是""性如是"等,即谓万法体相、性用等本来如此,皆是一实相的各个方面的显现,这是智顗对原十如实相深密义理所作的圆满阐发。十界十如,同一实相,如如相摄,界界互成,则成"百界千如"。

由"百界千如"便引出了三种世间。

"三种世间"说出自《大智度论》卷四十七:"世间有三种,一、五阴世间,二、众生世间,三、国土世间。"世,指时间中的迁流变化;间,指空间中的阻隔。十法界众生虽然各具十种阴、入、界,并依善恶、染净业因不同而显现种种差别相状,但十界众生都由色、受、想、行、识五阴所构成,"揽五阴通称众生",因此,统称十种阴入界名"五阴世间"。五阴世间为众生之身心现象之别相,众生之所以有种种区分,正以其所摄受之五阴不同,因此五阴也是构成十法界的共同要素;由于十种五阴的善与恶、有漏与无漏的比例不同,分别构成不同性质的五阴组合。若从受业的"正报"主体而言,它们各构成十法界不同层次的生命群体,与五阴世间相为表里,此称为"众生世间"。众生世间是众生所持正报之别相,如饿鬼、人、天等等;若从众生"依报"环境而言,十法界众生各依住十种"国土世间",它们是每一法界的众生个体与群体相对应的生存环境。依一心十法界可知,此三种世间也同时存在于众生一念心体之中。此三种世间再与百界千如互具,即得三千世间,故谓"一念三千"。

智顗在《摩诃止观》中提到:"夫一心具十法界,一法界又具十法界、百法界。

一界具三十种世间，百法界即三千种世间，此三千在一念心。若无心而已，介尔有心，即具三千。亦不言一心在前，一切法在后；亦不言一切法在前，一心在后。"这是智顗关于一念三千的经典表述。当然我们不要拘泥于"三千"这个具体的数字，不妨视之为一切色法、心法之无尽差别相。按照智顗的理解，此三千种法即为众生之"介尔"一念心所具足，三千诸法与介尔一心内外前后之别，不纵不横，不离不散，刹那一念，即三千具足。故以三谛观照三千世间一切诸法，皆一假一切假，一空一切空，一中一切中，体一互融，了无碍隔，是为"言语道断，心行处灭"的"不可思议境"。

由上述可知，一念三千这一概念是由十如是、十法界、三世间等观念相互融合而得到的。生命主体有十个层次，每一层次互相包含，则成百法界；此中每一互相包含的法界，都具有上述实相的十种规定性，如是则成千如，故也称作"百界千如"。百界千如又各有三世间，便成"三千世间"。此天台宗宇宙图式将世界万法收摄穷尽，离此以外，别无一法。《摩诃止观辅行传弘诀》卷五云："于一念心，不约十界，收事不遍；不约三谛，摄理不周；不语十如，因果不备；无三世间，依正不尽。"此多种层次、超越时空的宇宙人生全体现象，都本然存在于众生介尔一念之心体之中，可以藉由"观心"，在我们当下一念心中去体认、验证。这就是天台"不可思议"的"一念三千"世界观。所谓"性具三千"，是指此三千世界的体和用、理和事，在一念心中本来具足。"性"，谓心性、法性、真如。"性具"又可分为二种：真如理体非有为造作，本来具足一切迷悟因果之法，此乃众生先天本具之性德，称为"理具三千"，每一个别众生又随各自染净因缘而造十法界三千诸法现象，或曰理具三千对每一个别众生随缘现起，称为"事造三千"。"理具"与"事造"之间为"相即不二"的体用关系，知礼在《十不二门指要钞》卷上云："理具三千，俱名为体；变造三千，俱名为用。故云俱体俱用……夫体、用之名，本相即之义故"。"性具三千"是智顗对大乘实相内涵的扩展与深化，是对"十法界""三世间""十如是"及"三谛圆融"等观念的综合运用。

智顗希望以此阐明其实相的观念。正是在一念三千的观念下，具足于众生之一念心的三千诸法，在作为实相自身展开形态之差别相的意义上，本质上即与实相不异,因为实相的展开与实相本身并不存在内外先后,更无因果关系,其关系充其量只能说为"相即"。这种无内外的体一互融,即是三谛圆融的状态,亦即是实相之究竟的如是状态。

一念三千的实相论通常被称为"性具实相论"。性即法性,或实性、理性,亦为佛性。智顗在《摩诃止观》中提到"无明痴惑,本是法性,以痴迷故,法性变作无明,起诸颠倒善不善等……今当体诸颠倒即是法性,不一不异。虽颠倒起灭,如旋火轮,不信颠倒起灭,唯信此心但是法性。"一念三千即实相整体,是不可思议境。智顗在《摩诃止观》中云:"亦不言一心在前,一切法在后;亦不言一切法在前,一心在后。例如八相迁物,物在相前,物不被迁;相在物前,亦不被迁;前亦不可,后亦不可,只物论相迁,只相论物迁,今心亦如是。若从一心生一切法者,此即是横,非一非异,玄妙深绝;非识所识,非言所言,所以称为不可思议境,意在于此"。这也是《摩诃止观》中关于"一念"与"三千"之间关系最为清楚的表述。智顗学说的重心也是放在实相上。智顗根据慧思的十如思想再发挥,就有了"一念三千"的说法。

"一念",是心在极微瞬间的表现;"三千",只是一个具象性的约数,描述纵横交错处于普遍联系中的极大的宇宙全体。"一念三千"每一步构成虽然都有经典作依据,但经过圆融三谛和一心三观的实践哲学的建构,成为智顗的天才独创。其中,"十法界"和"三种世间"描述了主体因善恶因果而归属于何种阶次及与其相对应的客观环境;"十如是"是从十个方面对主客体统一的实相所作的立体描述,从地狱界至佛界之每一法界的生命主体,都同时具备实相的这十种属性,并为从凡到圣的宗教实践指出了根本依据。三千诸法,为有情众生的存在状态提供了无限的可能性。"一念三千"作为天台圆顿止观的核心内容,它是智顗自身禅修经验的逻辑化、理论化的外在说明,是智顗为人的存在及修道所确立的根本世界观,也是中国佛教哲学中最具思辨力的思想,最能显示天台教义的特色所在,代表着天台佛学的最高成就。

对于一念三千具有重要的意义,智顗言及:"然界内外一切阴入皆由心起,佛告比丘,一法摄一切法,所谓心是。《论》(《大智度论》)云:一切世间中但有名与色,若欲如实观,但当观名色。心是惑本,其义如是。若欲观察,须伐其根,如灸病得穴,今当去丈就尺,去尺就寸,置色等四阴,但观识阴。识阴者,心是也。"①其强调止观修行,须从根本处,即由"心"(识阴)入手。心既统摄一切法,又是一切惑的根本,是观行的入手处。心既是止观修行的主体,又是止观修行的对象,在修行中居于关键性的地位。一念三千的一念心是妄心、无明心,由这一念妄心、无明心通到一念真心、法性心,需要一止观工夫,即通过观心,对三千法由执著不舍到不起执著的转化工夫。这种观心工夫是排斥语言文字和思虑分别的,是超越正常的思维方法和思维程序的,是非理性的直观、体认。此外,《摩诃止观》中提出"一念三千"命题的目的在于说明"心是一切法,一切法是心"的不可思议境界。这种境界既是观行所达到的境界,也是观行所观的境界。在《摩诃止观》中,智𫖮以一念三千表不可思议境界,其主要旨趣在于,以此不可思议境界作为观行的所观境界,并引导众生进入止观法门,直至度化众生。一念三千,无论是作为观行所达到的境界,或是作为观行所观的境界,都代表不可思议境界。这种不可思议境界是智𫖮所提出和追求的理想精神世界。在这样的精神世界里,心与物、精神与物质、主体与客体、一与一切、一与多,乃至千差万别事相之间的界限、差别、矛盾都不存在了,彼此相即相渗,圆融和谐,这是平等无差别的境界,是主客融通合一的境界。从哲学思维来看,这是主观对主体与客体的统一性、个别与一般的依存性,以及森罗万象的平等性,即对宇宙圆融统一的最高确认。

---

① 《摩诃止观》(卷5上),《大正藏》第46卷,第52页上、中。

# 支道林的即色思想

彭　正①

（中国计量大学人文社科学院）

**摘　要：**魏晋时期，般若空性之说与玄学有无之辨相契而甚嚣尘上，六家七宗异说纷呈，对"色""空"之理解也大相径庭。支遁作为释子兼名士，对佛教教理的理解与阐释又会有何种独到之处，在言语表述与根本义理之间的桥梁搭建，他又做了何种努力？探寻支遁思想体系我们可以看出佛教哲学核心范畴中国化的关捩。

**关 键 词：**支遁　即色　空

佛教于东汉初年传入中国，经过初始阶段与中土固有文化的碰撞以后，不断调整、适应中国的社会，并且主动地吸收汉民族文化营养，渐渐地被中国化本土化。如唐太宗在一篇《令道士在僧前诏》中所提到的："佛教之兴，基于西域。逮于后汉，方被中华。神变之理多方，报应之缘匪一。洎乎近世，崇信滋深。"②到南北朝与隋唐间，佛教吸收中国固有文化而形成的第一个宗派天台宗在天台山诞生。而唐诗之路沿线的地区，正是佛教传播与佛教中国化很成功的地方。这一块地方与佛教的亲缘，应当从东晋王朝南渡以后算起。由于晋王室的南迁，引来了大批社会上层人士和方外高士，他们对越州（会稽）极为钟情，不仅文人墨客留下许多流风遗韵，大量的僧人也常往来于此。越州的佛教活动向来兴旺，俗话

---

① 作者简介：彭正，中国计量大学中国哲学专业 14 级硕士生。
② 《全唐文》，上海：上海古籍出版社，1990 年。

说："天下名山僧占多"，越中的自然环境，为佛教的发展提供了优越的条件。从东晋以来，佛教史上著名的高僧，驻锡于越中的就不少，如东晋名僧支遁（支道林，又尊称为林公）为代表的剡中佛教流派。而在佛教盛行的唐朝时期，许多游览越中天台的文人墨客皆为来此追寻剡中的"支（道林）公遗风"，如宋之问《湖中别鉴上人》："愿与道林近，在意逍遥篇。自有灵佳寺，何用沃洲禅。"①崔颢《舟行入剡》诗云："谢客文逾盛，林公未可忘。多惭越中好，流恨阅时芳。"②钱起《宿云门寺》诗："出寺宜静夜，禅房开竹扉。支公方晤语，孤月复清晖。一磬响丹壑，千灯明翠微。平生厌浮世，兹夕更忘归。"③

支遁是东晋的佛学硕子，他依据他对佛教教义的独特理解，对庄子的"逍遥境界"作出了与他人迥异的阐发，见解新美，别开生面，对东晋名士的精神生活影响很大。鉴于支遁在中国文化史上的重要影响，后世学者对他的研究可谓代不乏人，但由于年代的久远及大量文献的散佚，有关支遁佛学理论的记载现在所能见到的已很有限。就目前所能见到的文献看，有关支遁佛学理论的记载最为完整的仍要数《世说新语·文学篇》刘孝标注：《支道林集·妙观章》云："夫色之性也，不自有色。色不自有，虽色而空。故曰：色即为空，色复异空。"④佛家的"色"指的是各种物质现象（包括自然、社会两个方面），它与意识，也即佛家的"心识"是相对而言的。这段话的意思是：从各种物质现象的属性来看，都不是自生的。既然不是自生的，那么虽然成了物质现象，那也同样是虚幻、是"空"的。所以说：各种物质现象一概是空，不过这种空并不是一无所有，它与一无所有的空寂毕竟不同。慧达《肇论疏》引与此相近："支道林法师《即色论》云：吾以为'即色是空，非色灭空'，此斯言至矣。何者？夫色之性，色（不自色），虽色而空。如知不自知，虽知恒寂也。"⑤原文脱去"不自色"三个字，三字是根据《妙观章》等补加的。"即色是空，非色灭空"引的是佛教《维摩经》上的话。支道林这段话的意思是：

① 清人编：全唐诗，上海：上海古籍出版社，1986。
② 清人编：全唐诗，上海：上海古籍出版社，1986。
③ 陈尚君：全唐诗补编，北京：中华书局，1992。
④ 徐震堮：世说新语校笺，北京：中华书局，1984。
⑤ （陈）慧达《肇论疏》，续藏经第1辑第2编乙第23套第4册，第429页上。

我认为《维摩经》上所说的"各种物质现象都是空寂的,但并不是说它们都是虚无的,所以才是空寂的"这句话,讲的是非常正确的。为什么呢?因为从各种物质现象的属性看,它们都不是自生的,所以虽然形成了纷繁多样的物质现象,却也同样是空寂的。就像认识并不是自己成了认识,因此虽然有了认识,但也同是空寂一样。又,安澄《中论疏记》引《山门玄义》曰:"第八支道林著《即色游玄论》云:'夫色之性,色不自色。不自,虽色而空。(如)知不自知,虽知恒寂(也)。'"(原文无"如""也"字,依慧达疏加)①不难看出,与刘孝标、慧达所引相比,安澄所引显然少了"色复异空""非色灭空"一类的话。可见无论在经文还是经义的完整性上,安澄所引都是无法与以上二家相比的。

由以上所举不难看出,支道林佛学思想的基本内涵不外两点:(一)色不自有,虽色而空。(二)非有非无,有无双遣。

## 1. 色不自有,虽色而空

按照佛教教义,一切事物都是因缘和合而成,每一事物的出现都是由于其他事物引起的,同时每一事物又是其他事物产生和存在的因缘。因此,每一事物并不能自己决定自己的产生和存在,也即无独立的自性,故而称空。接着,支遁将"知"和"色"对举,认为"知"亦无自性,因而是空,即"知不自知,虽知恒寂",道理与"色不自色,虽色而空"相仿。"寂"字在支遁那里亦有"空"之意,他在《八关斋诗三首》里提到"咄矣形非我,外物故已寂"②意即心不执著于外物,那么外物也就空如幻影;又说"闲邪托静室,寂寥虚且真"而"虚"与"空"又是联在一起讲的,意义相近,他曾为其所住寺僧立《座右铭》说:"空同五阴,虚豁四支。"③又在《善思菩萨赞》中说:"色来投虚空",故"寂"有"空"之义。所以"知不自知,虽知恒寂"即是说:"知"自己不能成其为为"知",知识或认知并非来自自身,不以自身为依

---

① 安澄:《中论疏记》卷第三末,《大正藏》,第65卷,第94页上。
② 《弘明集广弘明集》,第362页。
③ 《高僧传·支遁传》,汤用彤校注《高僧传》,第160页。

据，而是依赖他人的传授或与外界实物相接触而获得，即主体通过实践活动与客体发生作用而产生。因此，"知"无自性、无自体，所以虽然有"知"这个假有存在，但实质上是性空的。所谓"性空"，即性理之空，而非"空无"之空。即慧琳在《白黑论》里所说的"空其自性之有，不害因假之体也，……有生莫俄顷之留，泰山蔑累息之固，兴灭无常，因缘无主，所空在于性理"①，意思是说从"无自性"这个角度来空万有，而因缘和合而成的物体作为假有却仍存在。支遁亦深刻意识到了这点，所以他说："吾以为即色是空，非色灭空。"支遁所代表的学派名称为即色宗，作品有《即色游玄论》《释即色本无义》等。"即"本义为"就是"，引申为"就""靠近""不离"等义，因而"即色"也就是就色本身或不离色去认识空。在这一点上，支遁与般若中观是一致的，主张就色本身去认识空，反对在色以外去寻求空，反对在事物和现色之外去寻找另外一个独立的空。

## 2. 非有非无，有无双遣

支遁认为万物无自性，不能自己成为自己产生和存在的依据，必有所待，依据一定的因缘和合而成，因而性空。那么既然"有"（亦即"色"）性空，那么作为"有""色"的对立面的"无""空"是否也是空呢？支遁认为"无"亦无自性，不能自己使自己成其为"无"，即"无"亦空，他说："夫无也者，岂能无哉！无不能自无，理亦不能为理。理不能为理，则理非理矣；无不能自无，则无非无矣。"②意思是说"无"怎能使自己成为"无"呢？"无"不能使自己成为"无"，必须依待因缘破散后方成"无"；理也不能使自己成为理。理不能使自己成为理，则理空；"无"不能使自己成为"无"，则"无"亦空。

至此，支遁认为色无自性，色不自色，因为是空，此为"有"空；又论证了"无"无自性，无不自无，因而无亦是空。这样，就破除了对"有""无"（"色""空"）任何一方的执着，不落一边，非有非无，非色非空。另，支遁诗歌及佛赞里亦反映出其

① 《中国佛教思想资料选编》，第一卷第 257 页。
② 《大小品对比要钞序》，《中国佛教思想资料选编》第一卷，第 59—60 页。

"非有非无,有无双遣"的思想。他在《善思菩萨赞》中说:"空有交映迹,冥知无照功。"①意即,"空"即假有之"空","有"是性空之"有",二者交相映显,"空"寓于"有"之中,"有"中包含"空"性。

既便如此,我们能否说支遁已经完全掌握并娴熟运用非有非无、遣之又遣这一中道方法呢?"即色论"的本质乃不灭假色,这一点古人早就讲的很清楚。隋唐吉藏《中论疏》云:"支道林著《即色游玄论》,明即色是空,故言即色游玄论。此犹是不坏假名,而说实相"②。这段话的意思是:支道林撰《即色游玄论》,阐明物质现象终属空寂的道理,但他仍是不坏假名,把物质现象当作了真实的存在。唐元康在《肇论疏》中也说道:"林法师但知言色非自色,因缘而成,而不知色本是空,犹存假有也"③。意思是说支遁只看到物质现象乃因缘条件合和而成,没有自性,所以是空,但他不知物质现象本身就是空,仍然把虚幻的假象当作真实看待。不难看出,元康对支遁所作的批评与吉藏是完全一致的。对"即色论"剖析的更为深刻的是东晋后期的僧肇。其《不真空论》评支遁"即色论"云:"即色者,明色不自色,故虽色而非色也。夫言色者,但当色即色,岂待色色而后为色哉?此直语色不自色,未领色之非色也"④。需要注意:"夫言色者,但当色即色,岂待色色而后为色哉"这句话表述的乃是支道林等即色论者的认识,僧肇这里不过是把它转述出来罢了。"当色即色"即当物质现象具备了成为物质现象的条件时(因缘齐备),就会成为物质现象。"色色"意谓以色为色,也即把物质现象当作物质现象,前一个"色"字乃意动用法。支道林在他的《逍遥论》中说:"至人乘天正而高兴,游无穷于放浪,物物而不物于物。"⑤"物物"与这里的"色色"用法显然也是完全相同的。显而易见,在支遁看来:物质现象并不是由人的梦幻而起的,物质现象一旦生成,它本身就是物质的,并不需要人们"色色",也即以色为色,把它们认作物质现象时,它们才成为物质现象。正因支遁没有完全认同物质现象的

---

① 《中国佛教思想资料选编》(第一卷),第69页。
② [日]高楠顺次郎等:《大正藏》(卷42),台北:新文丰出版公司影印,1983年,第29页。
③ [日]高楠顺次郎等:《大正藏》(卷45),台北:新文丰出版公司影印,1983年,第171页。
④ [日]高楠顺次郎等:《大正藏》(卷45),台北:新文丰出版公司影印,1983年,第151页。
⑤ 徐震堮:《世说新语校笺》,北京:中华书局,1984年,第120页。

虚幻性，所以僧肇才批评他"直(只)语色不自色，未领色之非色也"。

可见，支遁否定的只是物质现象的永恒性，而对物质现象在一定条件下的真实性，他则是并不抹杀的。他懂得物质现象终归是空，带有一定的虚无主义特征，但他和僧肇对物质现象的彻底否定不同，他在一定程度上也承认物质现象的实在性，也即承认了"有"，或者说从根本上，支遁在"非有非无"不落两边的中道里偏向了"有"的层面，认为物质现象一旦产生，它就成了无法回避的存在，只要因缘不曾散去，就不能视为虚幻。

支遁所处的魏晋时期，玄风盛行，而他自己不仅是佛僧也是名士。当佛教文化刚传入中国时，由于其许多教义、习俗以及言语措辞与华夏民族固有文化心理对抗激烈，为求在东土站得稳，必须依附华夏固有的传统文化。最为突出的就是以中国原有的哲学名词、概念，特别是用老庄玄学的名词、概念去比配佛经中的名词概念，此即"格义"。因此道安说："以斯邦人老庄教行，与《方等经》兼忘相似，故因风易行也。"[1]汤用彤先生也说："汉代佛教，附庸方术；魏晋释子，雅尚《老》《庄》。"[2]但毕竟"格义"只是在语言上的比附，佛学在根本教义与理论上与中土文化仍有很大的冲突的，再加上"格义"之法亦未能准确理解佛教教理，即所谓"先旧格义，于理多违"[3]，于是当时佛教传播者对"格义"之法进行了反思，慢慢地开始从佛教义理上贯通佛教与传统思想文化，用"得意"取代"格义"，对佛理进行阐释。支遁即色义既受"以无为本"的贵无论思想影响，又受独化论"无心"思想的影响，也有崇有论思想的痕迹，这也决定了支遁思想的特色：即"空"不彻底，假色本身不空，以佛解玄，以玄阐释的特点。

---

① 《毗奈耶序》，《大正藏》（卷二十四），第851页。
② 《汉魏两晋南北朝佛教史》，第56页。
③ 《高僧传·释道安传》。

# 宋代佛乐审美研究

孙 倩[①]

（中国计量大学人文与外语学院）

**摘 要：**中国古代的"乐"不单指音乐，而是诗、乐、舞三位一体的综合性表演艺术。宋代佛乐秉承"以音声为佛事"，明"乐主和"之儒释一贯之旨，重视"乐教"。宋代佛乐无论法曲，还是唱导，大多具有鲜明的民族性和世俗性的审美特征，高僧大德善于用民众喜闻乐见的俗曲民谣、村歌社舞来点拨开示学人，自觉觉他、化众悟道，故多带有以小见大、喻禅说禅、彰显微妙的特色。宋代佛乐的广泛传播与该时期民间俗乐舞的发展相互促进，丰富和充实了中国宋代的乐舞文化，凝成了宋代文艺之美鲜活自在的一笔。

**关键词：**佛乐 审美 乐教

中国古代的"乐"不单指音乐，而是诗、乐、舞三位一体的综合性表演艺术。自古以来，人们就十分重视乐的教化功能，制礼作乐，礼乐治国。佛教也认同并重视乐在弘法、化众、修行中的作用，其"以音声为佛事"，主张"声教"，就是"乐教"这种音乐美学思想的一种体现。

一、宋代佛教秉承"以音声为佛事"，明儒释一贯之旨，提倡"乐教"。乐教，即礼乐教育。中国古代思想家认为审美与道德之间的密切关系，通过乐的审美教育能使人变得有道德修养，所谓"乐所以修内也，礼所以修外也，礼交错于中，发行于外，是故其成也怿，恭敬而温文"；"乐者，通伦理者也。……知乐，则几

---

① 作者简介：孙倩，中国计量大学人文与外语学院教师。

于礼矣，礼乐皆得，谓之有德"；"夫乐以安德"；"乐者，所以象德也"；"德者，性之端也；乐者，德之华也"等等，这些产生于先秦时期的论断，就是有关审美与道德之间存在密切关系的精当表述。①

佛教也认同并重视制礼作乐，"兴礼乐，定宗纲"，"礼以立中道，乐以导性情"。宋代杭州灵隐寺著名禅师契嵩，明儒释一贯之旨，写有专论《礼乐》，明确提出"乐之本者在乎人和也"，"乐者，所以接人心而达和气也"的主张。② 中国近代高僧太虚大师曾明确指出："音乐可以使社会之心理互相沟通，如吾作乐，赏乐者闻音，即知吾之心理。人类社会既成组织，必须人人心理互相沟通；音乐为人类社会心理沟通划一之作。古之礼乐同说，缺一则颠，礼仪是内心之见于形色者，音乐是内心之通于声气者。"③近代史上著名的音乐家、音乐教育家弘一法师，也曾说过，"声音之道，感人深矣"，"琢磨道德，促社会之健全；陶冶性情，感情神之粹美。效用之力，宁有极矣"。④

佛曲是佛教教徒在举行宗教仪式时所用的乐曲，要将佛经配上乐谱进行吟唱。它由印度传来，在中国始自隋唐。清人毛奇龄在《西河诗话》中写道：

佛曲、佛舞，在隋唐已有之，不始金元。如李唐《乐府》有《普光佛曲》《日光明佛曲》等八曲入婆陀调，《释迦文佛曲》《妙花佛曲》等九曲入乞食调，《大妙至极曲》《解曲》入越调，《摩尼佛曲》入双调，《苏密七俱佛曲》《日光腾佛曲》入商调，《邪勒佛曲》入宫商调，《婆罗树佛曲》等四曲入羽调，《天心佛曲》入般涉调，《提梵》入移风调。凡梵音释步，如《三界舞》《五方舞》《八功德舞》类皆入乐录，在坐部伎中，原不止金元《演蝶》诸曲舞已也。今吴门佛寺尤能做梵乐，每唱佛曲，以笙笛逐之，名清乐，即其遗意。⑤

中国佛乐除来自印度梵呗外，还源于西域佛曲，西域格调的乐舞。唐代佛乐，还吸收融合了民间歌舞音乐和古乐。在唐代，礼佛、娱佛的音乐表演活动逐

---

① 修海林：《中国古代音乐教育》，上海：上海教育出版社，1997 年。
② （宋）契嵩：《礼乐》，《镡津文集》卷五，《大正藏》第 52 册，第 667 页。
③ 太虚：《美术与佛学》，《太虚大师全书》第 45 册，善导寺佛经流通处发行，1998 年，第 1512—1513 页。
④ 李叔同：《〈音乐杂志〉小序》，《花雨满天悟禅机》，西安：陕西师范大学出版社，2010 年第 201 页。
⑤ （清）毛奇龄：《西河诗话》，《丛书集成续编》第 200 册，台北：台湾新文丰出版公司，1989 年，第 374 页。

渐兴盛,到了宋代奏唱佛曲、跳佛舞已蔚然成风,对后世的佛乐产生了深远的影响。①

二、宋代佛乐有鲜明的民族化、世俗化的审美特征,"化俗"成了各派佛教的宣传手段。由于佛教通俗化与宋代俗乐舞的兴起,而促使佛教音乐走上民族化、世俗化的道路,佛教乐舞与民间歌舞相互交流与交融的现象日渐突出。佛教重视乐舞艺术的运用,重视俗曲俗乐对弘法,化众,修行的作用,不少禅师对民间歌舞有着浓厚的兴趣,并对世俗歌舞对于佛事的功用做了诠释。

佛教音乐传入中国后,逐渐地改变了过去那种雅俗对立的状况,打破了中国音乐的古典格局。早在齐梁时期,僧侣们便在"法乐"与"无遮大会"的名义下建立了以俗乐为主要内容的新的音乐中心,"设乐以诱群小,俳优以招远会",致有"移风易俗"之盛况。后来,"化俗"成了各派佛教的宣传手段,至宋代蔚然成风。

(一)隋唐传下的法乐、法曲世俗化程度增大,广受喜爱和重视。禅宗用《渔父拨棹子》等民间歌曲"唱道",还有法师介入了俗曲的创作和演唱。② 不少禅师在上堂说法或诗偈中,用俗曲演说禅道。在禅宗灯录、语录《祖堂集》《景德传灯录》《古尊宿语录》《五灯会元》等典籍中,僧人们提到的俗调有《杨柳枝》《十二时》《下水船》《鹧鸪词》《胡笳》《牧童歌》《万年欢》《江城子》《紫芝歌》《归堂去》《还乡曲》《归去来》、菩萨蛮《凉州》《胡家曲》等,但大多没有歌词的记录。"法乐"即"无遮大会"、"法曲",本来指佛教的一切符合佛法的唱诵和演奏的曲调,一般指佛教乐舞,而人们的习惯是指梵呗之外的佛教歌唱、舞蹈和器乐演奏。它是佛教举行法会时进行的表演,主要用于宣传佛经、佛旨。其演奏乐器除用铙、钹、钟、磬等法器演奏外,又加入箫、琵琶、琴等俗世乐器,并扩大传播,不局限于佛门。唐代已经成为公私音乐活动的一部分,法曲被列为"法部",备受帝王及上层人士的喜爱和重视。特别是到了唐玄宗时期,"法部"被置于"梨园",世俗化程度更大了。后来,法曲还掺入道教音乐等,几乎与一般燕乐大曲没有差异。到了宋代,

---

① 袁静芳:《中国汉传佛教音乐文化》,北京:中央民族大学出版社,2003年,第9页。
② 王昆吾等:《汉文佛经中的音乐史料》,成都:巴蜀书社 2002 年,第29页。

德因法师描述过法乐演奏场景的庄严肃穆和撼人的力量："梵音响振于九天，法乐声喧于十地"；"法乐连天降，丝竹声和悦"；"香花罗列，法乐连天"；"羽鳞净戒已周圆，法乐声中破业昏"。①

（二）宋代法师上堂说法，常用俗曲喻禅说禅，成为一大特色。觉辨禅师以俗曲《鹧鸪词》和《胡笳十八拍》有别，诠释三祖《信心铭》之"毫厘有差，天地悬隔。欲得现前，莫存顺逆"的禅意就是一例，并且还以"五湖烟浪有谁争，自是不归归便得"来喻说"欲得现前，莫存顺逆"之意。禅宗诗人寒山，琴随身，善"唱咏"，常"歌笑"，他也自然熟悉当时已流行的诸如《紫芝歌》这类俗曲，还非常自信地声称："可来白云里，教你紫芝歌。"寒山关于"可来白云里，教你紫芝歌"之语，被宋僧作为参学之话头，询问全举和尚，全举则为《紫芝歌》审度语音而参与俗曲的创制。据《舒州法华山举和尚语要》载：问："雪覆千山时如何？"师云："樵人迷古路，渔父锁孤舟。"问："'可来白云里，教你《紫芝歌》。'如何是《紫芝歌》？"师云："不是吴音，切须汉语。"全举法师认为，《紫芝歌》不是"吴音"，对它的审音，"切须汉语"，即依据汉语之审音方法进行"切音"。②

此外，宋代法演禅师曾为《万年欢》填词。据《法演禅师语录》载：

桐树郭宅请，升座云："桐林郭评事，家门幸食禄。性静好吾宗，温良如美玉。封疏请诸山，营斋殖洪福。二人长老共谈玄，正值阳和二月天。渴鹿饮溪冰作水，野猿啼树雾成烟。黄梅路上多知己，今日同乘般若船。乘船即不无，且道说个什么事？幸遇三春明媚，因行不妨掉臂。啰逻哩，啰逻哩。"乃拍手大笑云："是何曲调？《万年欢》。"③

《万年欢》系唐教坊曲名，《宋史·乐志》成为"中吕宫"，《高丽史·乐志》名《万年欢慢》，《元史·乐志》称系舞队曲。法演师用《万年欢》赞扬郭评事"性静好吾宗，温良如美玉"，真是"黄梅路上多知己，今日同乘般若船"。

---

① （宋）德因：《放生》，参见皮朝刚：《禅宗音乐美学著书研究》，北京：人民出版社，2017年，第45页。
② （宋）颐藏主集：《古尊宿语录》卷二十六，参见皮朝刚：《禅宗音乐美学著书研究》，人民出版社，2017年，第39页
③ （宋）才良等编：《法演禅师语录》，《大正藏》第47册，第655页。

（三）宋代僧人创作、改编的佛乐佛曲也广泛流传于民间。宋代禅师普庵印肃创作了《普庵咒》（全名为《普庵大德禅师释谈章神咒》），在中国佛教音乐文化史和琴学史上，成为一段佳话。由于《普庵咒》念诵时的那种鲜明的节奏感和音乐性、独特的宗教性和艺术性，为它能走出佛门发展成为完整的器乐曲提供了广阔的空间。《普庵咒》现已作为独立的器乐曲，除在佛事音乐中演奏外，如中国佛教京音乐、山西五台山青庙音乐、河南大相国寺音乐等，已广泛地流传于民间。特别是琴曲，见于明、清时期的琴谱就有 37 部之多，此外，还在琵琶、丝竹、笙管乐等多个民乐类别中流传。

三、宋代佛乐中的俗乐、民谣被认为具有开悟功能，是启迪、开示学人的重要手段。禅宗大师十分重视俗乐、民谣的开悟功能。他们在传法中，把俗曲、民谣作为启迪学人智慧，打开学人法眼，促使学人开悟的重要工具和手段。据居顶《续传灯录》卷十五记载，五祖法演从谂"洗钵盂"的公案堪问宗泰，宗泰"凡五年不能对。"法演说他"尔只知路上事，不知路上滋味"。赵州之门风，乃是以日用生活，或眼前最平凡的现境向学人开示，禅道就在"洗钵盂"、"吃茶去"等日常生活中，就在人所见到的现量境中。而彼时的宗泰只知眼前所见现象，并未躬身体验这之中的禅道"滋味"。法演"以手作打仗鼓势，操蜀音唱绵州巴歌"，遂使五年未悟的宗泰闻歌而"大悟"，并立即掩祖口曰："只消唱到这里"，以示不可言说的开悟之境。

（一）宋代佛教常用具有民间曲调的"唱导"来化导世俗。例如俞道婆闻丐者唱《莲花落》而开悟之事。《莲花落》，是一种说唱兼有的曲艺艺术，因唱词常以'莲花落，落莲花"作为衬腔或尾声而得名。据说源出唐、五代时的"散花"乐，最早为僧侣募化时所吟唱的警世歌曲。散花乐，是佛教的一种"唱导"。而"唱导"是佛教用于宣讲佛经的一种音乐制度，它主要用宣传因果报应，人生无常，往生西方净土等内容来达到化导世俗的目的。其唱导的曲调往往采用民间歌曲，带有民歌风格。佛教文化在漫长的发展过程中，《莲花落》由佛教僧侣的募化形式，逐渐演化为一种常用于民间岁末驱傩，沿门逐疫的民俗和娱乐活动中的歌舞表演形式。之后，这种歌舞表演形式逐渐为民间乞讨者采用。南宋僧人普济，在

《五灯会元》中所记述的俞道婆闻听丐者唱莲花落,而开悟之事,是见于佛典的最早记载。

俞道婆,金陵人也。市油糍为业,常随众参问琅邪,邪以临济无位真人话示之。一日闻丐者唱《莲花落》云:"不因柳毅传书信,何缘得到洞庭湖。"忽大悟,以糍盘投地。夫傍睨曰:"尔颠邪!"婆掌曰:"非汝境界。"往见琅邪,邪望之知其造诣,问:"那个是无位真人?"婆应声曰:"有一无位人,六臂三头努力嗔,一擘华山分两路,万年流水不知春。"由是声名蔼著。①

当然,类似的公案还有不少,它们生动地说明俗乐在禅师参禅悟道中,往往起着启迪智慧、打开法眼的作用,说明佛乐活动是佛教僧众自度度人的重要渠道和契机。

(二)宋代佛乐中的"村歌社舞"亦能以小见大,彰显微妙佛法。宋代僧人比较关注并参与民间歌舞活动,因而"村歌社舞"成了他们堂上说法的重要话题之一,例如:道宁师指出,歌舞乃佛家分内之事,"头头尽是吾家事",因它可以"全彰妙总持"——彰显微妙之佛法,是禅家修行悟道之所,因而,"不省这个意,修行徒苦辛"。

春风习习,春日熙熙。鸟啼东岭上,花发树南枝。园林并紫陌,赏玩颇相宜。行人半醉半醒,游客似憨似痴。或歌或舞,或笑或悲,头头尽是吾家事,处处全彰妙总持。因甚把住特地生疑,辜他古德努力披陈。不省这个意,修行徒苦辛。

他又指出,包括音乐舞蹈在内地"工巧诸技艺,头头进出真祥瑞",可以通过它们,回到自己的精神家园,见到自己的本来面目,"瞥然端坐到家乡"。②

显端禅师在僧人问"如何是法"时,明确回答曰:"村歌社舞。"其关于"村歌社舞"即是"法"(禅)的论断,指明了世俗的村歌社舞就有"法"("禅"),它乃是禅师参禅悟道的重要法门、重要渠道。

慧觉衣明确提出"村歌社舞释迦禅"的命题,更反映了禅门宗师对民间歌舞活动的重视。既然"村歌社舞"即是"释迦禅",那就应该从村歌社舞中领会禅道。

---

① (宋)普济集:《五灯会元》卷六,《新编 续藏》第 138 册,第 222 页。
② (宋)善果集:《开福道宁禅师语录》卷二,《新编 续藏》第 120 册,第 478 页。

慧初提出了"德山不会说禅，赢得村歌社舞"地论断："上堂：'九月二十五，聚头相共举。瞎却正法眼，拈却云门普。德山不会说禅，赢得村歌社舞。阿呵呵，逻逻哩！'遂作舞，下座。"①慧初的论断，表明佛门中人已把民间的"村歌社舞"，作为参禅悟道的重要法门，而且摆到了较之"德山棒"等著名的接引学人的独特家风更为优先的地位。慧初在上堂说法中，不仅有偈诵（用音乐之音吟诵），而且有舞蹈，是确切的诗、乐、舞三位一体的佛乐活动，这是宋代佛门弘法的一大景观。

综上所述，随着佛教在中国民间的普及发展，佛乐在宋代的民间化、世俗化的审美特征凸显，越来越贴近民众，"飞入寻常百姓家"。而佛家以"善巧方便"的音声乐舞来弘法利生亦丰富和充实了中国宋代的乐舞文化，是宋代文艺美学精神的不可或缺的组成部分。无论是僧人还是民众，置身于佛乐的熏陶之中，在接受佛法教育、道德教育的同时，也在接受音乐审美的教育。

---

① （明）居顶撰：《续传灯录》卷三十，《大正藏》第51册，第676页。

**图书在版编目(CIP)数据**

江浙文化.第四辑/邱高兴主编.—上海:上海三联书店,2021.6
ISBN 978-7-5426-7218-6

Ⅰ.①江⋯　Ⅱ.①邱⋯　Ⅲ.①地方文化-文化研究-江苏②地
方文化-文化研究-浙江　Ⅳ.①G127.53　②G127.55

中国版本图书馆 CIP 数据核字(2020)第 186699 号

# 江浙文化(第四辑)

主　　编／邱高兴

责任编辑／郑秀艳
装帧设计／一本好书
监　　制／姚　军
责任校对／张大伟　王凌霄

出版发行／上海三联书店
　　　　　(200030)中国上海市漕溪北路 331 号 A 座 6 楼
邮购电话／021-22895540
印　　刷／上海惠敦印务科技有限公司

版　　次／2021 年 6 月第 1 版
印　　次／2021 年 6 月第 1 次印刷
开　　本／710 mm×1000 mm　1/16
字　　数／300 千字
印　　张／21.25
书　　号／ISBN 978-7-5426-7218-6/G・1576
定　　价／98.00 元

敬启读者,如发现本书有印装质量问题,请与印刷厂联系 021-63779028